René Martin

Berechnungen in Excel

Zahlen, Formeln und Funktionen

2., überarbeitete und aktualisierte Auflage

René Martin

Berechnungen in Excel

Zahlen, Formeln und Funktionen

2., überarbeitete und aktualisierte Auflage

HANSER

Der Autor:
Dr. René Martin, München

www.hanser.de

Alle in diesem Buch enthaltenen Informationen wurden nach bestem Wissen zusammengestellt und mit Sorgfalt getestet. Dennoch sind Fehler nicht ganz auszuschließen. Aus diesem Grund sind die im vorliegenden Buch enthaltenen Informationen mit keiner Verpflichtung oder Garantie irgendeiner Art verbunden. Autor und Verlag übernehmen infolgedessen keine Verantwortung und werden keine daraus folgende oder sonstige Haftung übernehmen, die auf irgendeine Art aus der Benutzung dieser Informationen – oder Teilen davon – entsteht, auch nicht für die Verletzung von Patentrechten, die daraus resultieren können.

Ebenso wenig übernehmen Autor und Verlag die Gewähr dafür, dass die beschriebenen Verfahren usw. frei von Schutzrechten Dritter sind. Die Wiedergabe von Gebrauchsnamen, Handelsnamen, Warenbezeichnungen usw. in diesem Werk berechtigt also auch ohne besondere Kennzeichnung nicht zu der Annahme, dass solche Namen im Sinne der Warenzeichen- und Markenschutz-Gesetzgebung als frei zu betrachten wären und daher von jedermann benutzt werden dürften.

Die Deutsche Bibliothek – CIP-Einheitsaufnahme

Ein Titeldatensatz für diese Publikation
ist bei Der Deutschen Bibliothek erhältlich.

Dieses Werk ist urheberrechtlich geschützt.
Alle Rechte, auch die der Übersetzung, des Nachdruckes und der Vervielfältigung des Buches, oder Teilen daraus, vorbehalten. Kein Teil des Werkes darf ohne schriftliche Genehmigung des Verlages in irgendeiner Form (Fotokopie, Mikrofilm oder ein anderes Verfahren), auch nicht für Zwecke der Unterrichtsgestaltung, reproduziert oder unter Verwendung elektronischer Systeme verarbeitet, vervielfältigt oder verbreitet werden.

© 2001 Carl Hanser Verlag München Wien
Gesamtlektorat: Fernando Schneider
Copy-editing: Sandra Gottmann, Bonn
Herstellung: Monika Kraus
Umschlaggestaltung: Büro für Text und Gestaltung herbert und herbertsfrau, Augsburg
Datenbelichtung, Druck und Bindung: Kösel, Kempten
Printed in Germany

ISBN 3-446-21846-7

Inhaltsverzeichnis

1 Zahlen in Excel 11

1.1 Text und Zahl 11
1.1.1 Zahl oder Text – wo liegt der Unterschied? 11
1.2 Zahlenformate 14
1.2.1 Allgemeine Zahlen 14
1.2.2 Weitere allgemeine Zahlenformate 19
1.2.3 Löschen 24
1.2.4 Zusammenfassung 24

2 Rechnen in Excel 25

2.1 Die Grundrechenarten 25
2.1.1 Die Bezüge 29
2.1.2 Ein absoluter oder fester Bezug 30
2.1.3 Gemischte Bezüge 32
2.1.4 Rechnen mit Namen 33
2.2 Ein Beispiel 35
2.2.1 Relative und absolute Bezüge 35
2.3 Funktionen 38
2.4 Der Funktionsassistent 41
2.5 Rechnen mit Matrizen 45
2.6 Lageänderung und Formeländerung 46
2.7 Tabellenübergreifendes Rechnen 47
2.8 Ein Beispiel zum tabellenübergreifenden Rechnen 49
2.9 Rechnen und Sortieren 51
2.10 Wie gehe ich an komplexe Fragestellungen heran? 52

3 Hilfen 53

3.1 Die Formelüberwachung, der Detektiv 53
3.2 Zielwertsuche 54
3.3 Der Solver 56

3.4	Ein Beispiel zum Solver	58
3.5	Szenarien (Szenario-Manager)	62
3.6	Fixieren und Wiederholungszeilen	62
3.7	Schutz	63
3.8	Liste der Funktionen	65

4 Fehler 71

4.1	Falsche Eingabe	71
4.2	Falsche Rechenoperatoren	72
4.3	Falsche Formatierungen	73
4.4	Zirkelbezüge	74
4.5	Falsche Inhalte	74
4.6	Denkfehler	74
4.7	Fehlermeldungen	74

5 Mathematische Denksportaufgaben für Excel oder Papier 77

5.1	**Ziehen**	78
5.1.1	Die Schnecke	78
5.1.2	Juan, der Offizier, der Schach spielt	78
5.1.3	Fronleichnam	78
5.2	**Zielwertsuche**	79
5.2.1	Pleite statt Glückssträhne	79
5.2.2	Melonen	79
5.2.3	Die Wahl	79
5.2.4	Mit gesundem Menschenverstand	80
5.2.5	Wie alt ist die Mutter?	80
5.2.6	Die Waage	80
5.3	**Der Solver**	80
5.3.1	Die Jedi-Ritter	80
5.3.2	Der Ausflug	81
5.3.3	Darts	81
5.3.4	Briefmarken	81
5.4	**Lösungen zum Ziehen**	81
5.4.1	Die Schnecke	81
5.4.2	Juan, der Offizier, der Schach spielt	84
5.4.3	Fronleichnam	84
5.5	**Lösungen zur Zielwertsuche**	85
5.5.1	Pleite statt Glückssträhne	85
5.5.2	Melonen	86
5.5.3	Die Wahl	87

5.5.4	Mit gesundem Menschenverstand	87
5.5.5	Wie alt ist die Mutter?	88
5.5.6	Die Waage	88
5.6	**Lösungen zum Solver**	89
5.6.1	Die Jedi-Ritter	89
5.6.2	Der Ausflug	89
5.6.3	Darts	90
5.6.4	Briefmarken	90
5.6.5	Mehr Aufgaben	91
6	**Funktionen**	**93**
6.1	Logische Funktionen	93
6.1.1	Weitere logische Funktionen	99
6.1.2	WAHR und FALSCH	102
6.1.3	Bedingte Formatierung	104
6.2	Informationsfunktionen	105
6.3	Rechnen mit Datum und Uhrzeit	111
6.3.1	Datum	111
6.3.2	Uhrzeit	125
6.4	Textfunktionen	132
6.5	Datenbank- und Matrixfunktionen	148
6.5.1	Matrixfunktionen	148
6.5.2	Datenbankfunktionen	163
6.6	Mathematische und trigonometrische Funktionen	165
6.6.1	Algebraische Funktionen	165
6.6.2	Kombinatorik	169
6.6.3	Matrixfunktionen	170
6.6.4	Trigonometrische Funktionen	173
6.6.5	Die logarithmischen Funktionen	178
6.6.6	Zufallsfunktionen	179
6.7	Statistische Funktionen	180
6.7.1	Die Mitte	180
6.7.2	Abweichung	183
6.7.3	Korrelationen	184
6.7.4	Trends	185
6.7.5	Wahrscheinlichkeiten	187
6.7.6	Konfidenzintervall	189
6.7.7	Tests und Verteilungen	189
6.8	Weitere statistische Hilfsmittel	199
6.9	Finanzmathematische Funktionen	200
6.9.1	Zins und Tilgung	200

6.9.2	Abschreibung	205
6.9.3	Zinsfuß einer Investition	206
6.9.4	Kurs und Effektivverzinsung	207
6.9.5	US-amerikanische Funktionen	209
6.10	Der Euro-Konverter	209
6.10.1	Technische Funktionen	212
6.10.2	Die imaginären Zahlen und deren Berechnungen	212
6.10.3	Umrechnungsfunktionen	215
6.10.4	Besselfunktionen und Gaußfehler	219
6.11	Eine letzte Funktion	220

7 Wo wird noch gerechnet? ... 221

7.1	Bedingte Formatierung	221
7.2	Gültigkeit	224
7.3	Teilergebnisse	225
7.4	Pivot-Tabelle	227
7.5	Analysefunktionen	230
7.6	Die Statuszeile	231

8 Zins und Tilgung – ein Beispiel ... 233

8.1	Die Berechnung wird erstellt	233
8.2	Das Formular wird erstellt	238
8.3	Weitere Beispiele	240

9 Eigene Funktionen erstellen ... 241

9.1	Die Codeeingabe	242
9.2	Rechnen und verknüpfen	246
9.3	Verzweigungen	255
9.4	Schleifen	257
9.5	Benutzerdefinierte Funktionen	260
9.6	Selbst erstellte Matrixfunktionen	264
9.7	Zusammenfassung der Funktionen	267
9.8	Speichern der VBA-Funktionen	270

10 Diagramme ... 271

10.1	Diagramme erstellen	271
10.2	Diagramme bearbeiten	273

Stichwortverzeichnis ... 283

Vorwort

Zur überarbeiteten Auflage

Seit Erscheinen der ersten Auflage „Berechnungen in Excel 2000" vor zwei Jahren habe ich eine Menge Post erhalten. Viel Lob einerseits, aber auch Kritik andererseits. Und Fragen. Das Lob hat mich bestätigt, das Buch zu überarbeiten. Noch immer gibt es kein vergleichbares Buch auf dem deutschsprachigen Büchermarkt, das sich mit Zahlen, Rechnen und Formeln in Excel auseinander setzt. Zwar gibt es eine Reihe Bücher zu speziellen Diskursen und ihren Anwendungsgebieten in Excel wie beispielsweise „Excel für Controller", „Statistik am PC – Lösungen mit Excel" oder „Excel in Naturwissenschaft und Technik", aber eine umfassende Einführung und Vertiefung zum Thema Rechnen, Formeln und Funktionen liegt meines Wissens nicht vor.

Kritik habe ich auch erhalten. Sie reicht von Beschwerden darüber, dass die Postleitzahl der Leipziger Innenstadt falsch ist, über Tippfehler bis hin zu Bemerkungen über ungenaue Definitionen (die Definition von symmetrischen Matrizen war falsch). Auch diesen Lesern sei an dieser Stelle gedankt.

Und schließlich erreichten mich eine Menge Fragen. Einigen Lesern konnte ich mit einem Hinweis auf die entsprechende Seite antworten, anderen konnte schnell geholfen werden, indem ich die entsprechenden Funktionen beschrieb und damit die Probleme löste. Viele der Beispiele tauchen in diesem Buch in anonymisierter Form auf. Besonders bedanke ich mich bei Herrn Rolf Hiller, der mir freundlicherweise einige Beispiele zur Verfügung stellte. Er knobelt und löst ebenso gerne mathematische Probleme, wie er auch Excel liebt.

Zu Excel

„To excel" steht im Oxford Dictionary, bedeutet: „do better than others, be very good". Auf Deutsch könnte man dies mit „herausragen" oder einfach „gut sein" übersetzen. Eben: ein tolles Programm. Eines meiner Lieblingsprogramme.

Zum Autor

Seit über zehn Jahren unterrichte ich über Softwareprodukte von verschiedenen Herstellern aus verschiedenen Bereichen. Dabei zählt Excel zu meinen bevorzugten Programmen. Nicht nur, weil es in viele verschiedene Wissensgebiete eingreift, sondern auch, weil an dieses Produkt immer wieder neue Anforderungen gestellt werden, die es zu lösen gilt.

Zu den Lesern des Buchs

Ich habe versucht, das vorliegende Buch sowohl für Excel-Anfänger als auch für Profis zu schreiben. Jedes Kapitel kann einzeln gelesen werden. Man muss also nicht von der ersten bis zur letzten Seite vorgehen. Für einen effektiven Einstieg in das zentrale Kapitel 6 der Funktionen empfiehlt es sich allerdings, einen Blick auf Kapitel 1 (Zahlen) und Kapitel 2 (Rechnen) zu werfen.
Das Buch richtet sich zum einen an den Anwender im Büro, der Excel-Daten eingibt und weiterverarbeitet. Sei es, dass in Excel eine Adressenliste angelegt wird, die in einem Word-Serienbrief verwendet wird, oder seien es Berechnungen, die für Statistik, Controlling oder die Buchhaltung verwendet werden. Es wendet sich zugleich auch an Anwender in technischen, statistischen und naturwissenschaftlichen Bereichen, wo täglich komplexe Rechenoperationen ausgeführt werden.
Da viele Firmen Daten vom Großrechner, beispielsweise von einer AS 400, oder von SAP-Produkten erhalten, die in Excel weiterverarbeitet werden, kommt es häufig vor, dass diese Daten „aufbereitet" werden müssen. Dies fängt bei „harmlosen" Problemen an. Beispielsweise geben manche Programme Währungen im Format $ 1,234.56 aus und nicht in $ 1.234,56 oder einfach nur 1234,56. Oder: Was passiert mit Datenbanken, die so angelegt wurden, dass in einer Spalte Vor- und Zuname stehen? Auch kein triviales Problem. Und schließlich der gesamte Bereich des Formularwesens. Wie hinterlegt man in einer Excel-Tabelle Funktionen, die erst dann die Berechnungen ausführen, wenn der Benutzer seine Daten eingibt? Und: Wie werden Fehler abgefangen? Was, wenn der Benutzer einen Buchstaben statt einer Zahl eingibt? Und, und, und – es gibt genügend Anwendungsgebiete aus den unterschiedlichsten Bereichen, die es in Excel zu lösen gilt.

Zu diesem Buch

Im Zentrum des Buchs stehen die Funktionen. Sie werden in Kapitel 6 erläutert und nehmen fast die Hälfte des Buchumfanges ein. Um überhaupt in Excel rechnen zu können, wird in Kapitel 1 der Zahlenbegriff wiederholt. Man muss wissen, wie man verschiedenartige Zahlen (wie Datums- und Zeitangaben) eingibt, wie Excel sie verwaltet, um mit ihnen rechnen zu können. Ferner sollte der Begriff der Zahlenformatierung klar sein, da diese für eine vernünftige Anzeige der Zahlen verwendet wird. Dieses Kapitel ist ausführlich und mit einer Reihe von Bildern versehen, damit auch Leser, die wenig Erfahrung mit Excel haben, sich besser darin zurechtfinden können.

Im zweiten Kapitel werden die vier (oder fünf) Grundrechenarten wiederholt. Sicherlich ist dieser Punkt für die meisten Excel-Benutzer kein neues Thema. Deshalb wurde auch dieses Kapitel (wie das erste) kurz gehalten. Es werden die Begriffe der relativen, absoluten und gemischten Bezüge erläutert. Man kann auch einem Bereich einen Namen geben und dann mit ihm rechnen. Dies wird ebenso erklärt wie das Rechnen mit Matrizen. Da Matrixoperationen für einige Funktionen verwendet werden, finden sich in diesem Kapitel Erläuterungen dazu.

Das dritte Kapitel widmet sich einigen „Hilfsprogrammen" von Excel, die häufig beim Rechnen und bei der Formularerstellung eingesetzt werden. Es werden der Detektiv, die Zielwertsuche, der Solver und der Tabellenschutz vorgestellt. Sie haben unterschiedliche Funktionen, können aber alle für das Rechnen ohne komplexe Funktionen oder für die Entwicklung von Formularen verwendet werden. Dies wird an einigen Beispielen gezeigt.

Im vierten Kapitel wird erläutert, welche Fehler man beim Rechnen in Excel machen kann, wie man sie findet und wie man sie beseitigt. Ein schwieriges Kapitel, vor allem auch deshalb, weil es keinen generellen Lösungsansatz für das Suchen und Finden von Fehlern gibt. Und schließlich finden Sie hier alle Funktionen nach Kategorien aufgelistet mit einem Verweis, in welchem Kapitel Sie eine Erläuterung und/oder ein Beispiel zu dieser Funktion finden.

Das fünfte Kapitel ist für Freunde von Denksportaufgaben gedacht. Um den Funktionsumfang von Excel zu testen, kann man leicht einige Knobelaufgaben mit Hilfe von Excel lösen. Es geht in diesem Kapitel um die korrekte Eingabe in Excel, so dass das Lösen kein Problem mehr darstellt.

Das sechste Kapitel ist das zentrale Kapitel. Hier werden alle Funktionen erläutert. Alle? Nun gut: einige nicht. Einige Funktionen sind so speziell, dass sie lediglich namentlich genannt werden. Wer die Besselfunktion benötigt, mit der Student'schen Verteilung von Zufallsvariablen rechnet oder auf Basis des französischen Buchführungssystems abschreibt, der findet sich nach den vorangegangenen Erläuterungen auch selbst in den Funktionen mit der Excel-Hilfe zurecht. Andere Funktionen erscheinen von allgemeinerem Interesse. Die Reihenfolge der vorgestellten Funktionen richtet sich weniger nach der Reihenfolge, in der sie in Excel aufgelistet sind, sondern vielmehr nach deren Wichtigkeit. Diese wiederum ergibt sich aus der Häufigkeit der Fragen in meinen Schulungen. An erster Stelle tauchen immer wieder Probleme auf, die nur mittels logischer Funktionen (vor allem der WENN-Funktion) lösbar sind. Andererseits ergeben die Informationsfunktionen wenig Sinn ohne die logischen Funktionen. Deshalb wurde mit ihnen begonnen. Das Rechnen mit Datum und Zeit und die Textfunktionen erscheinen mir – besonders für Anfänger – schwierig. Deshalb stehen auch sie am Anfang. Sicherlich werden die meisten mathematischen Funktionen nur von wenigen Mathematikern, Physikern, Ingenieuren oder Technikern verwendet. Dennoch: Irgendeinen Grund muss es wohl haben, dass wir von der ersten bis zur letzten Klasse in der Schule Mathematik lernen. Mit Sicherheit ist sie ein zentraler Bestandteil unserer Kultur, auch wenn viele es negieren. Ich denke, dass sich ein Blick in dieses Kapitel lohnt, da dort wichtige Funktionen wie ABRUNDEN, ABS, RÖMISCH, GGT oder SUMMEWENN zu finden sind. Und schließlich werden einige der Funktionen in anderen Bereichen wieder eingesetzt. Die Statistik, um nur ein Beispiel zu nennen, verwendet die Kombinatorik (in Form von Funktionen im Abschnitt Mathematik zu finden) als Hilfsfunktion. Den statistischen Funktionen ist ein weiterer Abschnitt gewidmet. Begonnen wird mit einfachen Funktionen wie Mittelwert, Maximum und Minimum bis hin zu den statistischen Tests. Spezieller dagegen sind finanzmathematische und technische Funktionen. Ihnen sind die letzten beiden Abschnitte gewidmet. Die meisten Beispiele, die in diesem Kapitel stehen, sind Praxisfragen. Sie tauchten irgendwann in einer meiner Schulungen auf oder wurden mir per E-Mail geschickt und wollten gelöst werden.

Funktionen tauchen nicht nur in Berechnungen auf Tabellenblättern auf. Ihre Syntax wird auch an anderen Stellen verwendet. Bedingte Formatierungen, Gültigkeiten, Pivot-Tabellen, Teilergebnisse und Analysefunktionen können ebenso Funktionen verwenden. Wie in diesen Assistenten gerechnet wird, wird in Kapitel sieben dargelegt.

Im nächsten Kapitel (acht) wird ein Formular entworfen, in das der Benutzer Daten einträgt und das daraus bestimmte Informationen berechnet. Es geht um ein einfaches (vereinfachtes) finanzmathematisches Problem: um Schulden, deren Zins und Tilgung. Daran wird exemplarisch der Aufbau eines Excel-Formulars erläutert.

Kapitel neun erklärt, wie man sich mit Hilfe der Programmiersprache VBA eigene Funktionen erstellen kann. Denn: Irgendwelche fehlen immer! Dazu wird nicht das ganze Visual Basic for Applications erläutert, sondern nur der Teil der Programmiersprache, mit dem sich Funktionen erstellen lassen. Es wird gezeigt, wie man vorgehen kann, wenn man eine einfache Funktion zum Lösen von Problemen erstellen will. Einige dieser Funktionen werden vorgestellt und erläutert. Zugleich wird aufgezeigt, wie man aus solchen Funktionen Add-Ins erstellt, die dann dauerhaft in Excel zur Verfügung stehen.

Und schließlich geht es in Kapitel zehn um die grafische Auswertung der Funktionen, um Diagramme. Da dies kein allgemeines Excel-Buch ist, da Funktionen im

Mittelpunkt stehen, werden natürlich nicht alle Diagrammtypen betrachtet, sondern lediglich die Liniendiagramme, da gerade sie für statistische Trendkurven und für mathematische Funktionen interessant sind.

Zu den Grenzen des Buchs

Beim Überarbeiten hatte ich oft den Wunsch, zu einigen Kapiteln viel mehr zu schreiben. Assistenten in Excel, wie Solver und Pivot-Tabellen, sind solch komplexe Hilfen geworden, dass man über sie ein eigenes Kapitel schreiben könnte. Das vorliegende Buch erfasst sicherlich nicht alle ihrer Einstellungen (und damit Möglichkeiten). Ich habe mich an vielen Stellen auf das Rechnen (im weitesten Sinne) beschränkt. Wer mehr über ihre Funktionalität wissen möchte, dem sei weitere Literatur empfohlen.

Zu den Konventionen des Buchs

Da in Excel die meisten Funktionen in Großbuchstaben geschrieben sind, werden sie auch im Buch in Versalien gekennzeichnet. Für den VBA-Code in Kapitel 9 wurde eine Nichtproportionalschrift verwendet, um ihn zu kennzeichnen. Tastenkombinationen stehen in spitzen Klammern (beispielsweise <Strg> + <A>), Menüeinträge wurden durch Kapitälchen gekennzeichnet (DATEI / SPEICHERN UNTER).

Zur CD-ROM

Die Bildschirmfotos sind alle in Excel aus Office 2002 (XP) gemacht worden. Alle in diesem Buch beschriebenen Funktionen lassen sich jedoch mühelos auf die älteren Versionen 5.0, 7.0 und 8.0 übertragen. Die Beispiele auf der CD-ROM sind auf verschiedene Dateien verteilt. An ihren Namen kann das zugehörige Kapitel des Buchs entnommen werden. Da an einigen Stellen kleine Unterschiede zwischen den Excel-Versionen existieren (Diagramme, Funktionsassistent, Pivot-Tabelle), wurde im Buch an den entsprechenden Stellen darauf hingewiesen. Ich habe versucht, das Buch unabhängig von der Excel-Version zu schreiben. Für einige Dateien sind die Funktionen nötig, die Excel über das Menü EXTRAS – ADD-IN – ANALYSE-FUNKTIONEN zur Verfügung stellt. Sie müssen möglicherweise installiert werden.
In den Ordnern finden Sie die gleichen Dateien, die das Buch begleiten. Sie können direkt von der CD-ROM gestartet oder auch zuerst von der CD-Rom auf die Festplatte kopiert werden. Keine der Dateien verlangt irgendeinen Datei- oder Ordnernamen.

Da Excel 10.0 das gleiche Format wie Excel 9.0 und 8.0 (also Excel 2002, 2000 und 97) hat, können alle Beispiele sowohl in Excel XP als auch in Excel 2000 und 8.0 geöffnet werden.

... und nun ...

Und nun wünsche ich viel Freude beim Lesen, beim Rechnen und beim Knobeln

René Martin
München, August 2001

Über Kritik, Anregungen und Vorschläge freue ich mich sehr.
Medardus@t-online.de

Besuchen Sie auch meine Homepage:
http://www.compurem.de

1 Zahlen in Excel

1.1 Text und Zahl

Excel unterscheidet konsequent zwischen Text und Zahlen. Alles, was Sie eingeben, wird entweder als Zahl oder als Text erkannt und behandelt. Allerdings bemerken Sie es nicht bei der Eingabe, sondern erst, wenn die Eingabe beendet ist. Während der Eingabe ist in der Eingabezeile noch der grüne Haken und das rote x zu sehen. Erst wenn die Zelle verlassen wurde, wenn <Enter> oder <Tabulator> gedrückt oder der grüne Haken aktiviert wurde, steht die eingegebene Zeichenkette in der Tabelle in einer Zelle.

1.1.1 Zahl oder Text – wo liegt der Unterschied?

Die Unterschiede sind sofort sichtbar: Text steht unformatiert immer linksbündig in der Zelle, Zahlen sind immer rechtsbündig. Ist ein Text länger als eine Zelle, so läuft er über die Zellen (wie: „Themen der Direct Access @Night", siehe Abbildung 1.1). Ist eine Zahl größer als eine Spaltenbreite, so wird sie entweder in die wissenschaftliche Schreibweise umgewandelt ($5,758 * 10^5$), oder sie wird durch Zahlenzeichen gekennzeichnet:
##########

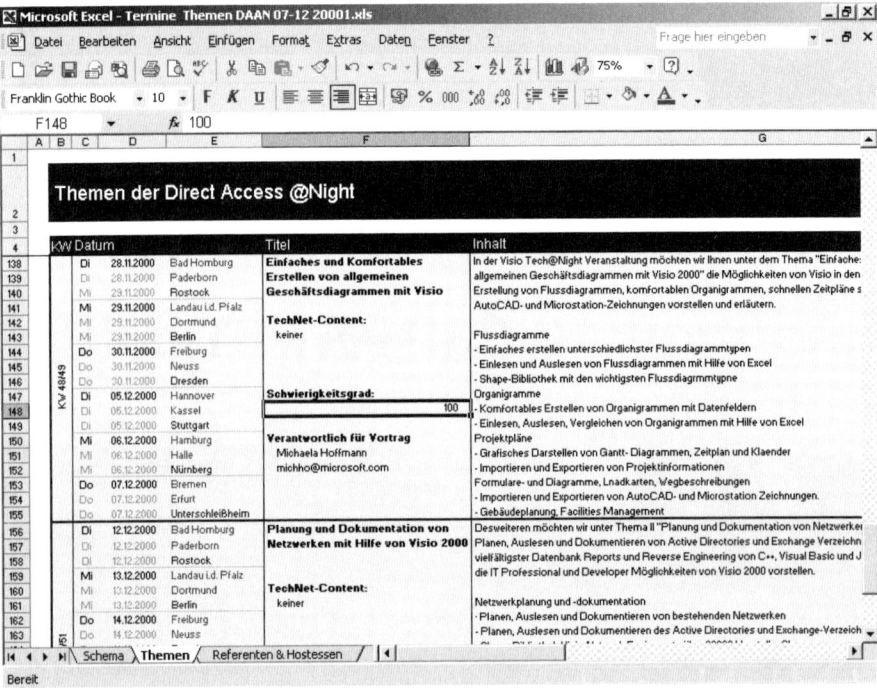

Abbildung 1.1 Zahlen werden immer rechtsbündig dargestellt, Text ist immer linksbündig.

Was auf den ersten Blick trivial erscheint, ist auf den zweiten Blick gar nicht mehr so eindeutig. Excel stellt folgende Zahlentypen zur Verfügung:
- Zahlen können reine Ziffernfolgen darstellen
- Zahlen können Dezimalstellen besitzen
- Zahlen können einen Datumswert einnehmen
- Zahlen können einen Uhrzeitwert einnehmen
- Zahlen können einen Wahrheitswert einnehmen (dann stehen sie übrigens in der Mitte der Zelle)

Wenn Sie sich vertippen, dann interpretiert Excel diese falsche Zahl als Text und schreibt das Ergebnis linksbündig in die Zelle. Zum Vertippen gehören:
- mehr als ein Komma
- mehr als zwei Punkte
- mehr als ein Doppelpunkt
- Mischungen aus Komma, Punkt und Doppelpunkt
- „falsche" Datumsangaben wie 29.02.02, 31.04.2002 oder 35.05.02.

Umgekehrt werden alle Text-Zahlen-Kombinationen immer als Text interpretiert. Dies mag vielleicht erstaunen, da Excel Wochentage und Monatsnamen weiter ausfüllen kann. Ebenso können Text-Zahlen-Kombinationen heruntergezogen werden. Excel zählt die Zahlen weiter. Interessanterweise beginnt die Zählung von Quartal 4 erneut bei Quartal 1, was wohl auch vernünftig ist.

1 Zahlen in Excel

Alle Buchstaben und Leertasten werden als Textzeichen interpretiert. Wird also statt 10 die Zeichenfolge 1o oder 1O eingegeben, so wird der Buchstabe o (oder O) als solcher erkannt und das Ergebnis als Text interpretiert. Das Gleiche passiert, wenn zwischen zwei Ziffern ein Leerzeichen eingegeben wird. Leerzeichen vor oder nach einer Ziffernfolge werden automatisch gelöscht – das Ergebnis wird als Zahl dargestellt.

Daraus ergeben sich einige Schwierigkeiten:

Was passiert, wenn der Benutzer eine Telefonvorwahl eingibt, zum Beispiel 089 für München? Dann erkennt Excel die Eingabe als Zahl und löscht die führende Null, da diese keinen Sinn macht.

H2		fx 89							
B	C	D	E	F	G	H		I	J
Vorname	Zuname	Straße	Plz	Ort	Länderkennz	Vorwahl		Telefon	Jahresbeitrag
René	Martin	Häberlstr. 13	80337	München	D		89	54404416	148
Lothar	Zeyer	Richard-Wagi	68165	Mannheim	D		621	427244	148

Abbildung 1.2 Eingegeben wird eine Telefonvorwahl, angezeigt wird die Zahl ohne führende Null.

Dieses Problem kann umgangen werden, indem man die Eingabe mit einem führenden Apostroph (') beginnt:

'089

oder indem man den Text in Anführungszeichen setzt, vor denen ein Gleichheitszeichen steht:

="089"

Die erste Lösung wurde von Lotus 1-2-3 übernommen, die zweite Lösung ist die korrekte, wenn man die Excel-Systematik betrachtet. Beide Lösungen bewirken, dass die Zahl wie ein Text behandelt und linksbündig und mit führender Null dargestellt wird:

Die Sachsen kennen das Problem. So hat Leipzig Innenstadt beispielsweise die Postleitzahl 04125.

Aber auch eine Reihe weiterer Dinge kann nicht direkt in Excel eingegeben werden: Einige Zeichen sind am Beginn der Eingabe tabu oder können nur sehr mühsam eingetippt werden. Zum Beispiel die Zeichen „+" und „–" oder auch das Gleichheitszeichen, zur Erläuterung einer Legende:

Legende: [   ] =freier Tag [   ] =belegt

Um bei dem Beispiel der Postleitzahlen zu bleiben: Damit nun nicht die sächsischen Postleitzahlen anders eingetippt werden müssen, als die übrigen deutschen, kann die Spalte, das heißt die Zellen der Spalte, vorformatiert werden. Dazu steht Ihnen über das Menü FORMAT / ZEICHEN / ZAHLEN die Kategorie „Text" zur Verfügung.

Die Zellen, in denen die Postleitzahl als Text erscheinen soll, müssen zuerst formatiert werden und dann wird der Text eingegeben. Umgekehrt würde die Zahl ohne führende Null stehen bleiben.

In allen Zellen, die als Text formatiert sind, erscheinen Zahlen nach der Eingabe linksbündig. Sie sind Text! Erstaunlicherweise funktionieren noch die Grundrechenarten – die Funktionen greifen allerdings nicht mehr. Noch erstaunlicher ist es, dass das Ergebnis der Grundrechenarten linksbündig, das heißt wie Text, dargestellt wird.

Sie sollten prinzipiell davon Abstand nehmen und Text und Zahl nicht vermischen. Zwar sieht die Eingabe von Zahlen als Text oft sehr hübsch aus, erweist sich allerdings im Nachhinein als sehr schwierig, wenn es darum geht, mit diesem „Text" zu rechnen.

	A	B	C	D
1	Name	Straße	Plz	Ort
2	Christine Fischer-Schmidt	Schellingstr. 10	84489	Burghausen
3	Christine Folger	Burgstr. 8	04109	Leipzig
4	Christoph Fuchs	Am Sonnenwinkel 17	04466	Lindenthal
5	Claere Funk	Orffstr. 1	84489	Burghausen
6	Claere Gagg	Donauschwabenstr.30	90552	Röthenbach
7	Claire Geiger	Waltherstr. 13	80337	München

Abbildung 1.3 Aus Zahl wird Text

Übrigens: Wenn Sie mehrere Bereiche markieren möchten, dann können Sie dies mit gedrückter <Strg>-Taste tun. Gerade für das Formatieren ist es manchmal wichtig, nicht zusammenhängende Bereiche zu markieren, um sie dann alle auf einmal zu formatieren.

Und: Nicht nur beim Rechnen wird konsequent zwischen Text und Zahlen unterschieden. Auch beim Sortieren und Filtern gibt es Unterschiede.

1.2 Zahlenformate

1.2.1 Allgemeine Zahlen

Angenommen, Sie geben eine allgemeine Zahl ein, zum Beispiel 1234,5678. Dann erscheint sie so am Bildschirm:

	C1	▼	f_x	1234,5678	
	A	B	C	D	
1			1234,5678		
2					

Abbildung 1.4 Die Zahl nach der Eingabe

1 Zahlen in Excel

Soll diese Zahl allerdings einen Tausenderpunkt oder eine feste Anzahl Nachkommastellen besitzen, so ist dies im Menü FORMAT / ZELLEN / ZAHLEN in der Kategorie „Zahl" einzustellen. Das Ergebnis sieht folgendermaßen aus:
1.234,57
Soll die Zahl dagegen führende Nullen besitzen, also immer vier Stellen haben, egal wie groß sie ist, so könnte sie mit „00000" formatiert werden. Auch dies wäre eine Lösung des Postleitzahlenproblems, wenn davon ausgegangen wird, dass nur fünfstellige Postleitzahlen verwendet werden.

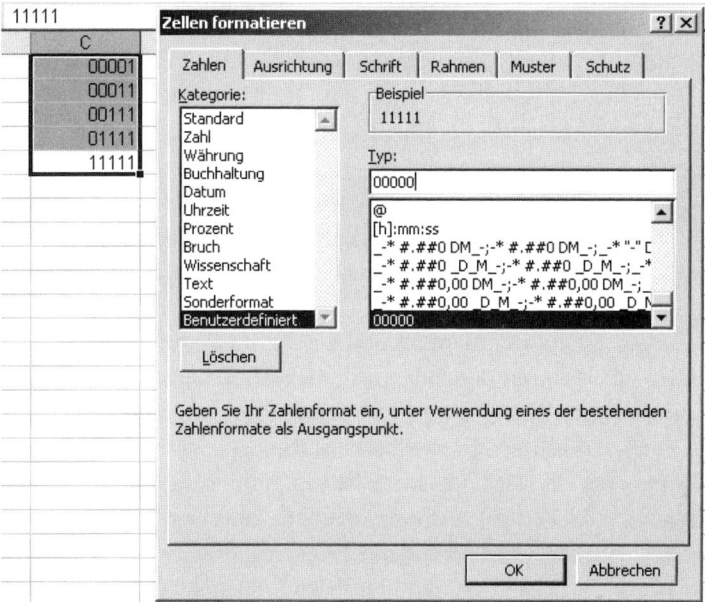

Abbildung 1.5 Zahlen werden mit führender Null formatiert.

Stellt diese Zahl einen Geldbetrag dar, so kann sie mit einem DM-Zeichen formatiert werden. Dazu dient auch das Währungssymbol in der Symbolleiste:

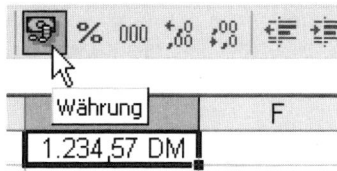

Abbildung 1.6 Zahl mit deutscher Währung

Der Euro steht als Symbol dann in der Format-Symbolleiste zur Verfügung, wenn das Add-In „Eurowährungs-Tool" aus dem Menü EXTRAS / ADD-INS aktiviert wurde.

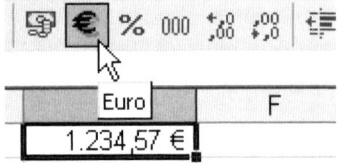

Abbildung 1.7 Das Add-In wurde installiert. Die Zahl wurde als Euro formatiert.

Excel greift auf die Währung zu, die in der Systemsteuerung in Windows unter „Ländereinstellung" festgelegt wurde. Soll die Zahl dagegen eine andere Währung besitzen, so kann diese aus der Kategorienliste des Menüs FORMAT / ZELLEN / ZAHLEN „Buchhaltung" oder „Währung" herausgeholt werden.

Die Liste unterteilt sich in zwei Hälften: In der oberen Hälfte stehen die Währungen als Symbol oder Kürzel, in der unteren befindet sich die ISO-Norm 4217, nach der Währungen mit drei Zeichen dargestellt werden.

In dieser Liste finden sich Währungen vieler Nationen. Erfreulicherweise ist der Euro seit Excel 2000 aufgelistet. Einige Währungen fehlen allerdings, beispielsweise der japanische Yen. Fehlende Währungen und andere Maßeinheiten können „manuell" formatiert werden.

Dazu wählt man aus der Kategorie „Benutzerdefiniert" entweder eine vorhandene Währung (DM), oder man geht an den Beginn der Liste „Benutzerdefiniert" und setzt den Cursor auf die 0. Ist DM vorhanden, so wird es durch die neue Währung ersetzt, hinter der 0 muss das neue Währungsformat stehen.

Wichtig: Die Währung oder die Maßeinheit müssen in Anführungszeichen stehen, da einige der Buchstaben für bestimmte Formatierungen reserviert sind. Der Text kann sich auch vor der Zahl befinden (Abbildung 1.8).

Sie können so jedes beliebige Wort vor oder hinter den Zahlen durch Formatierung hinzufügen. Ob das Leerzeichen sich innerhalb der Anführungszeichen befindet oder außerhalb, spielt keine Rolle:

"Schulden:" 0,00

entspricht:

"Schulden: "0,00

Sollten Sie sich bei einigen Sonderzeichen unsicher sein, ob sie nun Text sind oder außerhalb des Texts getippt werden können, so empfiehlt sich im Zweifelsfall immer, diese Sonderzeichen als Text zu formatieren, das heißt in Anführungszeichen darzustellen.

1 Zahlen in Excel

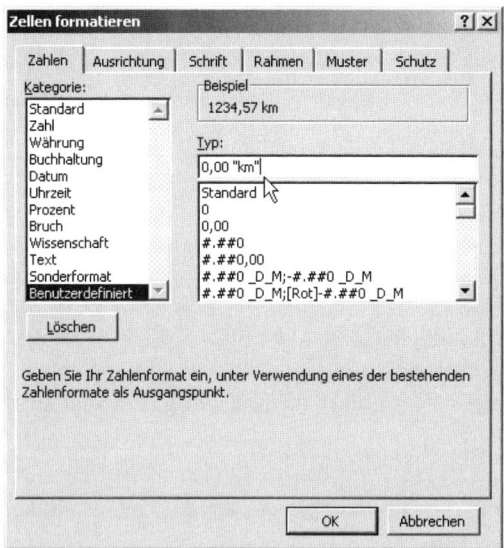

Abbildung 1.8 Weitere Einheiten, die nicht vorgegeben sind

Tabelle 1.1 Die Ziffern und Zeichen selbst haben folgende Bedeutung:

Ziffer/Zeichen	Bedeutung	Beispiel: 1234,5678	Formatiert
0	Eine Ziffer ist zwingend notwendig	0	1235
#	Eine Ziffer ist möglich	#.##0	1.235
?	fügt auf beiden Seiten der Dezimalstelle Leerzeichen für nicht signifikante Nullen ein, um Dezimalzahlen am Dezimalkomma auszurichten, wenn die Formatierung mit einer Festbreitenschrift erfolgt (beispielsweise Courier New). Sie können das Zeichen ? auch für Brüche mit einer unterschiedlichen Anzahl von Ziffern verwenden.	????,????	1234,5678
,	Dezimaltrennzeichen	0,00	1234,57
.	Tausendertrennzeichen	#.##0,00	1.234,57
		#.##0,00 _D_M	1.234,57 DM
;	positive und negative Zahlen	#.##0 _D_M;[Rot]-#.##0 _D_M	1.234,57 DM

Ziffer/Zeichen	Bedeutung	Beispiel: 1234,5678	Formatiert
;;	positive, negative Zahlen und 0	#.##0 _D_M; [Rot]-#.##0 _D_M;""	1.234,57 DM
;;;;	positive, negative Zahlen, 0 und leere Zellen	#.##0 _D_M; [Rot]-#.##0 _D_M; 0;""	1.234,57 DM

Übrigens: Auch wenn sie sehr ähnlich sind, so existieren einige Unterschiede zwischen der Kategorie „Währung" und der Kategorie „Buchhaltung". Paradoxerweise formatiert das Symbol „Währung" die Zahl so, dass die Kategorie „Buchhaltung" gewählt wird. Die Unterschiede sind:

- Bei Buchhaltung bleibt ein kleiner Rand zwischen dem Text „DM" oder „€" und der Gitternetzlinie, bei Währung nicht; die Währung steht immer am linken oder rechten Rand der Zelle.
- Buchhaltung stellt 0 als - DM (- €) dar, Währung als 0,00 DM (0,00 €).
- Buchhaltung stellt $ an den linken Rand der Zelle, Währung direkt vor die Zahl.
- Negative Zahlen können im Währungsformat rot dargestellt werden.
- Wird das Ergebnis einer Zelle buchhalterisch unterstrichen (FORMAT / ZELLEN / SCHRIFT), dann wird die Zelle einer Buchhaltungszahl fast ganz unterstrichen, die Zelle einer Währungszahl nur so weit, wie die Zahl lang ist.

Währung	Buchhaltung	Währung	Buchhaltung	Währung	Buchhaltung
132,00 DM	132,00 DM	132,00 €	132,00 €	$132,00	$ 132,00
1.234,00 DM	1.234,00 DM	1.234,00 €	1.234,00 €	$1.234,00	$ 1.234,00
-70,00 DM	- 70,00 DM	-70,00 €	- 70,00 €	-$70,00	$ -70,00
22,56 DM	22,56 DM	22,56 €	22,56 €	$22,56	$ 22,56
0,00 DM	- DM	0,00 €	- €	$0,00	$ -

Abbildung 1.9 Der Unterschied zwischen Währung und Buchhaltung wird sofort sichtbar.

Und so könnte man formatieren:
- 1234 km
- 1235 m²
- 1236 hl
- 1237 kg

und so weiter. Soll die Zahl 1400000 nicht als 1.400.000 dargestellt werden, sondern als 1,4 Mio., dann muss sie formatiert werden:
- # stellt sie als 1400000 dar.
- #. stellt sie als 1400 dar.
- #.. stellt sie als 1 dar.
- #..,# stellt sie als 1,4 dar.
- #..,# "Mio." stellt sie als 1,4 Mio. dar.

1 Zahlen in Excel

1.2.2 Weitere allgemeine Zahlenformate

Prozent

Sehr kleine Zahlen können im Prozentformat dargestellt werden. Wird beispielsweise die Zahl 0,16 eingegeben, so kann diese mit dem Symbol oder über das Menü FORMAT / ZELLEN / ZAHLEN / PROZENT als 16% dargestellt werden. Ihr entspricht das Symbol „%" in der benutzerdefinierten Formatierung.

Achtung: Formatieren Sie kleine Zahlen nur über das Symbol, die Kategorie „Prozent" oder die Kategorie „Benutzerdefiniert", indem Sie 0,00 % schreiben. Formatieren Sie es nicht 0,00 "%". Der Grund: Nun wird nicht mehr 0,16 zu 16% formatiert, sondern zu 0,16%. Und in der Zelle, in der 16% sichtbar sind, steht 16 und nicht 0,16. Dadurch würde mit dem Faktor 100 zu viel gerechnet werden.

Achtung: Wenn Sie mit dem Prozentsymbol arbeiten, dann sollten Sie Nachkommastellen hinzufügen, da Excel bei Prozentzahlen als Standard keine Dezimalstellen anzeigt.

Und warum tippen wir nicht gleich 16% ein? Manchmal sollen Verhältnisse prozentual dargestellt werden. Beispielsweise ist der Quotient von 87 und 113 die Zahl 0,769911. Soll diese Zahl allerdings als Prozentwert dargestellt werden, so ist sie zu formatieren:

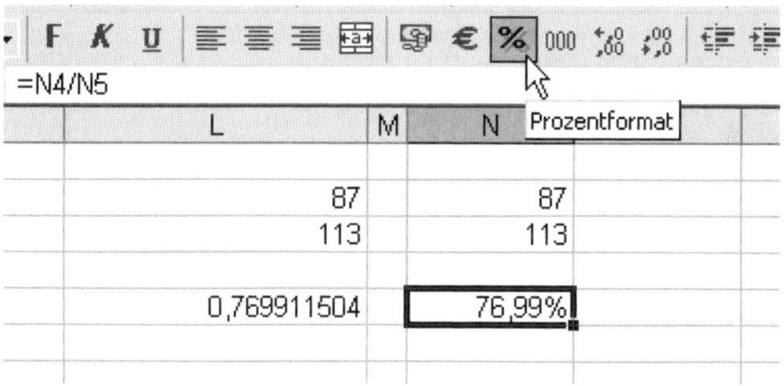

Abbildung 1.10 0,769911: einmal als Dezimalzahl, einmal als formatierte Prozentzahl

Brüche

Kleine Zahlen können auch als Brüche dargestellt werden. So wird – je nach Darstellung – aus 0,16 1/6 oder 4/25:

Man kann Dezimalzahlen im Menü FORMAT / ZELLEN / ZAHLEN benutzerdefiniert formatieren. Dabei entspricht ihnen das Zeichen:
?/?

beziehungsweise
??/??
Der Zähler und der Nenner können dabei bis zu sieben Stellen haben.

Wissenschaftliche Schreibweise

Umgekehrt werden große Zahlen in der wissenschaftlichen Schreibweise dargestellt. Die Lichtgeschwindigkeit beträgt 300.000 km/sec oder 3×10^5 km/sec:
Das benutzerdefinierte Formatierungszeichen sieht wie folgt aus:
0,00E+00
Es kann auch so eingegeben werden:
3e6
Das wird in Excel dargestellt als:
3,00E+06
Analog wird umgewandelt:
1,25e-17
in 1,25E-17

Datum und Uhrzeit

Einen besonderen Stellenwert nehmen Datum und Uhrzeit ein. Wenn Sie ein Datum eingeben, beispielsweise den 1.1.02, so wird dieses Datum sofort dargestellt als
01.01.2002
Selbst eine Eingabe wie 1. Mai, 02.03. oder 3. Januar wird „umformatiert" und anders dargestellt:
01. Mai, 02. Mrz, 03. Jan
Wünschen Sie eine andere Darstellung, dann wählen Sie diese aus dem Menü FORMAT / ZELLEN / ZAHLEN aus der Kategorie „Datum". So war beispielsweise in Excel 97 noch das Datumsformat 2002-01-01 (ISO 8601) vorhanden, in Excel 2000 und 2002 fehlt es dagegen. Mittels der Kategorie „Benutzerdefiniert" kann ein Datum formatiert werden. Dies wird an einem beliebigen Datum, dem 1.1.2002, ein Dienstag, dargestellt. Excel selbst verwendet exemplarisch ein Datum – den 14. April 1998.

Tabelle 1.2 Die Datumsformate

Zeichen	Bedeutung	Darstellung beim 1.1.2002
T	Tag, einstellig	1
TT	Tag, zweistellig	01
TTT	Wochentag in der Kurzform	Di
TTTT	Wochentag in der Langform	Dienstag

1 Zahlen in Excel

Zeichen	Bedeutung	Darstellung beim 1.1.2002
M	Monat, einstellig	1
MM	Monat, zweistellig	01
MMM	Monat, als Text in der Kurzform	Jan
MMMM	Monat, als Text in der Langform	Januar
JJ	Jahr in der Kurzform	02
JJJJ	Jahr in der Langform	2002

Dazu einige Erläuterungen: Groß- und Kleinschreibung ist bei „T" und „J" gleich, bei „M" allerdings nicht. Alle benutzerdefinierten Formate können in Groß- oder Kleinschreibung eingegeben werden, alle Zellbezüge, Formeln und Funktionen. Auch in VBA wird nicht zwischen Groß- und Kleinschreibung bei internen Funktionen unterschieden. Lediglich „M" ist reserviert für den Monat, „m" für Minuten! So würde ein tt.mm.jj zu folgender fehlerhaften Darstellung führen:
01.00.02
Wenn Sie das Datum folgendermaßen darstellen möchten:
Dienstag, den 01. Januar 2002
dann muss es wie folgt formatiert sein:
TTTT, "den" TT. MMMM JJJJ
Achten Sie dabei auf Punkte und Leerstellen!

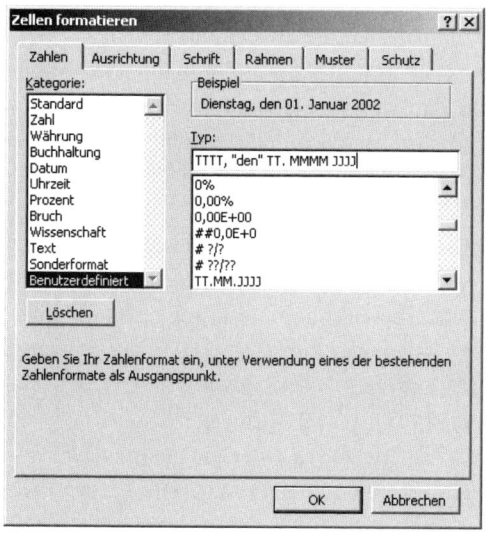

Abbildung 1.11 Das gleiche Datum – nur anders formatiert

Tipp: Manche Excel-Benutzer tippen die Zahlen sehr gerne auf der rechten Zahlentastatur. Damit Sie beim Eingeben von Datumsangaben nicht auf die Schreibmaschinentastatur umgreifen müssen, um einen Datumspunkt zu setzen, können Sie auch ein Minus- (-) oder ein Geteiltzeichen (/) verwenden. Diese finden Sie auch rechts. Korrekte Eingaben sind also:

1.1.2
1-1-2
1/1/2

Leider existiert keine Möglichkeit, mit der man 010102 eingeben könnte, das dann in ein korrektes Datum verwandelt werden würde. So etwas muss man programmieren.

Und woher „weiß" Excel, dass es sich in Deutschland befindet, dass „MMMM" Januar bedeutet und nicht beispielsweise January, Enero, Ocak oder Leden? Die Antwort darauf finden Sie in der Windows-Systemsteuerung. Excel greift auf die Ländereinstellung zu und zeigt im Zahlendialog das dort eingestellte Gebietsschema an.

Was passiert nun, wenn ein Datum in eine Zahl formatiert wird? Ein Datum, wie 05.11.2001, wird dann zur Zahl 37200. Die Erklärung ist denkbar einfach: Hinter jedem Excel-Datum steht eine serielle Zahl. Excel beginnt in seiner Zählung am 01.01.1900, was der Zahl 1 entspricht. Der 02.01.1900 ist also 2, der 3. Januar 3 und so weiter bis zum 05.11.2001, was für 37200 steht.

Dies hat Konsequenzen. Durch diese interne Umrechnungsart erkennt Excel sehr schnell, dass es keinen 31.11.2001 gibt, und lässt das Datum linksbündig als Text stehen. Für den 01.12.2001 wird eine Zahl gefunden. Auch beim Herunterziehen von Datumsangaben erkennt Excel sehr schnell, wie sie „weiterlaufen".

Sollten Sie allerdings ein Datum in eine Zelle schreiben, den Zellinhalt löschen und nun eine Zahl eingeben, so wird diese Zahl in ein Datum formatiert. Steht beispielsweise in einer Zelle das heutige Datum, wird es gelöscht und wird 500 (€) eingegeben, dann wird der (Währungs-)Betrag in das Datum 14.05.1901 umgerechnet.

Gerade Anfänger sind davon leicht verwirrt. Gibt ein Anfänger beispielsweise statt 2,5 auf der Tastatur 2.5 ein, wie er es vom Taschenrechner her kennt, so wird die Zahl in den 2. Mai konvertiert. Ein Löschen bewirkt nur das Löschen des Inhaltes, nicht der Formatierung. Wird nun korrekt 2,5 eingetippt, so wird es in den 2. Januar gedreht. Erst ein korrektes Löschen (BEARBEITEN / LÖSCHEN / FORMATE) oder Umformatieren der Zelle (FORMAT / ZELLEN / ZAHLEN) hilft weiter.

Analog zum Datum verhält es sich mit Zeitangaben. Leider gibt es hierfür keine elegante Möglichkeit, Uhrzeiten auf der rechten Zahlentastatur einzugeben. Der Doppelpunkt kann durch kein anderes Zeichen ersetzt werden, auch nicht durch einen Punkt! Sonst würde unweigerlich „kurz nach High Noon" von 12:05 (Uhr) zu 12.05 mutieren. Letzteres entspricht dem Datum 12. Mai.

Eine Uhrzeit 12:00 Uhr (mittags) kann auf verschiedene Weisen dargestellt werden:

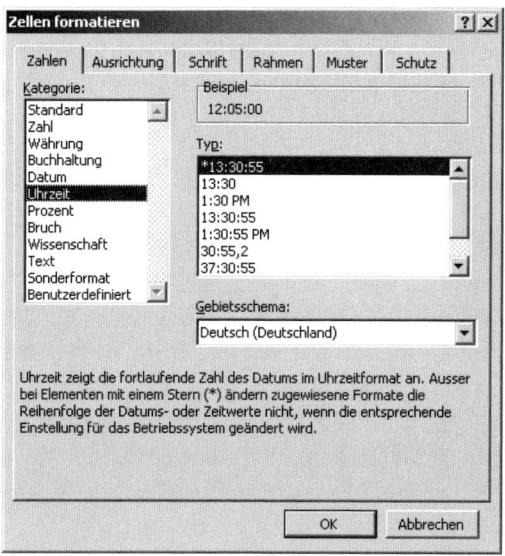

Abbildung 1.12 Verschiedene Darstellungen derselben Uhrzeit

Tabelle 1.3 Die Uhrzeitformate

Zeichen	Bedeutung	Bei 08:05
h	Stunde in der Kurzform	8
hh	Stunde in der Langform	08
[h]	Stunden über 24:00 (Uhr)	08
m	Minute in der Kurzform	5
mm	Minute in der Langform	05
s	Sekunde in der Kurzform (hier nicht vorhanden)	0
ss	Sekunde in der Langform (hier nicht vorhanden)	00
AM/PM	das amerikanische 12-Stunden-Zeitformat	08:05 AM

Weitere Formate

Excel stellt einige Sonderformatierungen zur Verfügung, die man selbst erzeugen könnte: Postleitzahlen, wie beispielsweise D-80337, Versicherungsnachweisnummern, Sozialversicherungsnummern oder die ISBN-Formate.

Wahrheitswerte

Wird in eine Zelle der Text „wahr" oder „falsch" eingetragen, dann steht in der Zelle WAHR oder FALSCH. Ganz genau steht der Wert 1 (WAHR) oder 0 (FALSCH) in der Zelle. Dies kann leicht ermittelt werden, indem die Zelle mit 1 multipliziert wird. Normalerweise werden Sie nicht die beiden Begriffe in eine Zelle eintragen. Allerdings werden sie an vielen Stellen als Zwischenergebnis verwendet. Oder könnten das Ergebnis einer Funktion sein.

1.2.3 Löschen

Manchmal ist gewünscht, dass Zahlenformate entfernt werden. Dazu können Sie das Format auf Standard zurücksetzen. Es bedeutet, dass Texte erneut linksbündig, Zahlen rechtsbündig und Datums- und Uhrzeitformate korrekt dargestellt werden.
Um ein Format zu löschen, ohne den Inhalt der Zelle zu verändern, muss das Menü BEARBEITEN / LÖSCHEN / FORMATE verwendet werden. Dann wird beispielsweise 500 wieder als Zahl 500 und nicht als Datum 14.05.1901 angezeigt.
Tipp: Was sich „unterhalb" einer Zelle befindet, ist nicht sichtbar, auch nicht, welcher Wert sich wirklich in der Zelle befindet. Ob nun 1 oder 0,6 (formatiert ohne Nachkommastellen) sich in der Zelle befindet, kann nur ermittelt werden, wenn der Cursor auf die Zelle gesetzt und in der Eingabezeile nachgesehen wird. Oder indem die Zelle per Doppelklick oder per <F2> editiert wird. Das Gleiche gilt auch für Formeln. Wenn Sie in einer Zelle 300 sehen, so kann in der Zelle die Zahl 300 stehen, die formatierte Zahl 300,01 oder eine Rechnung oder Funktion.

1.2.4 Zusammenfassung

Excel ist mehr als eine riesige Tabelle, in die verschiedene Dinge eingetragen werden. Sehr viel mehr. Das merken Sie schon bei der Eingabe. Excel unterscheidet konsequent zwischen Zahlen und Texten. Wollen Sie mit Werten rechnen, dann müssen Sie diese als Zahlen eingeben. Und als solche können sie formatiert werden. Achtung bei der Zahleneingabe: Einige textähnliche Gebilde wie Telefonvorwahlen oder Postleitzahlen können hierbei zu Problemen führen. Wie man ihnen begegnet und wie man mit vorformatierten Zellen umgeht, wurde in diesem Kapitel beschrieben.

2

Rechnen in Excel

2.1 Die Grundrechenarten

Excel ist eine Tabellenkalkulation. Natürlich wird Excel (zu Recht) auch gerne verwendet, um große Tabellen darzustellen und zu gestalten. Hier hat Excel sehr leistungsfähige Seiten. Dennoch: Eine der Stärken von Excel ist das Rechnen. Beginnen wir bei den vier (oder fünf) Grundrechenarten:

Gerechnet wird in erster Linie mit Zellen, nicht mit Zahlen. Das heißt, es werden Bezüge zu Zellen hergestellt, in denen sich Zahlen (oder selten Texte) befinden. Dies hat den Vorteil, dass diese Zahlen geändert werden können, die Bezüge allerdings vorhanden bleiben. Somit braucht die Rechnung nicht erneut durchgeführt zu werden – dies erledigt Excel schließlich alleine. Und automatisch!

Natürlich könnte man auch mit Zahlen rechnen. Dann allerdings müssten beim Ändern der Zahlen auch die Rechenoperationen geändert werden. Deshalb empfiehlt es sich, mit Bezügen zu rechnen. Sie werden im Folgenden erklärt.

Angenommen, Sie haben in einer Tabelle mehrere Zahlen eingegeben und formatiert. Übrigens befindet sich das Euro-Zeichen seit Excel 2000 in den Währungs- und Buchhaltungsformaten. Als Symbol finden Sie es in der Formatierungssymbolleiste, wenn das Add-In „Euro-Währungstool" aktiviert ist (Menü EXTRAS / ADD-INS).

	A	B	C	D
1		Einnahmen	Ausgaben	Gewinn
2	Januar	12.500,00 €	6.000,00 €	
3	Februar	13.000,00 €	5.000,00 €	
4	März	13.000,00 €	5.500,00 €	
5	April	12.500,00 €	6.000,00 €	
6	Mai	14.500,00 €	6.500,00 €	
7	Juni	13.000,00 €	6.500,00 €	
8	Juli	15.000,00 €	5.000,00 €	
9	August	15.000,00 €	7.000,00 €	
10	September	12.500,00 €	7.000,00 €	
11	Oktober	13.500,00 €	6.500,00 €	
12	November	14.500,00 €	5.000,00 €	
13	Dezember	15.000,00 €	5.500,00 €	

Abbildung 2.1 Der Gewinn soll ausgerechnet werden.

Um die Differenz zweier Zahlen zu bilden, müssen Sie ein Gleichheitszeichen (=) eingeben. Benutzer, die von Lotus 1-2-3 auf Excel umgestiegen sind, können in Excel noch immer das Pluszeichen eingeben – es wird dann automatisch in =+ verwandelt. Wer sehr gerne mit der Maus arbeitet, konnte bis Excel 2000 das Gleichheitszeichen neben der Eingabezeile anklicken. Egal was Sie tun, danach stehen Ihnen drei Möglichkeiten zur Verfügung:

1. Sie können mit der Maus auf die Zelle klicken, mit der Sie rechnen möchten. Excel zeigt den Namen der ausgewählten Zelle in der Eingabezeile noch einmal an.
2. Sie können den Namen der Zelle eingeben (zum Beispiel b2 oder B2 – Groß- und Kleinschreibung spielen keine Rolle).
3. Sie können mit den Pfeiltasten den Cursor auf die Zelle setzen, mit der Sie rechnen möchten:

SUMME		▼ X ✓ fx	=B2	
	A	B	C	D
1		Einnahmen	Ausgaben	Gewinn
2	Januar	12.500,00 €	6.000,00 €	=B2
3	Februar	13.000,00 €	5.000,00 €	

Abbildung 2.2 Gerechnet wird mit Zellen

Danach folgt ein Zeichen der Grundrechenart, in unserem Fall ein Minus; und schließlich die zweite Zelle, beispielsweise C2. Sie kann genauso angewählt werden wie B2.

2 Rechnen in Excel

	A	B	C	D
	SUMME	▾ ✗ ✓ ƒx	=B2-C2	
1		Einnahmen	Ausgaben	Gewinn
2	Januar	12.500,00 €	6.000,00 €	=B2-C2
3	Februar	13.000,00 €	5.000,00 €	

Abbildung 2.3 Die Differenz zweier Zellen wird gebildet.

Das Ergebnis wird mit <Enter>, mit <Tab> oder durch Klicken auf den grünen Haken in der Eingabezeile bestätigt.

Zum Rechnen stehen Ihnen folgende Möglichkeiten offen:

1. Sie können lediglich einen Bezug auf eine Zelle herstellen, so dass der Zellinhalt wiederholt wird.
   Beispiel: =B2
   Dabei ist es uninteressant, ob sich in der Zelle eine Zahl oder ein Text befindet. Der Inhalt wird wiederholt.
2. Sie können mit Zellen und Zahlen rechnen.
   Beispiel: =B2*16%
   Dabei stehen Ihnen die Symbole der fünf Grundrechenarten zur Verfügung:
   plus (+), minus (-), mal (*), geteilt (/) und hoch = Potenz (^). Verwechseln Sie nicht geteilt (/) mit dem Doppelpunkt (:). Dieser ist für die Uhrzeit und Bereiche reserviert. Ebenso ist der Buchstabe x ein x und kein Multiplikationszeichen! Auch der Punkt kann nicht für die Multiplikation verwendet werden. Wenn Sie potenzieren, dann müssen Sie das Carêt-Zeichen neben der 1 drücken und danach die Leertaste. Sonst würde aus der Formel
   =D2^E2
   folgende fehlerhafte Eingabe werden:
   =D2Ê2
   Statt der Zahl 16% könnte genauso 0,16 geschrieben werden. Schließlich sind die beiden Zahlen gleich.
3. Sie können mit mehreren Zellen rechnen.
   Beispiel: =(B2*(C2-D2)+100)/5
   Dabei gilt die Prioritätenliste, wie sie aus dem Mathematikunterricht der Mittelstufe der Schule bekannt ist:
- Oberste Priorität: Klammern
- Zweite Priorität: Potenzen
- Dritte Priorität: Punktrechnung (*, /)
- Geringste Priorität: Strichrechnung (+, -)

Übrigens könnte man die Schreibweise =B4*1% auch abkürzen, indem man schreibt: =B4%. Dann wird die Zahl, die sich in der Zelle B4 befindet, durch 100 geteilt.

Wenn Ihnen das abwechselnde Klicken und Schreiben der Symbole der Grundrechenarten nicht gefällt, wenn Sie lieber das Rechnen per Maus erledigen möchten, können Sie sich über das Menü ANSICHT / SYMBOLLEISTEN / ANPASSEN eine neue Symbolleiste erstellen, in die Sie aus der Kategorie „Einfügen" des Registerblatts „Befehle" die entsprechenden Symbole ziehen.

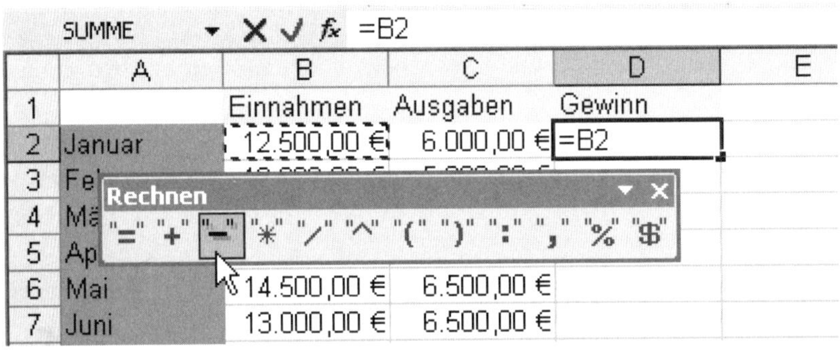

Abbildung 2.4 Eine neue Symbolleiste mit neuen Symbolen

So kann durch reine Maussteuerung eine Formel erstellt werden. Dennoch werden Sie um das Tippen bei den Formeln oder Formelteilen (fast) nicht herumkommen! Übrigens: Sollten Sie fälschlicherweise den Bezug nach Eingabe der Formel folgendermaßen sehen:
=ZS(-2)-ZS(-1)
dann haben Sie im Menü EXTRAS / OPTIONEN im Registerblatt „Allgemein" die Bezugsart Z1S1 aktiviert. Dann zeigt Excel die Zelle in Relation zur aktuellen Zelle an. Das heißt, ZS(-2) bedeutet: in der gleichen Zeile (Z), aber zwei Spalten (S) nach rechts (-2). Intern werden die Bezüge gleich verwaltet, jedoch ist die Anzeige B2 der Anzeige ZS(-2) vorzuziehen.
Es können in diesen Dialogblättern noch einige weitere wichtige Dinge eingestellt werden. Wenn Sie nicht möchten, dass null als Ergebnis angezeigt wird, so können Sie diese Option im ersten Blatt „Ansicht" ausschalten. Dies ist vor allem dann sinnvoll, wenn Sie Bezüge auf leere Zellen herstellen, die erst später gefüllt werden. So wird die Zahl 0 als Ergebnis einer Rechnung nicht angezeigt.
Wenn Sie sich die Formeln direkt auf dem Blatt ansehen möchten, so können Sie dies im gleichen Registerblatt „Ansicht" unter der Option „Formeln" einschalten. Excel druckt die Seite dann mit den Formeln aus! Manchmal ist es ja gerade gewünscht, dass komplexe Formeln als Formeln ausgedruckt werden. Dies kann auch mit der Tastenkombination <Strg> + <#> erreicht werden. Bevor Sie Formeln ausdrucken, sollten Sie im Menü DATEI / SEITE EINRICHTEN / TABELLE die Option „Zeilen- und Spaltenüberschriften" aktivieren. Damit erscheinen auf dem Papier die Spaltenköpfe „A", „B", „C" ... und die Zeilenköpfe „1", „2", „3" ... Sie erleichtern das Nachvollziehen der ausgedruckten Formeln und Funktionen.

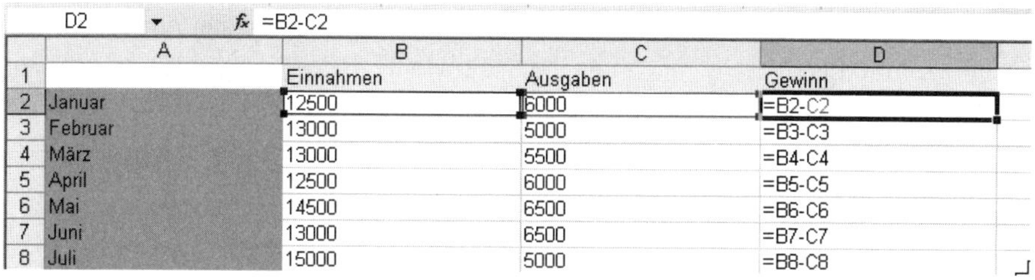

2 Rechnen in Excel

	A	B	C	D
1		Einnahmen	Ausgaben	Gewinn
2	Januar	12500	6000	=B2-C2
3	Februar	13000	5000	=B3-C3
4	März	13000	5500	=B4-C4
5	April	12500	6000	=B5-C5
6	Mai	14500	6500	=B6-C6
7	Juni	13000	6500	=B7-C7
8	Juli	15000	5000	=B8-C8

Abbildung 2.5 Die Funktionen können sichtbar gemacht und ausgedruckt werden.

2.1.1 Die Bezüge

Nachdem nun die erste Zeile berechnet wurde, können auch die anderen Zellen ausgerechnet werden: durch Herunterziehen oder Kopieren der Zelle. Beim Kopieren kann der Zielbereich markiert werden, die kopierte Formelzelle wird in alle Zielzellen eingefügt.

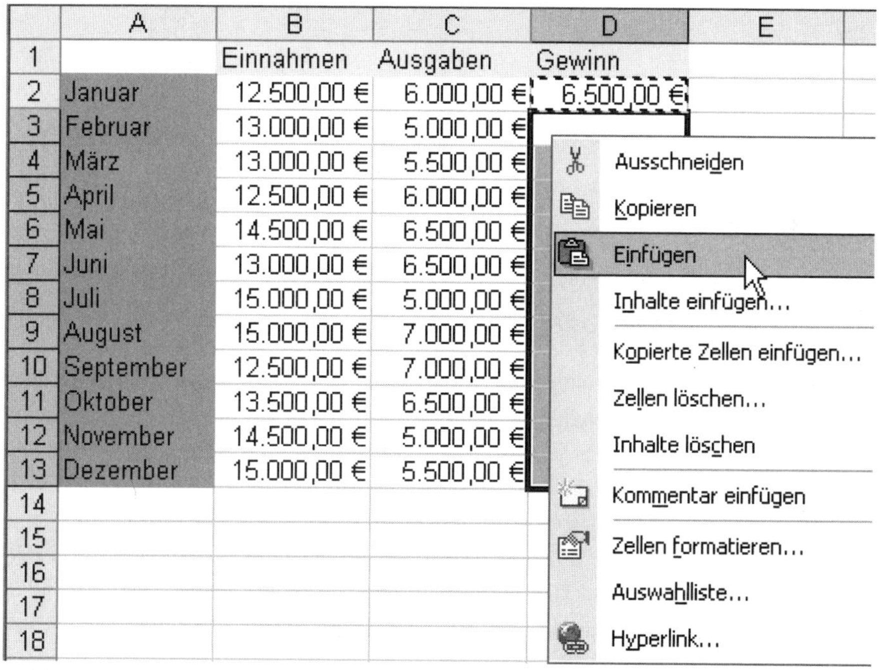

Abbildung 2.6 Die Formel wird über Kopieren und Einfügen auf andere Zellen übertragen.

Tipp: Schneller funktioniert es durch Herunterziehen. Setzen Sie den Cursor auf das untere rechte schwarze Kästchen und ziehen dieses so weit herunter, wie Sie Formeln haben möchten. Dabei muss der Cursor ein kleines schwarzes Kreuz bilden.

Noch einfacher ist es, wenn Sie auf das kleine schwarze Kästchen doppelklicken. Dann wird die Liste so weit nach unten gefüllt wie die linke Spalte daneben.

	A	B	C	D	E
1		Einnahmen	Ausgaben	Gewinn	
2	Januar	12.500,00 €	6.000,00 €	6.500,00 €	
3	Februar	13.000,00 €	5.000,00 €		
4	März	13.000,00 €	5.500,00 €		
5	April	12.500,00 €	6.000,00 €		
6	Mai	14.500,00 €	6.500,00 €		
7	Juni	13.000,00 €	6.500,00 €		
8	Juli	15.000,00 €	5.000,00 €		
9	August	15.000,00 €	7.000,00 €		
10	September	12.500,00 €	7.000,00 €		
11	Oktober	13.500,00 €	6.500,00 €		
12	November	14.500,00 €	5.000,00 €		
13	Dezember	15.000,00 €	5.500,00 €		
14					
15					
16					
17					
18					

Abbildung 2.7 Der Doppelklick funktioniert schneller.

2.1.2 Ein absoluter oder ein fester Bezug

Was passiert aber im folgenden Fall: Gegeben sei eine Fahrtkostenabrechnung. In einer Zelle steht der Kilometerpreis, in mehreren Spalten stehen die Namen der Personen, die regelmäßige Strecken fahren. Für sie wird der Kilometersatz berechnet. Dabei stehen für jeden Fahrer zwei Spalten zur Verfügung. In der ersten werden die gefahrenen Kilometer (als Zahlen) eingetragen – sie erscheinen auf Grund der Formatierung mit „km". Für Anton werden die beiden Zellen (B4 und B1) miteinander multipliziert – das Ergebnis steht in der Zelle C4. Es kann gleich als Währung formatiert werden. Für den 1.10.02 den Tagessatz für Anton zu berechnen, erscheint noch nicht schwierig.

Das Ergebnis, das Produkt aus Kilometern und Kilometerpauschale (48,36 €), ist völlig korrekt. Allerdings produziert das Herunterziehen Fehler:

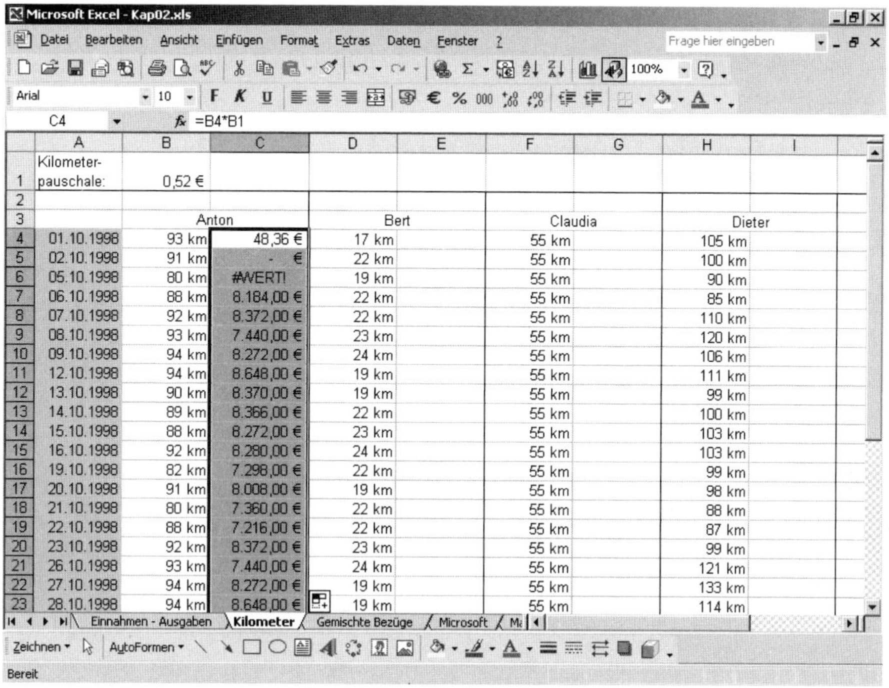

2 Rechnen in Excel 31

Abbildung 2.8 Völlig falsche Werte tauchen nach dem Herunterziehen auf.

Die Quelle der Fehler ist schnell gefunden: beim Herunterziehen oder Herunterkopieren wandert sowohl die Zelle B4 (die gefahrenen Kilometer) nach unten als auch der Bezug auf die Zelle der Kilometerpauschale (B1). Der erste Bezug ist richtig, der letzte falsch. Die Zelle B1 muss „festgehalten" werden. Das Zeichen hierfür ist ein $-Zeichen, also statt
=B4*B1
muss stehen:
=B4*$B$1
Das $-Zeichen kann getippt oder über die Funktionstaste <F4> erzeugt werden. Dazu muss der Cursor auf dem richtigen Zellbezug sitzen, der von einem relativen Bezug in einen absoluten Bezug verwandelt wird. Das heißt, der Cursor kann vor, hinter oder direkt auf dem Zellbezug sitzen. Also folgendermaßen:
=B4*|B1
=B4*B|1
=B4*B1|
Die Rechnung wird bestätigt, die Zelle, in der die Funktion steht, kann nun in die anderen Spalten kopiert werden: Durch den absoluten Bezug wird immer auf die Zelle $B$1 zurückgegriffen.
Übrigens könnte man das $-Zeichen auch als Symbol in eine vorhandene oder eine neue Symbolleiste legen (über das Menü ANSICHT / SYMBOLLEISTEN / ANPASSEN

aus der Kategorie „Extras"). Diese Variante hat allerdings den Nachteil, dass das Symbol nur das $-Zeichen in eine Formel einfügt und nicht den gesamten Bezug in einen absoluten Bezug verwandelt.

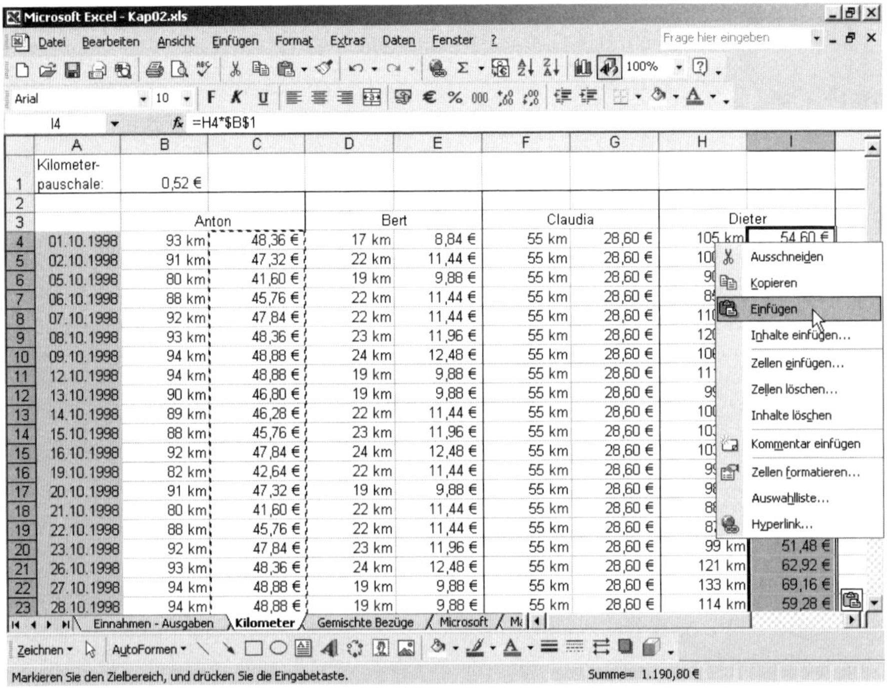

Abbildung 2.9 Die Funktionen werden übertragen.

2.1.3 Gemischte Bezüge

Manchmal gibt es auch den Fall, dass beim Herunterziehen der Bezug auf eine Zelle festgehalten werden soll, beim Ziehen von links nach rechts allerdings nicht. Beispiel: In einer Tabelle werden verschiedene Produkte aufgelistet, denen in unterschiedlichen Monaten Zahlen zugewiesen werden (Verkaufszahlen, Umsätze, Ausfälle ...). Bleiben wir bei den gefahrenen Kilometern verschiedener Fahrer. Jeder hat ein Soll zu erfüllen. Im oberen Teil der Tabelle werden die Istzahlen eingetragen, im unteren werden die prozentualen Sollzahlen errechnet.

Beim Herunterziehen soll der Bezug auf die Sollzahl absolut bleiben, beim Herüberziehen sich allerdings verändern, da für jeden der Fahrer ein unterschiedlicher Wert angenommen wird. Das heißt: Die Zeile (hier die Zeile 28 in Abbildung 2.12) bleibt fest, die Spalte ist veränderbar (relativ). Das erneute Drücken von <F4> bewirkt ein Umschalten von B28 auf $B$28 auf B$28 auf $B28. Insgesamt ergeben

sich vier Möglichkeiten – vielleicht kann man sich so die Taste <F4> leicht merken. Die letzten beiden sind gemischte Bezüge – sie werden hier verwendet. Wird die Zeile festgehalten, so muss das $-Zeichen vor der Zahlenangabe stehen, vor der Spaltenkennung darf nichts stehen. Im obigen Fall lautet die Formel:
=B4/B$28
Bei richtiger Formatierung wird eine Prozentzahl als Ergebnis angezeigt. Diese Formel kann nun nach rechts und nach unten gezogen werden:

	A	B	C	D	E	F
24	28.10.1998	94	19	55	114	62
25	29.10.1998	90	22	55	108	55
26	30.10.1998	89	23	55	111	57
27						
28	Soll:	85	25	55	115	55
29						
30	01.10.1998	=B5/B$28	68,00%	100,00%	91,30%	109,09%
31	02.10.1998	107,06%	88,00%	100,00%	86,96%	109,09%
32	05.10.1998	94,12%	76,00%	100,00%	78,26%	109,09%
33	06.10.1998	103,53%	88,00%	100,00%	73,91%	100,00%

Abbildung 2.10 Ein gemischter Bezug

Damit sind drei der wichtigsten Rechenmöglichkeiten in Excel erklärt: das Verknüpfen zweier oder mehrerer Zellen mit den Grundrechenarten, das Setzen eines absoluten (oder gemischten) Bezugs und das Herunterziehen beziehungsweise Herüberziehen einer Rechnung.

Bis auf wenige Ausnahmen (vor allem Matrixfunktionen) basieren alle komplexen Funktionen, wie sie in Kapitel 6 beschrieben werden, auf diesem Prinzip. Dort werden noch einmal relative und absolute Bezüge auftauchen, ebenso wie die Technik des Ziehens (oder Kopierens).

2.1.4 Rechnen mit Namen

Es geht auch ohne absolute und relative Bezüge. Sie können einer Zelle über das Menü EINFÜGEN / NAMEN / DEFINIEREN einen Namen geben (Abbildung 2.11). Dann kann mit dieser Zelle gerechnet werden, indem Sie statt des festen Bezugs
=B4*$B$1
den Namen der Zelle verwenden, wie im folgenden Beispiel gezeigt wird:
=B4*Kilometerpauschale
Excel greift nun beim Rechnen auf die Zelle zurück, die diesen Namen trägt.
Ebenso kann ein Bereich einen Namen tragen. So können markierte Zellen mit dem Namen „Einnahmen" oder andere mit „Ausgaben" benannt werden (Abbildung 2.12).

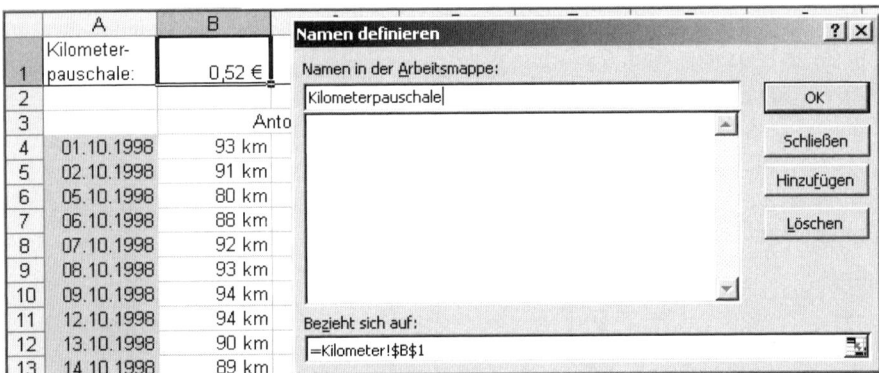

Abbildung 2.11 Eine Zelle erhält einen Namen.

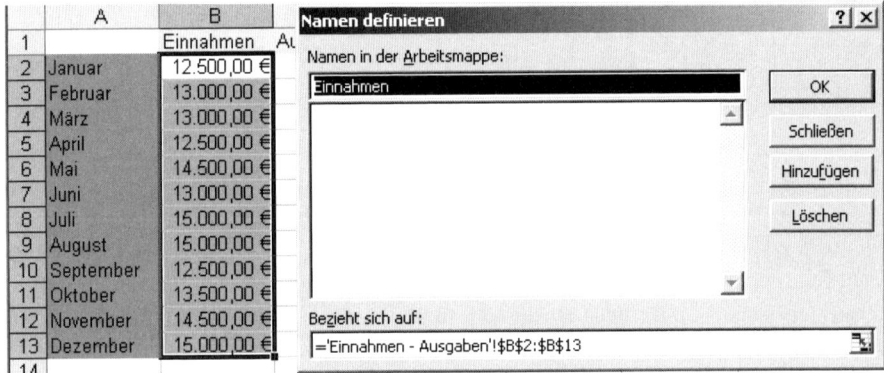

Abbildung 2.12 Ein markierter Bereich wird „Einnahmen" genannt.

In der Gewinnzelle kann nun die Formel
=Einnahmen-Ausgaben
stehen. Excel rechnet zeilenweise. Unter der Zahlenkolonne könnte beispielsweise die Formel
=SUMME(Einnahmen)
zu finden sein – dies würde alle Zellen des so benannten Bereichs addieren.
Die gesamten Beispiele, die in Kapitel 6 erläutert werden, verwenden keine Namen, sondern nur absolute Zellbezüge. Sie können allerdings jederzeit die Formeln entsprechend ändern, indem Sie der Zelle einen Namen zuweisen und den absoluten Bezug der Formel durch den entsprechenden Namen ändern.
Prinzipiell macht es keinen Unterschied, ob mit absoluten Bezügen oder mit Namen gerechnet wird. Ich persönlich ziehe die Bezüge vor, da aus einer Formel
=SUMME(Einnahmen)
nicht sofort erkennbar ist, wo sich die Zelle oder der Bereich „Einnahmen" befindet. Die Liste aller Namen kann links neben der Eingabezeile in der Dropdown-

Liste eingesehen werden. Wird ein Name ausgewählt, so wird die entsprechende Zelle oder der entsprechende Bereich angesprungen. Im Menü EINFÜGEN / NAMEN / DEFINIEREN finden sich in einer Liste alle vorhandenen Namen der Excel-Mappe. Wird einer ausgewählt, so zeigt die Eingabezeile darunter den zugehörigen Bereich an.

2.2 Ein Beispiel

2.2.1 Relative und absolute Bezüge

Die Firma Microsoft entwickelt für ihre Kunden ein Bestellformular, auf dem der Kunde eintragen kann, welche Produkte er zu welchem Preis einkaufen möchte. Für ihn ist eine Spalte reserviert, in die er seine Zahlen eingibt. Der Einkaufspreis, den er sieht, teilt sich auf in den Lizenzpreis für das Produkt und den CD-ROM-Preis, der zuzüglich verlangt wird. Trägt nun der Kunde in die für ihn bereitgestellte Spalte die Anzahl der gewünschten Produkte ein, dann wird der Endpreis für jedes der einzelnen Produkte berechnet, aber auch die Endsumme.

	A	B	C	D	E	F	G
1	FORMULAR zum Bestellen von Microsoft-Produkten						
2							
3	Im Rahmen des Select-Vertrags der ASK						
4	Alle Preise in DM incl. MWSt.!						
5							
6	Produkt	Lizenzpreis	Zahl d.	Preis/CD-ROM	Summe	Anz.	Endsumme
7			CD-ROMs	2,50 €			
8	MS-Access	132,00 €	3				
9	MS-Excel	132,00 €	2				
10	MS-Frontpage	132,00 €	1				
11	MS-Office	193,00 €	5				
12	MS-Powerpoint	132,00 €	1				
13	MS-Project	132,00 €	2				
14	MS-Visio	132,00 €	2				
15	MS-Word	116,00 €	2				
16	MS-Windows 98	84,00 €	4				
17	MS-Windows ME	585,00 €	4				
18	MS-Windows 2000	612,00 €	5				
19							
20							

Abbildung 2.13 Das Microsoft-Formular

Übrigens: Man könnte den Text „Zahl d. CD-ROMs" in eine Zelle schreiben und dann durch das Menü FORMAT / ZELLEN / AUSRICHTUNG „Zeilenumbruch" einen automatischen Zeilenumbruch einschalten. Man könnte auch direkt bei der Eingabe in eine Zelle in die nächste Zeile springen, indem man die Tastenkombination <Alt> + <Enter> drückt. Beides ist hier allerdings nicht vorgenommen worden, da

in der Zelle D7 die Zahl 2,50 steht. Alleine! Würde dort nämlich der Text „Preis/CD-ROM 2,50 EUR" stehen, dann könnte Excel mit dieser Text-Zahlen-Kombination nicht mehr rechnen.
Die Zahlen für den Lizenzpreis und die Anzahl der CD-ROMs sind fest. Damit diese Zahl mit dem festen Preis von 2,50 Euro multipliziert werden kann, muss der Wert absolut gesetzt werden, oder die Zelle, in der der Wert 2,5 steht, erhält einen Namen (beispielsweise Diskettenpreis). Nun kann auf die Zelle entweder zugegriffen werden mit
=C10*$D$8
oder über den Zellnamen
=C10*Diskettenpreis
Diese Rechnung kann nach unten kopiert, gezogen oder – noch eleganter – mit einem Doppelklick auf das Kästchen gezogen werden. Die Summe bildet man mit
=B10+D10
oder mit der Summenformel
=SUMME(B10;D10)
Es funktioniert auch die Formel
=SUMME(B10+D10)
Allerdings wird zweimal die Summe berechnet, so dass Excel zwei Rechnungen ausführt, wo nur eine nötig wäre. Besser ist entweder nur
=SUMME(B10;D10)
zu verwenden oder die Summe mit =B10+D10 zu berechnen.
Die Anzahlspalte bleibt dem Benutzer, während die Endsumme wieder das Produkt aus der Anzahl und der Summe darstellt. Unter der Spalte wird die Summe gezogen.
Damit der Benutzer nur ganze Zahlen in einem Bereich zwischen 1 und 2500 eintragen kann, wird dies in der Spalte über den Menüpunkt DATEN / GÜLTIGKEIT geregelt. Dort wird eine ganze Zahl in einem Wertebereich zwischen 1 und 2500 zugelassen. Sollte der Benutzer eine andere Zahl oder gar Text eingeben, so erhält er eine Fehlermeldung. Diese kann im Registerblatt „Fehlermeldung" festgelegt werden. Wollen Sie den Benutzer darüber informieren, was er eingeben darf (und was nicht), so können Sie dies in der Eingabemeldung vornehmen.
Schließlich könnte die Datei noch geschützt werden, das heißt, der Benutzer hat nur das Recht, auf die Zellen der Anzahlspalte zuzugreifen und dort etwas einzugeben beziehungsweise zu verändern, jedoch nicht bei den berechneten Preisen. Dazu wird für die Spalte, in die der Benutzer etwas einträgt, über den Menüpunkt FORMAT / ZELLEN / SCHUTZ die Option „Gesperrt" aufgehoben. Dies, so wird im Kommentar des Dialogblatts erklärt, wird nur dann wirksam, wenn der Blattschutz aktiviert wird. Den Blattschutz können Sie über EXTRAS / SCHUTZ / BLATT einschalten. Wird ein Kennwort vergeben, so hat der Benutzer keine Möglichkeit, das Tabellenblatt zu „knacken".

2 Rechnen in Excel

	A	B	C	D	E	F	G
	D8	▼	fx =C8*$D$7				
1	FORMULAR zum Bestellen von Microsoft-Produkten						
2							
3	Im Rahmen des Select-Vertrags der ASK						
4	Alle Preise in DM incl. MWSt.!						
5							
6	Produkt	Lizenzpreis	Zahl d.	Preis/CD-ROM	Summe	Anz.	Endsumme
7			CD-ROMs	2,50 €			
8	MS-Access	132,00 €	3	7,50 €	139,50 €	1	139,50 €
9	MS-Excel	132,00 €	2	5,00 €	137,00 €		- €
10	MS-Frontpage	132,00 €	1	2,50 €	134,50 €	5	672,50 €
11	MS-Office	193,00 €	5	12,50 €	205,50 €		- €
12	MS-Powerpoint	132,00 €	1	2,50 €	134,50 €		- €
13	MS-Project	132,00 €	2	5,00 €	137,00 €		- €
14	MS-Visio	132,00 €	2	5,00 €	137,00 €	10	1.370,00 €
15	MS-Word	116,00 €	2	5,00 €	121,00 €		- €
16	MS-Windows 98	84,00 €	4	10,00 €	94,00 €	10	940,00 €
17	MS-Windows ME	585,00 €	4	10,00 €	595,00 €		
18	MS-Windows 2000	612,00 €	5	12,50 €	624,50 €		
19							
20							

Abbildung 2.14 Das fertige Formular

Es ist inzwischen sicherlich hinlänglich bekannt, wie man den Schutz auch ohne Kennwort öffnen kann. Markieren Sie das gesamte Tabellenblatt (beispielsweise durch Mausklick auf das linke obere Kästchen oder über <Strg> + <A>. Kopieren Sie alle Zellen. Wechseln Sie danach in ein offenes, leeres Tabellenblatt und fügen dort den Inhalt des Zwischenspeichers ein. Nun haben Sie alle Werte, alle Formeln, alle Formatierungen, und: das neue Blatt ist nicht geschützt! Schutzmechanismen in Microsoft-Produkten sind mit viel Vorsicht zu genießen – in Excel-Tabellen gehören keine sensiblen, vertraulichen oder geheimen Daten, ohne viel Aufwand könnten sie eingesehen werden.

Alternativ kann das Blatt ohne Kennwort geschützt werden; dann kann es allerdings jederzeit geöffnet werden. Wenn Sie ein Blatt schützen, so empfiehlt es sich, die größtmöglichen Zahlen zu testen, da der Benutzer bei eingeschaltetem Schutz keine Möglichkeit hat, eine Spalte zu verbreitern.

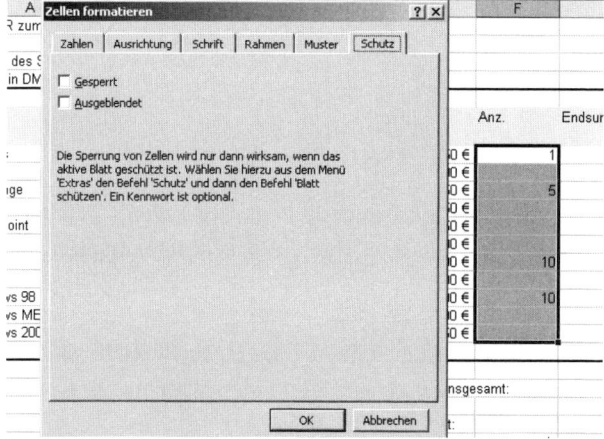

Abbildung 2.15 Der Zellschutz, der vor dem Blattschutz ausgeschaltet wird

2.3 Funktionen

Die Summe der Zahlen der letzten Spalte wird gebildet, indem der Cursor in der Zielzelle steht, der Benutzer auf das Summenzeichen (Σ) klickt und den Vorschlag von Excel, falls er korrekt ist, bestätigt. Beispielsweise könnte die Summe für eine Kolumne lauten:
=SUMME(G4:G14)
für mehrere, voneinander unabhängige Spalten:
=SUMME(G4:G14;K4:K14)
Jede Funktion hat den gleichen syntaktischen Aufbau. Jede Funktion beginnt mit einem Gleichheitszeichen, jede Funktion hat einen Namen, und jede Funktion hat eine Klammer. Einige wenige Funktionen haben keinen Wert in der Zelle stehen, beispielsweise =HEUTE(), =JETZT(), =PI(), =WAHR(), =FALSCH(). Auch wenn kein Argument verlangt wird, müssen Sie die Klammer schreiben, damit Excel die Funktion erkennt.
Eine Reihe von Funktionen dagegen verlangt einen Wert, der in der Regel in einer Zelle steht. Steht in A1 die Zahl 5, so könnte berechnet werden: =SIN(A1), =EXP(A1) und =DEZINBIN(A1). Diese Funktionen berechnen den Sinus, die Potenz zur Basis e beziehungsweise wandeln die Zahl in eine binäre um. Der Wert, den die Funktion verlangt, ist entweder eine Zahl (ABS), ein Text (LÄNGE), ein Fehlerwert (FEHLER.TYP) oder ein Wahrheitswert (NICHT).
Schließlich gibt es eine Reihe von Funktionen, die auf einen festgelegten größeren Bereich zugreifen: =SUMME(A1:A112), =MAX(A1:A112), =MITTELWERT (A1:A112), =MIN(A1:A112). Sie berechnen die Summe, das Maximum, den Durchschnitt oder das Minimum des angegebenen Bereichs. Bereiche werden in Excel durch einen Doppelpunkt gekennzeichnet. Greifen die Funktionen auf unterschiedliche Bereiche zu, so sind sie durch ein Semikolon voneinander zu trennen:
=SUMME(A1:A112;D1:D112),   =MITTELWERT(A1:A112;D1:D112)   oder =MAX(A1:A112;D1:D112). Man könnte mit der Funktion SUMME die ersten drei Zellen wie folgt addieren:
=SUMME(A1:A3)
=SUMME(A1;A2;A3)
=SUMME(A1;A2+A3)
=SUMME(A1;A2;A3;;;;)
Die Obergrenze an Argumenten liegt bei 30. Fehlende Argumente werden entsprechend ihres Datentyps durch 0, FALSCH oder "" (leere Zeichenfolge) ersetzt. Alle vier Varianten entsprechen der Formel
=A1+A2+A3
Sehr viele Funktionen verlangen nicht nur einen Wert oder einen Bereich, sondern verschiedene Werte. Auch diese werden durch ein Semikolon getrennt. Beispielsweise benötigt die Funktion RUNDEN zwei Parameter:
=RUNDEN(Zahl; Anzahl_Stellen)

2 Rechnen in Excel

Mit Zahl ist die Zahl gemeint, die gerundet werden soll, mit Anzahl_Stellen die Anzahl der Stellen, auf die gerundet werden soll. So liefert beispielsweise:
=RUNDEN(1,95583;3) die Zahl 1,955
=RUNDEN(1,95583;2) ergibt 1,96.
So wie das Semikolon einzelne Bereiche verkettet, kann das Leerzeichen zwei Bereiche voneinander abziehen, das heißt die Schnittmenge bilden. Das bedeutet:
=SUMME(A1:B3;B1:C2)
berechnet: =A1+A2+A3+B1+B2+B3+B1+B2+C1+C2
=SUMME(A1:B3 B1:C2)
berechnet: =B1+B2
Will man die echte Vereinigungsmenge bilden, so müsste man die beiden Summen voneinander abziehen, da =SUMME(A1:B3;B1:C2) den Bereich B1:B2 doppelt addiert:
=SUMME(A1:B3;B1:C2)-SUMME(A1:B3 B1:C2)
Im folgenden Beispiel können die fünf (wohl häufigsten) statistischen Funktionen auf die letzte Spalte angewendet werden. Berechnet werden soll die Summe, der Mittelwert, das Maximum und das Minimum der Zahlen. Hierzu nehmen Sie den Funktionsassistenten f_x, der sich hinter dem Summenzeichen Σ (bis Excel 2000) oder in der Eingabezeile (Excel 2002), unter dem Befehl „Weitere Funktionen" befindet. Klicken Sie im oberen Fenster auf die Kategorie „Statistik" und im unteren auf die Funktion MITTELWERT. Achtung bei ähnlich lautenden Funktionsnamen: Es existiert auch eine MITTELABW, ein MITTELWERTA und ein MODALWERT!

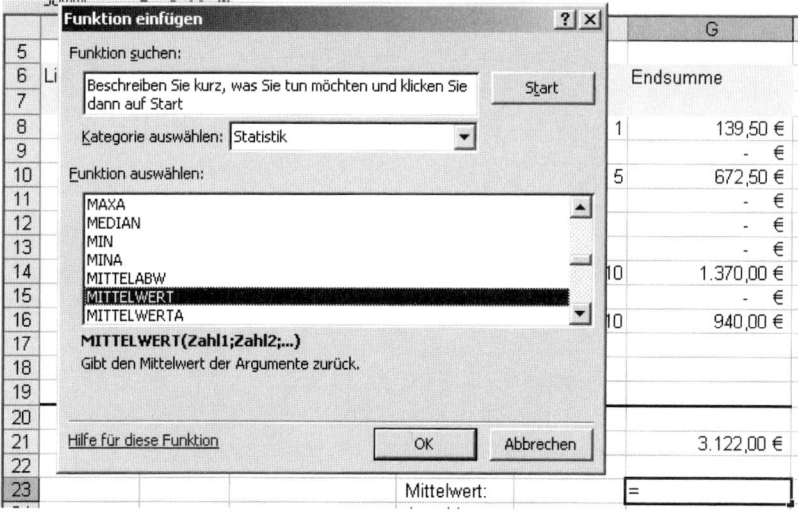

Abbildung 2.16 Der Funktionsassistent – Schritt 1

Ein Klick auf die Schaltfläche OK führt zum zweiten Schritt. Dort wird hinter „Zahl1" der Bereich verlangt, aus dem der Mittelwert berechnet werden soll. Klicken Sie in die Eingabezeile, und markieren Sie im Hintergrund den Bereich. Sollte dabei der Funktionsassistent im Weg sein, schieben Sie ihn mit der Maus zur Seite. Insgesamt, so verrät der Funktionsassistent, können bis zu 30 Argumente (das heißt Bereiche) eingegeben werden. Mit „OK" beenden Sie die Eingabe.

Die Funktion lautet nun:

=MITTELWERT(G8:G16)

und liefert den Wert 283,82. Genauso kann man mit den Funktionen MAX und MIN verfahren. Will man wissen, wie viele einzelne Pakete der Benutzer gekauft hat (also nicht die Summe der Pakete, sondern die Anzahl der einzelnen Pakete), so kann man die Funktion ANZAHL verwenden. Sie zählt die nicht leeren Zellen, in denen sich Zahlen befinden, also die Zellen, in die der Benutzer eine Eingabe gemacht hat. Das Ergebnis erscheint trivial, da es überschaubar ist, aber stellen Sie sich eine große Anzahl (man denke an 100, 1.000 oder gar 10.000) Zellen vor, die schnell überblickt werden sollen.

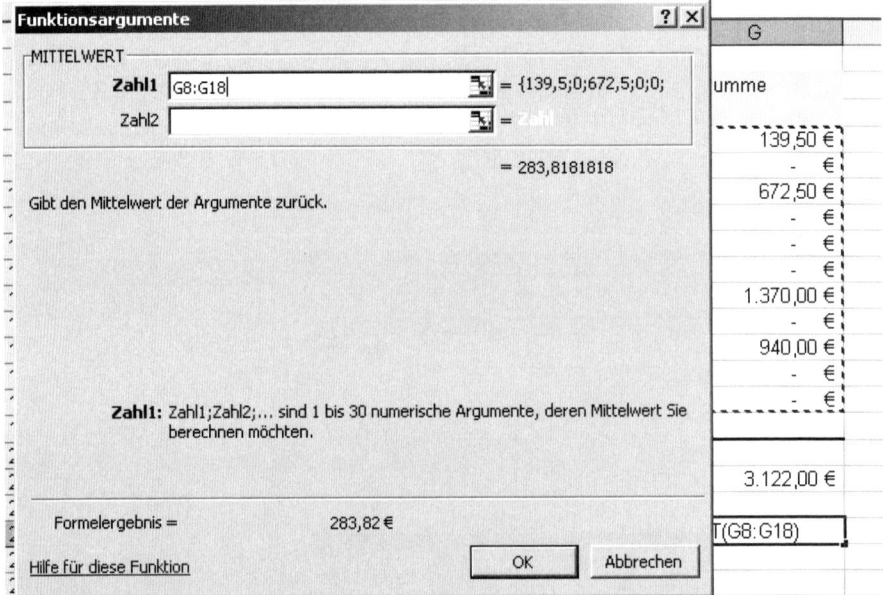

Abbildung 2.17 Der Funktionsassistent – Schritt 2

Das Ergebnis der Funktionen aus dem Beispiel sieht wie folgt aus:

=MIN(G4:G14)

=MAX(G4:G14)

=ANZAHL(F4:F14)

2 Rechnen in Excel

Geht man davon aus, dass das Ergebnis der Funktion MITTELWERT falsch berechnet wurde, da diese Funktion die Summe bildet und durch die Anzahl der gefüllten Zellen teilt, also die Zellen, in denen eine Funktion steht, so muss man die MITTELWERT-Funktion modifizieren. Da der Durchschnitt Summe geteilt durch Anzahl ist, muss man nur den Quotienten aus den entsprechenden Zellen bilden, in denen Summe und Anzahl stehen. Man könnte die Funktion aber auch in eine Zeile schreiben:
=SUMME(G8:G16)/ANZAHL(F8:F16)
So kann mittels einer Funktion der korrekte Durchschnitt berechnet werden.

	B	C	D	E	F	G
7		CD-ROMs	2,50 €			
8	132,00 €	3	7,50 €	139,50 €	1	139,50 €
9	132,00 €	2	5,00 €	137,00 €		- €
10	132,00 €	1	2,50 €	134,50 €	5	672,50 €
11	193,00 €	5	12,50 €	205,50 €		- €
12	132,00 €	1	2,50 €	134,50 €		- €
13	132,00 €	2	5,00 €	137,00 €		- €
14	132,00 €	2	5,00 €	137,00 €	10	1.370,00 €
15	116,00 €	2	5,00 €	121,00 €		- €
16	84,00 €	4	10,00 €	94,00 €	10	940,00 €
17	585,00 €	4	10,00 €	595,00 €		- €
18	612,00 €	5	12,50 €	624,50 €		- €
19						
20						
21				Summe insgesamt:		3.122,00 €
22						
23				Mittelwert:		283,82 €
24				Anzahl:	4	
25						
26				Max:		1.370,00 €
27				Min:		- €
28				Runden(Mittelwert)		283,82 €
29						
30				Mittelwert 2	=SUMME(G8:G18)/ANZAHL(F8:F18)	

Abbildung 2.18 Weitere Funktionen

2.4 Der Funktionsassistent

Werfen wir noch einen genaueren Blick auf den Funktionsassistenten. Er nimmt die Arbeit ab, mühsam Formeln in eine Zelle einzutippen beziehungsweise vorgegebene Ausdrücke durch die korrekten zu ersetzen (wie es noch in Excel 4.0 nötig war). Ein Klick auf das Symbol f_x oder das Menü EINFÜGEN / FUNKTION aktiviert den Funktionsassistenten. Er ist im oberen Kombinationsfeld in verschiedene Kategorien unterteilt. Unter der Kategorie „Zuletzt verwendet" stehen die zehn zuletzt verwendeten Funktionen. Sollten Sie den Funktionsassistenten noch nie aktiviert haben, finden Sie dort zehn häufig verwendete Funktionen (SUMME, RUNDEN,

MITTELWERT, MAX, MIN, RMZ ...). Hinter der Kategorie „Alle" verbergen sich alle vorhandenen Funktionen.

Um zu einer Funktion zu gelangen, genügt es, den ersten Buchstaben einzutippen. Leider springt der Funktionsassistent, wenn Sie den zweiten Buchstaben der Funktion eingeben, auf diesen Buchstaben. Also, um die Funktion SUMME anzuspringen, führt ein S auf SÄUBERN, das U zu UMWANDELN. Wenn es sehr viele Funktionen gibt, die mit dem gleichen Buchstaben beginnen, so kann auch der nächstfolgende weiterhelfen: Die Eingabe von T führt zu TAG, zeigt aber die Funktion SUMME oberhalb an.

Tipp: Mit einem kleinen Trick kann dennoch eine bestimmte Funktion aufgerufen werden: Tippen Sie den Namen der Funktion oder ihren Beginn sehr schnell ein. Dann landet der Cursor auf ihr.

Hinweis: Einige Funktionen können hinzugeladen werden. Dazu öffnen Sie über das Menü EXTRAS / ADD-INS den Add-Ins-Manager und aktivieren dort die Analysefunktionen. Neben vielen wichtigen Funktionen wird die Kategorie „Technik" hinzugefügt.

Neben der Kategorie „Alle" finden Sie im Funktionsassistenten weitere Kategorien, deren Namen sich fast selbst erklären: Finanzmathematik, Datum & Zeit, Mathematik & Trigonometrie, Statistik, Matrix, Datenbank, Text, Logik, Information und Technik. Sie wählen eine der Kategorien und klicken auf die richtige Funktion. (Sie können eine Funktion auswählen und den Anfangsbuchstaben der Funktion eintippen, um sich die vielen Mausklicks zu ersparen.) Die Syntax der Funktion wird unterhalb des Listenfelds angezeigt.

Ebenso finden Sie dort einen kurzen Kommentar, was die Funktion berechnet. Zugegeben: Viele der Kommentare sind mäßig aussagekräftig. LÄNGE(Text) „gibt die Anzahl der Zeichen einer Zeichenfolge zurück", MAX(Zahl1; Zahl2; ...) „gibt den größten Wert innerhalb einer Argumentenliste zurück", oder ISTTEXT(Wert) „gibt WAHR zurück, wenn der Wert ein Text ist". Auch ist die Erläuterung beispielsweise für MEDIAN („gibt den Median der angegebenen Zahl zurück"), TEILERGEBNIS („gibt ein Teilergebnis in einer Liste oder Datenbank zurück"), oder DATUM („gibt die fortlaufende Zahl des jeweils angegebenen Datums zurück") sehr dürftig. Allerdings muss zur Ehrenrettung von Excel gesagt werden, dass die Beschreibung in der neuen XP-Version gegenüber den Vorgängerversionen verbessert wurde und dass alle Funktionen in der Hilfe beschrieben sind.

Zurück zum Funktionsassistenten: Ein Klick auf die Schaltfläche OK führt in den zweiten Teil.

In die Eingabezelle oder Eingabezellen, falls vorhanden, wird die Zahl, der Text, die Zelle oder der Bereich eingetragen oder durch Mausklicks gekennzeichnet. Fett formatierte Zelleneingabenamen deuten auf eine notwendige Eingabe hin, normal formatierte auf eine optionale Eingabe. Sie kann weggelassen werden, ist aber unter bestimmten Voraussetzungen nötig.

2 Rechnen in Excel

Hinter der Eingabezeile steht der Datentyp, der eingegeben werden muss: Text, Zahl, Wahrheitswert, Fehlerwerte, Bezüge oder Matrizen. Am unteren Ende des Dialogs stehen Kommentare zu der entsprechenden Zeile. Sie ändern sich – je nachdem, welche Zeile angeklickt wurde.

Am unteren Rand steht das Ergebnis der Berechnung, oder – falls es dazu kommt – der Funktionsassistent gibt eine Fehlermeldung aus (Abbildung 2.19).

Sie können den Funktionsassistenten auch zur Seite schieben, eine Eingabe kann ebenfalls über das blau-weiß-rote Ref-Feld erfolgen (Abbildung 2.20).

Manchmal werden Funktionen verkettet oder verschachtelt. Dann wird an der entsprechenden Stelle ein weiteres Mal der Funktionsassistent aufgerufen, indem man mit der Maus auf das linke Kombinationsfeld neben dem Eingabefeld klickt. In ihm stehen die letzten zehn benutzten Funktionen. Sollte eine andere benötigt werden, hilft der Eintrag „Weitere Funktionen" weiter, der direkt zum Funktionsassistenten führt. Den Fortgang der Funktionen können Sie in der Eingabezeile beobachten. Wollen Sie wieder auf die höher gelegene Funktion, so kann dies mit einem Mausklick in der Eingabezeile erledigt werden. Dann werden die inneren Funktionen in Excel angezeigt (Abbildung 2.21).

Achtung bei Excel 5.0 und 7.0: Dort gab es zwar einen ähnlich aussehenden Funktionsassistenten, aber verschachtelte Funktionen wurden dort über Anklicken des Symbols f_x aktiviert. Wird der Funktionsassistent ein zweites Mal aktiviert, zeigt er die Ebene an, in der man sich befindet, die mit „[Verschachtelt]" gekennzeichnet ist.

Wenn Sie innerhalb einer verketteten oder verschachtelten Funktion Zwischenergebnisse sehen möchten, dann können Sie in der Eingabezeile Teile der Rechenoperation markieren und <F9> drücken. Dann zeigt Excel das Ergebnis der Teilfunktion an.

Achtung: Bestätigen Sie nicht das Ergebnis der Anzeige, da sonst in der Formel der Wert und nicht mehr die Formel selbst steht.

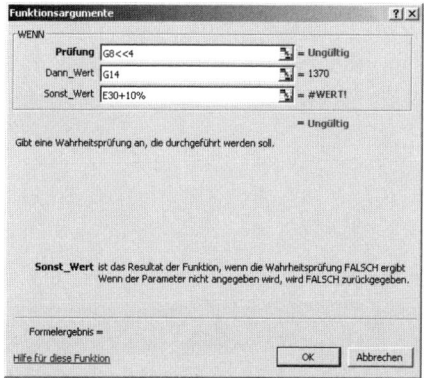

Abbildung 2.19 Eine Fehlermeldung im Funktionsassistenten

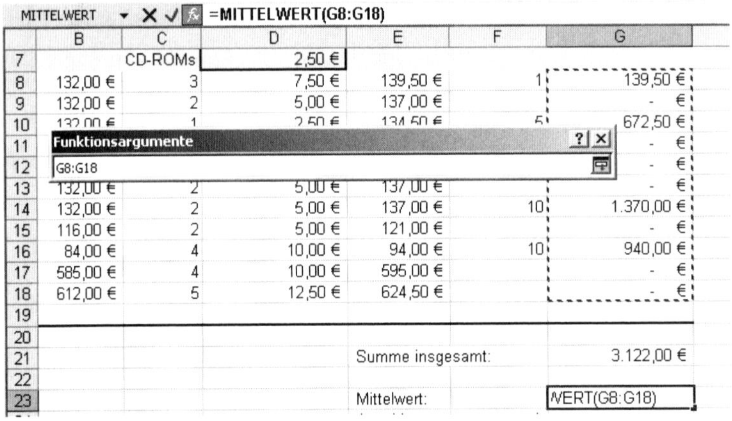

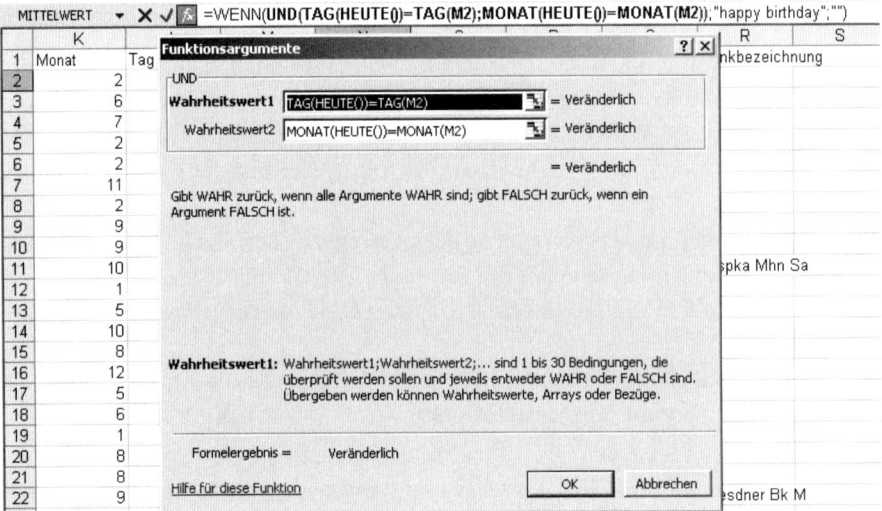

Abbildung 2.20 Manchmal stört der Funktionsassistent und wird deshalb zur Seite geschoben oder verkleinert.

Abbildung 2.21 Verschachtelte Funktionen

2.5 Rechnen mit Matrizen

Im Lexikon findet sich folgende Definition für Matrix: „Ein System von m × n Zahlen, die zu einem rechteckigen Schema von m Zeilen und n Spalten angeordnet sind, bezeichnet man als Matrix." Eine Matrix ist also ein rechteckiger Bereich, in dem sich Zahlen befinden. Warum benötigt man Matrizen, wo man doch in einer Zeile (oder Spalte) rechnen und diese herunterziehen (oder herüberziehen) kann

2 Rechnen in Excel

(siehe Kapitel 2.1.1)? Das Rechnen mit ganzen Bereichen wird für einige Funktionen benötigt. Das ist der einzige Grund, warum diese Rechentechnik in diesem Buch Verwendung findet, da in der Excel-Praxis auf das Rechnen mit Matrizen verzichtet werden kann.

Beispiel: Gegeben seien zwei einspaltige Matrizen, in denen die Werte {(1.2.3.4)} und {(1.-1.-2.1)} stehen. Dann ergibt die Addition beider Matrizen: {(1+1.2-1.3-2.4+1)}= {(2.1.1.5)}. Um dieses Ergebnis in Excel zu erhalten, muss man den Zielbereich komplett markieren, die Bereiche kennzeichnen und die Rechenoperation mit <Shift> + <Strg> + <Enter> abschließen. In jeder Zelle wird die komplette Matrixaddition angezeigt.

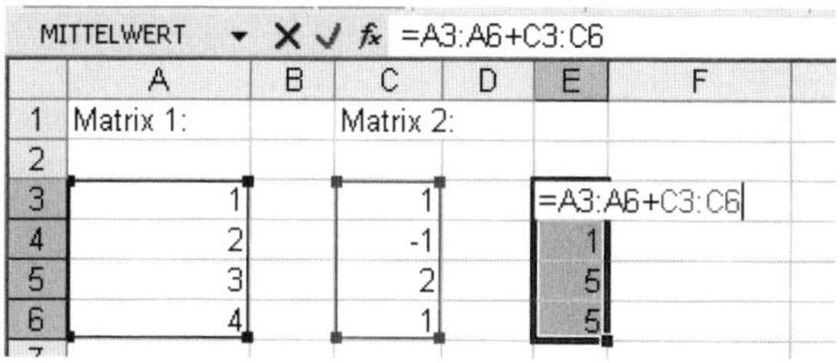

Abbildung 2.22 Eine Matrixberechnung ...

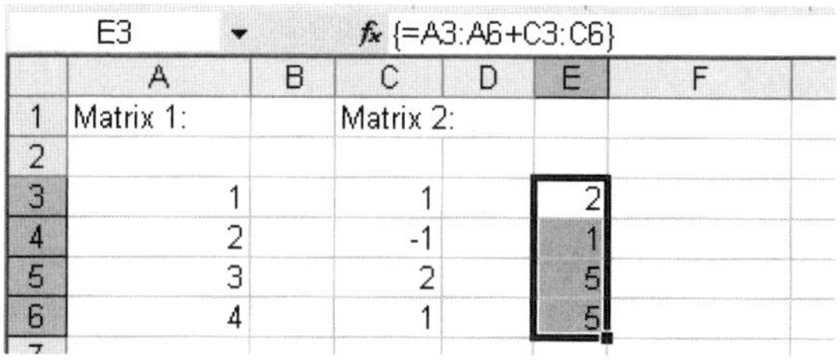

Abbildung 2.23 ... und ihr Ergebnis

Übrigens ist es nicht möglich, eine Zelle aus dem Ergebnis zu löschen. Es kann nur das ganze Ergebnis markiert und gelöscht werden.

Nicht nur 1 × n-Matrizen können addiert werden, sondern auch n × m-Matrizen. Hierbei ist genauso vorzugehen: Die beiden Matrizen müssen die gleiche Größe haben, das Ziel wird markiert, die Summe von beiden Matrizen gebildet und mit <Shift> + <Strg> + <Enter> beendet (Abbildung 2.24).

Matrizen können außerdem miteinander multipliziert werden, und auch andere Rechenoperationen sind auf sie anwendbar. Allerdings sind dies nicht die mathematischen Matrixverkettungen (die Multiplikation zweier Matrizen ist in der Mathematik anders definiert). Matrizen sind in der Eingabezeile an der geschweiften Klammer zu erkennen, beispielsweise:
{=A10:B13/D10:E13}

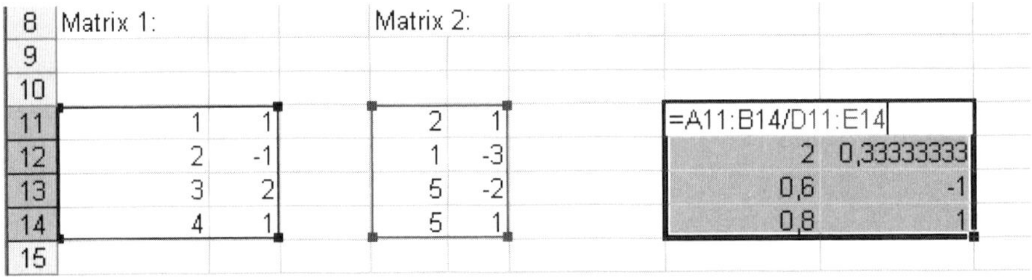

Abbildung 2.24 Zwei n × m-Matrizen werden dividiert

2.6 Lageänderung und Formeländerung

Und was tut Excel, wenn die Zelle, in der eine Formel steht, verschoben wird? Oder wenn sich die Zelle/n, in denen die Werte stehen, verschieben? Antwort: Es funktioniert noch immer. In folgendem Beispiel wird in der Spalte G das Produkt aus Summe und Anzahl gebildet. Also beispielsweise steht in G8 die Formel:
=F8*E8

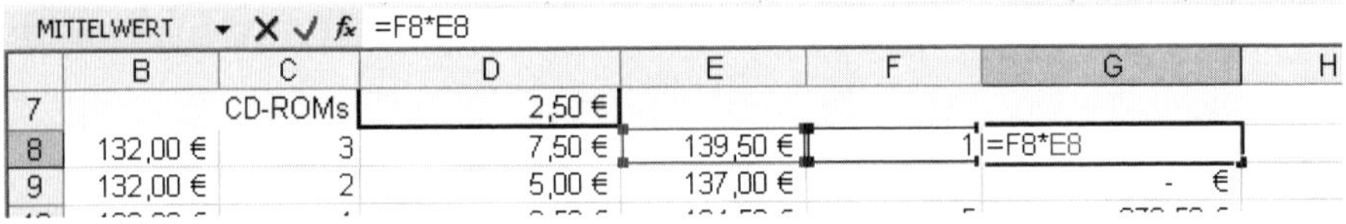

Abbildung 2.25 Einfache Bezüge

Wenn sich nun eine Zelle verschiebt, beispielsweise wird zwischen F und G eine Spalte eingefügt (über das Menü EINFÜGEN / SPALTEN), dann steht in der neuen Spalte H die alte Formel von G. Nichts hat sich geändert: Der Bezug ist der alte und rechnet richtig. Was, wenn nun zwischen die Spalte D und E oder zwischen A und B eine Spalte eingefügt wird? Antwort: Auch dann funktioniert der Bezug. Excel erkennt, dass die Werte, auf welche die Zellen Bezug nehmen, verschoben worden sind, und ändert automatisch den Bezug. Also aus
=F8*E8
wird dann
=G8*F8
Dieses Ergebnis steht dann in der Zelle H8. Dabei ist es unerheblich, dass die Formeln relativ sind. Es würde auch mit absoluten Bezügen funktionieren.
Ein klein wenig anders verhält es sich mit der Summenfunktion in der Zelle G19. Dort steht die Formel
=SUMME(G8:G16)
Wird nun irgendwo in diesem Bereich eine Zeile eingefügt, so ändert sich die Formel automatisch in

=SUMME(G8:G17)

so dass in die neue leere Zelle ein weiterer Wert eingetragen werden kann, der dann in die Addition mit einfließt. Wird allerdings unterhalb oder oberhalb des Bereichs G8:G16 eine Zeile eingefügt, so verändert sich die Formel nicht, da Excel nicht erkennt, dass sich der Bereich vergrößern soll. Im letzten Fall muss die Funktion manuell verändert werden.

Der umgekehrte Fall soll auch betrachtet werden. Angenommen in einer Zelle steht die Formel:

=F8*E8

Soll nun der Bezug F8 in F9 oder E8 geändert werden, so kann die Änderung manuell in der Eingabezeile oder in der Zelle vorgenommen werden. Oder die Zelle wird editiert (<F2> oder Doppelklick), und der farbige Bereich wird mit der Maus (am Rand) verschoben.

Analoges gilt für Funktionen, die mit Bereichen rechnen: Soll die Summe ausgedehnt werden von

=SUMME(G8:G14)

auf

=SUMME(G8:G16)

dann kann die Zelle, in der sich die Formel befindet, editiert werden und mit der Maus am Kästchen die Größe des Bereichs verändert werden. Das Gleiche gilt auch bei einer Mehrfachauswahl.

Wollen Sie dagegen bequem mit dem Funktionsassistenten ändern, so setzen Sie den Cursor auf die zu ändernde Zelle und aktivieren den Funktionsassistenten. Er öffnet die äußere oder hintere Funktion, wenn mehrere Funktionen hintereinander verkettet oder ineinander verschachtelt sind. Mit Hilfe des Funktionsassistenten kann zwar noch

=SUMME(MITTELWERT(F8:H8);MITTELWERT(F8:H8))/ANZAHL(F4:H4)

geändert werden, aber nicht mehr

=SUMME(F4:H4)/3

2.7 Tabellenübergreifendes Rechnen

Manchmal möchten Sie, dass ein Tabellenblatt Werte eines anderen Tabellenblatts enthält. Diese könnte man kopieren und einfügen – oder besser: verknüpfen. Das blatt- und das dateiübergreifende Verknüpfen funktioniert wie auf einem Blatt: Der Cursor sitzt in der Zielzelle. Sie tippen das Gleichheitszeichen, klicken nun auf das andere Blatt, auf dem sich die Zelle befindet, die verknüpft werden soll. Sie wird angeklickt und das Ergebnis mit <Enter> bestätigt. Heißt das Blatt, in dem sich die Zelle befindet, „Microsoft", so lautet die Formel:

=Microsoft!A1

Das Ausrufezeichen steht dabei als Trennzeichen, um den Blattnamen kenntlich zu machen.

Das Umbenennen des Blatts macht keine Probleme – Excel erkennt dies und benennt das Blatt automatisch beispielsweise in

='Microsoft-Formular'!A1

um. Die Anführungszeichen werden automatisch gesetzt, weil der Blattname ein Bindestrich enthält.

Nun kann diese Zelle nach unten gezogen werden; schon stehen alle Zellinhalte des Microsoft-Blatts auf dem neuen. Wird ein Bezug auf eine leere Zelle genommen, dann befindet sich der Wert 0 in der Zielzelle. Soll er nicht angezeigt werden, dann können Sie ihn über EXTRAS / OPTIONEN / ANSICHT über die Option „Nullwerte" ausschalten, das heißt nicht anzeigen lassen.

Wollen Sie dateiübergreifend verknüpfen, so können Sie beide zu verknüpfende Dateien öffnen. In der Zieldatei beginnen Sie erneut mit „=", gehen nun über das Menü FENSTER in die richtige Datei, dort auf das richtige Blatt und schließlich auf die richtige Zelle. <Enter> beendet die Eingabe. Aber Achtung: Dort steht nun möglicherweise ein Bezug, der folgendermaßen aussieht:

=[Übung.xls]Microsoft!$A$1

Beim Herunterziehen greift der absolute Bezug fest auf die Zelle A1 zu. Das ist unerwünscht – deshalb muss der absolute Bezug zuerst in einen relativen Bezug verändert werden:

=[Übung.xls]Microsoft!A1

Dann funktioniert das Ziehen. Wird die ursprüngliche Datei geschlossen, dann steht sogar der absolute Pfad in der Zelle, beispielsweise:

='C:\Eigene Dateien\[Übung.xls] Microsoft'!A1

Doch Achtung: Wird ein Bezug auf eine Zelle des gleichen Blatts oder der gleichen Arbeitsmappe hergestellt, dann werden Änderungen der Bezüge automatisch aktualisiert. Wird dagegen ein Bezug auf eine andere Mappe genommen, so erkennt die Zielzelle nicht, wenn Änderungen in der Quelldatei vorgenommen werden. Wird beispielsweise ein Tabellenblatt umbenannt, dann erfährt die Zelle, die darauf verweist, nichts davon. Erst beim Öffnen werden Sie gefragt, ob die Verknüpfungen aktualisiert werden sollen. Bejahen Sie die Frage, dann sucht Excel das Originalblatt und – findet es nicht! Deshalb erscheint dann ein Auswahldialog, in dem alle Tabellenblätter aufgelistet sind, die nun zur Auswahl zur Verfügung stehen.

Wird dagegen die Originalzelle verschoben, so nimmt die Zielzelle noch immer Bezug auf die alte Zelle, auch wenn sich möglicherweise kein Wert darin befindet.

Eine Lösung aus dem Dilemma stellen dar: Wird der Quellzelle ein Name gegeben, dann kann sie verschoben werden, Spalten und Zeilen können gelöscht und eingefügt werden, Blätter können umbenannt werden – die Originalzelle wird immer gefunden.

2.8 Ein Beispiel zum tabellenübergreifenden Rechnen

Gegeben sei ein Tabellenblatt zur Beurteilungsstatistik in einem Amt. In einer linken Spalte befinden sich die Besoldungsgruppen A1 bis A16, in einer Überschriftszeile stehen verschiedene Bewertungsmaßstäbe. Diese Tabelle soll für Beamte und Angestellte im öffentlichen Dienst zur Verfügung gestellt werden.

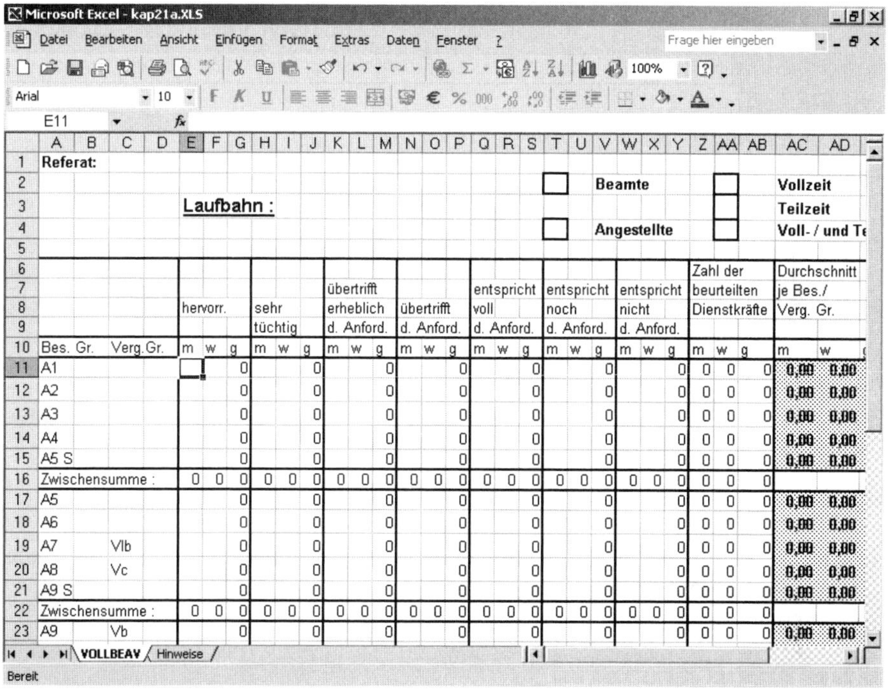

Abbildung 2.26 Das „Grundblatt"

Damit später gerechnet werden kann, muss zunächst der Schutz aufgehoben werden: EXTRAS / SCHUTZ / BLATTSCHUTZ AUFHEBEN. Danach kann das Blatt kopiert werden, entweder über das Kontextmenü oder durch Ziehen des Blattes und Drücken der <Strg>-Taste. Die drei Blätter können nun umbenannt werden in „Beamte", „Angestellte" und „Gesamt".

Auf dem Blatt „Gesamt" soll in der Zelle E11 die Summe der Zellen E11 aus den beiden anderen Blättern berechnet werden. Der Cursor sitzt auf der Zelle E11, und die Eingabe der Formel beginnt: „=", der Cursor wird auf das erste Blatt bewegt, dort wird die Zelle E11 ausgewählt, „+", der Cursor wird auf das zweite Blatt bewegt, dort wird ebenfalls die Zelle E11 angeklickt. Bestätigung (<Enter>). Oder: Aus der Symbolleiste wird das Summensymbol gewählt, die Zelle E11 aus dem ersten Blatt wird gewählt, <Shift>-Taste wird gedrückt, Klick auf das „letzte" Blatt, in dem eine Formel steht. Bestätigung (<Enter>).

Die beiden Varianten sehen wie folgt aus:
=Beamte!E11+Angestellte!E11
=SUMME(Beamte:Angestellte!E11)
Beide Varianten haben Vor- und Nachteile. Die erste Berechnung bietet den Vorteil, dass die einzelnen Glieder sich irgendwo auf dem Tabellenblatt befinden können, also beispielsweise:
=Beamte!E11+Angestellte!E11+Arbeiter!F13
Bei sehr langen Formeln, das heißt bei der Addition von vielen Tabellenblättern, empfiehlt sich die zweite Variante. Bei zwölf Monaten lautet die Lösung:
=SUMME(Januar:Dezember!E11)
bei 53 Kalenderwochen:
=SUMME(KW01:KW53!E11)
Wollte man dagegen mit 53 einzelnen Zellen rechnen, wäre dies ein mühsames Unterfangen. Umgekehrt werden alle Zellen E11, die sich auf dem ersten Blatt „Beamte" bis einschließlich dem letzten Blatt „Angestellte" befinden, addiert. Das bedeutet, dass weder andere Blätter dazwischen stehen dürfen, noch das Blatt, auf dem sich die Summe befindet, da es sonst zu einem klassischen Zirkelbezug kommt.

Steht nun die Formel in der ersten Zelle, könnte man sie herunterziehen. Allerdings würde man damit vorhandene Formatierungen überschreiben. Deshalb empfiehlt es sich, die Formel in Zelle E11 zu markieren und zu kopieren, den Zielbereich (E12:E38) zu markieren und über das Menü BEARBEITEN – INHALTE EINFÜGEN die „Formeln" einzufügen. So werden die Formate nicht verändert. Nun kann die Spalte E11:E38 markiert, kopiert und die Formeln können in die Zellen F11:AE38 eingefügt werden.

Man kann auch mit Hilfe der rechten Maustaste eine Formel in einen Wert umwandeln: Wird eine Zelle, in der eine Berechnung steht, mit der rechten Maustaste verschoben, dann öffnet sich ein Kontextmenü, in dem sich der Befehl „Hierhin nur als Wert kopieren" befindet.

In den Zellen AF38, AG38 und AH38 befinden sich Formeln. Sollen diese jetzt erst verändert werden, dann kann man die drei Tabellenblätter mit gedrückter <Strg>- oder gedrückter <Shift>-Taste markieren und in jede der Zellen des Blatts eine Formel eintragen. Vergessen Sie bitte nicht, nach der Mehrfachselektion die Gruppierung wieder aufzuheben, indem Sie mit der Maus auf ein nicht markiertes Blatt klicken oder indem Sie über das Kontextmenü „Gruppierung aufheben" wählen. Wenn Sie jedes Blatt schützen wollen, dann müssen Sie die Blätter einzeln mit einem Blattschutz versehen.

2 Rechnen in Excel 51

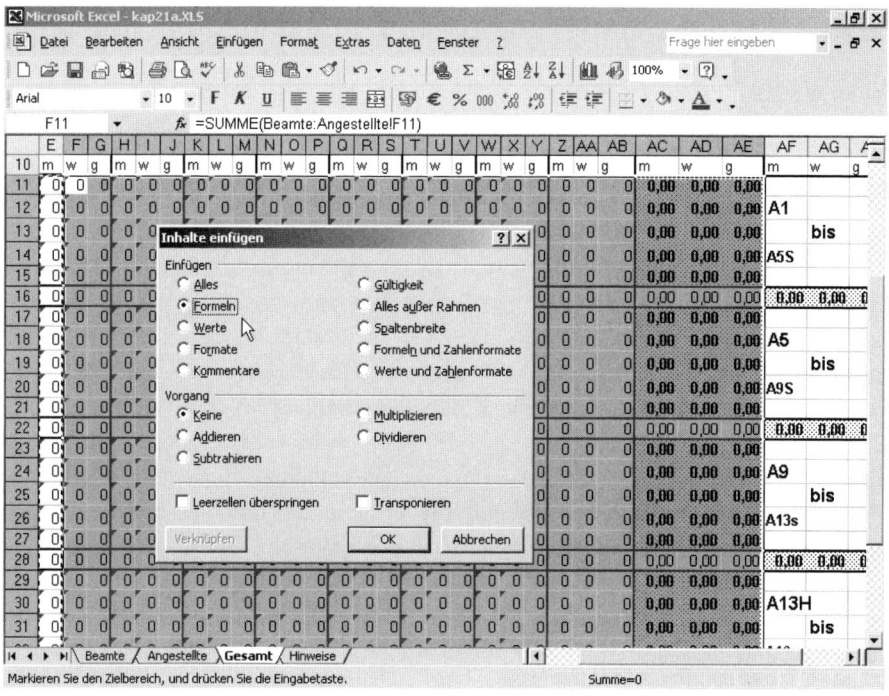

Abbildung 2.27 Die fertigen Tabellenblätter

2.9 Rechnen und Sortieren

Ganz interessante Dinge tut Excel, wenn in einer Spalte nicht nur Zahlen, sondern auch Formeln stehen, und diese Spalte sortiert wird. Angenommen in der Spalte A stehen folgende Werte und Formeln untereinander: 1 / 2 / 3 / =SUMME(A1:A3) / 2 / 2 / 2 / = SUMME(A5:A7), dann ergibt die Sortierung nach dieser Spalte ein Ergebnis, bei welchem zuerst die Zahlen, dann die Summen untereinander stehen. Excel stellt dabei nicht die Summe automatisch ans Ende, sondern vergleicht die Ergebnisse der Summen miteinander, also : 1 / 2 / 3 / 6 / 2 / 2 / 2 / 6.

Ist nun eine Zahl größer als die Summe, also beispielsweise: 1 / 2 / 3 / =SUMME(A1:A3) / 2 / 8 / 2 / = SUMME(A5:A7), so steht die größte Zahl (8) zwischen den beiden Summen. Ist das Ergebnis der nun neu berechneten Summe größer als die kleinste Zahl, so könnte man erneut sortieren und käme dann zu dem gewünschten Ergebnis.

Also Achtung bei Zahlen und Funktionen: gerade beim Sortieren ergeben sich erstaunliche Dinge, wenn nicht homogene Dinge wie nur Zahlen oder nur Text sortiert werden, sondern Text und Zahlen und Formeln. In der Regel ist davon abzuraten.

2.10 Wie gehe ich an komplexe Fragestellungen heran?

Komplexe Aufgaben zu lösen ist keine triviale Sache – weder in Excel noch in anderen Programmen. Auch nicht im wirklichen Leben außerhalb des Computers. Dennoch gibt es einige Tricks, wie man zu Lösungen von „kniffligen" Fragestellungen kommt. Dies soll an einem Beispiel demonstriert werden.

Ein Zeiterfassungsprogramm schreibt die gearbeiteten Minuten in eine Exceltabelle, beispielsweise untereinander in Spalte A. Dort steht dann zum Beispiel 92, 178, 197 und so weiter. Daraus sollen die ganzen Stunden und die angebrochenen Viertelstunden berechnet werden. Die Minutenzahl in Stunden umzurechnen ist trivial: Man muss lediglich die Zahl durch 60 teilen. Also ergibt =A1/60 den Wert 1,53333, wenn in A1 92 steht. Das macht eine Stunde und drei angebrochene Viertelstunden. Diese Zahl soll konvertiert werden in 1,75. Aus 1 wird 1, aus 2,966667 wird 3 und aus 3,2833 wird 3,5. Das Problem liegt im Wesentlichen in den Kommastellen. Wird diese Zahl allerdings mit 100 multipliziert und dann durch 25 geteilt, so erhält man das Vierfache, das nötig ist, um geschickt zu runden:
=B1*100/25
Dies ergibt 6,1333. Nun wird die nächst größere ganze Zahl gesucht. Und jetzt sind einige Kenntnisse von Funktionen nötig. Während GANZZAHL die Nachkommastellen abschneidet, so rundet
=AUFRUNDEN(C1;0)
auf die nächste ganze Zahl (7) auf. Und nun wird umgekehrt mit 25 multipliziert und durch 100 geteilt:=D1*25/100
Und voilà das Ergebnis: 1,75. Diese schrittweise durchgeführte Rechnung kann natürlich zusammengefasst werden. Dazu kann man sich die Funktionen in den Zellen markieren und kopieren und in einer Zelle (nun für Zeile 2) integrieren:
=AUFRUNDEN((A2/60)*4;0)*0,25
Die meisten der komplexen Funktionen, die Sie in diesem Buch finden, habe ich nicht an einem Stück „heruntergetippt", sondern sukzessive entwickelt. Und das Ergebnis sind manchmal furchterregende Formeln, die aber im Einzelnen aus vielen, kleinen Teilen zusammen gesetzt sind, welche oft sehr leicht nachzuvollziehen sind.

Abbildung 2.28 Man kann Formeln kopieren und an anderer Stelle einfügen.

3

Hilfen

3.1 Die Formelüberwachung, der Detektiv

In komplexen Tabellen, das heißt in Tabellen, in denen sich eine Reihe von Formeln und Funktionen befinden, kann man leicht den Überblick über die einzelnen Bezüge verlieren. Ein nützliches Instrument, mit dem Sie Bezüge visualisieren können, ist die Formelüberwachung (bis Excel 2000: der Detektiv), die Sie im Menü EXTRAS finden. Sie zeigt die Spur(en) zum Vorgänger beziehungsweise zum Nachfolger. Einige Fehler lassen sich mit der Formelüberwachung leicht finden, beispielsweise eine Division durch Null. Viele dagegen nicht, wie zum Beispiel logische Fehler, Syntaxfehler in der Formeleingabe oder falsche Bezüge. Die Formelüberwachung funktioniert natürlich nur dann, wenn die Zelle, auf welcher der Cursor steht, einen Bezug aufzuweisen hat.

Wer gerne mit der Formelüberwachung arbeitet, dem steht eine Symbolleiste zur Verfügung, in der sich alle Befehle aus dem entsprechenden Menü befinden.

Bei einzelnen Zellen werden diese durch einen Punkt gekennzeichnet, Bereiche werden eingerahmt.

	G9		f_x	=F9*E9			
	B	C	D	E	F	G	H
7		CD-ROMs	2,50 €				
8	132,00 €	3	7,50 €	139,50 €	1	139,50 €	
9	132,00 €	2	5,00 €	137,00 €		- €	
10	132,00 €	1	2,50 €	134,50 €	5	672,50 €	
11	193,00 €	5	12,50 €	205,50 €		- €	
12	132,00 €	1	2,50 €	134,50 €		- €	
13	132,00 €	2	5,00 €	137,00 €		- €	
14	132,00 €	2	5,00 €	137,00 €	10	1.370,00 €	
15	116,00 €	2	5,00 €	121,00 €		- €	
16	84,00 €	4	10,00 €	94,00 €	10	940,00 €	
17	585,00 €	4	10,00 €	595,00 €		- €	
18	612,00 €	5	12,50 €	624,50 €		- €	
19							
20							
21				Summe insgesamt:		3.122,00 €	
22							
23				Mittelwert:		283,82 €	
24				Anzahl:	4		
25							
26				Max:		1.370,00 €	
27				Min:		- €	
28				Runden(Mittelwert)		283,82 €	
29							
30				Mittelwert 2		780,50 €	

Abbildung 3.1 Die Formelüberwachung (der Detektiv)

3.2 Zielwertsuche

Sicherlich kann Excel das Rechnen der Schulmathematik nicht abnehmen. Aber zur Überprüfung von Ergebnissen ist es ein hervorragendes Werkzeug! Ein Beispiel aus der Kurvendiskussion. Gegeben sei eine Funktion
$f: x \rightarrow 2x^3 - 3x^2$
Würde man in Excel für einige Werte den Funktionswert berechnen lassen und sich den Graphen ansehen, so käme man zu folgendem Ergebnis:

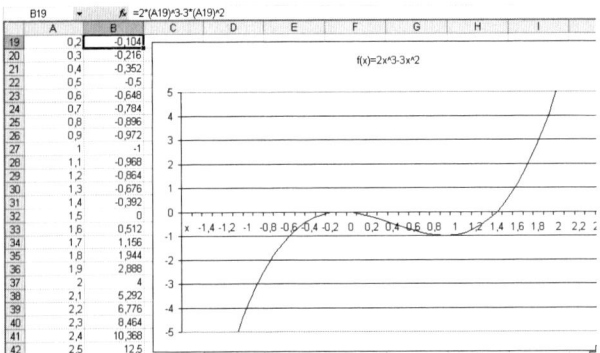

Abbildung 3.2 Eine Funktion

3 Hilfen

Gesucht sind die Nullstellen, die per Rechnung oder auch per Diagramm schnell mit $x_1 = 0$ und $x_2 = 1,5$ ermittelt sind. Excel kann sie ebenfalls finden. Das Hilfsprogramm hierzu lautet Zielwertsuche und befindet sich im Menü EXTRAS.

Der Cursor wird dabei auf den Funktionswert der kleinsten Zahl gesetzt. Das heißt: In unserer Funktion beginnt die Wertetabelle bei -1, die den Funktionswert -5 liefert. Im Menü EXTRAS / ZIELWERTSUCHE wird nun festgelegt, dass sich in dieser Zelle der Wert 0 befinden soll. Veränderbar ist die Wertezelle, also die Zelle, in der sich -5 befindet:

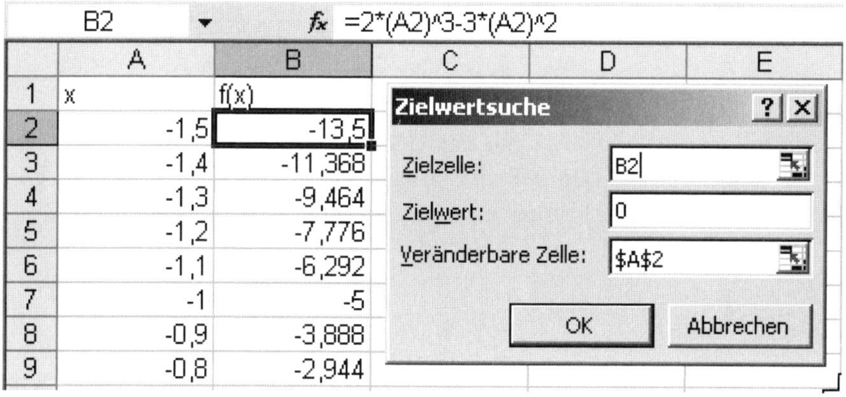

Abbildung 3.3 Die Zielwertsuche mit Zielzelle, Zielwert und veränderbarer Zelle

Ein Klick auf OK startet die Zielwertsuche und liefert den Wert -0,0117932. Zugegeben: f(x) ist bei Excel nicht 0, sondern -0,0004205219. Mechanische Näherungsverfahren liefern eben Rundungsfehler!

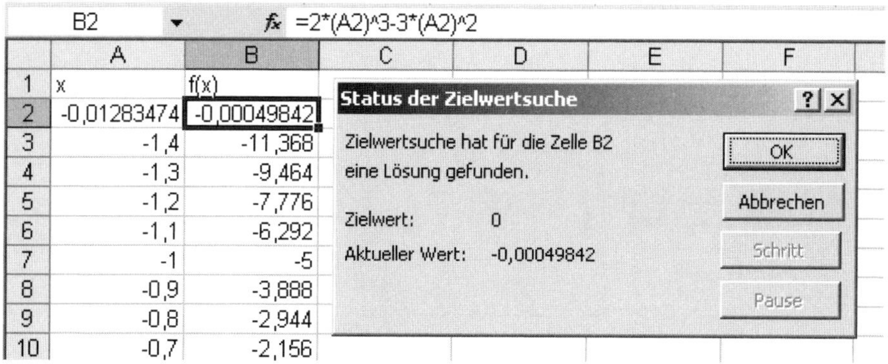

Abbildung 3.4 Das Ergebnis der Zielwertsuche

Steht der Cursor auf der letzten Zelle, von der aus die Zielwertsuche erneut gestartet wird, so erhalten wir folgendes Ergebnis:

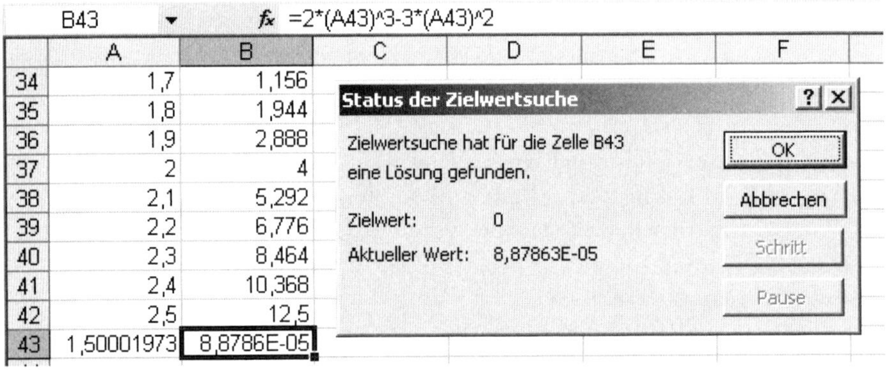

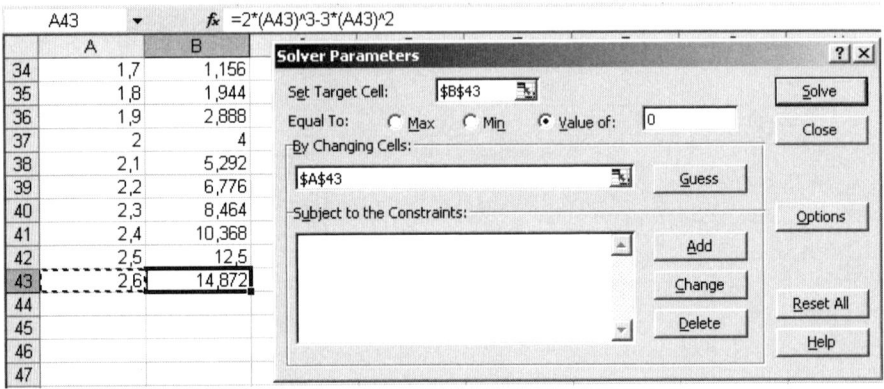

Abbildung 3.5 Die Zielwertsuche von der anderen Seite

Das Ergebnis lautet 1,50011644 mit dem Funktionswert 0,00052407. Auch hier leider wieder nicht genau! Dennoch: Zur schnellen Überprüfung einer Rechnung ist die Zielwertsuche ein gutes Instrument.

3.3 Der Solver

Die gleiche Aufgabe – die Suche nach Nullstellen – könnte auch der Solver lösen. Falls Sie im Menü EXTRAS den Menüpunkt SOLVER nicht finden, muss er über den Add-Ins-Manager (Menü EXTRAS) hinzugeladen werden. Die Werte werden ähnlich der Zielwertsuche wie folgt eingegeben:

Abbildung 3.6 Der Solver

Ein Klick auf „Solve" („Lösen") berechnet das Ergebnis der Aufgabe. Und das genauer als die Zielwertsuche.

3 Hilfen

	A	B
34	1,7	1,156
35	1,8	1,944
36	1,9	2,888
37	2	4
38	2,1	5,292
39	2,2	6,776
40	2,3	8,464
41	2,4	10,368
42	2,5	12,5
43	1,49999997	-1,5603E-07

Abbildung 3.7 Das Solver-Ergebnis

Noch bessere Ergebnisse werden erzielt, wenn unter den Optionen die Genauigkeit verkleinert wird, beispielsweise auf 0,000001. Man kann auch von der anderen Seite suchen lassen und erhält so die ungenau angezeigten Werte 0:

Die Aufgabe des Solvers ist nicht nur, per Iteration einen Zielwert zu finden, sondern auch ein (lokales oder globales) Maximum oder Minimum zu bestimmen. Um den Extremwert zu bestimmen, müssen lediglich statt des Zielwerts Maximum oder Minimum eingeschaltet werden:

Analog zur Suche nach dem Maximum könnte das Minimum ermittelt werden. Damit der Solver nicht eine riesige (negative) Zahl ermittelt, sollten Sie jedoch eine (oder mehrere) Bedingungen festlegen:

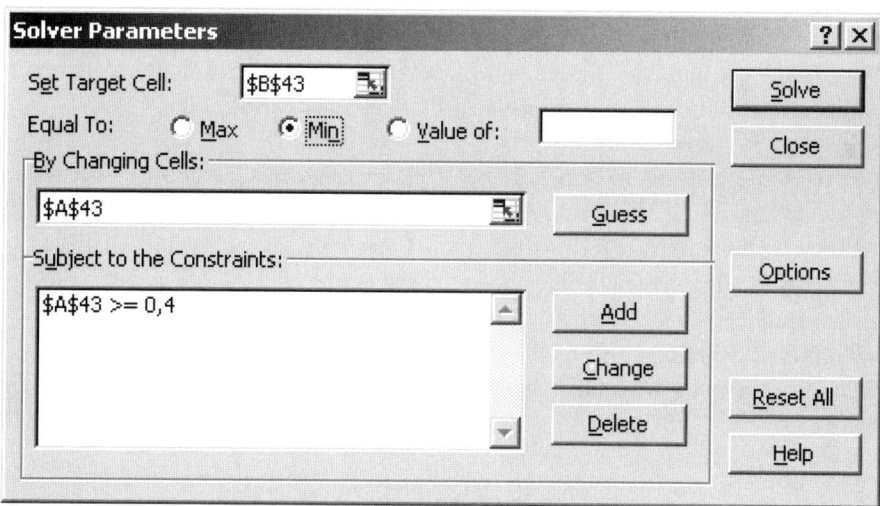

Abbildung 3.8 Die Bedingung (A43 > 0,4) und ihre Lösung

3.4 Ein Beispiel zum Solver

Aus einem rechteckigen Blech mit Seitenlänge a = 180 cm und b = 60 cm ist ein Kasten ohne Deckel herzustellen, indem von jeder Ecke vier Quadrate herausgeschnitten werden.

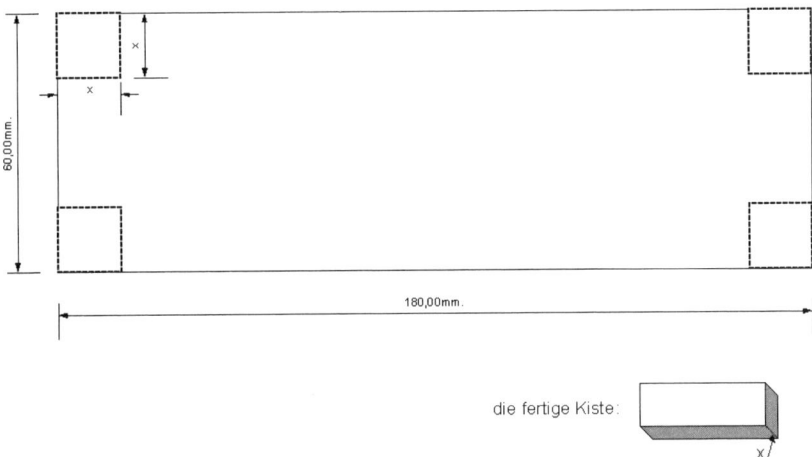

Abbildung 3.9 Ein rechteckiges Blech

Welche Höhe x muss der Kasten haben, damit er ein möglichst großes Volumen V enthält. Das Volumen V berechnet sich als Grundfläche × Höhe oder
$V=x\times(180-2\times x)\times(60-2\times x)$
Die Werte für x liegen zwischen 0 und 30. Die mathematische Lösung über Differenzierung ergibt die beiden Werte $x_{1,2} = 40 \pm 10*\sqrt{7}$, also $x_1 \approx 66{,}5$ und $x_2 \approx 13{,}5$. Aus $x < 30$ folgt, dass $x = 40-10\times\sqrt{7}$. Mit Excel kann dies überprüft werden. Begonnen wird mit einem beliebigen Wert, beispielsweise mit 20, der in eine beliebige Zelle geschrieben wird. Über die Funktion
=B3*(180-2*B3)*(60-2*B3)
wird das Volumen berechnet. In diesem Fall (x=20) berechnet Excel die Zahl 56.000.

C3 fx =B3*(180-2*B3)*(60-2*B3)

	A	B	C
2		x	V(x)=x*(180-2*x)*(60-2*x)
3		20	56000
4			

Abbildung 3.10 Mit einem beliebigen Wert wird kalkuliert.

Nun wird über das Menü EXTRAS / SOLVER der Solver aufgerufen, das (gesuchte) Maximum eingestellt, und die Randbedingungen werden festgelegt:
B3<=30
B3>=0
Die Schaltfläche „Lösen" berechnet nun das Maximum. Der Solver ermittelt den Wert 13,5424866891966. Der richtige Wert lautet: 13,5424868893541.
Zur Kontrolle sind Zielwertsuche und Solver leistungsfähige Hilfsmittel: Beide lassen sich mit wenig Aufwand effektiv einsetzen.

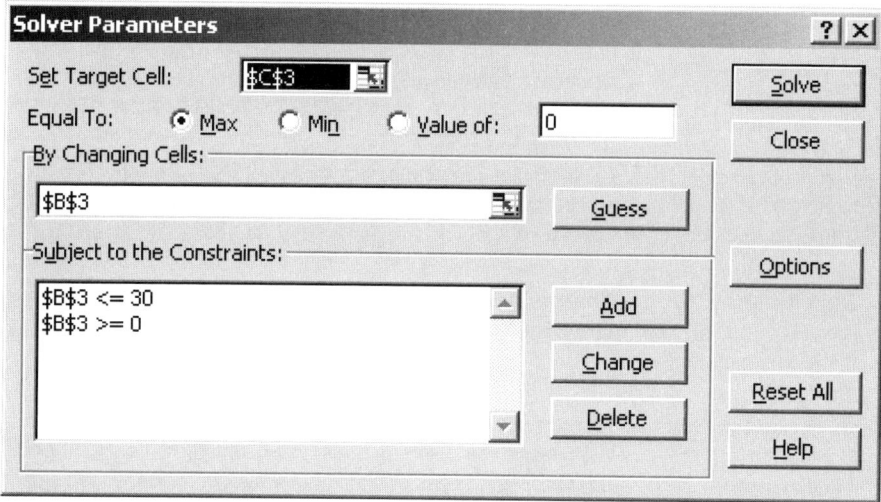

Abbildung 3.11 Der Solver

Der Solver besitzt hinter der Schaltfläche „Optionen" eine Reihe von Einstellungen:

Tabelle 3.1 Info über das Dialogfeld „Optionen"

Begriff	Erklärung
Max Time (Höchstzeit)	Begrenzt die für den Lösungsprozess zulässige Zeit. Das Maximum beträgt 32.767 (Sekunden). Die Standardeinstellung liegt bei 100 Sekunden.
Iterations (Iterationen)	Begrenzt die zulässige Lösungszeit, indem die Anzahl der Zwischenberechnungen eingeschränkt wird. Das Maximum liegt bei 32.767, der Standardwert bei 100.
Precision (Genauigkeit)	Bestimmt die Lösungsgenauigkeit, indem anhand der hier eingegebenen Zahl ermittelt wird, ob der Wert einer Nebenbedingungszelle den Zielwert erreicht bzw. den unteren oder oberen Grenzwert einhält. Die Genauigkeit wird mit einer Bruchzahl zwischen 0 (null) und 1 angegeben. Je mehr Dezimalstellen die eingegebene Zahl aufweist, desto größer ist die Genauigkeit; 0,0001 führt beispielsweise zu größerer Genauigkeit als 0,01.

Begriff	Erklärung
Tolerance (Toleranz)	Stellt den zulässigen Prozentsatz dar, um den die Zielzelle einer die ganzzahligen Nebenbedingungen erfüllenden Lösung vom eigentlich optimalen Wert abweichen darf. Diese Option trifft nur auf Probleme mit ganzzahligen Nebenbedingungen zu. In der Regel beschleunigt eine höhere Toleranz den Lösungsprozess.
Convergence (Konvergenz)	Unterschreitet die relative Änderung in der Zielzelle die Zahl im Feld Konvergenz bei den letzten fünf Iterationen, hält Solver an. Konvergenz trifft nur auf nichtlineare Probleme zu und wird durch eine Bruchzahl zwischen 0 (null) und 1 angegeben. Eine größere Anzahl von Dezimalstellen bei der eingegebenen Zahl deutet auf eine geringere Konvergenz hin; z. B. ist 0,0001 eine geringere relative Änderung als 0,01. Je kleiner der Konvergenzwert, desto länger braucht Solver zur Lösungsfindung.
Assume Linear Model (Lineares Modell voraussetzen)	Beschleunigt den Lösungsvorgang, wenn alle Beziehungen im Modell linear sind und ein lineares Optimierungsproblem gelöst werden soll.
Show Iteration Results (Iterationsergebnisse anzeigen)	Unterbricht Solver, um die Ergebnisse jeder einzelnen Iteration anzuzeigen.
Use Automatic Scaling (Automatische Skalierung anwenden)	Aktiviert die automatische Skalierung, wenn sich Ein- und Ausgaben in der Größenordnung stark unterscheiden, z. B. bei der Maximierung des prozentualen Gewinns auf der Grundlage von Investitionen in Millionenhöhe.
Assume Non-Negative (Nicht-Negativ voraussetzen)	Solver nimmt einen unteren Grenzwert von 0 (null) für alle veränderbaren Zellen an, für die Sie im Feld Nebenbedingungen des Dialogfeldes Nebenbedingungen hinzufügen keinen unteren Grenzwert angegeben haben.
Estimates (Schätzung)	Gibt den Lösungsansatz an, der bei der Ermittlung erster Schätzwerte der Grundvariablen bei jeder eindimensionalen Suche verwendet wird. Tangent (Linear) verwendet die lineare Extrapolation, ausgehend von einem tangentialen Vektor. Central (Quadratisch) verwendet die quadratische Extrapolation, die bei extrem nichtlinearen Problemen u. U. zu verbesserten Ergebnissen führt.
Derivatives (Differenzen)	Legt die Art der Differenzierung fest, die bei der Schätzung von Differenzteilen der Ziel- und Nebenbedingungsfunktionen verwendet wird. Forward (Vorwärts) wird bei den meisten Problemen verwendet, bei denen sich die Werte der Nebenbedingungen relativ langsam verändern. Central (Zentral) wird bei Problemen verwendet, bei denen

Begriff	Erklärung
	sich die Nebenbedingungen vor allem in Grenzwertnähe schnell verändern. Obwohl diese Option mehr Berechnungen erfordert, erweist sie sich als hilfreich, wenn Solver eine Meldung ausgibt, dass die Lösung nicht verbessert werden konnte.
Search (Suchen)	Gibt den für die Iterationen verwendeten Algorithmus an, um die Suchrichtung festzulegen. Newton verwendet ein Quasi-Newton-Verfahren, das im Allgemeinen mehr Arbeitsspeicher aber weniger Iterationen als das Gradientverfahren mit konjugierten Richtungen erfordert. Conjugate (Gradient) benötigt weniger Arbeitsspeicher als das Newton-Verfahren, erfordert im Allgemeinen jedoch eine größere Anzahl von Iterationen, um einen bestimmten Genauigkeitsgrad zu erzielen. Verwenden Sie diese Option, wenn das Problem umfangreich und der zur Verfügung stehende Speicherplatz eventuell nicht ausreicht oder wenn sich bei der schrittweisen Iteration nur ein allmählicher Fortschritt abzeichnet.
Load Model (Modell laden)	Zeigt das Dialogfeld „Modell laden" an, in dem Sie den Bezug für das zu ladende Modell angeben können.
Save Model (Modell speichern)	Zeigt das Dialogfeld „Modell speichern" an, in dem Sie angeben, wo das Modell gespeichert werden soll. Klicken Sie auf diese Schaltfläche, wenn Sie mehrere Modelle in einer Tabelle speichern möchten; das erste Modell wird automatisch gespeichert.

Ein weiteres Beispiel für den Solver.

Gegeben seien vier lineare Gleichungen:

(I)   2*a + 3*b + c - 4*d = 9

(II)   a - b + 5*c + 2*d = 0

(III)   4*a + 3*b - c + 3*d = 25

(IV)   3*a -3*b + 2*c + d*9 = 6

Angenommen, die vier gesuchten Werte befinden sich in den Zellen A1, A2, A3 und A4. In vier Zellen, beispielsweise in C2, C3, C4 und C5, werden folgende Formeln eingetragen:

=A1*2+B1*3+C1-D1*4

=A1-B1+C1*5+D1*2

=A1*4-B1*(-3)-C1+D1*3

=A1*3-B1*3+C1*2+9*D1

Die Ergebnisse betragen selbstverständlich 0. Nun kann mit Hilfe des Solvers berechnet werden:

Die Zielzelle C1 soll den Wert 9 haben (man könnte auch eine der anderen drei Zellen verwenden), die veränderbaren Zellen sind "$A$1:$D$1", die „Nebenbedingungen" lauten: $C$3 = 0, $C$4 = 25 und $C$5 = 6. Natürlich sind diese Bedin-

gungen genauso gleichberechtigt wie die Zielzelle. Die Werte sind schnell gefunden.
In den Optionen kann man nun die Art des Vorgehens beobachten: Dem Solver genügen zehn Sekunden bei zehn Iterationen. Die Schätzung sollte linear sein, da sonst die geforderte Toleranz von 0,000001 eingehalten wird, was bedeutet, dass das Ergebnis nicht exakt ist. Bei diesem „kleinen“ Beispiel ist kein Unterschied zwischen dem Newton'schen Näherungsverfahren und Gradient zu beobachten, ebenso wenig wie zwischen einer zentralen Suche und einer vorwärts gerichteten.

3.5 Szenarien (Szenario-Manager)

Der Szenario-Manager ist das Gegenteil des Solvers: Während der Solver einen Wert oder mehrere Werte berechnet, auf die eine oder mehrere Bedingungen zutreffen, so kann mit dem Szenario-Manager für verschiedene Werte ein „Szenario“ durchkalkuliert werden. Die Ergebnisse werden auf ein neues Tabellenblatt geschrieben.
Im Manager muss ein neues Szenario hinzugefügt werden. Jedes Szenario erhält einen Namen. Dort werden die veränderbaren Zellen ausgewählt. Im zweiten Schritt werden die Werte für die Zellen eingegeben.
Dieser Vorgang kann mehrmals wiederholt werden. Liegen nun die Einzelszenarien fest, kann eine (Szenario-)Zusammenfassung erstellt werden. Dort werden die Ergebniszellen festgelegt.

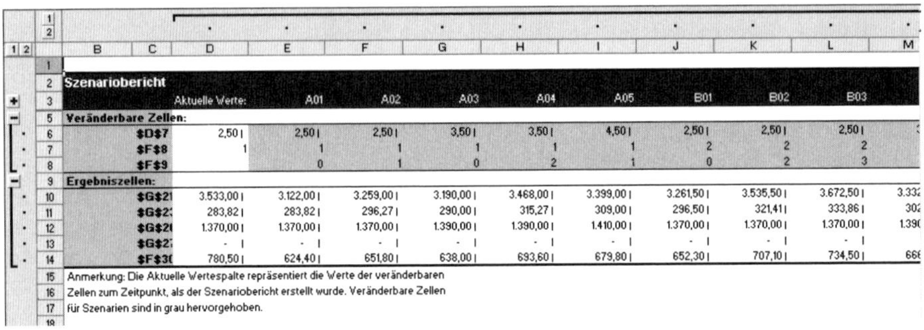

	B	C	D	E	F	G	H	I	J	K	L	M
1												
2	Szenariobericht											
3			Aktuelle Werte:	A01	A02	A03	A04	A05	B01	B02	B03	
5	Veränderbare Zellen:											
6		$D$7	2,50	2,50	2,50	3,50	3,50	4,50	2,50	2,50	2,50	
7		$F$8	1	1	1	1	1	1	2	2	2	
8		$F$9		0	1	0	2	1	0	2	3	
9	Ergebniszellen:											
10		$G$21	3.533,00	3.122,00	3.259,00	3.190,00	3.468,00	3.399,00	3.261,50	3.535,50	3.672,50	3.33
11		$G$2	283,82	283,82	296,27	290,00	315,27	309,00	296,50	321,41	333,86	30
12		$G$2	1.370,00	1.370,00	1.370,00	1.390,00	1.390,00	1.410,00	1.370,00	1.370,00	1.370,00	1.39
13		$G$2	-	-	-	-	-	-	-	-	-	
14		$F$3	780,50	624,40	651,80	638,00	693,60	679,80	652,30	707,10	734,50	66
15	Anmerkung: Die Aktuelle Wertespalte repräsentiert die Werte der veränderbaren											
16	Zellen zum Zeitpunkt, als der Szenariobericht erstellt wurde. Veränderbare Zellen											
17	für Szenarien sind in grau hervorgehoben.											

Abbildung 3.12 Ein Szenario

3.6 Fixieren und Wiederholungszeilen

Zwei weitere praktische Hilfen sind „fixieren“ und „Wiederholungszeilen“ beziehungsweise „Wiederholungsspalten“. Damit am Bildschirm eine oder mehrere Zeilen fixiert werden, muss der Cursor unter den zu fixierenden Zeilen sitzen. Sollen Spalten fixiert werden, befindet sich der Cursor rechts von den zu fixierenden Spalten. Wird also beispielsweise die Zeile 1 fixiert, dann wird der Cursor in die Zelle A2 gesetzt (unter Zeile 1, links von A1, gibt es nichts zu fixieren). Sollen die Spalten A und B fixiert werden, dann muss sich der Cursor in C1 befinden. Werden Zeile 1 und Spalte A fixiert, dann sitzt der Cursor in B2. Nun kann über das Menü FENSTER / FIXIEREN der entsprechende Bereich fixiert werden.

Das Fixieren hat nur am Bildschirm Gültigkeit. Sollen auf dem Papier eine oder mehrere Zeilen wiederholt werden, dann finden Sie in DATEI / SEITE EINRICHTEN / TABELLE zwei Eingabefelder für „Wiederholungszeilen oben" und „Wiederholungsspalten links". Das Wiederholen gilt nur auf dem Papier und wird ebenso wie Kopf- und Fußzeile nur in der Seitenansicht angezeigt.

3.7 Schutz

Gerade Formulare oder formularähnliche Tabellen sollten geschützt werden, damit ein anderer Benutzer nicht aus Versehen oder mit Absicht Werte ändert oder Formeln überschreibt. Der Schutz wird in zwei Schritten eingeleitet. Zuerst werden die Zellen gekennzeichnet, die der Benutzer ändern darf. Im zweiten Schritt wird das gesamte Tabellenblatt oder die ganze Datei geschützt beziehungsweise abgeschlossen.

Dazu werden die Zellen, die zur weiteren Bearbeitung freigegeben sind, markiert. Über das Menü FORMAT / ZELLEN / SCHUTZ wird der Schutz für diese ausgeschaltet, das heißt, sie sind vom globalen Schutz ausgenommen. Diese Option („Gesperrt" oder „Nicht gesperrt") wirkt erst dann, wenn der globale Tabellenschutz über das Menü EXTRAS / SCHUTZ eingeschaltet ist, vorher hat diese Einstellung keinerlei Funktion.

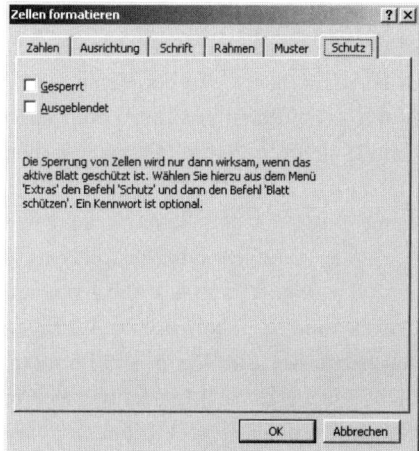

Abbildung 3.13 Einzelne Zellen werden geschützt.

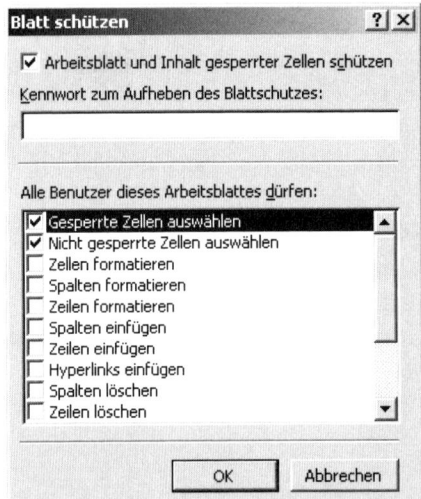

Abbildung 3.14 Das Blatt wird gesperrt.

Achtung: Der Benutzer hat in Excel bis zur Version 2000 nun keine Befugnisse mehr: In gesperrten Zellen kann er weder fehlende Formeln oder Zahlen eingeben noch etwas ändern. Er kann zum Beispiel auch keine Formatierungen ändern, da das Menü FORMAT für ihn tabu ist. Das bedeutet Folgendes:

Angenommen der Benutzer gibt eine sehr große Zahl oder eine Zahl ein, mit der gerechnet wird. Das Ergebnis kann nun sehr groß werden. In beiden Fällen wird die Anzeige durch Zahlenzeichen ausgeblendet:

########

Nun allerdings hat der Benutzer keine Möglichkeit mehr, die Spalten zu verbreitern oder die Schrift zu verkleinern, so dass die Zahl nun wieder lesbar wäre. Gehen Sie bei der Formulargestaltung also von den größtmöglichen Zahlen aus, die der Benutzer eingeben kann, damit solchen Fehlern vorgebeugt wird. Am besten begrenzen Sie die Eingabezellen auf einen bestimmten Bereich. Hierzu dient der Menüpunkt DATEN / GÜLTIGKEIT. Dieser Menüpunkt existiert in Excel erst seit der Version 8.0. In Excel 2002 wurde die Schutzfunktion um einige Optionen erweitert. Nun kann dem Benutzer die Freiheit zugestanden werden, Spalten zu verbreitern oder Zellen zu formatieren.

Es ist inzwischen sicherlich hinlänglich bekannt, wie man den Schutz auch ohne Kennwort öffnen kann. Markieren Sie das gesamte Tabellenblatt (beispielsweise durch Mausklick auf das linke obere Kästchen oder über <Strg> + <A>. Kopieren Sie alle Zellen. Wechseln Sie danach in ein offenes leeres Tabellenblatt und fügen dort den Inhalt des Zwischenspeichers ein. Nun haben Sie alle Werte, alle Formeln, alle Formatierungen, und: das neue Blatt ist nicht geschützt! Schutzmechanismen in Microsoft-Produkten sind mit viel Vorsicht zu genießen – in Excel-Tabellen gehören keine sensiblen, vertraulichen oder geheimen Daten – ohne viel Aufwand könnten sie eingesehen werden.

3.8 Liste der Funktionen

Im Folgenden finden Sie eine vollständige Liste aller Funktionsnamen aller Excel-Versionen. Am Ende der Liste folgt ein Überblick, welche Funktionen in welchen Excel-Versionen neu sind und welche verschwunden sind oder durch andere ersetzt wurden. Die Spalte „Kapitel" gibt dabei jeweils das Kapitel an, in dem die Funktion erklärt wird. Ist die **Kapitelnummer fett** formatiert, dann müssen Sie, um mit der Funktion arbeiten zu können, im Add-Ins-Manager das Add-In „Analyse-Funktionen" (EXTRAS - ADD-INS-MANAGER) aktivieren.

Tabelle 3.2 Liste der finanzmathematischen Funktionen

Name	Kapitel	Name	Kapitel
AMORDEGRK	**4.9.4**	MDURATION	**4.9.4**
AMORLINEARK	**4.9.4**	NBW	4.9.4
AUFGELZINSF	**4.9.5**	NOMINAL	**4.9.4**
AUFGELZINS	**4.9.5**	NOTIERUNGBRU	**4.9.5**
AUSZAHLUNG	**4.9.4**	NOTIERUNGDEZ	**4.9.5**
AFADEGV	4.9.4	QIKV	4.9.3
BW	4.9.1	RENDITEDIS	**4.9.4**
DIA	4.9.2	RENDITEFÄLL	**4.9.4**
DISAGIO	**4.9.4**	RENDITE	**4.9.4**
DURATION	**4.9.4**	RMZ	4.9.1
EFFEKTIV	**4.9.4**	TBILLÄQUIV	**4.9.5**
GDA2	4.9.2	TBILLKURS	**4.9.5**
GDA	4.9.2	TBILLRENDITE	**4.9.5**
IKV	4.9.3	UNREG.KURS	**4.9.5**
ISPMT	4.9.1	UNREG.REND	**4.9.5**
KAPZ	4.9.1	UNREGLE.KURS	**4.9.5**
KUMKAPITAL	**4.9.1**	UNREGLE.REND	**4.9.5**
KUMZINSZ	**4.9.1**	VBD (nur bis Excel 7.0)	
KURSDISAGIO	**4.9.4**	VDB	4.9.5
KURSFÄLLIG	**4.9.4**	XINTZINSFUSS	**4.9.3**
KURS	**4.9.4**	XKAPITALWERT	**4.9.3**
LIA	4.9.2	ZINSSATZ	**4.9.4**
ZINSTERMTAGNZ	**4.9.5**	ZINSTERMNZ	**4.9.5**
ZINSTERMTAGVA	**4.9.5**	ZINSTERMTAGE	**4.9.5**
ZINSTERMVZ	**4.9.5**	ZINSZ	4.9.1

Name	Kapitel	Name	Kapitel
ZINSTERMZAHL	**4.9.5**	ZW2	**4.9.1**
ZINS	4.9.1	ZW	4.9.1
		ZZR	4.9.1

Tabelle 3.3 Liste der Datum- und Zeitfunktionen

Name	Kapitel	Name	Kapitel
ARBEITSTAG	**4.3.1**	MONAT	4.3.1
BRTEILJAHRE	**4.3.1**	MONATSENDE	**4.3.1**
DATUM	4.3.1	NETTOARBEITSTAGE	**4.3.1**
DATWERT	4.3.1	SEKUNDE	4.3.2
EDATUM	4.3.1	STUNDE	4.3.1
HEUTE	4.3.1	TAGE360	4.3.1
JAHR	4.3.1	TAG	4.3.1
JETZT	4.3.1	WOCHENTAG	4.3.1
KALENDERWOCHE	**4.3.1**	ZEITWERT	4.3.2
MINUTE	4.3.2	ZEIT	4.3.2

Tabelle 3.4 Liste der mathematischen und trigonometrischen Funktionen

Name	Kapitel	Name	Kapitel
ABRUNDEN	4.6.1	ARCTAN	4.6.4
ABS	4.5.2	AUFRUNDEN	4.6.1
ARCCOSHYP	4.6.4	BOGENMASS	4.6.4
ARCCOS	4.6.4	COSHYP	4.6.4
ARCSINHYP	4.6.4	COS	4.6.4
ARCSIN	4.6.4	EXP	4.6.5
ARCTAN2	4.6.4	FAKULTÄT	4.6.2
ARCTANHYP	4.6.4	GANZZAHL	4.6.1
GERADE	4.6.1	RUNDEN	4.6.1
GGT	**4.6.1**	SINHYP	4.6.4
GRAD	4.6.4	SIN	4.6.4
KGV	**4.6.1**	SUMMENPRODUKT	4.5.2
KOMBINATIONEN	4.6.2	SUMMEWENN	4.1.1
KÜRZEN	4.6.1	SUMMEX2MY2	4.6.4
LN	4.6.5	SUMMEX2PY2	4.6.4
LOG10	4.6.5	SUMME	2.2
LOG	4.6.5	SUMMEXMY2	4.6.4
MDET	4.6.3	TAN	4.6.4
MINV	4.6.3	TANHYP	4.6.4
MMULT	4.6.3	TEILERGEBNIS	

Name	Kapitel	Name	Kapitel
OBERGRENZE	4.6.1	UNGERADE	4.6.1
PI	4.6.4	UNTERGRENZE	4.6.1
POLYNOMIAL	**4.6.2**	VORZEICHEN	4.6.1
POTENZREIHE	**4.6.4**	VRUNDEN	4.6.1
POTENZ	4.6.5	WURZELPI	4.6.4
PRODUKT	4.6.2	WURZEL	4.6.4
QUADRATESUMME	4.6.4	ZÄHLENWENN	4.1.1
QUOTIENT	**4.6.1**	ZE (früher LN)	**4.6.5**
REST	4.6.1	ZUFALLSBEREICH	**4.6.6**
RÖMISCH	4.11	ZUFALLSZAHL	4.6.6
		ZWEIFAKULTÄT	**4.6.2**

Tabelle 3.5 Liste der statistischen Funktionen

Name	Kapitel	Name	Kapitel
ACHSENABSCHNITT	4.7.4	KORREL	4.7.3
ANZAHL2	2.2	KOVAR	4.7.3
ANZAHL	2.2	KRITBINOM	4.7.2
ANZAHLLEEREZELLEN	4.2	KURT	4.7.2
BESTIMMTHEITSMASS	4.6.7	LOGINV	4.7.7
BETAINV	4.7.7	LOGNORMVERT	4.7.7
BETAVERT	4.7.7	MAX	2.2
BINOMVERT	4.7.5	MAXA	2.2
CHIINV	4.7.7	MEDIAN	4.7.1
CHITEST	4.7.7	MIN	2.2
CHIVERT	4.7.7	MINA	
EXPONVERT	4.7.7	MITTELABW	4.7.2
FINV	4.7.7	MITTELWERT	2.2
FISHERINV	4.7.7	MODALWERT	4.7.1
FISHER	4.7.7	MODALWERTA	
FTEST	4.7.7	NEGBINOMVERT	4.7.2
FVERT	4.7.7	NORMINV	4.7.5
GAMMAINV	4.7.7	NORMVERT	4.7.7
GAMMALN	4.7.7	PEARSON	4.7.7
GAMMAVERT	4.7.7	POISSON	4.7.5
GEOMITTEL	4.7.1	QUANTIL	4.7.1
GESTUTZTMITTEL	4.7.1	QUARTILE	4.7.1
GTEST	4.7.7	QUANTILSRANG	4.7.1
HARMITTEL	4.7.1	RANG	4.7.1
HÄUFIGKEIT	4.7.7	RGP	4.7.4

Name	Kapitel	Name	Kapitel
HYPGEOMVERT	4.7.5	RKP	4.7.4
KGRÖSSTE	4.6.5	SCHÄTZER	4.7.4
KKLEINSTE	4.6.5	SCHIEFE	4.7.2
KONFIDENZ	4.7.6	STABWNA	4.7.2
STABWA	4.7.2	STABWN	4.7.2
STABW	4.7.2	TTEST	4.7.7
STANDARDISIERUNG	4.7.2	TVERT	4.7.7
STANDNORMINV	4.7.7	VARIANZEN	4.7.2
STANDNORMVERT	4.7.7	VARIANZENA	4.7.2
STEIGUNG	4.7.4	VARIANZ	4.7.2
STFEHLERXY	4.7.5	VARIANZA	4.7.2
SUMQUADABW	4.7.2	VARIATIONEN	4.7.
TINV	4.7.7	VARIATION	4.6.4
TREND	4.7.4	WAHRSCHBEREICH	4.7.5
ZÄHLENWENN		WEIBULL	4.7.5

Tabelle 3.6 Liste der Matrixfunktionen

Name	Kapitel	Name	Kapitel
ADRESSE	4.5.1	SPALTE	4.5.1
BEREICH.VERSCHIEBEN	4.5.1	SVERWEIS	4.5.1
BEREICHE	4.5.1	VERGLEICH	4.5.1
HYPERLINK	4.11	VERWEIS	4.5.1
INDEX	4.5.1	WAHL	4.5.1
INDIREKT	4.5.1	WVERWEIS	4.5.1
MTRANS	4.5.1	ZEILEN	4.5.1
PIVOTDATENZUORDNEN	4.11	ZEILE	4.5.1
SPALTEN	4.5.1		

Tabelle 3.7 Liste der Logikfunktionen

Name	Kapitel	Name	Kapitel
FALSCH	4.1.2	UND	4.1
NICHT	4.1	WAHR	4.1.2
ODER	4.1	WENN	4.1

Tabelle 3.8 Liste der Datenbankfunktionen

Name	Kapitel	Name	Kapitel
DBANZAHL2	4.5.3	DBMITTELWERT	4.5.3
DBANZAHL	4.5.3	DBPRODUKT	4.5.3
DBAUSZUG	4.5.3	DBSTDABWN	4.5.3

3 Hilfen

DBMAX	4.5.3	DBSTDABW	4.5.3
DBMIN	4.5.3	DBSUMME	4.5.3
DBVARIANZEN	4.5.3	SQL.REQUEST	4.5.3
DBVARIANZ	4.5.3		

Tabelle 3.9 Liste der Textfunktionen

Name	Kapitel	Name	Kapitel
CODE	4.4	LINKS	4.4
DM	4.4	RECHTS	4.4
ERSETZEN	4.4	SÄUBERN	4.4
FEST	4.4	SUCHEN	4.4
FINDEN	4.4	T	
GLÄTTEN	4.4	TEIL	4.4
GROSS	4.4	TEXT	4.4
GROSS2	4.4	VERKETTEN	4.4
IDENTISCH	4.4	WECHSELN	4.4
KLEIN	4.4	WERT	4.4
LÄNGE	4.4	WIEDERHOLEN	4.4
		ZEICHEN	4.4

Tabelle 3.10 Liste der Informationsfunktionen

Name	Kapitel	Name	Kapitel
ANZAHLLEEREZELLEN	4.2	ISTLOG	4.2
FEHLER.TYP	4.2	ISTNV	4.2
INFO	4.2	ISTTEXT	4.2
ISTBEZUG	4.2	ISTUNGERADE	4.2
ISTFEHLER	4.2	ISTZAHL	4.2
ISTFEHL	4.2	NV	4.2
ISTGERADE	4.2	N	4.4
ISTKTEXT	4.2	TYP	4.2
ISTLEER	4.2	ZELLE	4.2

Tabelle 3.11 Liste der technischen Funktionen:

Name	Kapitel	Name	Kapitel
BESSELI	4.10.3	HEXINOKT	4.10.2
BESSELJ	4.10.3	IMABS	4.10.1
BESSELK	4.10.3	IMAGINÄRTEIL	4.10.1
BESSELY	4.10.3	IMAPOTENZ	4.10.1
BININDEZ	4.10.2	IMARGUMENT	4.10.1
BININHEX	4.10.2	IMCOS	4.10.1

Name	Kapitel	Name	Kapitel
BININOKT	4.10.2	IMDIV	4.10.1
DELTA	4.4	IMEXP	4.10.1
DEZINBIN	4.10.2	IMKONJUGIERTE	4.10.1
DEZINHEX	4.10.2	IMLN	4.10.1
DEZINOKT	4.10.2	IMLOG10	4.10.1
GAUSSFEHLER	4.10.3	IMLOG2	4.10.1
GAUSSFKOMPL	4.10.3	IMPRODUKT	4.10.1
GGANZZAHL	4.1.1	IMREALTEIL	4.10.1
HEXINBIN	4.10.2	IMSIN	4.10.1
HEXINDEZ	4.10.2	IMSUB	4.10.1
IMSUMME	4.10.1	OKTINDEZ	4.10.2
IMWURZEL	4.10.1	OKTINHEX	4.10.2
KOMPLEXE	4.10.1	UMWANDELN	4.10.2
OKTINBIN	4.10.2	WURZELPI	4.6.4

Tabelle 3.12 Nur in der Kategorie „Alle"

Name	Kapitel	Name	Kapitel
AUFRUFEN	4.11	REGISTER.KENNUMMER	4.11

Folgende Funktionen sind neu in Excel 7.0: ZWEIFAKULTÄT, RADIANT wurde durch BOGENMASS ersetzt, und SQL.REQUEST gab es noch nicht in Excel 5.0.

Folgende Funktionen sind neu in Excel 8.0 (Excel 97): HYPERLINK, MAXA, NORMVERT, PIVOTDATENZUORDNEN, STABWA, STABWNA, VARIANZA, VARIANZENA

Folgende Funktionen sind neu in Excel 2000: AFADEGV, D, ISPMT, ZE

Folgende Funktionen verschwanden aus Excel 7.0: LN (wurde durch ZE ersetzt), SQL.REQUEST (wurde vollständig durch AUFRUFEN ersetzt), T (wurde durch D ersetzt) und VBD.

Einige Funktionen „wanderten" durch die Kategorien: ANZAHLLEEREZELLEN war in Excel 5.0 in der Kategorie „Information" und ist ab Version 7.0 in „Mathematik & Trigonometrie", ZÄHLENWENN wanderte von „Mathematik & Trigonometrie" nach „Statistik". Aber unter Kategorie „Alle" finden Sie immer alle Funktionen.

Achtung bei mehrsprachigen Office-Paketen. Wenn Sie die englische Version installieren und anschließend die Oberfläche in die deutsche Sprache übersetzen, dann kann es passieren, dass das englische Add-In „Analysefunktionen" erhalten bleibt. Sie können nun entweder mit den entsprechenden englischen Funktionen rechnen oder Sie besorgen sich das deutschsprachige Add-In „funcres.xla" und binden es ein. Man kann übrigens auch das Add-In einer älteren Excel-Version verwenden – sie funktionieren auch in Office XP.

4 Fehler

Es gibt sicherlich kein Patentrezept, wie man Fehler suchen (oder noch besser: wie man sie finden) kann, aber es gibt ein paar Stellen, bei denen man ansetzen könnte, wenn eine Berechnung nicht das Ergebnis liefert, das sie sollte. Vor allem, wenn Sie die Aufgabe haben, bei Freunden oder Kollegen Fehler in einer Excel-Tabelle zu suchen, dann gibt es einige Strategien, wie man vorgehen sollte. Sie können am Anfang systematisch vorgehen, im Laufe der Zeit wird die Fehlersuche sicherlich „intuitiv".

4.1 Falsche Eingabe

Eine Fehlerquelle ist immer das Vertippen. Die schlimmsten Anfängerfehler sind hierbei das Verwechseln der Ziffer 0 und dem Buchstaben O oder dem Buchstaben o. Auf manchen älteren Schreibmaschinen existiert keine Ziffer 1 – dort musste ein Buchstabe l getippt werden. Beides ist in Excel falsch.
Dezimalzahlen werden in Deutschland mit Komma geschrieben und nicht mit Punkt. Der Punkt ist für Datumsangaben reserviert. An Stelle des Punktes kann auch ein Bindestrich oder ein Schrägstrich eingegeben werden (14-07-2001 oder 14/07/01), allerdings kein Komma. Uhrzeiten werden mit Hilfe eines Doppelpunktes dargestellt, also 9:15 oder 14:25. Prozentzeichen können direkt in die Zelle eingegeben werden, beispielsweise 16% oder 7%.

Gerechnet wird in Excel nur mit Zahlen. Alle Texteingaben sind falsch. Geben Sie niemals „200 EURO" ein. Geben Sie nicht 200,-- ein, auch nicht 150 $ oder 450 kg. Eingegeben werden nur Zahlen, mit oder ohne Dezimalstellen. Sollen Währungseinheiten oder Maßeinheiten in der gleichen Zelle stehen, dann können diese Zellen formatiert werden.

Eine weitere üble Fehlerquelle sind Leerzeichen. Tippen Sie niemals ein Leerzeichen zu Beginn einer Eingabe oder am Ende eines Textes. Excel hat keine Möglichkeit, Leerzeichen (und andere Sonderzeichen) anzuzeigen. Stehen beispielsweise in einer Spalte verschiedene Nationalitäten untereinander und steht in Zelle B9 statt „Köln" „Köln ", so ist der Unterschied in Excel und auf dem Papier nicht sichtbar. Werden mit der Funktion
=ZÄHLENWENN(B6:B15;"Köln")
alle Zellen gezählt, in denen sich der Text „Köln" befindet, so wird B9 nicht mitgezählt, weil dort etwas anderes steht. Der Fehler kann nur gefunden werden, wenn Sie die Zelle editieren und nachsehen, ob sich hinter dem letzten Buchstaben („n") noch ein weiteres Zeichen in der Zelle befindet.

Auch von Eingaben wie ="" ist abzuraten. Hier wird in der Zelle nichts angezeigt, aber intern steht ein Wert in der Zelle. Die Funktion ANZAHLLEEREZELLEN zählt diese Zelle nicht mit. Und schließlich sollten Sie auf keinen Fall Zellen löschen, indem Sie die Leertaste drücken. Denn nun erkennt Excel einen Text in der Zelle und behandelt ihn auch so. Steht beispielsweise in Zelle Z1 ein Leerzeichen, dann werden vier hochformatige Seiten ausgedruckt, obwohl möglicherweise die letzten drei keine Informationen mehr enthalten.

4.2　Falsche Rechenoperatoren

Bei den Grundrechenarten wird die Multiplikation durch einen Stern („*") ausgedrückt, die Division durch einen Schrägstrich („/") und nicht mit „x" beziehungsweise „:". Sie finden die vier Grundrechenarten auf der rechten Zahlentastatur, oder auf der Schreibmaschinentastatur: + und * neben der Taste <Ü>, - unter <Ä> und <Ö> und / über der <7>.

Ein weiterer häufiger Fehler bei der Verwendung von Funktionen sind Leerzeichen. Diese sind immer wegzulassen! Keine Rechnung in Excel hat ein Leerzeichen. Zwar löscht Excel häufig automatisch die falsch eingefügten Leerzeichen, aber an einigen Stellen eben nicht! Sollten Sie Formeln per Hand eingeben oder korrigieren, dann kontrollieren Sie alle Klammern.

Auch falsch getippte Funktionen erkennt Excel nicht. Manchmal ist es nötig, jeden Buchstaben mit der Originalfunktion zu vergleichen. Es gibt leider einige sehr kryptische Funktionsnamen wie OKTINHEX, QIKV, RGP, RKP, TBILLÄQUIV, SUMMEX2PY2 oder SUMQUADABW. Und leider auch einige Funktionen, die sehr ähnlich klingen, aber etwas anderes berechnen: STABWN und STABW, MIT-

TELWERT, MODALWERT und MITTELABW oder VARIANZ und VARIANZEN. Vergleichen Sie auch genau die Parameter. Einige Funktionen haben mehrere sehr unterschiedliche Parameter, die in exakter Reihenfolge, durch ein Semikolon getrennt, eingegeben werden müssen. Beispielsweise verlangt die Funktion RMZ (=Regelmäßige Zahlung) die drei Argumente Zins, Zahlungszeiträume und Barwert in dieser Reihenfolge.

Trotz aller Eingabeschwierigkeiten: Es gibt keine Stelle beim Rechnen, wo zwischen Groß- und Kleinschreibung unterschieden wird. Man kann die Funktionen und die Zellbezüge in Groß- oder Kleinbuchstaben eingeben. Problemlos!

4.3 Falsche Formatierungen

Eine weitere Fehlerquelle liegt in den Formatierungen. Sind die Zahlen und die Formeln richtig eingegeben und stimmt das Ergebnis dennoch nicht, so kann man die darunter liegende Formatierung kontrollieren (FORMAT / ZELLEN / ZAHLEN). Liegt beispielsweise unter einer Zahl eine Datumsformatierung, so wundert man sich im ersten Moment. Viele Anfänger beginnen die Eingabe einer Währung mit einem Punkt. Statt 2,50 geben sie 2.5 ein. Das Ergebnis ist der 2. Mai. Wird nun der Inhalt gelöscht, so bleibt das (Datums-)Format bestehen. Wird nun korrekt 2,5 eingegeben, so wandelt Excel diese Zahl richtig in den 2,5ten Tag seit Excel-Zählung um, und das ist der 2. Januar 1900. Auch ein erneutes Löschen hilft nichts – man muss das Format über das Menü FORMAT / ZELLEN / ZAHLEN zurücksetzen oder über BEARBEITEN / LÖSCHEN / FORMATE entfernen.

Noch weniger einsichtig sind Rundungen. So wird 0,6 möglicherweise auf 1 aufgerundet, was das Ergebnis verfälscht. Vor allem bei der Prozent- beziehungsweise bei der Zinsrechnung kann dies zu ärgerlichen Nebeneffekten führen, wenn sich auf einmal Zehntel Pfennige addieren und sichtbar werden und damit das Gesamtergebnis verfälschen. Angenommen in einer Zelle befindet sich eine komplexe Verknüpfung:

=[Bilanz.xls]Programmiertätigkeiten!C4

Angenommen in der ursprünglichen Zelle steht der Wert 0,2%. Dann müsste unformatiert der Wert 0,002 in der Zielzelle zu finden sein. Klickt man dagegen auf das Symbol %, so wird die Dezimalzahl in eine Prozentzahl ohne Nachkommastellen verwandelt – und das Ergebnis ist 0%. Erst ein Hinzuformatieren von Nachkommastellen lässt wieder den korrekten Wert 0,2% erscheinen.

Ebenso ärgerlich kann die Formatierung „Text" sein, die erst gar keine Rechnung zulässt. Oder gar weiße Schriftfarbe, die keinen Inhalt anzeigt.

4.4 Zirkelbezüge

Eine weitere Fehlerquelle sind Zirkelbezüge. Sie entstehen, wenn bei einer Rechnung ein Bezug auf eine Zelle genommen wird, die wiederum ihre Werte (direkt oder indirekt) aus der ersten Zelle erhält, wenn also Zelle A7 ihre Werte aus B5 erhält, B5 dagegen aus A7. Zirkelbezüge gibt es auch bei Funktionen: Wenn Sie eine Summe berechnen und die Markierung der Zellen, die addiert werden, zu weit hinausziehen, das heißt über das Ergebnis, so erhalten Sie einen Zirkelbezug.

4.5 Falsche Inhalte

Excel verlangt bei einigen Funktionen Zahlen in einer bestimmten Größe. Wenn Sie beispielsweise mit der Funktion RMZ die Annuität berechnen, so ist in der Eingabezeile „Zins" nicht der effektive Jahreszins (zum Beispiel 8%) einzugeben, sondern der Zins pro zu berechnender Epoche (bei monatlicher Rückzahlung also 8%/12). Die Funktion SIN verlangt den Winkel in Bogenmaß und nicht in Grad. Wollen Sie also den Sinus von 30° berechnen, so ist nicht =SIN(30) einzugeben, sondern im Verhältnis von π/180, also:
=SIN(30*PI()/180)

4.6 Denkfehler

Und dann gibt es noch logische Fehler. Denkfehler. Ihnen ist wohl am schwierigsten auf die Schliche zu kommen, weil sie ein anderes Denken verlangen. Bei anderen mag so eine Fehlersuche noch glücken, aber das eigene Denken zu überprüfen und zu korrigieren ist manchmal gar nicht so einfach.

4.7 Fehlermeldungen

Eine falsch eingegebene Formel meldet Excel. Wenn Sie beispielsweise eine Klammer vergessen und
=SUMME(D1:D6/ANZAHL(D1:D6)
eingeben, dann schlägt Excel vor, wie die korrekte Lösung aussehen könnte. Sein Vorschlag ist nicht immer richtig – er muss auf jeden Fall überprüft werden. Kann das Ergebnis dennoch nicht korrekt berechnet werden, so zeigt Excel verschiedene Fehlermeldungen an. Sie werden im Folgenden aufgelistet:
#DIV/0
In einer Berechnung wurde durch 0 oder durch eine leere Zelle geteilt. Dies kann bei einer Formel

=E1/E3

herauskommen, wenn E3 leer ist, oder bei einer Funktion

=RMZ(F1;F2;F3)

wenn F2 leer oder 0 ist. Der Detektiv zeigt an, mit welchen Zellen gearbeitet wird.

#NAME

Wird eine Formel falsch geschrieben, dann ist diese Meldung die Folge. Tippen Sie also beispielsweise statt SUMME

=SUME(A1:A5)

so ist #NAME die Folge. Übrigens auch in

=SUMME (A1:A5)

Hier steht zwischen dem "E" und der öffnenden Klammer ein Leerzeichen.

#WERT

Die Funktion RUNDEN verlangt zwei Zahlen. Wird beispielsweise statt der zweiten Zahl ein Bereich angegeben, dann folgt die Fehlermeldung #WERT.

=RUNDEN(C1;A1:A4)

Diese Fehlermeldung ist auch das Ergebnis von falsch gesetzten Klammern wie im Beispiel:

=SUMME(D1:D6/ANZAHL(D1:D6))

#BEZUG

Dieser Fehler entsteht beim Verschieben von Formeln oder Bereichen, so dass die Bezüge nicht mehr korrekt sind. Angenommen in H5 befindet sich die Summenformel

=SUMME(H1:H4)

Wird sie nach I5 kopiert, so lautet sie nun

=SUMME(I1:I4)

Wird sie allerdings nach J2 kopiert, so sucht Excel über der Zelle vier Zellen, die er addieren kann, findet keine und meldet #BEZUG oder

=SUMME(#BEZUG!)

#ZAHL

Angenommen die Werte, die für eine Funktion benötigt werden, liegen außerhalb eines gültigen Bereichs. Dann zeigt Excel die Fehlermeldung #ZAHL an. Die Funktion

=ZINS(F1;F2;F3)

berechnet den Zinssatz einer Annuität pro Periode. Der Barwert, das heißt die Schulden müssen negativ vorliegen. Befindet sich in F3 eine positive Zahl, so ist #ZAHL die Folge.

#NV

Das Ergebnis einiger Formeln kann nicht berechnet werden. Findet beispielsweise SVERWEIS den gesuchten Wert (E21) nicht in einer Matrix(A21:B30), so ist #NV die Folge:

=SVERWEIS(E21;A21:B30;2)

#NULL

#NULL wird gemeldet, wenn auf keine Zelle Bezug genommen werden kann. Die Schnittmenge der Bereiche (A10:B15) und (B12:C20) beträgt (B12:B15). In Excel kann man die Schnittmenge auch so schreiben:
A10:B15 B12:C20
Und darauf könnte man eine Funktion anwenden:
=SUMME(A10:B15 B12:C20)
Was geschieht aber, wenn die Formel geändert wird in:
=SUMME(A10:B15 B18:C20)
Das Ergebnis der Schnittmenge einer leeren Menge und #NULL ist die Folge.

Manche der Fehler sind das Ergebnis von falschen Eingaben. Einige der Funktionen erkennen, dass die Werte, mit denen sie rechnen sollen, nicht der korrekten Eingabe entsprechen. So etwas kann festgelegt werden, indem über das Menü DATEN / GÜLTIGKEIT ein bestimmter Bereich zur Eingabe festgelegt wird oder indem falsch eingegebene Daten per Formel abgefangen werden. Dies ist dann nötig, wenn dem Benutzer ein leeres Formular ausgeliefert wird, auf dem sich eine Durchschnittsberechnung befindet. Sind noch keine Werte auf dem Blatt vorhanden, dann lautet das Ergebnis der Formel
=MITTELWERT(H1:H21)

#DIV/0

Wie das abgefangen werden kann, wird in Kapitel 6.2 gezeigt.

Auf der CD befindet sich eine Datei „Kap4 Fehler" – eine Datei, in der sich eine Reihe Fehler befinden. Versuchen Sie diese aufzuspüren.

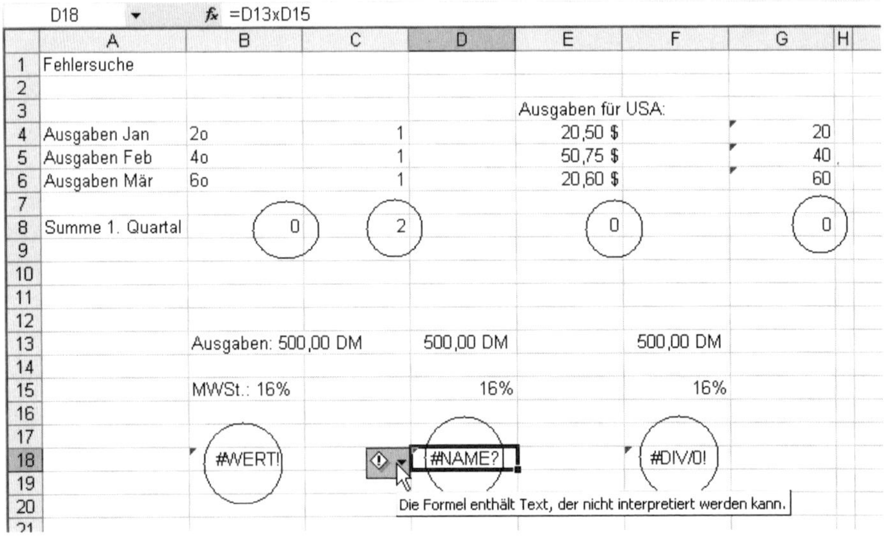

Abbildung 4.1 Eine Datei voller Fehler ...

5

Mathematische Denksportaufgaben für Excel oder Papier

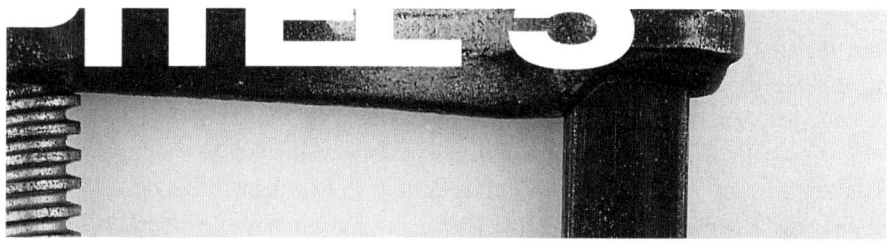

Die folgenden Aufgaben stammen aus verschiedenen mathematischen Rätselbüchern. Man kann alle Aufgaben durch Knobeln im Kopf oder auf dem Papier lösen, zum Teil durch Ausprobieren, zum Teil durch algebraische Gleichungen. Wer Lust und Freude hat, der kann sie gerne lösen. Ich habe sie in drei Gruppen unterteilt. Einige Aufgaben können durch einfaches Herunterziehen einer Formel gelöst werden. Man muss lediglich die Zeile finden, in der sich die Lösung befindet. Einige Aufgaben können mit Hilfe der Zielwertsuche gelöst werden, und die dritte Aufgabe benötigt den Solver als Lösungsinstrument. Die meisten der Aufgaben der ersten und zweiten Kategorie können selbstverständlich auch mit Hilfe des Solvers gelöst werden. Im ersten Teil werden die Aufgaben gestellt, im zweiten Teil wird der klassische Weg per Papier vorgestellt und im dritten Teil die Excel-Lösung beschrieben.

5.1 Ziehen

5.1.1 Die Schnecke

Vor einer 4,50 Meter hohen Mauer sitzt eine Schnecke. Jeden Tag klettert diese Schnecke eine Höhe von 0,5 Meter hoch, jede Nacht rutscht sie 10 % der Gesamthöhe nach unten. Sie klettert also am ersten Tag von 0 Meter auf 0,5 Meter, um in der ersten Nacht um 10 % von 0,5 Meter, also um 0,05 Meter, hinunterzurutschen. Sie startet am nächsten Morgen auf einer Höhe von 0,45 Meter. Erschöpft erreicht sie am Abend darauf 0,95 Meter. In der folgenden Nacht rutscht sie um 10 % von 0,95 Meter, also um 0,095 Meter, auf 0,85 Meter. Von dort klettert sie auf 1,355 Meter, rutscht aber in der darauf folgenden Nacht auf 1,2195 Meter. Frage: Wie viele Tage muss die Schnecke klettern, wenn die Mauer eine Höhe von 4,5 Metern hat?

5.1.2 Juan, der Offizier, der Schach spielt

Bei meinem letzten Besuch in Costa Rica erzählte mir Juan, dass 20 Regimente kontinuierlich aufgestellt wurden, und zwar in fortlaufendem Prozess, bei dem jede Woche jedem Regiment 100 Mann hinzubeordert wurden. Am Ende jeder Woche wurde dasjenige Regiment, das am meisten Männer zählte, an die Front geschickt.
Nun trug es sich zu, dass zu der Zeit, zu der das 1. Regiment 1000, das 2. 950, das 3. 900 zählte – und so fort, mit einer jeweiligen Verminderung von 50 bis hin zum 20. mit nur 50 Mann, Offizier Juan herausfand, dass der Oberst des 5. Regiments (das 800 Mann stark war) ausgezeichnet Schach spielte. Daher gab er dessen Regiment, um es nicht an die Front schicken zu müssen, was in fünf Wochen der Fall gewesen wäre, statt 100, wie den anderen, jede Woche nur 30 Mann.
Angenommen es werden fortwährend 20 Regimente aufgestockt, nach wie vielen Wochen muss sich der Schach spielende Oberst an den Kriegsschauplatz begeben?

5.1.3 Fronleichnam

In einer oberbayrischen Ortschaft prahlte Dimpfelmoser damit, seit einem halben Jahrhundert an jeder Fronleichnamsprozession teilgenommen zu haben. Unglücklicherweise wurde er kurz darauf Opfer einer Lungenentzündung und konnte so nicht mehr mitmarschieren.
Und so formierten sich, ganz nach altem Brauch, an Fronleichnam die Bewohner in Zehnerreihen und marschierten los. Allerdings waren in der letzten Reihe nur neun Mann, in der sonst Dimpfelmoser mitgegangen wäre. Da die Zuschauer am Straßenrand wissen wollten, was aus ihm geworden war, hielt man es für das Beste, den

5 Mathematische Denksportaufgaben für Excel oder Papier

Umzug so zu organisieren, dass in jeder Reihe nur neun Bewohner mitmarschierten, denn mit elf würde es nicht aufgehen.

Erstaunlicherweise stellte man fest, dass bei Neunerreihen die letzte Reihe nur mit acht Mann besetzt war. Eilig machte man sich daran, Reihen von je acht Mann aufzustellen; danach mit 7, dann mit 6, 5, 4, 3 und sogar 2, aber immer wieder stellte sich heraus, dass in der letzten Reihe stets ein Platz für Dimpfelmoser leer blieb. Die Leute begannen schon von Aberglaube zu sprechen.

Schließlich beschloss man, da nicht mehr als 7.000 Leute am Umzug teilnahmen, im Gänsemarsch zu laufen. Wie viele marschierten mit?

5.2 Zielwertsuche

5.2.1 Pleite statt Glückssträhne

Neulich beim Roulett beschloss ich, mein ganzes Geld nur auf Rot zu setzen. Falls die Kugel auf Rot fiele, würde sich also mein Spieletat verdoppeln, und in diesem Fall sollte auch der Croupier davon profitieren: Hundert Euro Trinkgeld hielt ich für angemessen. Dann ging's los. Die erste Kugel: Rot! Mein Kapital verdoppelte sich, hundert Euro gab ich dem Croupier. Meine Glückssträhne hielt an. Auch bei der zweiten und dritten Kugel gewann Rot, mein Kapital verdoppelte sich jeweils, und jedes Mal gab ich dem Croupier hundert Euro. Bei der vierten Kugel geschah es: schon wieder Rot. Mein Spieletat wurde verdoppelt, doch als ich dem Croupier hundert Euro gab, war ich restlos pleite.
Wie hoch war der Einsatz?

5.2.2 Melonen

„Diese beiden Melonen wiegen zusammen 20 Pfund", sagt der Verkäufer im Naturkostladen. „Die kleinere kostet pro Pfund 20 Cents mehr als die große." Frau Allnatura kaufte die kleinere für insgesamt 2 Euro, und Herr Demeter zahlte für die große 11,20 Euro. Wie viel haben die beiden Melonen gewogen?

5.2.3 Die Wahl

Bei einer Gemeindewahl wurden vier Kandidaten aufgestellt. Insgesamt wurden 6.095 gültige Stimmen ausgezählt. Der Gewinner übertraf seine Gegenkandidaten mit je 22, 30 und 73 Stimmen. Mit wie vielen Stimmen wurde er gewählt?

5.2.4 Mit gesundem Menschenverstand

Eine Studentin bereitet sich auf ihren Probeunterricht in Mathematik in der achten Klasse vor.
„Sage mir doch, welche Aufgabe du deinen Schülern stellen wirst?", fragt interessiert ihr Vater, ein ausgezeichneter Ingenieur.
„Das Alter eines Kindes, vermehrt um drei Jahre, ergibt eine Zahl, aus der sich genau die Quadratwurzel ziehen lässt; diese Wurzel ergibt das um drei Jahre verminderte Alter des Kindes. Wie alt ist das Kind?"
„Nun, eine ganz gute Aufgabe für mündliche Übungen. Aufgeweckte Kinder lösen sie in einer Minute."
„Wie, für mündliche Aufgaben? Bei dieser Aufgabe beabsichtige ich den Schülern die Aufstellung einer Gleichung zu zeigen.", widersprach die Studentin ihrem Vater.
Wie kann man die Aufgabe lösen?

5.2.5 Wie alt ist die Mutter?

„Also, hör zu, Andreas, deine Mutter, du und ich, dein Vater, wir drei sind genau 96 Jahre alt. Da ich genau sechs Mal so alt bin wie du jetzt, darf man wohl sagen, dass wir, wenn ich nur noch doppelt so alt bin wie du, alle drei zusammen doppelt so alt sind wie jetzt zusammen. Wie alt ist deine Mutter?"

5.2.6 Die Waage

Frau Häberle ist sparsam veranlagt. Am Bahnhof wiegt sie sich zusammen mit ihrem Hund und ihrem Baby. Sie weiß, dass sie 100 Kilogramm mehr wiegt als der Hund und das Baby zusammen und dass das Baby doppelt so schwer ist wie der Hund. Die Waage zeigt 148 Kilogramm an. Was wiegt Frau Häberle?

5.3 Der Solver

5.3.1 Die Jedi-Ritter

Erneut, in ferner Zukunft, kämpfen die Jedi-Ritter unter ihrem Chef Darth Vader. Sie formieren sich in 13 Quadraten mit der gleichen Anzahl Kämpfer. Mit ihrem Anführer zusammen hätten sie auch ein großes Quadrat bilden können. Wie viele Krieger umfasst die Armee der Jedi-Ritter?

5.3.2 Der Ausflug

Auf dem Hinweg zum großen Picknick befinden sich in jedem Wagen genau die gleiche Anzahl Personen. Auf halbem Weg gehen zehn Wagen zu Bruch, so dass alle übrigen je eine Person zusätzlich aufnehmen müssen. Als es Zeit ist, den Heimweg anzutreten, stellt sich heraus, dass von den restlichen Wagen weitere 15 ausfallen, so dass bei der Rückfahrt in jedem Wagen drei Personen mehr waren als bei der Abfahrt am Morgen.
Wie viele Personen nehmen an dem alljährlichen Picknick teil?

5.3.3 Darts

In einem Dartclub hängt eine Zielscheibe mit den Punkten 1, 2, 3, 5, 10, 20, 25 und 50. Einer der Schützen kam mit sechs Wurf auf 96, davon war eine Dublette, das heißt, zwei Pfeile trafen den gleichen Ring.
Wie muss man werfen, damit man mit drei Dubletten eine Gesamtpunktzahl von 96 erzielt?

5.3.4 Briefmarken

Eine Dame gibt dem Postbeamten am Schalter eine 100-Euro-Note für Briefmarken und sagt: „Geben Sie mir ein paar Marken zu 2 Euro, zehnmal so viele zu 1 Euro und für den Rest 5-Euro-Briefmarken." Was tut der Beamte, um ihr diesen Wunsch zu erfüllen?

5.4 Lösungen zum Ziehen

5.4.1 Die Schnecke

Da die Strecke, welche die Schnecke nachts herunterrutscht, in jeder Nacht größer ist als in der vorhergehenden, kann diese Aufgabe nicht im Kopf gelöst werden. In der ersten Nacht hat die Schnecke eine Höhe von 0,5 Meter erreicht. In der zweiten Nacht befindet sie sich auf 0,5*0,9+0,5 = 0,95. In der dritten Nacht beträgt ihre Höhe (0,5*0,9+0,5)*0,9+0,5 oder 0,5*(1+0,9+0,9²). Allgemein ist sie in der Nacht Nummer n auf 0,5*(1+0,9+0,9²+...+0,9^{n-1}).
Für die Summe
$$q = a + aq + aq^2 + ... + aq^{n-2} + aq^{n-1}$$

gilt:

$$s_n = a\frac{1-q^n}{1-q}$$

Da q = 0,9 und a = 0,5 sind, lautet die Formel:

$$4,5 \le 0,5\frac{1-(0,9)^n}{1-0,9}$$

oder:

$0,9^n \le 0,1$

Daraus folgt für n:

$n \le \log_{0,9} 0,1 \approx 21,854$

Also wird die Schnecke am 22. Tag die Mauer „bezwungen" haben.

Diese Aufgabe kann dagegen leicht in Excel gelöst werden. Eine Spalte dient zur Beschriftung der Tage, eine Zeile zur Beschriftung der Tageszeiten. In der ersten Spalte läuft ein Zähler.

Da die Schnecke bei 0 startet, wird dies in die erste Zelle eingetragen. In der Abendhöhe steht nun die Formel Morgenhöhe + 0,5 oder: B2 + 0,5.

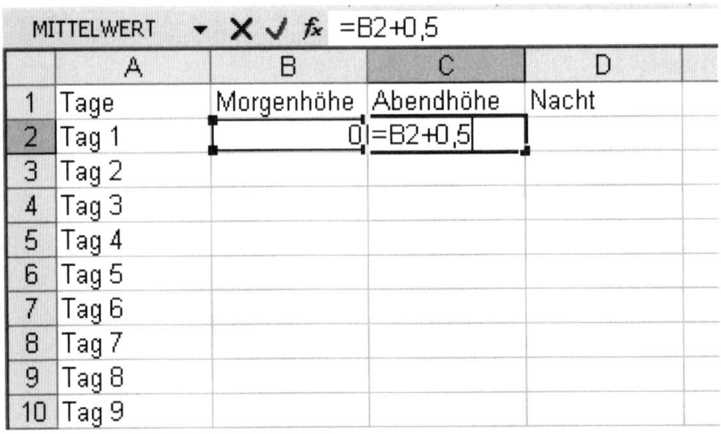

MITTELWERT	▼ X ✓ fx	=B2+0,5	
	A	B	C	D
1	Tage	Morgenhöhe	Abendhöhe	Nacht
2	Tag 1	0	=B2+0,5	
3	Tag 2			
4	Tag 3			
5	Tag 4			
6	Tag 5			
7	Tag 6			
8	Tag 7			
9	Tag 8			
10	Tag 9			

Abbildung 5.1 Die Abendhöhe

Werden nun von dieser Zahl 10 % abgezogen, so darf nicht C2-10 % geschrieben werden! Dies führt unweigerlich zu einem Fehler, da 10 % gleichbedeutend ist mit 0,1. Vielmehr muss 10 % von C2 abgezogen werden, also:

=C2-C2*10 %

Oder einfacher: Da uns nicht die Strecke interessiert, die unsere Schnecke herunterrutscht (die 10 %), sondern die Endhöhe (die 90 %), so kann diese auch ermittelt werden über:

=C2*90 %

5 Mathematische Denksportaufgaben für Excel oder Papier

Man könnte die beiden Werte (10 % beziehungsweise 90 % und 0,5) auch auslagern, das heißt, in andere Zellen schreiben. Dann könnte man mit einem absoluten Bezug darauf zugreifen. Dies macht Sinn, wenn man alle möglichen Schnecken berechnen wollte. Diese Morgenhöhe wird mit einem Bezug in die nächste Zeile übernommen.

Schließlich können alle drei Spalten heruntergezogen werden:

	A	B	C	D
1	Tage	Morgenhöhe	Abendhöhe	Nacht
2	Tag 1	0	0,5	0,45
3	Tag 2	0,45	0,95	0,855
4	Tag 3	0,855	1,355	1,2195
5	Tag 4	1,2195	1,7195	1,54755
6	Tag 5	1,54755	2,04755	1,842795
7	Tag 6	1,842795	2,342795	2,1085155
8	Tag 7	2,1085155	2,6085155	2,34766395
9	Tag 8	2,34766395	2,84766395	2,56289756
10	Tag 9	2,56289756	3,06289756	2,7566078
11	Tag 10	2,7566078	3,2566078	2,93094702
12	Tag 11	2,93094702	3,43094702	3,08785232
13	Tag 12	3,08785232	3,58785232	3,22906709
14	Tag 13	3,22906709	3,72906709	3,35616038
15	Tag 14	3,35616038	3,85616038	3,47054434
16	Tag 15	3,47054434	3,97054434	3,57348991
17	Tag 16	3,57348991	4,07348991	3,66614092
18	Tag 17	3,66614092	4,16614092	3,74952682
19	Tag 18	3,74952682	4,24952682	3,82457414
20	Tag 19	3,82457414	4,32457414	3,89211673
21	Tag 20	3,89211673	4,39211673	3,95290505
22	Tag 21	3,95290505	4,45290505	4,00761455
23	Tag 22	4,00761455	4,50761455	4,05685309
24	Tag 23	4,05685309	4,55685309	4,10116778
25	Tag 24	4,10116778	4,60116778	4,14105101

Abbildung 5.2 Die vollständige Tabelle

Nun braucht man nur noch nachzusehen, wann die 4,5 Meter überschritten sind. Aber in der Abendspalte, nicht in einer der Morgenspalten! Denn die Schnecke klettert von 4 auf 4,5 Meter hinauf und rutscht nicht von 5 auf 4,5 Meter herunter. Übrigens: Wäre die Mauer 5,0 Meter hoch, so würde unsere arme Schnecke nie oben ankommen!

Man könnte natürlich die beiden (oder die drei) Werte (10 %, 4,5 Meter Ziel und 0,5 Meter Kletterhöhe) in Zellen über oder neben der Tabelle auslagern und dann mit einem festen Bezug darauf zugreifen. Dann könnte man diese Werte ändern, um unterschiedliches Schneckenverhalten zu testen. Oder mit dem Szenario-Manager unterschiedliche Startwerte eingeben und in einer Tabelle nachsehen, wie hoch die Schnecke am 5., am 10., am 20. und 30. Tag ist. Das war hier aber nicht verlangt.

Ebenso war nicht verlangt, dass ab dem Tag, an dem die Schnecke ihren „Zenit" erreicht hat, die Werte automatisch ausgeblendet werden. Es funktioniert mit einer WENN-Funktion, die in Kapitel 4.1 erläutert wird. Damit könnte der Benutzer unterschiedliche Werte eingeben, und die Reihe wird so lange angezeigt, bis der Zielwert erreicht ist. Ein vernünftiges und praktisches Beispiel hierfür finden Sie in Kapitel 6. Dort werden in einer Tabelle alle Werte ausgeblendet, die nicht mehr interessant sind (beispielsweise wenn eine Schuld zurückbezahlt ist).

5.4.2 Juan, der Offizier, der Schach spielt

Nach 19 Wochen hat das 5. Regiment 800+19*30 = 1.370 Mann. Das 1. Regiment hat dagegen 50+19*100 = 1.900 Mann. Lässt man die Reihe weiterlaufen, so wird die Zahl 1.900 erst in der Woche Nummer 37 überschritten, also wenn gilt:
800+30*w > 1.900
In Excel kann die Aufgabe durch Ziehen gelöst werden. In der ersten Spalte stehen die Regimente 1 bis 20. Das erste Regiment hat 1.000 Mann. Das zweite Regiment hat diese Anzahl –50 oder
=B2-50
Diese Formel kann nach unten gezogen oder per Doppelklick vervollständigt werden. In der zweiten Woche hat das erste Regiment
=B2+100
Mann. Auch diese Formel kann nach unten und nach rechts gezogen werden. Für das Regiment Nummer 6 wird die Formel modifiziert in
=B6+30
Sie wird nach rechts gezogen. Damit besser dargestellt wird, welches Regiment nicht mehr vorhanden ist, wird die Formel
=B2+100
modifiziert in:
=WENN(ODER(B2=MAX(B$2:B$21);B2=0);0;B2+100)
Analog für das 5. Regiment gilt:
=WENN(ODER(B6=MAX(B$2:B$21);B6=0);0;B6+30)

5.4.3 Fronleichnam

Diese Aufgabe könnte man in Excel sicherlich durch Ziehen einer Zahlenreihe lösen. Leichter ist es, wenn man auf einem Blatt Papier oder mit der Excel-Funktion das kleinste gemeinsame Vielfache von 10, 9, 8, 7, 6, 5, 4, 3 und 2 ermittelt. Es lautet 2.520. Bei 2.519 Teilnehmern des Festzugs wäre es also zu oben beschriebenem Problem gekommen. Allerdings auch beim Doppelten: Auch 5.039 wäre eine

5 Mathematische Denksportaufgaben für Excel oder Papier

Lösung. Die nächstgrößere Zahl 7.559 überschreitet die Bedingung, dass die Zahl kleiner als 7.000 sein muss.

Schließlich wird noch erwähnt, dass „es mit 11 nicht aufgehen würde". Da aber 2.519 durch 11 ohne Rest teilbar ist, muss die Lösung 5.039 sein.

5.5 Lösungen zur Zielwertsuche

5.5.1 Pleite statt Glückssträhne

Diese Aufgabe kann im Kopf gelöst werden. Hat der Spieler nach vier Runden kein Geld mehr, dann hatte er zuvor dem Croupier 100 Euro geschenkt. Davon hat er die Hälfte gewonnen, das heißt zu Beginn der vierten Runde hatte er 50 Euro. Zuvor hat er 100 Euro verschenkt (ergibt 150) und davon die Hälfte gewonnen (75). Und so weiter. Oder Sie lösen die Gleichung

$(((x*2-100)*2-100)*2-100)*2-100 = 0$

nach x auf.

In Excel wird die Aufgabe wie folgt gelöst: Wir wissen den Einsatz nicht, also können wir mit einem beliebigen Einsatz durchkalkulieren. Beispielsweise mit 200 Euro. Hätte unser Spieler 200 Euro gehabt, so hätte er nach vier Runden 1.700 Euro. In der ersten Zelle wird ein Wert eingetragen (200), in der Zelle daneben verdoppelt (=B2*2). Von diesem Ergebnis wird 100 abgezogen (=C2-100). Dieses Ergebnis wird in die nächste Zeile übernommen: =D2. Nun können die drei Rechnungen heruntergezogen werden.

	A	B	C	D
		Beginn	Gewinn	Ende
2	Runde 1	200,00 €	400,00 €	300,00 €
3	Runde 2	300,00 €	600,00 €	500,00 €
4	Runde 3	500,00 €	1.000,00 €	900,00 €
5	Runde 4	900,00 €	1.800,00 €	1.700,00 €

Abbildung 5.3 Das Beispiel mit 200 Euro

Anschließend wird zurückgerechnet. Dafür ist die Zielwertsuche hilfreich. Das Endkapital soll 0 sein, gesucht ist der Anfangswert. In der Zielwertsuche ist bei „Zielzelle" die Zelle anzugeben, in der das Ergebnis steht. Dort soll der „Zielwert" 0 betragen. Gesucht ist dagegen die „Veränderbare Zelle" des Anfangswerts.

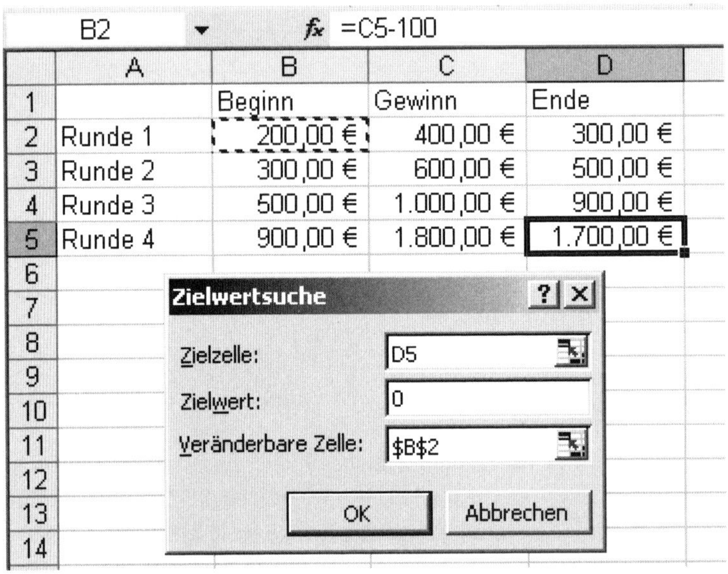

Abbildung 5.4 Die Zielwertsuche sucht und findet das gewünschte Ergebnis.

Das „Zurückrechnen" liefert das Ergebnis 93,75. Damit hat der Spieler nach vier Runden kein Geld mehr.

5.5.2 Melonen

Diese Aufgabe kann man mit vier Gleichungen mit vier Unbekannten lösen. Angenommen G1 sei das Gewicht der kleineren Melone, E1 ihr Preis. Dann ist G2 das Gewicht der größeren Melone und E2 ihr Preis. Daraus ergibt sich:

(I)   G1 + G2 = 20
(II)   E1 + 0,2 = E2
(III)   G1 × E1 = 2
(IV)   G2 × E2 = 11,20

Löst man die Gleichungen nach G2 (oder G1) auf, so erhält man eine quadratische Gleichung, deren eine Lösung 70 (oder -50) beträgt und damit über dem Gesamtgewicht liegt (oder nicht realistisch ist).

Löst man die Aufgabe in Excel, so könnte man die Zellen E1, E2, G1 und G2 verwenden. Angenommen in G1 steht das Gewicht 5. Dann berechnet sich G2 durch =20-G1. Daraus folgt der Preis in E1: =2/G1, und der Preis in E2: =11,2/G2. Die Differenz der Preise wird in eine fünfte Zelle geschrieben. Sie berechnet sich als =E2-E1 und ergibt für das angenommene Gewicht G1 die Zahl 0,34666. Die Differenz soll allerdings 0,2 betragen.

Dafür wird die Zielwertsuche verwendet, die in dieser Zielzelle den Zielwert 0,2 haben soll. Die veränderbare Zelle ist G1. Die Werte werden berechnet und liefern

4,00442490618633 und 15,9955750938137. Verwendet man den Solver, dann erhält man die korrekten Zahlen 4 und 16.

5.5.3 Die Wahl

Diese Aufgabe kann man im Kopf lösen. Addiert man die drei Differenzen, so erhält man 125 Stimmen, die der Sieger mehr als seine Gegner erhalten hat. Addiert man nun diese Summe zur Gesamtzahl 6.095, so ergibt sich 6.220. Diese Zahl geteilt durch die Anzahl der Kandidaten ergibt die Stimmenzahl des Siegers, nämlich 1.555.
Oder als Gleichung:
G+(G–22)+(G–30)+(G–73) = 6.095
In Excel wird in die Zelle G1 eine fiktive Zahl eingegeben. In den Zellen G2, G3 und G4 werden die Differenzen berechnet: =G1-22, =G1-30 und =G1-73. Darunter wird die Summe gezogen. Nun kann mit Hilfe der Zielwertsuche in der Summenzelle der korrekte Zielwert 6.095 berechnet werden, wenn die veränderbare Zelle G1 ist.

5.5.4 Mit gesundem Menschenverstand

Der Vater überlegte folgendermaßen: Das Alter des Kindes darf nicht geringer als drei Jahre sein, und es darf, nach der Bedeutung des Wortes „Kind", nicht höher als 15 Jahre sein. Folglich wird das Kind nach drei Jahren nicht weniger als sechs und nicht mehr als 18 Jahre alt sein. Zwischen den Zahlen sechs und 18 gibt es nur zwei Zahlen, aus denen sich die Quadratwurzel ziehen lässt: neun und 16. Und bei 16 stimmt die Probe nicht. Folglich beträgt das Alter des Kindes sechs Jahre.
Die Studentin hatte folgende Lösung im Auge: Es sei a das Alter des Kindes. Dann gilt:
$\sqrt{a+3} + 3 = a$
oder:
$a^2 - 7*a + 6 = 0$
Dies ergibt die beiden Lösungen 1 und 6. Allerdings erfüllt nur die Zahl die Gleichung.
Steht in Excel in einer Zelle, beispielsweise C1, eine Alterszahl, beispielsweise 7, dann ergibt die Rechnung
=(C1+3)^0,5+3-C1
den Wert –0,83772233983162. Er wird nun mit Hilfe der Zielwertsuche auf 0 zurückgerechnet.

5.5.5 Wie alt ist die Mutter?

Der Vater wird doppelt so alt sein wie der Sohn, wenn man weiß, wie alt der Vater bei seiner Geburt war. Diese Zahl ergibt sich aus der Differenz der Lebensalter. Wird sie verdoppelt, dann liegt diese Zahl vor. Wird von dieser Zahl das jetzige Vater-Alter abgezogen, dann weiß man, wann das Ereignis eintreten wird. Diese Differenz kann mit drei multipliziert werden und zu den jetzigen Altern des Vaters, der Mutter und des Sohns addiert werden. Daraus ergeben sich:

(I)   AlterV = AlterS*6
(II)   AlterM = 96–AlterV–AlterS
(III)   ((AlterV–AlterS)*2–AlterC)*3+AlterV+AlterM+AlterS = 192

Dies kann nach AlterM aufgelöst werden, oder man trägt in Excel die Werte ein. In M1 steht das Alter des Vaters, beispielsweise 60. In M2 steht das Alter der Mutter, nämlich =96-M1-M3, und in M3 das Alter von Andreas, dem Sohn: =M1/6. Daneben wird berechnet:
=((M1–M3)*2–M1)*3+M1+M2+M3

Nun kann mit der Zielwertsuche ausgerechnet werden: der Zielwert der Formel lautet 192, veränderbar ist die Zelle M1. Und so ergibt sich das Alter der Mutter: 40 Jahre.

5.5.6 Die Waage

Die Aufgabe kann leicht im Kopf oder durch Aufstellen von drei Gleichungen gelöst werden:

(I) $G_{Häberle} = G_{Hund} + G_{Baby} + 100$
(II) $G_{Hund} = G_{Baby} / 2$
(III) $G_{Häberle} + G_{Hund} + G_{Baby} = 148$

Oder über eine Zielwertsuche. Wird ein fiktives Hundegewicht in H1 eingetragen, so berechnet sich das Gewicht des Babys über =H1*2. Das Gewicht von Frau Häberle beträgt =H1+H2+100. Und die Summe lautet: =SUMME(H1:H3). Sie soll allerdings den Zielwert 148 haben, veränderbar ist natürlich das Gewicht des Hundes.

5.6 Lösungen zum Solver

5.6.1 Die Jedi-Ritter

Es wird eine Zahl gesucht, deren Quadrat multipliziert mit 13 und um 1 vergrößert wieder eine Quadratzahl ergibt. Das allgemeine Problem wurde zuerst von Fermat vorgestellt, obwohl es auch als Pell'sche Gleichung bekannt wurde. Es handelt sich um eine Diophanitische Gleichung 2. Grades (benannt nach dem griechischen Mathematiker Diophantos von Alexandria aus dem 3. Jahrhundert vor Chr.):
$x^2 - Dy^2 = 1$
Sie ist nicht mit einfachen Mitteln der Algebra zu lösen. Entweder man „probiert", oder man greift gleich zu Excel:
In der Zelle B2 steht die Anzahl der Ritter pro Quadrat, beispielsweise 10. In der Zelle daneben wird die Gesamtstärke des Heeres berechnet über:
=B2^2*13+1
In der Zelle B3 steht die Stärke des gesamten Heeres, beispielsweise 100, daneben das Ergebnis des Quadrats: =B3^2
Die Differenz =C3-C2 wird darunter gezogen. Sie muss 0 sein.
Die Zielzelle soll den Zielwert 0 haben, veränderbare Zellen sind B2 und B3. Die Nebenbedingungen lauten, dass B2 und B3 >=1 und dass B2 und B3 ganzzahlige Ergebnisse sein müssen. Der Solver findet nach circa 700 Rechenoperationen die Lösung: Die Quadrate bestehen aus 180 Rittern pro Seite, das ergibt 421.200 Ritter. Die Wurzel aus 421.201 beträgt 649, wie leicht abgelesen werden kann.
In einem anderen Rätselbuch fand sich die gleiche Aufgabe mit 61 Quadraten. Hier ermittelt der Solver nach mehreren tausend Rechnungen 60.158 Ritter pro Seitenlänge. Kommt der Boss hinzu, so hat das Quadrat 469.849 Ritter pro Seitenlänge. Das Quadrat ergibt 220.758.082.801. Erstaunlicherweise findet sich in diesem Rätselbuch die nächstgrößere Lösung als die kleinste: 226.153.980^2 + 1 = 1.766.319.049^2 = 3.119.882.982.860.260.000.

5.6.2 Der Ausflug

Die Aufgabe kann schnell mit zwei algebraischen Gleichungen gelöst werden. Es sei w die Anzahl der Wagen und p die Anzahl der Personen bei der Ausfahrt. Dann gilt:
(I)   w*p = (w–10)*(p+1)
(II)   w*p = (w–25)*(p+3)
Ebenso können diese Werte und Formeln in Excel eingegeben werden. In B2 steht eine fiktive Personenzahl 10, und in B3 steht die angenommene Wagenzahl 50. Der Beginn berechnet sich als =B1*B2. Nach dem ersten Unglück lautet die Formel

=(B2-10)*(B1+1). Und nach dem zweiten Zusammenbruch =(B2-25)*(B1+3). Die Differenz aus dem ersten Wert lautet beispielsweise =B4-B5, die andere Differenz =B5-B6. Damit die erste und die zweite Differenz den Wert 0 haben kann, muss im Solver für die erste Zielzelle der Zielwert auf 0 gesetzt, und als Nebenbedingung die zweite Zelle auf 0 gelegt werden. Die veränderbaren Zellen sind B1 und B2.
Der korrekte Wert – 10 Wagen und insgesamt 900 Personen – ist schnell ermittelt.

5.6.3 Darts

Auch diese Aufgabe kann man (fast) im Kopf lösen. Beträgt die Summe der Dubletten 96, so muss die Summe der einzelnen Würfe 48 betragen. Diese Zahl ist in drei unterschiedliche Zahlen aus der Menge {1, 2, 3, 5, 10, 20, 25 und 50} zu zerlegen. Dabei gilt: Teilt man die Zahlen durch 3, so bleibt bei 3 kein Rest, bei 1, 10, 25 und 50 der Rest 1 und bei 2, 5 und 20 der Rest 2. Da 48 durch 3 teilbar ist, müssen die drei Zahlen entweder alle drei Rest 1 oder alle Rest 2 oder einer Rest 1, einer Rest 2 und einer Rest 0 (das heißt 3) sein. Diese Fälle sind schnell überprüft. 50 kann dabei außer Acht gelassen werden, da 50 > 48.
Mögliche Summen sind:
25 + 10 + 1
25 + 5 + 2
25 + 20 + 3
20 + 10 + 3
25 + 5 + 3
und so weiter.
In Excel könnte man die Aufgabe wie folgt lösen:
In acht Zellen, beispielsweise in K1 bis K8, befinden sich die Werte 1, 2, 3, 5, 10, 20, 25 und 50. Daneben steht jeweils der Wert 1, und daneben stehen die Formeln =L1*2*K1, =L2*2*K2 und so weiter. Darunter ergibt die Summe 232. Per Solver kann ihr Wert „zurückgerechnet" werden. Dabei erhält jede der Zellen der Spalte L drei Bedingungen: Sie ist >=0, <=1 und ganzzahlig, also entweder 1 oder 0. Und das Ergebnis lautet 25, 20 und 3.

5.6.4 Briefmarken

Auch diese Aufgabe könnte man im Kopf lösen. Da die Dame zehnmal so viele Marken zu einem Euro wie zu zwei Euro haben möchte, wird sie insgesamt ein Vielfaches von 12 Euro ausgeben. Die Differenz zwischen 100 und dieser Zahl muss durch 5 teilbar sein. Also bleibt nur 5 × 12. Oder anders ausgedrückt:
x×2 Euro + x×10×1 Euro + y×m = 100
liefert eindeutige ganzzahlige Werte.

In Excel stehen wieder die beiden Werte für x und y in zwei Zellen (I1 und I2). Dann wird berechnet:
=I1*2+I1*10*1+I2*5
Der Zielwert dieser Zelle beträgt 100, die Randbedingungen für die beiden anderen Zellen lauten:
>=0, <=100 und ganzzahlig.

5.6.5 Mehr Aufgaben

Die oben gestellten Aufgaben sind sicherlich nicht alle Knobelaufgaben, die man mit (und ohne) Excel lösen kann. Schlagen Sie ein beliebiges Rätselbuch auf – dort werden Sie sicherlich Aufgaben des folgenden Typs finden:

- Eine einzelne Wildgans begegnet einem Schwarm Wildgänse. Sie rief: „Guten Tag, ihr hundert Gänse!" Die alte Leitgans antwortete ihr: „Nein, wir sind nicht hundert Gänse! Schau an, wenn wir so viele wären, wie wir sind, und dann noch einmal so viel und dann noch einhalbmal so viel und noch ein viertelmal so viel und dann du dazu, dann wären wir hundert Gänse, aber so sind wir ... na, rechne selbst, wie viele wir sind."

- Drei Brüder hatten 72 Äpfel bekommen, wobei jedem unterschiedlich viele Äpfel zugeteilt wurden. Der Jüngste, ein kluges Kerlchen, schlug den Brüdern folgenden Tausch vor:
  „Unser ältester Bruder gibt jedem von uns so viele Äpfel, wie wir bereits haben. Dann gibt der mittlere Bruder uns so viele Äpfel, wie jeder hat, und zum Schluss werde ich jedem so viele Äpfel geben, wie jeder hat." Ohne dass die Brüder eine Hinterlist vermuteten, willigten sie ein. Am Ende hatte jeder die gleiche Menge. Wie viele Äpfel hatten sie zu Beginn der Tauschaktion?

- Drei Jäger verteilen ihre Patronen zu gleichen Teilen unter sich. Nachdem jeder Jäger vier Schuss abgegeben hatte, besaßen sie zusammen noch so viele Patronen, wie nach der Verteilung jeder einzelne gehabt hatte. Wie viele waren das?

- Ich wollte die Entfernung von meinem Haus bis zu dem meines Freundes feststellen. Ich ging daher mit gleichmäßigen Schritten und zählte auf der ersten Hälfte des Weges die Doppelschritte und auf der zweiten Hälfte jeden dritten Schritt. Dabei ergaben sich 250 Doppelschritte mehr als dreifache Schritte. Wie viele Schritte waren es bis zum Haus meines Freundes?

- Es brennen zwei Kerzen von ungleicher Länge und verschiedener Stärke. Die längere brennt in 3 1/2 Stunden herunter, die kürzere in 5 Stunden. Nach 2 Stunden Brenndauer haben die Kerzen die gleiche Länge. Wie viel war die eine anfangs kürzer als die andere?

Oder schlagen Sie ein Schulbuch auf. Dort finden Sie sicherlich Aufgaben des Typs:
- Angenommen es soll eine Fahrt mit einem Auto unternommen werden, die eine Strecke von 600 km umfasst. Als Fahrer wird ein Student gewonnen, der pro Stunde 15 Euro erhält. Nun ist der Benzinverbrauch (gemessen in 1/100 km) abhängig von der Geschwindigkeit – in unserem Falle ergibt sich:

$Verbrauch = 1{,}7^{0{,}015 \times Geschwindigkeit}$

Angenommen, der Benzinpreis liegt bei 1,05 Euro, so berechnen sich die Benzinkosten über:

$$Benzinkosten = Verbrauch \times 1{,}05 \times \frac{Strecke}{100}$$

Das heißt: Bei einer Geschwindigkeit von 100 km/h kostet die Fahrt 103,95 €, bei 150 km/h dagegen nur noch 80,79 €. Bei welcher Geschwindigkeit wird die Fahrt am billigsten?

Oder Sie schlagen das Magazin der Süddeutschen Zeitung vom 27.07.2001 (No.30) auf, und lösen Rätsel Nummer 18 mit Hilfe des Solvers und des Szenario-Managers:
- In Annas rosa Sparschwein schlummern einige Münzen. Sie schlachtet es nun, um die Münzen zur Bank zu bringen. Aber zunächst will sie wissen, wie viel Geld sich angesammelt hat. Sie sortiert die Münzen nach Wert und erhält so drei Stapel. Jeder der Stapel besteht aus gleichen Münzen. Alle Stapel haben eine verschiedene Anzahl von Münzen. Erstaunlich, denkt sie sich, wenn ich von jedem der Stapel zwei Münzen wegnehme und dann je eine davon auf jeden der anderen beiden Stapel verteile, dann sind alle drei Stapel gleich viel wert. Was ist der geringst mögliche Gesamtwert eines Stapels nach der Umtauschaktion. Anna hat nur gängige und derzeit in Deutschland gültige Münzen von 1 Pf bis höchstens 5 DM.

Zu all diesen Aufgaben liegt keine Lösung dem Buch bei – der geneigte Leser möge sich bitte die Mühe machen, diese (recht einfachen) Formeln in eine leere Excel-Tabelle einzugeben und mit Hilfe der Zielwertsuche und des Solvers zu lösen.

6

Funktionen

6.1 Logische Funktionen

Ständig stehen wir vor Entscheidungen: Gehen wir nun ins Schwimmbad, oder machen wir die Steuererklärung? Wenn Mutter am nächsten Wochenende kommt, werden wir einen Kuchen backen, sonst in die Berge fahren. Wenn ich im Lotto gewinne, höre ich auf zu studieren und kaufe mir ein Haus in Costa Rica. Wenn nicht, mache ich doch Examen. Und, und, und.

Diese Art logischer Verzweigungen, die das Denken in unserem Leben in starkem Maße prägen, findet sich auch als Funktionen in Tabellenkalkulationen. Die zuständige Funktion lautet:

WENN

Beispiel: In eine Liste werden Personen eingetragen, die Spielzeug-Eisenbahnen verkaufen. Diejenigen Verkäufer, die mehr als fünf Eisenbahnen verkaufen, erhalten eine Provision (von 100,00 Euro), die anderen nicht. Dies soll in einer Tabelle angezeigt werden.

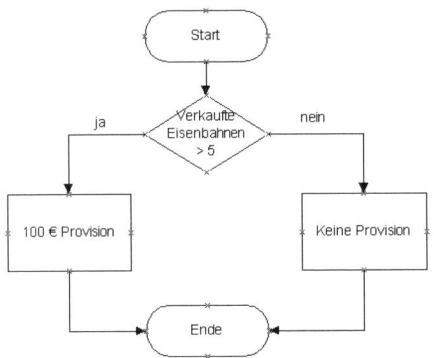

Abbildung 6.1 Die Bedingung

In der ersten Zelle wird über den Funktionsassistenten die Wenn-Funktion aufgerufen. Sie verlangt drei Eingaben:

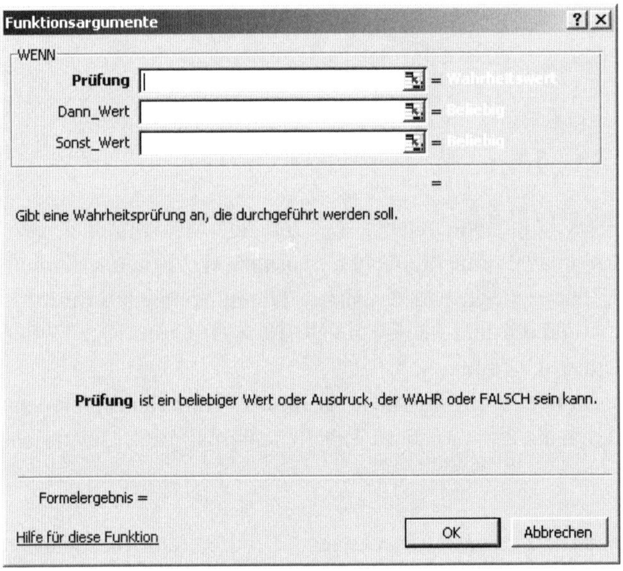

Abbildung 6.2 Die Wenn-Funktion

In der Eingabezeile „Prüfung" werden zwei Werte miteinander verglichen. Sie können in der Form 2>5 oder B6>5 oder B6>D1 auftauchen, selbstverständlich auch mit absoluten Bezügen: B6>$D$1.

In unserem Beispiel könnte dies so aussehen: Fleißig sind all diejenigen Verkäufer, die mehr als fünf Eisenbahnen verkaufen. Das heißt: Der Anton-Wert 2 (B6) wird mit der Zahl 5 verglichen:

6 Funktionen

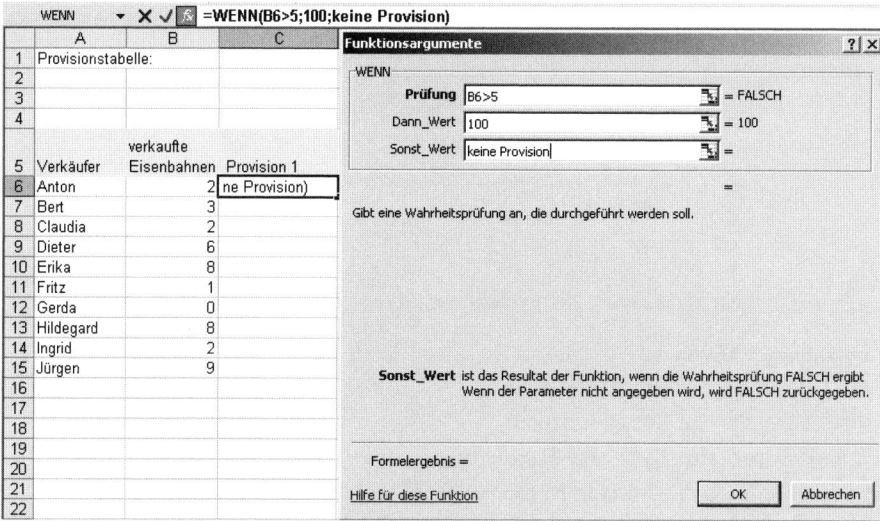

Abbildung 6.3 Geprüft wird, ob die Zahl 2 > 5.

Hinter der Eingabezeile wird das Ergebnis der Prüfung mitgeteilt: 2 ist nicht größer als 5. Der Ausdruck

2 > 5

wird als FALSCH ausgewertet. Sollte er jedoch trotzdem richtig sein, so wird in der „Dann_Wert"-Zeile der entsprechende Text eingegeben, zum Beispiel 100. In der „Sonst_Wert"-Zeile dagegen das andere Ergebnis, beispielsweise „keine Provision".

Das Ergebnis steht korrekt in der ersten Zeile. Die anderen Zeilen werden durch Herunterziehen erzeugt. Es wird sofort klar, wer Provision erhält und wer nicht.
Die Formel lautet:
=WENN(B6>5;100;"Keine Provision")
Die beiden Semikola trennen die drei Parameter voneinander. Da es sich im Sonst-Fall um Text handelt, muss dieser in Anführungszeichen stehen. Die 100 nicht, denn sie soll als Währungsbetrag formatiert werden. Möglicherweise wird mit dieser Zahl noch weitergerechnet.
Nun soll das Ergebnis dynamisch gestaffelt werden: Die erfolglosen Verkäufer erhalten noch immer nichts, die fleißigen werden mit 20,00 Euro pro verkaufter Eisenbahn belohnt:
Also wird in der Dann-Zeile gerechnet:

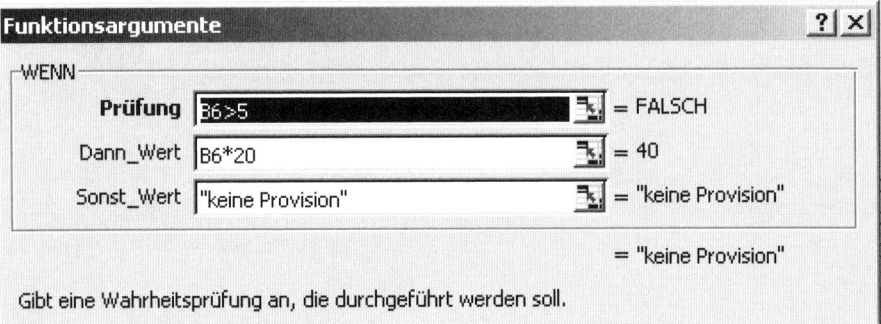

Abbildung 6.4 Dynamische Provision

Und die zugehörige Funktion lautet:
=WENN(B6>5;B6*20;"Keine Provision")
Sollen allerdings die Verkäufer, die mehr als sechs Eisenbahnen verkaufen, erst ab dem sechsten belohnt werden, so ist die Differenz zwischen den verkauften Eisenbahnen und 6 zu bilden. Die Formel lautet nun:
=WENN(B6>5;(B6-5)*20;"Keine Provision")
Achtung: Vergessen Sie die Klammer hierbei nicht! Es gilt Punkt vor Strich.
Das bedeutet also, dass der Dann-Wert und der Sonst-Wert entweder eine Zahl sind (mit der weitergerechnet werden kann) oder ein Text oder eine weitere Funktion, die wiederum eine Zahl oder einen Text liefert. Fehlt einer der beiden Zweige, dann erhält man bei fehlendem WAHR eine 0 als Ergebnis, bei fehlendem Sonst-Zweig ein FALSCH:
=WENN(B6>5;;"keine Provision")
=WENN(B6>5;100)
Soll die 20 ausgelagert werden, das heißt, soll die Provisionssumme in einer Zelle außerhalb der Rechnung stehen, so kann auch darauf zugegriffen werden – allerdings nur mit einem absoluten Bezug, der mit der Funktionstaste <F4> erzeugt werden kann. Die resultierende Formel lautet nun:
=WENN(B6>5;(B6-5)*$D$1;"Keine Provision")
Jetzt wird die Provision gestaffelt: Bis zur fünften verkauften Eisenbahn wird keine Provision bezahlt, bis zur achten 20,00 Euro und ab der neunten 50,00 Euro.

6 Funktionen

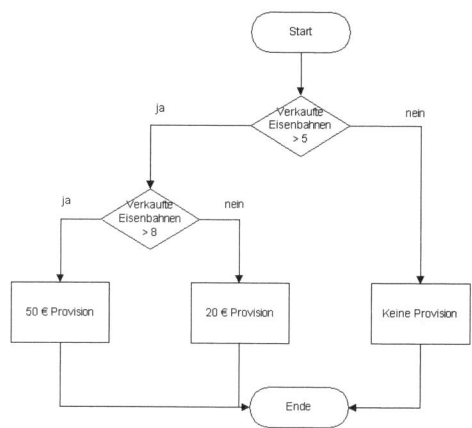

Abbildung 6.5 Gestaffelte Provisionen – mehr als zwei

Dafür sind zwei verschachtelte Wenn-Funktionen nötig: Wenn die verkaufte Anzahl fünf nicht übersteigt, ist keine Provision fällig. Was aber, wenn sie nun größer ist als fünf? Dann muss erneut entschieden werden, das heißt, Sie müssen den Funktionsassistenten mit der Funktion WENN ein zweites Mal aufrufen. Erst danach kann überprüft werden, ob diese Zahl größer als acht ist oder nicht. Im Funktionsassistenten wird dazu in der Prüfungszeile ein weiteres Mal die Liste der Funktionen aktiviert, die Sie im Dropdown-Feld in der Eingabezeile finden. Der Wechsel zwischen innerer und äußerer Funktion kann in der Eingabezeile geschehen:

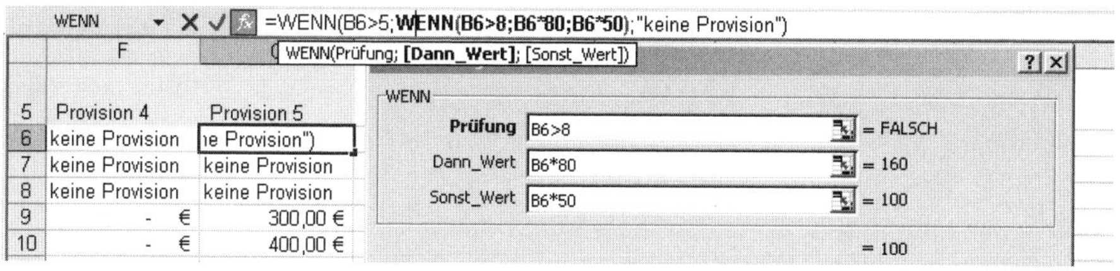

Abbildung 6.6 Die innere Funktion

Die Syntax der gesamten Funktion lautet:
=WENN(B6>5;WENN(B6>8;B6*50;B6*20);"Keine Provision")
Es lassen sich weitere WENN-Funktionen ineinander verschachteln. Insgesamt können bis zu acht Ebenen ineinander verschachtelt werden. Steht beispielsweise in der Zelle C6 eine Zahl, so kann diese Zahl in einen Text umgewandelt werden:
=WENN(C6=1;"eins";WENN(C6=2;"zwei";WENN(C6=3;"drei";WENN(C6=4;"vier";WENN(C6=5;"fünf";WENN(C6=6;"sechs";WENN(C6=7;"sieben";WENN(C6=8;"acht";"mehr")))))))))
Dies sind acht Ebenen. Würde man versuchen, eine neunte einzufügen (mit Hilfe des Funktionsassistenten oder durch Eintippen), so erhält man eine Fehlermeldung.

Von so vielen Ebenen sollte jedoch wegen der Übersichtlichkeit Abstand genommen werden. Es gibt bessere Funktionen, die sehr viele Möglichkeiten verarbeiten und Fälle überprüfen können: die Matrixfunktionen.

Neben diesen gestaffelten Provisionen sind durchaus auch mehrere verschiedenartige Bedingungen möglich, die gleichzeitig überprüft werden, das heißt, die miteinander verknüpft werden. Beispielsweise wird die Stadt angegeben, in der die Vertreter ihre Ware verkaufen. Nun sollen alle fleißigen Münchner Verkäufer Provision erhalten, die anderen dagegen nicht. Die logische Bedingung, die beide Fälle gleichzeitig verarbeitet, lautet:

UND

Es muss also gelten: Sowohl die Stadt muss München sein als auch der Händler fleißig, das heißt, die Anzahl > 5. Erstaunlicherweise kann in Excel die UND-Verknüpfung nicht zwischen den beiden Bedingungen stehen. Die äußere Funktion ist also nicht:

=WENN(C6<5 UND B6="München";100;"Keine Provision")

sondern UND:

=WENN(UND(C6<5;B6="München");100;"Keine Provision")

Über den Funktionsassistenten wird im Bedingungsfeld erst die UND-Verknüpfung angewählt, anschließend gibt man die einzelnen Bedingungen ein. Also zuerst WENN, dann UND und schließlich die Bedingungen:

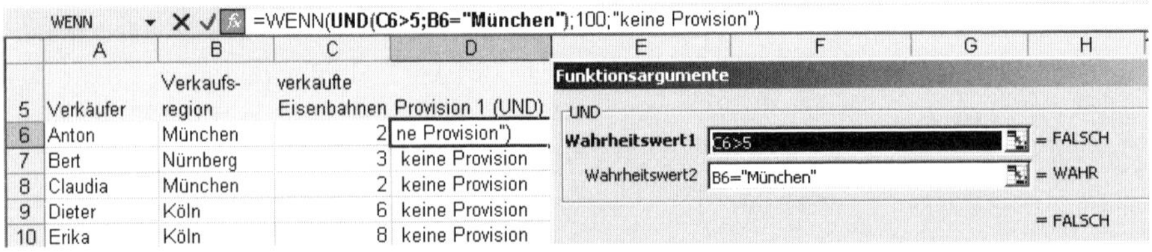

Abbildung 6.7 Mit UND werden zwei oder mehrere logische Bedingungen verknüpft.

Analog zur Funktion UND existiert die Funktion ODER. In unserem Beispiel lautet die Bedingung: All diejenigen erhalten Provision, die entweder in München verkaufen oder fleißig sind. Die Syntax ist die gleiche wie bei der UND-Verknüpfung:

=WENN(ODER(C6<5;B6="München");100;"Keine Provision")

Die Arbeitsweise von ODER ist die gleiche wie von UND – nur das Ergebnis ein anderes (siehe Abbildung 6.8)

Sollen dagegen alle Nicht-Münchner Provision erhalten, so kann natürlich nicht abgefragt werden, ob in der Spalte der Stadt Stuttgart, Leipzig, Bremen oder Hamburg und so weiter steht, sondern das Kriterium "München" wird mit der Funktion NICHT negiert:

=WENN(NICHT(B2="München");100;"keine Provision")

6 Funktionen 99

	E6	▼	f_x	=WENN(ODER(C6>5;B6="München");100;"keine Provision")	
	A	B	C	D	E
5	Verkäufer	Verkaufs-region	verkaufte Eisenbahnen	Provision 1 (UND)	Provision 2 (ODER)
6	Anton	München	2	keine Provision	100,00 €
7	Bert	Nürnberg	3	keine Provision	keine Provision
8	Claudia	München	2	keine Provision	100,00 €
9	Dieter	Köln	6	keine Provision	100,00 €
10	Erika	Köln	8	keine Provision	100,00 €
11	Fritz	München	1	keine Provision	100,00 €
12	Gerda	Hamburg	0	keine Provision	keine Provision
13	Hildegard	Berlin	8	keine Provision	100,00 €
14	Ingrid	Berlin	2	keine Provision	keine Provision
15	Jürgen	München	9	100,00 €	100,00 €

Abbildung 6.8 ODER und sein Ergebnis

	F6	▼	f_x	=WENN(NICHT(B6="München");100;"keine Provision")		
	B	C	D	E	F	G
5	Verkaufs-region	verkaufte Eisenbahnen	Provision 1 (UND)	Provision 2 (ODER)	Provision 3 (NICHT)	
6	München	2	keine Provision	100,00 €	keine Provision	
7	Nürnberg	3	keine Provision	keine Provision	100,00 €	
8	München	2	keine Provision	100,00 €	keine Provision	
9	Köln	6	keine Provision	100,00 €	100,00 €	
10	Köln	8	keine Provision	100,00 €	100,00 €	
11	München	1	keine Provision	100,00 €	keine Provision	
12	Hamburg	0	keine Provision	keine Provision	100,00 €	
13	Berlin	8	keine Provision	100,00 €	100,00 €	
14	Berlin	2	keine Provision	keine Provision	100,00 €	
15	München	9	100,00 €	100,00 €	keine Provision	

Abbildung 6.9 NICHT München

6.1.1 Weitere logische Funktionen

Alle Münchner Verkäufer sollen gezählt werden. Dazu könnte man, nur mit Hilfe der WENN-Funktion, in einer freien Spalte herausfiltern: Wenn in einer Zelle (beispielsweise in B2) der Text „München" steht, dann schreibe in eine freie Zelle die Zahl 1, sonst schreibe 0. Dies wird für jede Zeile ausgeführt, so dass in jeder Zelle nun der Wert 1 (entspricht „München") oder der Wert 0 (entspricht „Nicht München") steht. Die Formel lautet:
=WENN(B2="München";1;0)
Unter dieser Spalte kann die Summe dieser Zahlen ermittelt werden. Man muss die Summe nicht in der gleichen Spalte berechnen, sondern kann sie in einer anderen

Spalte ausrechnen. Danach könnte man die „Hilfsspalte" ausblenden, so dass der Benutzer diese Funktion nicht mehr sieht.
Die Funktion ZÄHLENWENN (aus der Kategorie „Statistik") ermittelt die Anzahl direkt (ohne Hilfsspalte):

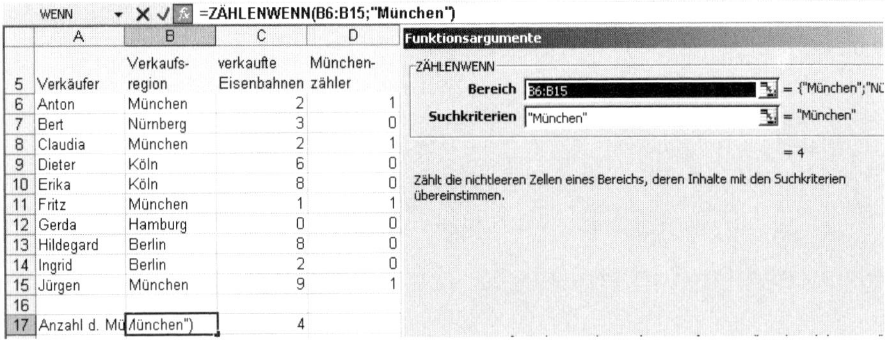

Abbildung 6.10 Die Funktion ZÄHLENWENN

=ZÄHLENWENN(B6:B15;"München")
Allerdings muss der gesamte Bereich markiert sein, in dem das Kriterium „München" gefunden wird. Man kann die Funktion auch für Zahlenbereiche einsetzen, wenn Zahlen Bedingungen erfüllen sollen. Beispielsweise:
=ZÄHLENWENN(C6:C15;">100")
Übrigens findet sich in der Kategorie „Technik" die Funktion GGANZZAHL. Mit ihrer Hilfe kann überprüft werden, ob ein Schwellenwert überschritten ist:
=GGANZZAHL(C6;100) ergibt 1, wenn C6 > 100.
Achtung: Der logische Ausdruck muss in Anführungszeichen stehen, wenn Sie ihn tippen! Denn man könnte statt:
=ZÄHLENWENN(B6:B15;"München")
auch schreiben:
=ZÄHLENWENN(B6:B15;"=München")
Übrigens kann das Kriterium „München" auch in einer anderen Zelle stehen, beispielsweise in A21. Dann holt sich die Formel
=ZÄHLENWENN(B6:B15;A21)
den Wert „München" aus der entsprechenden Zelle. Analog könnte in der Zelle A24 die Bedingung >3 oder >7 stehen. Dann liefert die Funktion
=ZÄHLENWENN(C6:C15;A24)
das richtige Ergebnis.
Ähnlich wie ZÄHLENWENN arbeitet die Funktion SUMMEWENN (aus der Kategorie „Mathematik & Trigonometrie"). Dazu wird ein Bereich angegeben, in dem gesucht werden soll, ein Kriterium festgelegt und ein Bereich ausgewiesen, in dem sich die Zahlen befinden, die addiert werden. Soll beispielsweise der Umsatz der Verkäufer aus München ermittelt werden, so liefert dies die Funktion

=SUMMEWENN(B6:B15;"München";C6:C15)

Wenn alle Umsatzzahlen der Spalte C addiert werden sollen, die größer als fünf sind, so leistet dies folgende Funktion:

=SUMMEWENN(C6:C15;">5";C6:C15)

Analog kann geschrieben werden:

=SUMMEWENN(C6:C15;">5")

Auch hier können die Bedingungen "München" oder ">5" in eine andere Zelle ausgelagert werden. Soll nur die Zahl 5 in einer anderen Zelle stehen, so kann sie auch durch Verkettung verwendet werden:

=ZÄHLENWENN(C6:C15;">"&A19)

Um alle Zellen zu ermitteln, in denen nicht der Text „München" steht, gibt es verschiedene Vorgehensweisen. Sie ermitteln die Gesamtanzahl der gefüllten Zellen auf folgende Weise:

=ANZAHL2(B6:B15)

Davon kann die Anzahl der München-Zellen abgezogen werden:

=ANZAHL2(B6:B15)-ZÄHLENWENN(B6:B15;"München")

Man könnte ebenso jede Zelle mit dem Suchtext vergleichen. Ist das Ergebnis korrekt, dann nehme 0, sonst 1:

(WENN(B6:B15="München";0;1)

Daraus wird die Summe gebildet:

=SUMME(WENN(B6:B15="München";0;1))

Damit diese Summe funktioniert, muss sie in eine Matrixfunktion umgewandelt werden, das heißt, mit <Shift> + <Strg> + <Enter> beendet werden. Oder man arbeitet wieder mit einer Hilfsspalte, wie oben beschrieben.

Die Matrixfunktion ist dann nötig, wenn zwei oder mehr Bedingungen überprüft werden sollen. Angenommen es soll die Zahl der Zeilen ermittelt werden, bei denen in der ersten Spalte „München" steht und in der zweiten eine Zahl > 5. Dann lautet die Bedingung:

=SUMME(WENN(B6:B15="München";WENN(C6:C15>5;1;0);0))

Auch diese Funktion wird mit <Shift> + <Strg> + <Enter> beendet.

Erstaunlicherweise funktioniert die folgende Matrixfunktion nicht korrekt:

=SUMME(WENN(UND(B6:B15="München";C6:C15>5);1;0))

Dennoch: Gerade über Summe oder Differenzen können häufig einfach Ergebnisse ermittelt werden. Steht beispielsweise in Spalte A ein Verkäufername, wird dagegen die Spalte C kontinuierlich gefüllt, dann ergibt die Formel

=ANZAHL2(C6:C16)

die Anzahl der schon gefüllten Zellen, dagegen liefert

=ANZAHL2(A6:A16)-ANZAHL2(C6:C16)

die Anzahl der freien Zellen, das heißt der Zellen, in denen (noch) keine Werte eingetragen wurden. Oder soll die Summe nur dann gezogen werden, wenn alle Zellen gefüllt sind, dann könnte man dies mit

=WENN(ANZAHL(C6:C15)=10;SUMME(C6:C15);0)

oder mit
=WENN(ANZAHL(C6:C15)=10;SUMME(C6:C15);"")
oder mit
=WENN(ANZAHL(C6:C15)=ZEILEN(C6:C15);SUMME(C6:C15);0)
berechnen.

6.1.2 WAHR und FALSCH

Weiter oben wurde behauptet, dass in einer WENN-Funktion nicht UND zwischen beiden Bedingungen stehen darf:
=WENN(A2<5 UND B2="München";100;"Keine Provision")
Das ist prinzipiell richtig. Dennoch würde folgende Lösung funktionieren:
=WENN(A2<5*UND(B2="München");100;"Keine Provision")
Dazu muss man Folgendes wissen:
Fehlt in der Funktion das Dann- oder das Sonst-Glied, so schreibt Excel WAHR oder FALSCH in die Tabelle.
Beispiel: In der Zelle B6 steht die Zahl 2, in B9 die Zahl 6. Die Funktion
=WENN(B6>5;"Provision")
liefert den Text „Provision" nur, wenn die Bedingung erfüllt ist. Sonst erscheint die Meldung FALSCH. Fehlt der Dann-Wert, so zeigt Excel als Ergebnis 0 an:

	A	B	C	D	E
5	Verkäufer	verkaufte Eisenbahnen			
6	Anton	2	FALSCH	keine Provision	
7	Bert	3	FALSCH	keine Provision	
8	Claudia	2	FALSCH	keine Provision	
9	Dieter	6	Provision	0	
10	Erika	8	Provision	0	
11	Fritz	1	FALSCH	keine Provision	
12	Gerda	0	FALSCH	keine Provision	
13	Hildegard	8	Provision	0	
14	Ingrid	2	FALSCH	keine Provision	
15	Jürgen	9	Provision	0	

Abbildung 6.11 In Spalte C fehlt der „Sonst-Wert", in D der „Dann-Wert".

Würden beide Werte fehlen, so kommt es zu einer Fehlermeldung, was vernünftig ist, da mindestens eine der beiden Bedingungen erfüllt sein muss (dann oder sonst). Sie können die beiden Wörter „wahr" und „falsch" selbst in eine leere Zelle eintippen – sie werden augenblicklich in Großbuchstaben verwandelt. Multipliziert man

die beiden Werte mit 1, so erhält man bei WAHR das Ergebnis 1, bei FALSCH 0. Das heißt, dem Wert WAHR entspricht die Zahl 1, dem Wert FALSCH die Zahl 0. Man könnte WAHR und FALSCH auch als Funktionen aus der Kategorie „Logik" herausholen – dann steht in der Zelle statt WAHR oder FALSCH
=WAHR() oder =FALSCH(). Es existiert kein Unterschied zwischen der „Zahl" WAHR und der Funktion =WAHR(). WAHR entspricht also 1, FALSCH ist 0. Unter dieser Prämisse existiert doch eine Möglichkeit, die UND-Verknüpfung zwischen zwei Kriterien einzufügen:
=WENN(A2<5*UND(B2="München");100;"Keine Provision")
Es wird der Wahrheitswert von A2<5 mit dem Wahrheitswert von B2="München" multipliziert. Dabei ergibt WAHR*WAHR = WAHR, beziehungsweise: FALSCH*WAHR = WAHR*FALSCH = FALSCH*FALSCH = FALSCH (oder: 1*1 = 1; 0*1 = 1*0 = 0*0 = 0). Man könnte also auch schreiben:
=WENN((A2<5)*(B2="München");100;"Keine Provision")
Das Malzeichen ersetzt folglich das logische UND. Das Ergebnis ist dasselbe, wird allerdings mit dem Produktzeichen unübersichtlich. Außerdem wird es dann mühsam, zwei oder mehrere Bedingungen mit ODER zu verknüpfen.
Diese Tatsache kann verwendet werden, um in mehreren, das heißt beliebig vielen Zellen nach Kriterien zu suchen, die mit UND oder mit ODER verknüpft sind.
=SUMME((A6:A15="Anton")*(B6:B15="München")*(C6:C15>5))
Gesucht werden in Spalte A alle Verkäufer mit Namen Anton, in Spalte B alle Münchner und in Spalte C das Verkaufsergebnis, das größer als 5 ist. Die Matrixfunktion muss mit <Shift> + <Strg> + <Enter> beendet werden.
Neben diesen drei Funktionen existieren keine weiteren Verknüpfungsoperatoren. Wer andere Verknüpfungsoperatoren aus einer Programmiersprache kennt, wie beispielsweise XOR, der wird sie hier vermissen. Man kann allerdings fehlende Funktionen aus anderen zusammensetzen.
Geben Sie in eine Excel-Zelle die „Formel" =2<5 ein, so erhalten Sie als Ergebnis WAHR. =20<5 liefert dagegen FALSCH. Denkt man diese Gleichung oder Ungleichung weiter, dann ergibt =A1<5 entweder WAHR oder FALSCH. An einigen Stellen werden Funktionen dieser Form benötigt. Wenn Sie den Wert WAHR in einer Zelle brauchen, dann können Sie entweder die vier Buchstaben „wahr" tippen oder die Excel-Funktion =WAHR() verwenden. Mit den Werten kann gerechnet werden, da WAHR dem Wert 1 entspricht, FALSCH dem Wert 0. WAHR*1 = 1 und FALSCH*1 = 0. Stehen in einer Spalte mehrere dieser Wahrheitswerte, so kann in einer Spalte daneben jeweils das Produkt aus dem Wahrheitswert und 1 ermittelt werden. Davon kann die Summe gezogen werden. Will man direkt Wahrheitswerte addieren, so kann man keine Summe aus der Spalte ziehen, sondern muss die Formel
=SUMME((A18:A19)*1)
als Matrixfunktion mit <Shift> + <Strg> + <Enter> beenden.

6.1.3 Bedingte Formatierung

Auch wenn es nicht direkt in das Kapitel „Formeln und Funktionen" passt, so seien an dieser Stelle die bedingten Formatierungen erwähnt, da sie der gleichen Logik wie die Funktionen folgen.

In der Spalte der verkauften Artikel sollen alle Zahlen blau formatiert werden, die größer als 5 sind. Die Spalte kann markiert werden und über das Menü FORMAT / BEDINGTE FORMATIERUNG so formatiert werden, dass, wenn der „Zellwert größer als 5 ist", die Schriftfarbe Blau verwendet wird.

Sollen zwei Bedingungen eingeschaltet werden, beispielsweise alle Zahlen kleiner als 3 werden grün, alle größer als 5 blau (alle Zahlen zwischen 3 und 5 schwarz), dann kann über die Schaltfläche „Hinzufügen" eine weitere Bedingung ergänzt werden. Dort wird eingeschaltet: „Zellwert kleiner als 3": Schriftfarbe Grün. Insgesamt können bis zu drei Kriterien eingestellt werden, beispielsweise Wert kleiner 3, Wert kleiner 5, Wert kleiner 8. Für den Rest (das heißt alle Zahlen >=8) gilt die Standardfarbe.

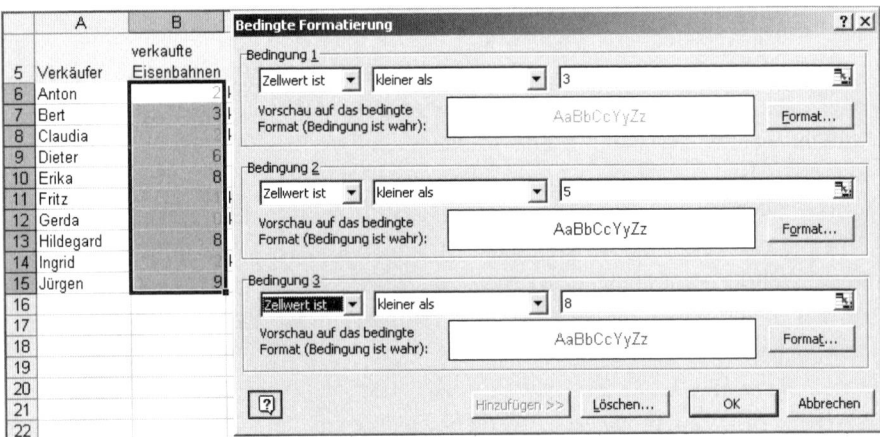

Abbildung 6.12 Die bedingte Formatierung

Die bedingte Formatierung wird auf die Zellen angewendet, in denen sich die Werte befinden (ebenso wie die Formatierung), die Ergebnisse der WENN-Funktion stehen immer in anderen Zellen (beispielsweise in der Spalte daneben). Es ist nicht möglich, das Ergebnis einer WENN-Funktion auf die gleiche Zelle anzuwenden wie die, in der sich die Zahl befindet. Zahl und Ergebnis müssen in zwei verschiedenen Zellen stehen.

Anders dagegen bei der bedingten Formatierung. Man könnte auch die Verkäufer farblich hervorheben, deren Verkaufsergebnis einen bestimmten Wert über- oder unterschreitet. Dazu wird ein Verkäufer markiert, die bedingte Formatierung wird eingeschaltet. Nun darf nicht mit „Zellwert ist" gearbeitet werden, sondern mit „Formel ist".

Daneben steht die Bedingung der Form
=$B$6>5
Damit diese Formatierung heruntergekopiert werden kann, muss aus dem absoluten Bezug ein relativer gemacht werden:
=B6>5
Die Formatierung wird eingeschaltet, das Ergebnis für den ersten Verkäufer bestätigt. Nun kann mit dem Pinsel „Format übertragen" die Formatierung auf die übrigen Zellen übertragen werden. Alle übrigen Funktionen, die in diesem Kapitel beschrieben werden, können in die bedingte Formatierung einbezogen werden, beispielsweise können Samstage und Sonntage farbig hervorgehoben werden, jede fünfte Zeile kann grau hinterlegt werden, oder Zellen, in denen ein bestimmter Textinhalt steht, können einen Rahmen erhalten. An den entsprechenden Stellen wird darauf eingegangen werden.

6.2 Informationsfunktionen

In der Kategorie „Information" stellt Excel eine Reihe von IST-Funktionen zur Verfügung, die auf den ersten Blick wenig Sinn machen. Warum sollte überprüft werden, ob eine Zelle eine Zahl enthält? Die Antwort liegt im Einrichten von Formularen für Benutzer. Angenommen aus zwei Zellen wird der Quotient gebildet, um beispielsweise den prozentualen Anteil zu ermitteln. Steht in Zelle A1 der Wert 4, in A2 der Wert 16, so liefert der Quotient (=A1/A2) in der Zelle A3 den Wert 0,25. Oder, anders formatiert: 25%. Was aber, wenn das Formular leer ist, das heißt, wenn noch keine Zahlen in A1 und A2 stehen? Dann erhält der Benutzer die unschöne Fehlermeldung #DIV/0! Sie verschwindet, sobald der Benutzer in die Zelle A2 einen Wert einträgt.
Dieses Problem könnte mit einer einfachen WENN-Funktion abgefangen werden:
=WENN(A2="";"";A1/A2)
Wenn die Zelle A2 leer ist, dann bleibt auch die Zelle A3 leer. Sonst erscheint der Quotient erst, wenn eine Zahl in A2 eingetragen wird. Wirklich?
Nein: Trägt der Benutzer fälschlicherweise oder mit Absicht eine 0 in A2 ein, so wird erneut durch 0 geteilt, und es steht wiederum die Fehlermeldung #DIV/0! in A3. Zugegeben, auch dies ist mit einer Schönheitsreparatur lösbar: Tragen Sie in die Zelle, in der die Division ausgeführt wird, die Formel:
=WENN(A2=0;"";A1/A2)
ein, so wird nicht nur die eingegebene Zahl 0 abgefangen, sondern auch eine leere Zelle. Gut, so scheint auch dieses Problem gelöst. Was aber, wenn der Benutzer fälschlicherweise statt der Zahl 100 in die Zelle A2 den Text 1OO (mit dem Buchstaben O statt der Ziffer 0) eingibt? Dann erhält er erneut einen Fehlerwert – diesmal: #WERT!

Oder was, wenn der Benutzer statt einer Zahl eine fehlerhafte Formel eingibt, wie zum Beispiel:
=SUME(A1)
Die Fehlermeldung dieser Zelle lautet nun #NAME?

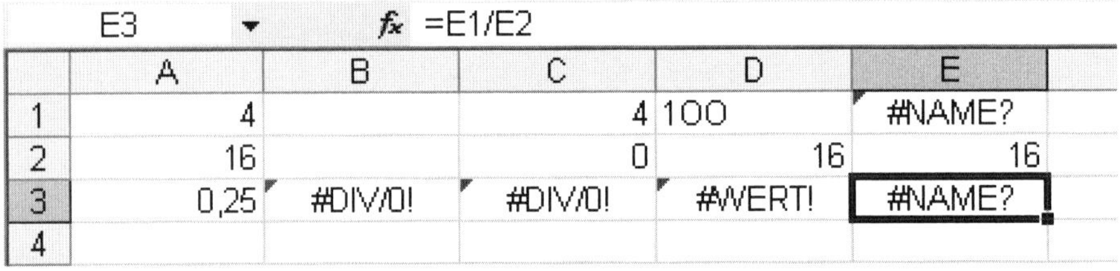

E3 =E1/E2

	A	B	C	D	E
1	4		4	100	#NAME?
2	16		0	16	16
3	0,25	#DIV/0!	#DIV/0!	#WERT!	#NAME?
4					

Abbildung 6.13 Es gibt so viele Fehlermöglichkeiten.

Diese und alle anderen möglichen Fehler können mit der Funktion ISTFEHLER abgefangen werden. Liefert die Division also einen Fehler, dann soll die Zelle leer bleiben oder der Benutzer eine Meldung erhalten. Eine mögliche Fehlermeldung wäre: "Die Zelle bleibt leer, da durch einen Null-Wert geteilt wurde!":
=WENN(ISTFEHLER(A1/A2)=WAHR;"";A1/A2)
oder die modifizierte Form des „Meldens“:
=WENN(ISTFEHLER(A1/A2)=WAHR;"Die Zelle bleibt leer, da durch einen Null-Wert geteilt wurde!";A1/A2)

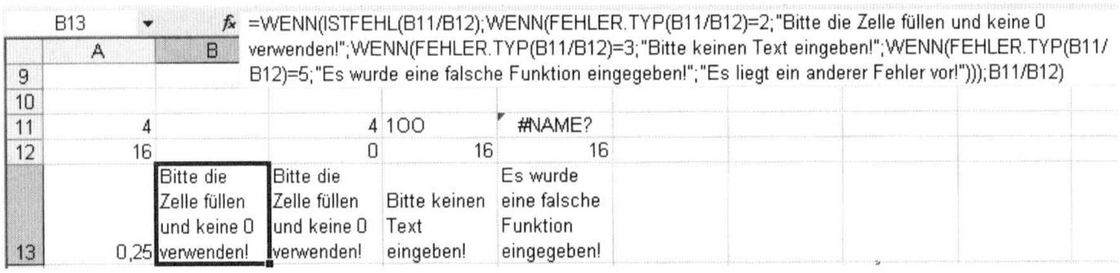

B13 =WENN(ISTFEHL(B11/B12);WENN(FEHLER.TYP(B11/B12)=2;"Bitte die Zelle füllen und keine 0 verwenden!";WENN(FEHLER.TYP(B11/B12)=3;"Bitte keinen Text eingeben!";WENN(FEHLER.TYP(B11/B12)=5;"Es wurde eine falsche Funktion eingegeben!";"Es liegt ein anderer Fehler vor!")));B11/B12)

	A	B	C	D	E
9					
10					
11	4		4	100	#NAME?
12	16		0	16	16
13	0,25	Bitte die Zelle füllen und keine 0 verwenden!	Bitte die Zelle füllen und keine 0 verwenden!	Bitte keinen Text eingeben!	Es wurde eine falsche Funktion eingegeben!

Abbildung 6.14 Die Fehler werden abgefangen.

Die Funktion ISTFEHLER liefert, falls es zu einem Fehler kommt, den Wert WAHR. Also kann die Funktion folgendermaßen modifiziert werden:
=WENN(ISTFEHLER(A1/A2);"";A1/A2)
So kann überprüft werden, ob ein möglicher Fehler vorliegt. Vor allem bei der Funktion MITTELWERT, die ihre Werte aus einem größeren Bereich rekrutiert, kann nicht jede Zelle einzeln abgefragt werden. Zugegeben: die Funktion
=WENN(UND(A1=0;A2=0;A3=0;A4=0;A5=0;A6=0;A7=0);"";
MITTELWERT(A1:A5))
ist zwar sehr umständlich, könnte aber durch
=WENN(A1*A2*A3*A4*A5*A6*A7=0;"";MITTELWERT(A1:A5))
abgefangen werden. Noch kürzer lässt sich dies wie folgt schreiben:
=WENN(PRODUKT(A1:A7)=0;"";MITTELWERT(A1:A7))

Dennoch: Die Funktion UND kann nur 30 Bedingungen überprüfen, die zweite Variante fängt auch nicht alle Fehler ab. Außerdem wird der Mittelwert in der ersten und zweiten Variante erst dann berechnet, wenn in allen sieben Zellen ein Wert steht. Erstaunlicherweise berechnet
=A1*A2*A3*A4*A5*A6*A7
den Wert 0, wenn alle Zellen leer sind. Erst wenn alle Zellen mit Zahlen ungleich 0 gefüllt sind, wird das Produkt berechnet. Dagegen ermittelt
=PRODUKT(A1:A7)
den Wert 0, wenn alle Zellen leer sind. Ist mindestens eine Zelle mit einer Zahl ungleich 0 gefüllt, dann wird bereits das Produkt ermittelt. Leere Zellen werden also von der Funktion PRODUKT übergangen und somit anders behandelt als leere Zellen.
Dennoch: Etwas besser arbeitet die Funktion
=WENN(ANZAHL(A1:A7)=0;"";MITTELWERT(A1:A7))
Sind noch alle Zellen leer, oder genauer: steht noch in keiner der Zellen des Bereichs eine Zahl, wird kein Mittelwert berechnet. Steht dagegen in mindestens einer der Zellen (egal in welcher) ein Wert, so startet die Berechnung.
Eleganter geht es mit der Funktion ISTFEHLER:
=WENN(ISTFEHLER(MITTELWERT(A1:A7));"";MITTELWERT(A1:A7))
Sollte der Mittelwert zu einem Fehler führen, so ist nichts anzuzeigen, ansonsten wird der Mittelwert korrekt berechnet.
Wenn Sie nicht gerade zu den Programmierern gehören, die pausenlos die Benutzer bei einer falschen Eingabe beschimpfen, sondern ihnen differenziert erläutern wollen, was falsch eingegeben wurde, so stehen folgende IST-Funktionen zur Verfügung.

Tabelle 6.1 Liste der IST-Funktionen

IST-Funktion	Beschreibung
ISTLEER	zeigt WAHR an, wenn sich der Wert auf eine leere Zelle bezieht. Statt =WENN(ISTLEER(A2);"";A1/A2) könnte auch geschrieben werden: =WENN(A2="";"";A1/A2) Einziger Unterschied: Wird in die Zelle A2 ="" eingegeben, dann ermittelt ISTLEER FALSCH als Ergebnis, die zweite Funktion ="" ergibt wahr. In diesem Zusammenhang erscheint auch die Funktion ANZAHLLEEREZELLEN interessant, die natürlich auch durch die Funktion ZÄHLENWENN ersetzt werden kann. Auch für ANZAHLLEEREZELLEN ist ="" leer!
ISTFEHL	zeigt WAHR an, wenn eine Berechnung zu einem Fehler führt, der nicht #NV ist.
ISTFEHLER	zeigt WAHR an, wenn eine Formel einen Fehlerwert liefert (#NV, #WERT!, #BEZUG!, #DIV/0!, #ZAHL!, #Name? oder #NULL!)

IST-Funktion	Beschreibung
ISTNV	zeigt WAHR an, wenn eine Berechnung zu einem Fehler #NV führt.
ISTLOG	zeigt WAHR an, wenn eine Funktion WAHR oder FALSCH liefert.
ISTZAHL	zeigt WAHR an, wenn sich in einer Zelle eine Zahl befindet.
ISTTEXT	zeigt WAHR an, wenn sich in einer Zelle Text befindet.
ISTKTEXT	zeigt WAHR an, wenn sich in einer Zelle kein Text befindet (also eine Zahl oder ein Wahrheitswert).
ISTBEZUG	zeigt WAHR an, wenn sich in einer Zelle ein Bezug befindet, zum Beispiel: =A1/A2
ISTGERADE	zeigt WAHR an, wenn sich in einer Zelle eine gerade Zahl befindet.
ISTUNGERADE	zeigt WAHR an, wenn sich in einer Zelle eine ungerade Zahl befindet.

Soll dagegen der genaue Fehlertyp überprüft werden, so hilft die Funktion FEHLER.TYP weiter. Sie überprüft eine Zelle, in der gerechnet wurde, ob sich aus der Formel ein Fehler ergibt. Die folgende Tabelle listet die Fehlertypen auf und die entsprechenden Nummern, welche von der Funktion zurückgegeben werden:

Tabelle 6.2 Tabelle der Fehlertypen

Fehlerwert	FEHLER.TYP
#NULL!	1
#DIV/0!	2
#WERT!	3
#BEZUG!	4
#Name?	5
#ZAHL!	6
#NV	7
Sonstiges	#NV

Beispiel: Die beiden Zellen A1 und A2 werden durcheinander geteilt. Der Quotient steht in A3. Ist nun die Zelle A2 leer, so lautet die Fehlermeldung in A3 #DIV/0!, die Funktion =FEHLER.TYP(A3) liefert 2. Steht dagegen in A2 der Text „Apfelkuchen", so lautet die Fehlermeldung #WERT!, =FEHLER.TYP(A3) liefert 3. Das heißt, man könnte diese beiden Fehlermöglichkeiten unterbinden und in A3 folgende Formel einfügen:
=WENN(ISTFEHL(A1/A2);WENN(FEHLER.TYP(A1/A2)=2;"Bitte die Zelle füllen und keine 0 verwenden!";WENN(FEHLER.TYP(A1/A2)=3;"Bitte keinen Text eingeben!";WENN(FEHLER.TYP(A1/A2)=5;"Es wurde eine

falsche Funktion eingegeben!";"Es liegt ein anderer Fehler vor!")));A1/A2)
Übrigens kann der Fehlerwert #NV „künstlich" erzeugt werden: mit der Funktion =NV(). Sollte der Fehlerwert einmal benötigt werden, beispielsweise um etwas zu überprüfen, so kann er mit dieser Funktion hervorgerufen werden.

Eine weitere wichtige Funktion, die Sie verwenden können, wenn es darum geht, einen Zellinhalt zu bestimmen, lautet TYP.

Tabelle 6.3 Die Funktion TYP liefert:

Zellinhalt	Ergebnis von TYP
Zahl	1
Text	2
Wahrheitswert	4
Formel	8
Fehlerwert	16
Matrix	64

Eine weitere Funktion, die in diesen Zusammenhang gehört, stellt ZELLE dar. Sie liefert Informationen über die Formatierung, die Position oder den Inhalt einer Zelle oder eines Bereichs. Die Funktion
=ZELLE(Infotyp; Bezug)
verlangt zwei Argumente: den Infotyp und den Bezug, das heißt die Zelle, aus der die Informationen herausgeholt werden. Achtung, wenn sich in der Zelle, auf die sich die Funktion ZELLE bezieht, etwas ändert, dann muss die Funktion ZELLE aktualisiert werden, beispielsweise mit <F9>! Sonst bleibt das alte Ergebnis angezeigt.
Für Infotyp stehen folgende Ausgabewerte zur Verfügung:

Tabelle 6.4 Die Infowerte der Funktion ZELLE

Infotyp	Liefert	ebenso erhältlich über
Adresse	die Zelladresse (z.B. $A$1)	
Zeile	die Zeile (z.B. 1)	ZEILE
Spalte	die Spalte (z.B. 1)	SPALTE
Inhalt	den Inhalt	=
Typ	"b" (blank), wenn die Zelle leer ist, "l" (label) bei Text und "w" (Wert) beim Rest	TYP
Breite	die Spaltenbreite (z.B. 11)	
Klammern	1, wenn die Zelle so formatiert wurde, dass positive Werte in Klammern dargestellt werden	
Präfix	Steht in der Zelle Text, dann liefert die Funktion ZELLE ein Hochkomma (') bei linksbündi-	

Infotyp	Liefert	ebenso erhältlich über
	ger Formatierung, Zirkumflex (^) bei zentrierter und Anführungszeichen (") bei rechtsbündiger Formatierung und ein Backslash (\), wenn der Text die Zelle ausfüllt. Ohne Formatierung steht eine leere Zeichenfolge in der Zelle ("").	
Schutz	0, wenn die Zelle gesperrt ist, 1, wenn sie nicht gesperrt ist	
Dateiname	Dateiname und Pfad der Datei, wenn sie gespeichert ist	INFO
Farbe	1, wenn die Zelle so formatiert ist, dass negative Werte andersfarbig (rot) dargestellt werden	
Format	Zeichenfolge, die Zahlenformat entspricht (siehe folgende Tabelle)	

Tabelle 6.5 Liste der Ausgabewerte des Infotyps FORMAT

Zellformat (Format / Zelle / Zahlen)	Ergebnis von =ZELLE("Format";A1)
Standard	S
0	F0
0,00	F2
#.##0	.0
#.##0,00	.2
#.##0 DM;-#.##0 DM	W0
#.##0 DM;[Rot]-#.##0 DM	W0-
#.##0,00 DM;-#.##0,00 DM	W2
#.##0,00 DM;[Rot]-#.##0,00 DM	W2-
0%	P0
0,00%	P2
0,00E+0	E1
0,00E+00	E2
# ?/? oder #??/??	S
T/M/JJ oder T/M/JJ h:mm oder TT/MM/JJ	D4
T.MMM.JJ oder TT.MMM.JJ	D1
T.MMM oder TT.MMM	D2
MMM JJ	D3
h:mm AM/PM	U2
h:mm:ss AM/PM	U1
h:mm	U4
h:mm:ss	U3

Achtung: Benutzerdefinierte Formatierungen, beispielsweise 0,00 "km", werden als „S" angezeigt.

Eine weitere Funktion, die Informationen liefert, findet sich in der Kategorie „Statistik": ANZAHLLEEREZELLEN. Sie zählt, wie viele Zellen in einem Bereich leer sind. Zum Beispiel:
=ANZAHLLEEREZELLEN(A1:C7)
Die gleiche Aufgabe übernimmt die Funktion
=ZÄHLENWENN(A1:C7;"")
Interessante Informationen über die Systemumgebung liefert dagegen die Funktion INFO. Sie verlangt einen der nachfolgenden neun Parameter:

Tabelle 6.6 Die Funktion INFO und ihre Parameter:

Funktion INFO	liefert	Beispielsweise
=INFO("Verzeichnis")	das Verzeichnis der gespeicherten Datei	C:\Eigene Dateien\
=INFO("VerfSpeich")	verfügbaren Arbeitsplatz in Bytes	1048576
=INFO("BenutztSpeich")	momentan benutzten Arbeitsspeicher	1696984
=INFO("GesamtSpeich")	den gesamten verfügbaren Arbeitsspeicher	2745560
=INFO("Dateienzahl")	die Gesamtanzahl der Tabellenblätter aller geöffneten Dateien	6
=INFO("SysVersion")	Version des aktuellen Betriebssystems	Windows (32-bit) 4.00
=INFO("Version")	Version von Excel	9.0
=INFO("System")	Name des Betriebssystems ("mac" oder "pcdos")	PCDOS
=INFO("Ursprung")	einen absoluten Bezug ($A): und auf dem Bildschirm sichtbare linke obere Zelle	$A:$G$1

6.3 Rechnen mit Datum und Uhrzeit

6.3.1 Datum

Einige der in diesem Kapitel erwähnten Funktionen stehen Ihnen nur dann zur Verfügung, wenn Sie im Menü EXTRAS / ADD-IN die Analysefunktionen aktivieren. Sollten Ihnen also einige Funktionen fehlen, so kreuzen Sie dort das Kontrollkästchen an.

Wie schon in Kapitel 1 erwähnt, steckt hinter jedem Datum eine serielle Zahl. Der 1.1.1900 entspricht dabei der Zahl 1, der 2.1.1900 der Zahl 2 und so weiter. Demnach war am 01.01.2001 die Zahl 36.892, und am 01.01.2010 werden wir die Zahl 40.179 haben. Dies kann man leicht herausfinden, indem eine Datumsangabe in eine Zahl formatiert wird. Normalerweise macht es wenig Sinn, dies zu tun, aber man sieht das dahinter liegende Prinzip.

Da Excel intern mit diesen seriellen Zahlen rechnet, können sehr schnell Berechnungen über längere Zeiträume ausgeführt werden, beispielsweise Differenzen zwischen zwei Datumsangaben gebildet werden. Das Ergebnis ist dabei die Anzahl der Tage.

Achtung: Stehen in den Zellen A1 und A2 zwei Datumsangaben, dann formatiert Excel die Differenz

=A2-A1

als Datum. Dadurch wird die Anzahl der Jahre, Monate und Tage angezeigt; allerdings als Datumsformat. Um die korrekte Anzahl der Tage zu erhalten, muss dieses Ergebnis in eine Zahl formatiert werden.

Die einfachste Excel-Datumsfunktion ist die Funktion

=HEUTE()

Sie benötigt kein Kriterium und liefert das heutige Datum. Analog liefert

=JETZT()

das aktuelle Datum mit der genauen Uhrzeit. Sollen Datum und Uhrzeit nicht aktualisiert werden, dann können beide Informationen mit der Tastenkombination <Strg> + <.> (Datum) und <Strg> + <:> (Uhrzeit) eingetragen werden.

Die unterschiedlichen Darstellungsmöglichkeiten des Datums, wie sie im ersten Kapitel beschrieben wurden, haben noch nichts mit Rechnen zu tun. Folgende Funktionen können verwendet werden, um Informationen aus dem Datum zu extrahieren, das sich in der Zelle A1 befindet:

=JAHR(A1)
=MONAT(A1)
=TAG(A1)

Diese drei Funktionen liefern das Jahr, den Monat und den Tag des Datums. Keine einfache Sache, wenn man bedenkt, dass sich hinter dem 14.6.01 die Zahl 37.056 verbirgt und dass aus dieser Zahl die Werte 2001, 6 und 14 herausgeholt werden.

	J2		▼	*fx* =JAHR(I2)				
	D	E	F	G	H	I	J	K	L
1	Name	Straße	Plz	Ort	Jahresbeitrag	Geburtsdatun	Jahr	Monat	Tag
2	Achim Adelm	Oppelner Str.10	65123	Karlsruhe	148	24.02.48	1948	2	24
3	Achim Adler	Ahornstr.64	68542	Heddesheim	148	03.06.51	1951	6	3
4	Achim Bauer	Vangerowstr. 16/1	68542	Heidelberg	148	11.07.54	1954	7	11
5	Achim Hutter	Luitpoldstr.25	67112	Mutterstadt	148	10.02.62	1962	2	10
6	Adam Bauer	Seckenh.Hauptstr.	68239	Mannheim	148	27.02.45	1945	2	27
7	Adam Allianz	Wichernstr.26	68526	Ladenburg	148	04.11.53	1953	11	4
8	Adam Senkpi	Johann Seb.Bachs	69493	Hirschberg	148	01.02.62	1962	2	1

Abbildung 6.15 Die drei Funktionen JAHR, MONAT und TAG

Wenn Sie beispielsweise in einer großen Tabelle, in der sich Geburtstage befinden, diese chronologisch sortieren möchten, um zu sehen, wer vor wem im laufenden

Jahr Geburtstag hat, so dürfen Sie nicht nach dem Geburtsdatum sortieren. Excel würde in diesem Falle den ältesten Menschen an erster Stelle, den jüngsten an letzter oder umgekehrt anzeigen. Mit den beiden Funktionen MONAT und TAG können Sie diese beiden Informationen extrahieren und nun zuerst nach Geburtsmonat und anschließend nach Geburtstag sortieren lassen. Hierbei hilft der Menüpunkt DATEN / SORTIEREN, über den Sie die Reihenfolge der zu sortierenden Kriterien eingeben: in unserem Fall zuerst den Monat, dann den Tag. Dieser Menüpunkt kann bis zu drei Kriterien verwalten; haben Sie mehr, so müssen Sie auf ein anderes Programm, beispielsweise eine Datenbank (wie Access) ausweichen.

Die Funktion MONAT kann verwendet werden, um die fehlende Funktion QUARTAL zu ersetzen. Steht in A1 eine Datumsangabe, dann ergibt

=GANZZAHL((MONAT(A1)-1)/3)+1

oder noch einfacher:

=AUFRUNDEN(MONAT(A1)/3;0)

Umgekehrt setzt die Funktion DATUM die drei Informationen (Tag, Monat und Jahr) wieder zu einem Datum zusammen:

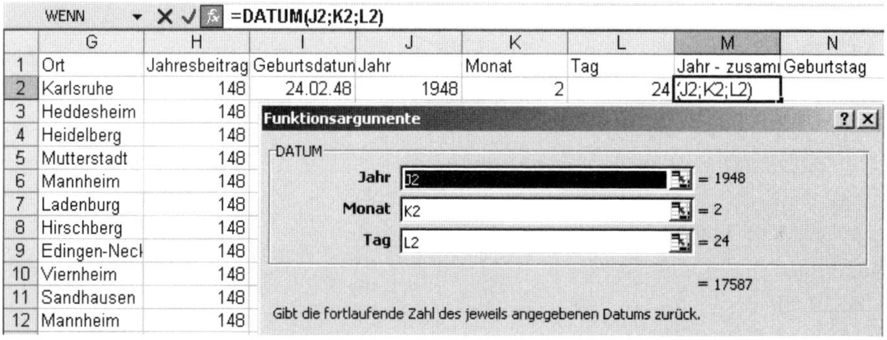

Abbildung 6.16 Die Funktion DATUM

Datum benötigt also drei Zahlen, die zu einer Datumszahl zusammengesetzt werden. Diese Funktion kann verwendet werden, um ein Datum in Monatsschritten weiterlaufen zu lassen. Gibt der Benutzer ein Startdatum ein, beispielsweise den 1.1.01, so soll Excel jeweils einen Monat weiterzählen. Dabei kann natürlich ebenso wenig die Funktion

=A1+30

wie

=A1+31

benutzt werden, da die Monate unterschiedlich viele Tage haben. Die korrekte Lösung lautet:

=DATUM(JAHR(A1);MONAT(A1)+1;TAG(A1))

Dabei schafft Excel problemlos die Monats- und Jahresgrenze. Das Datum Jahr = 2001, Monat = 13 und Tag = 01 wird korrekt in den 01.01.2002 umgewandelt.

Die Excel-Funktion EDATUM hätte diese Aufgabe auch übernehmen können. Um sie benutzen zu können, muss das Add-In „Analyse-Funktionen" aktiviert sein.
EDATUM zählt um eine bestimmte Anzahl Monate weiter. Mit einem in einer freien Spalte laufenden Zähler kann zu einem Ausgangsdatum eine bestimmte Anzahl von Monaten addiert werden. Steht in der Zelle A1 das Datum 01.01.2001, so liefert beispielsweise
=EDATUM(A1;1)
den 01.02.2001. Steht der 31.01.2001 in A1, so ergibt
=EDATUM(A1;1)
den 28.02.2001.
Übrigens: Soll jeweils der Monatsletzte angezeigt werden, so könnte dies mit der Funktion
=DATUM(JAHR(A1);MONAT(A1)+2;1)-1
gelöst werden. Es wird jeweils vom Monatsersten ein Tag abgezogen, so dass man beim Monatsletzten des Vormonats landet.
Dies könnte auch mit der Funktion
MONATSENDE
erledigt werden. Sie liefert den jeweils letzten Tag eines Monats, der eine bestimmte Anzahl von Monaten hinter (oder vor) einem bestimmten Datum liegt. Steht in der Zelle A1 das Datum 01.01.2001, so ergibt
=MONATSENDE(A1;0)
das Datum
31.01.2001
=MONATSENDE(A1;1)
liefert den
28.2.2001
=MONATSENDE(A1;7)
den
31.08.2001
und schließlich
=MONATSENDE(A1;-7)
den
30.06.2000.

6 Funktionen

	A	B	C	D	E	F
1	DATUM	EDATUM		Monatsletzter	MONATSENDE	
2	01.01.2001	01.01.2001		01.01.2001	01.01.2001	
3	01.02.2001	01.02.2001		28.02.2001	28.02.2001	
4	01.03.2001	01.03.2001		31.03.2001	31.03.2001	
5	01.04.2001	01.04.2001		30.04.2001	30.04.2001	
6	01.05.2001	01.05.2001		31.05.2001	31.05.2001	
7	01.06.2001	01.06.2001		30.06.2001	30.06.2001	
8	01.07.2001	01.07.2001		31.07.2001	31.07.2001	
9	01.08.2001	01.08.2001		31.08.2001	31.08.2001	

E3: fx =MONATSENDE(E2;1)

Abbildung 6.17 Der Monatsletzte

Beispiel: In einer Tabelle sind die Geburtstage der Mitarbeiter eingetragen. Nun soll auf einen Blick erkennbar sein, wer heute Geburtstag hat. Dies soll in einer leeren Spalte daneben gemeldet werden. Dazu darf nicht HEUTE() mit dem Geburtsdatum verglichen werden, da diese nicht identisch sind. Dagegen muss überprüft werden, ob der heutige Tag dem Geburtstag und der heutige Monat dem Geburtsmonat entspricht. Also muss aus dem heutigen Datum der heutige Tag extrahiert werden
=TAG(HEUTE())
und aus dem heutigen Datum der heutige Monat:
=MONAT(HEUTE())
Diese werden verglichen mit dem Geburtstag beziehungsweise Geburtsmonat, der sich beispielsweise in der Zelle C2 befindet. Da beide gleichzeitig gelten sollen, werden sie mit UND verknüpft. Also beispielsweise:
=WENN(UND(TAG(HEUTE())=TAG(C2);MONAT(HEUTE())=MONAT(C2));
"happy birthday";"")
Damit nicht zweimal die Funktion HEUTE() verwendet werden muss, könnte man sie in eine Zelle auslagern (beispielsweise in E5) und darauf zugreifen:
=WENN(UND(TAG($E$5)=TAG(B8);MONAT($E$5)=MONAT(B8));"happy birthday";"")

	I	J	K	L	M	N	O	P	Q
1	Geburtsdatum	Jahr	Monat	Tag	Jahr - zusam	Geburtstag	Eintrittsdatum	Konto-Nr	Bankleitzahl	Bank
2	24.02.48	1948	2	24	24.02.1948				
3	03.06.51	1951	6	3	03.06.1951				
4	11.07.54	1954	7	11	11.07.1954	happy birthday			
5	10.02.62	1962	2	10	10.02.1962				
6	27.02.45	1945	2	27	27.02.1945		01.01.75		
7	04.11.53	1953	11	4	04.11.1953				
8	01.02.62	1962	2	1	01.02.1962				
9	25.09.62	1962	9	25	25.09.1962				
10	24.09.41	1941	9	24	24.09.1941				
11	17.10.54	1954	10	17	17.10.1954			7730575	67050101	Stspk
12	04.01.37	1937	1	4	04.01.1937				
13	21.05.60	1960	5	21	21.05.1960		01.01.68		

N4: fx =WENN(UND(TAG(HEUTE())=TAG(M4);MONAT(HEUTE())=MONAT(M4));"happy birthday";"")

Abbildung 6.18 Die Geburtstagskinder werden ermittelt.

So könnte auch derjenige ermittelt werden, der als nächster Geburtstag hat. Dazu müsste man das Geburtsdatum in den Geburtstag des laufenden Jahres verwandeln:
=DATUM(JAHR(HEUTE());MONAT(B7);TAG(B7))
Nun muss nachgesehen werden, ob das Geburtsdatum im laufenden Jahr schon war oder sein wird:
=HEUTE()-DATUM(JAHR(HEUTE());MONAT(B7);TAG(B7))
Ist diese Zahl größer als 0, so hat er schon Geburtstag gehabt, bekommt also 1 bei der Jahreszahl abgezogen. Falls nicht, behält er seine Jahreszahl:
=WENN(HEUTE()-DATUM(JAHR(HEUTE());MONAT(B7);TAG(B7))>0; DATUM(JAHR(HEUTE())+1;MONAT(B7);TAG(B7));DATUM(JAHR(HEUTE()); MONAT(B7);TAG(B7)))
Nun wird das heutige Datum von dieser Zahl abgezogen:
=WENN(HEUTE()-DATUM(JAHR(HEUTE());MONAT(B7);TAG(B7))>0; DATUM(JAHR(HEUTE())+1;MONAT(B7);TAG(B7));DATUM(JAHR(HEUTE()); MONAT(B7);TAG(B7)))-HEUTE()
Natürlich könnte man auch mit
=ABRUNDEN((HEUTE()-A1)/365,25;0)
viel einfacher das Geburtsdatum berechnen. Die Dezimalstellen hinter 365 ergeben sich aus der Tatsache, dass alle vier Jahre ein Schaltjahr ist und dass deshalb in jedem Jahr ein Vierteltag hinzugezählt werden muss. Und eben dies führt zu (geringen) Problemen. Angenommen Annabelle ist am 01.03.2000 geboren. Dann ist sie am 01.03.2002 genau 730 Tage alt oder 1,99863, was bedeutet, dass sie erst ein Jahr alt ist. Den Sprung ins zweite Lebensjahr schafft sie erst am 02.03.2002. Ebenso wird sie erst am 02.03.2003 drei Jahre alt. Im Jahr 2004, das ein Schaltjahr ist, funktioniert die Rechnung wieder: Dort wird sie am 01.03. vier Jahre alt. Wenn Sie auf diesen einen Tag Differenz verzichten können, dann ist die obige Formel ausreichend, exakt arbeitet dagegen die WENN-Funktion, die weiter oben erläutert wurde.
In diesem Zusammenhang sei angemerkt, dass die Funktion BRTEILJAHRE korrekt rechnet, wenn man den Parameter 1 (Taggenau/taggenau) nimmt. Allerdings muss auch sie abgerundet werden:
=GANZZAHL(BRTEILJAHRE(HEUTE();A1;1))
Übrigens berechnet die Funktion DATEDIF die Anzahl der Tage, Monate oder Jahre zwischen zwei Datumsangaben. Diese Funktion wird aus Kompatibilitätsgründen mit Lotus 1-2-3 zur Verfügung gestellt und deshalb nicht im Funktionsassistenten angezeigt. Sie muss per Hand eingegeben werden.
Ihre Syntax lautet:
DATEDIF(Ausgangsdatum;Enddatum;Einheit)

Tabelle 6.7 Die Parameter der Funktion DATEDIF (Einheit ist der Informationstyp, der zurückgegeben werden soll)

Einheit	Rückgabewert
"J"	Die Anzahl der vollständigen Jahre im Zeitraum.
"M"	Die Anzahl der vollständigen Monate im Zeitraum.
"T"	Die Anzahl der Tage im Zeitraum.
"MT"	Die Differenz zwischen den Tagen in Anfangsdatum und Enddatum. Die Monate und Jahre der Datumsangaben werden ignoriert.
"JM"	Die Differenz zwischen den Monaten in Anfangsdatum und Enddatum. Die Tage und Jahre der Datumsangaben werden ignoriert.
"JT"	Die Differenz zwischen den Tagen in Anfangsdatum und Enddatum. Die Jahre der Datumsangaben werden ignoriert.

Das heißt: Man hätte das Beispiel mit der Differenz der Monate auch so lösen können:
=DATEDIF(C1;C2;"M")
Und schließlich liefert die Funktion MIN die kleinste Zahl aus dieser Liste, das heißt die kleinste Anzahl von Tagen, die es noch bis zum nächsten Geburtstag zu warten gilt. Über die Funktion SVERWEIS (sie wird in Kapitel 6.6.3 erläutert) könnte nun das glückliche Geburtstagskind ermittelt werden. Und wenn es mehrere gibt? Dann wird es schwierig. Die Funktion ZÄHLENWENN ermittelt die Anzahl der Geburtstagskinder, die als nächste Geburtstag haben werden. Sollen die Namen direkt untereinander stehen, könnte die obige Funktion modifiziert werden, so dass statt "happy birthday" die Zeilennummer angezeigt wird:
=WENN(UND(TAG($E$5)=TAG(B1);MONAT($E$5)=MONAT(B1));
ZEILE(B1);"")
Diese können nun über die Funktion KGRÖSSTE oder KKLEINSTE sortiert werden. Findet diese Funktion kein Geburtstagskind mehr, so ergibt sie einen Fehler. Also:
=WENN(ISTFEHLER(KGRÖSSTE($C$1:$C$5;ZEILE(C1)));"";
KGRÖSSTE($C$1:$C$5000;ZEILE(C1)))
Nun stehen die Zeilennummern der Zeilen untereinander, in denen sich Geburtstagskinder befinden. Und diese können nun daneben mit der Funktion INDEX sichtbar gemacht werden:
=WENN(D1="";"";INDEX($A$1:$A$5000;D1))
Die letzten beiden Funktionen können auch mit Hilfe von einer Funktion geschrieben werden:
=WENN(WENN(ISTFEHLER(KGRÖSSTE($C$1:$C$5;ZEILE(C1)));"";
KGRÖSSTE($C$1:$C$5;ZEILE(C1)))="";"";INDEX($A$1:$A$5;
WENN(ISTFEHLER(KGRÖSSTE($C$1:$C$5;ZEILE(C1)));"";
KGRÖSSTE($C$1:$C$5;ZEILE(C1)))))

Sollen alle Geburtstagskinder angezeigt werden, die im laufenden Jahr einen „runden" Geburtstag haben, das heißt einen Geburtstag, der durch 10 ohne Rest teilbar ist, könnte man jede Zelle mit folgender Formel überprüfen:
=WENN(GANZZAHL((JAHR(HEUTE())-JAHR(A1))/10)=(JAHR(HEUTE())-JAHR(A1))/10;"wird "&JAHR(HEUTE())-JAHR(A1)&" Jahre alt";"")
Eine weitere Funktion scheint in diesem Zusammenhang wichtig:
WOCHENTAG

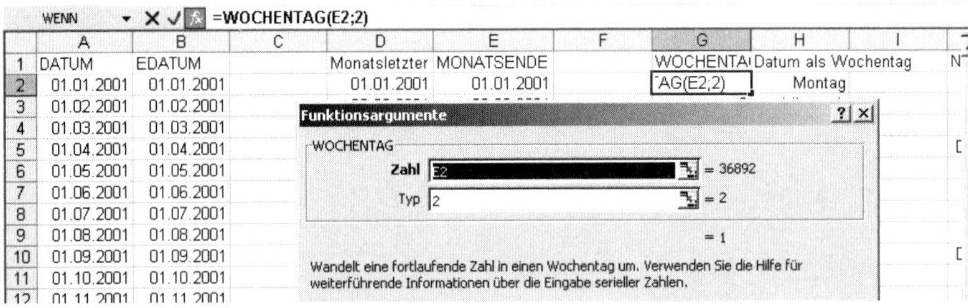

Abbildung 6.19 Die Funktion WOCHENTAG

Wochentag benötigt ein weiteres Kriterium: den Typ. Hier müssen die Zahlen 1, 2 oder 3 eingetragen werden. Wird keine Zahl oder eine 1 eingetragen, so entspricht dies dem US-amerikanischen Wochenformat: Die Woche beginnt dort mit Sonntag, das heißt der erste Wochentag, also die Zahl 1, ist ein Sonntag, oder umgekehrt: die Zahl 5 entspricht dem Donnerstag. Das ist unschön. Der zweite Typ (2) ist das uns bekannte Format: die Woche fängt mit Montag an: 5 entspricht dem Freitag. Dies entspricht der DIN-Norm 1355 oder ISO 8601. Beim dritten Typ beginnt die Woche auch bei Montag, allerdings mit der Zahl 0. Dann wäre 5 der Samstag.
Achtung: Die Funktion WOCHENTAG ist nicht zu verwechseln mit der Formatierung TTTT. Wird ein Datum formatiert, so wird lediglich der Wochentag als Text angezeigt – intern hält Excel noch immer die Datumsangabe. Die Funktion WOCHENTAG liefert zwar lediglich eine Zahl, die sich nicht formatieren lässt (zumindest nicht als Wochentag in Buchstaben), die aber weiterverwendet werden kann.
Beispiel: Es soll – ausgehend von einem Datum – eine Liste erzeugt werden, in der nur die Arbeitstage auftauchen, das heißt: nach dem Freitag werden Samstag und Sonntag übersprungen und mit Montag weitergezählt. Mit einer WENN-Bedingung ist dies kein Problem mehr: Überprüft wird, ob der Wochentag der Zelle über der aktuellen Zelle ein Freitag ist. Wenn ja, so werden drei Tage weitergezählt. Falls (noch) nicht, so wird nur ein Tag addiert. Steht das Datum in der Zelle A1, so lautet die Funktion darunter:
=WENN(WOCHENTAG(A1;2)=5;A1+3;A1+1)

6 Funktionen 119

```
J3    fx =WENN(WOCHENTAG(J2;2)=5;J2+3;J2+1)
```

	I	J	K
1	ochentag	Nur Wochentage	
2		Montag, den 01.01.01	
3		Dienstag, den 02.01.01	
4		Mittwoch, den 03.01.01	
5		Donnerstag, den 04.01.01	
6		Freitag, den 05.01.01	
7		Montag, den 08.01.01	
8		Dienstag, den 09.01.01	
9		Mittwoch, den 10.01.01	

Abbildung 6.20 Die Wochentage werden weitergezählt und zur besseren Darstellung formatiert.

Zugegeben: Dies könnte erzeugt werden, wenn man mit der rechten Maustaste das Kästchen herunterzieht (Abbildung 6.21).
Mit der Funktion WOCHENTAG können jedoch auch andere Kalender generiert werden. Für ein Fußballtraining, das immer am Dienstag, Freitag und Samstag stattfindet, soll ein Kalender vorhanden sein. Eine WENN-Funktion überprüft, ob der Wochentag des vergangenen Spieltags ein Freitag ist. Wenn ja, wird ein Tag weitergezählt, wenn nein, werden drei Tage addiert:
=WENN(WOCHENTAG(A1;2)=5;A2+1;A1+3)

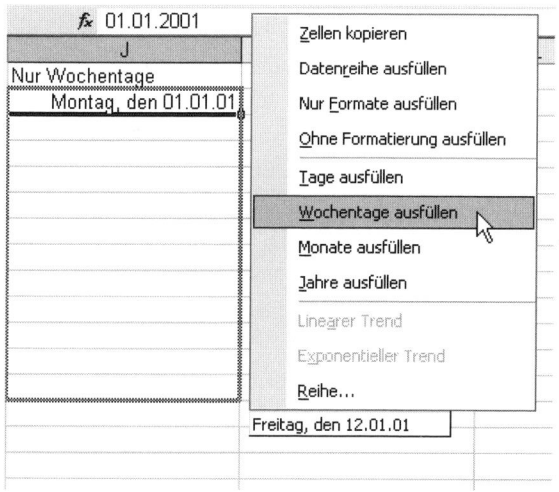

Abbildung 6.21 Eine andere Möglichkeit, Wochentage zu generieren

Trotz des ungleichmäßigen gregorianischen Kalenders ist es mit Hilfe dieser Funktionen möglich, exakt über die Tage, Wochen, Monate und Jahre zu rechnen.
Die Funktion KALENDERWOCHE liefert, wie der Funktionsname bereits sagt, die Kalenderwoche. Da allerdings in Deutschland die erste Kalenderwoche nach DIN 1355 (ISO 8601) die erste Woche im Januar ist, die mindestens vier Tage enthält, rechnet Excel falsch.

=KALENDERWOCHE("3.1.99") liefert 2. Allerdings war dies die erste Kalenderwoche im Jahre 2000. Somit sind alle Kalenderwochen des Jahres 1999 und 2000 falsch. Die Jahre 2001 bis 2004 sind korrekt, da der 1. Januar in diesen Jahren auf einen Montag, Dienstag, Mittwoch und Donnerstag fällt, für 2005 und 2006 liegt wieder eine Verschiebung um eine Woche vor. Man könnte sie mit folgender Funktion richtig berechnen lassen. Steht in der Zelle A1 ein Datum, beispielsweise der 10.10.1999, so wird überprüft, ob in diesem Jahr der 1. Januar auf einen Freitag, Samstag oder Sonntag fiel. Wenn ja, so wird von der Funktion KALENDERWOCHE die Zahl 1 abgezogen, sonst wird die alte Funktion KALENDERWOCHE verwendet:
=WENN(WOCHENTAG(DATUM(JAHR(E20);1;1);2)>=5;KALENDERWOCHE(E20)-1;KALENDERWOCHE(E20))

Apropos Samstage, Sonn- und Feiertage. Man könnte die Funktion ARBEITSTAG mit der Funktion REST herleiten, aber warum alles selbst machen, wenn wir Excel haben?

Angenommen Sie möchten wissen, welches Datum wir haben werden, wenn ab einem bestimmten Tag eine bestimmte Anzahl von Tagen gearbeitet wird. Dazu hilft ARBEITSTAG. Der 04.01.2002 ist ein Freitag. Wenn wir 100 Tage lang arbeiten, ausgenommen die Sonnabende und Sonntage, so haben wir den
=ARBEITSTAG(B1;100)
also den 24.05.2002. Sollten sich freie Tage dazwischen befinden (Karfreitag und Ostermontag: 29.03.2002 und 01.04.2002) so können diese abgezogen werden, wobei die Datumsangaben in eigenen Zellen stehen.
=ARBEITSTAG(B1;100;C1:C2)
liefert den 26.05.2002, also genau zwei Tage später. Fällt ein Feiertag auf einen Sonntag, so kann dieser problemlos eingegeben werden, Excel erkennt dies und schiebt das Ergebnis nicht nach hinten.

Die Umkehrfunktion dieser Funktion lautet NETTOARBEITSTAGE. Sie liefert die Differenz zwischen zwei Datumsangaben, wobei Feiertage ausgeschlossen werden können:

Beispiel: In einer Tabelle soll, ausgehend von einem bestimmten Datum, das in der Zelle A1 steht, die Summe der Samstage und Sonntage bis zum heutigen Tag berechnet werden. Man könnte einen Kalender generieren und sich über die Funktion
=WENN(WOCHENTAG(A7;2)>=6;1;0)
für jeden Samstag oder Sonntag eine 1 anzeigen lassen und daraus die Summe ziehen. Dies ist sehr umständlich. Eleganter funktioniert es folgendermaßen:
=HEUTE()-A1+1
liefert die Anzahl der Tage zwischen dem heutigen und dem eingegebenen Datum einschließlich des letzten Tages. Von dieser Differenz werden die Nettoarbeitstage abgezogen:
=HEUTE()-A1+1-NETTOARBEITSTAGE(A1;HEUTE())

Statt HEUTE() kann selbstverständlich ein weitere Datumsangabe verwendet werden, die sich in einer zweiten Zelle befindet. Man könnte auch mit verschachtelten WENN-Funktionen das Ergebnis berechnen:
=GANZZAHL((HEUTE()-A1)/7)*2+WENN(WOCHENTAG(HEUTE();2)=6;1;0)
+WENN(WOCHENTAG(HEUTE();2)=7;2;0)+
WENN(WOCHENTAG(HEUTE();2)<WOCHENTAG(A1;2);
WENN(WOCHENTAG(A1;2)=7;1;2);0)

In dieser Überlegung steckt die Frage, wann Samstag und Sonntag „überschritten" werden. Falls dies der Fall ist, so wird 1 oder 2 addiert.

Bislang wurden die Datumswerte nicht direkt in den Funktionsassistenten eingetragen, sondern standen immer in Zellen eines Excel-Tabellenblatts. Das heißt, es standen serielle Zahlen in der Zelle, die formatiert wie ein Datum aussahen. Wollte man also dieses Datum in den Funktionsassistenten eintragen, so müsste man die serielle Zahl eintragen, ein Datum würde zu einem Fehler führen.

Wollte man dennoch das Datum eintragen, so könnte man es als Text eintragen oder mittels der Funktion DATWERT in eine fortlaufende Zahl umwandeln lassen:

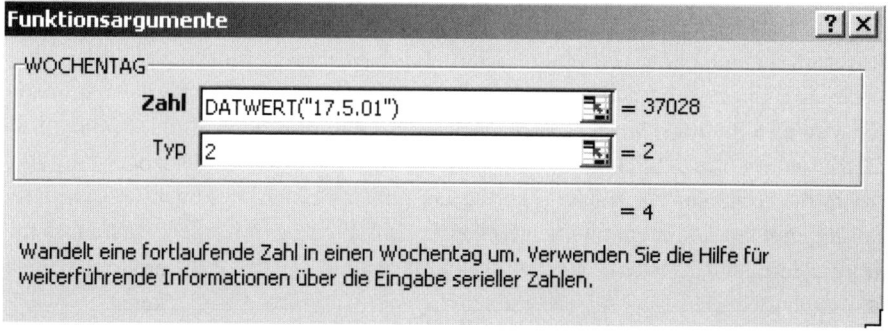

Abbildung 6.22 DATWERT wandelt Text in eine Datumszahl um.

Differenzen zwischen Datumsangaben tauchen noch an weiteren Stellen auf. Angenommen ein Produkt (ein Kopierer) hat ein Anfangsdatum (Auslieferungsdatum) und ein Enddatum (Abholdatum). Dann soll die Anzahl der Monate berechnet werden, die zwischen diesen beiden Datumsangaben liegen, damit ein Durchschnittskopienpreis (pro Monat) berechnet werden kann. Auch hier darf nicht (Ende − Anfang) / 30 gerechnet werden, da bei sechs Jahren mehr als 2.190 Tage vorliegen, also mehr als 73 Monate. Liegen die beiden Datumsangaben im selben Jahr, so lautet die Formel
=MONAT(A2)-MONAT(A1)+1

Liegen sie in unterschiedlichen Jahren, so muss vom kleineren von beiden die Anzahl der Monate bis Jahresende ermittelt werden:
=12-MONAT(A1)+1

Vom größeren Datum wird die Anzahl der Monate bis zu diesem Datum berechnet:

=MONAT(A2)

Und die Anzahl der Jahre dazwischen kann mit 12 multipliziert werden. Die gesamte Formel bei unterschiedlichen Jahren sieht also wie folgt aus:

=12-MONAT(A1)+1+MONAT(A2)+(JAHR(A2)-JAHR(A1)-1)*12

Das bedeutet wiederum, dass man unabhängig davon, ob die beiden Datumsangaben im gleichen Jahr oder in unterschiedlichen Jahren liegen, folgende Formel anwenden kann:

=WENN(JAHR(A1)=JAHR(A2);MONAT(A2)-MONAT(A1)+1;
12-MONAT(A1)+1+MONAT(A2)+(JAHR(A2)-JAHR(A1)-1)*12)

Man kann sogar noch weiter gehen: Die beiden Angaben können in beliebiger Reihenfolge in den beiden Zellen A1 und A2 stehen:

=WENN(JAHR(A1)=JAHR(A2);ABS(MONAT(A2)-MONAT(A1))+1;
WENN(A1<A2;12-MONAT(A1)+1+MONAT(A2)+(JAHR(A2)-JAHR(A1)-1)*12;
12-MONAT(A2)+1+MONAT(A1)+(JAHR(A1)-JAHR(A2)-1)*12))

Es geht noch einmal um Kopierer. Sie werden verkauft, wobei jeder Verkäufer eine Jahresvorgabe hat. Nun wird zu jedem Monat berechnet, welcher Anteil des Jahresumsatzes bereits getätigt wurde. Wenn also Rolf Rosenbaum ein Jahressoll von 1.400.000 zu erfüllen hat und im April bereits 480.000 erfüllt hat, so beträgt dies

=MONAT("1.4.01")/12*1400000-480000

oder –13.333,33. Natürlich können die Werte auch ausgelagert werden. Komplizierter wird es allerdings, wenn das Geschäftsjahr nicht im Januar beginnt, sondern im April, und im März endet. Das heißt: April ist der erste Monat, Mai der zweite, Juni der dritte, ... Januar der zehnte, Februar der elfte und März der zwölfte. Bei dieser unstetigen Funktion kann nicht einfach eine Zahl abgezogen werden. Man muss mit einer Bedingung arbeiten. Steht das aktuelle Datum in der Zelle A1, der bisher erwirtschaftete Betrag in A2, so ergibt sich:

=WENN(MONAT(A1)>3;MONAT(A1)-3;MONAT(A1)+9)/12*1400000-A2

Übrigens: Wer es „kompliziert" (besser: „komplex") liebt, der kann den Rückgabewert der Bedingung (1 oder 0)

=(MONAT(A1)>3)

verwenden, um den korrekten Monat zu ermitteln:

=(MONAT(A1)>3)*(MONAT(A1)-3)+(MONAT(A1)<=3)*(MONAT(A1)+9)

Ein weiteres Problem habe ich auf dem Gesundheitsamt gefunden. Dort werden Prostituierte angehalten, sich innerhalb der nächsten zehn Arbeitstage untersuchen zu lassen. Fällt also der erste Termin auf Freitag, den 10.10., so sind zehn Arbeitstage danach Freitag, der 24.10. Von Samstag, dem 11.10., und von Sonntag dem 12.10. werden ebenso wie von Montag, dem 13.10., zehn Arbeitstage bis zum 27.10. addiert. Die Sache hat noch einen weiteren Haken: Feiertage sollen ebenfalls ausgespart werden.

Also wird in die Spalte A die Liste der Feiertage eingegeben. In B2 steht das erste Datum. Es kann nach unten gezogen werden. Daneben wird berechnet:

=ARBEITSTAG(B1;10;$A$1:$A$36)+WENN(UND(WOCHENTAG(B1;2)>5;

6 Funktionen

WOCHENTAG(ARBEITSTAG(B1;10;$A$1:$A$36);2)=5);3;0)

Der erste Teil der Formel beinhaltet das Teilergebnis „zähle zehn Arbeitstage weiter", der zweite Teil „überspringt" die Wochenenden und Feiertage.

Die Banken haben es einfacher. Dort wird jeder Monat mit 30 Tagen definiert. Das heißt, der Januar ist ebenso lang wie der Februar, wie der März, wie der April. Nämlich genau 30 Tage. Dies führt zu Schwierigkeiten bei der Umrechnung eines realen Jahres in ein Bankjahr. Liegen zwischen dem 01.01.2002 und dem 01.02.2002 genau 31 Tage (die Differenz), so wäre dies in einem Jahressystem mit 360 Tagen falsch. Die Funktion

TAGE360

wandelt nun beide Werte um und berechnet die Differenz:

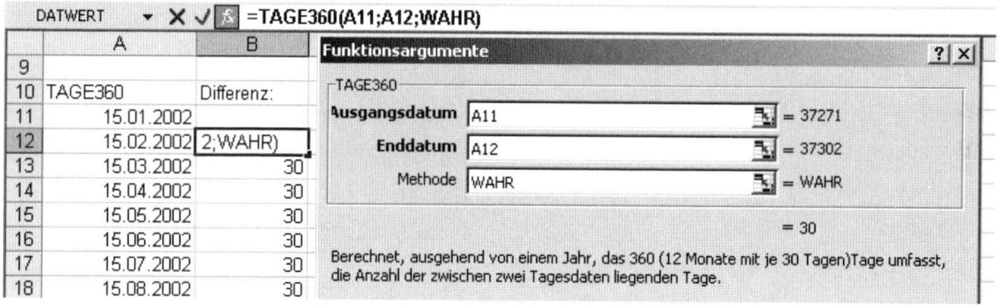

Abbildung 6.23 TAGE360 verändert die Monate zu 30-Tage-Monaten und berechnet die Differenz.

Achtung: Wenn Sie mit der Funktion TAGE360 arbeiten, dann sollten Sie die Methode WAHR verwenden, da dies der europäischen Methode entspricht. So rechnet die US-amerikanische Methode (FALSCH) vom 28.02.02 bis zum 10.3.02 zehn Tage, die europäische Methode dagegen 12 Tage. Die US-amerikanische Methode rechnet vom 01.05. bis 31.05. 30 Tage, die europäische Methode dagegen 29 Tage. (Übrigens wurden diese beiden Methoden in der Excel-Hilfe bis zur Version 2000 vertauscht!)

Eine weitere Funktion greift in diese Rechnung ein. Angenommen ein Kunde zahlt am 13.01.2002 einen Geldbetrag ein und hebt ihn am 19.08. desselben Jahres wieder ab. Dann muss man, um den Zins zu berechnen, den Teil des Jahres ermitteln, den er auf der Bank liegt. Der echte Zeitraum wäre schnell berechnet: die Differenz der Tage geteilt durch 365,25. Das Ergebnis wäre 0,5981. Soll das Jahr dagegen 360 Tage haben, so wird der Fall schwieriger. Dieses Problem löst die Funktion BRTEILJAHRE. Sie verlangt Ausgangs- und Enddatum und berechnet zu einer Basis die Differenz. Dabei steht 4 für die europäische 30/360-Tage-Norm. Das Ergebnis lautet übrigens: 0,6. Oder: Zwischen dem 01.01.01 und dem 01.02.01 liegen 31 Tage, das macht ein 31/365-Jahr, das heißt den 0,08487ten Teil des Jahres aus. Für die Bank dagegen ist dieser Zeitraum ein ganzer Monat, das heißt ein zwölftel Jahr oder ein 0,8333tel Jahr (Abbildung 6.24):

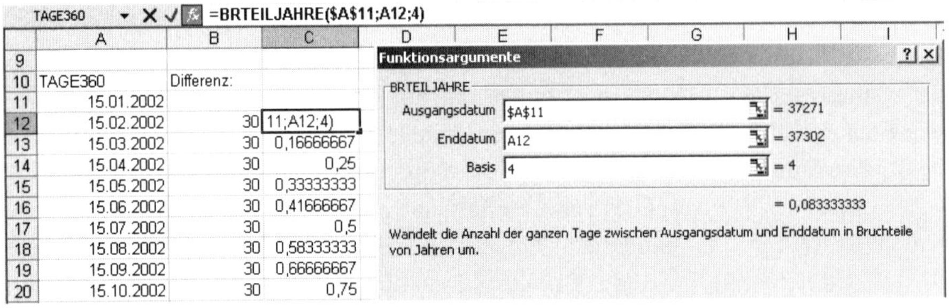

Abbildung 6.24 BRTEILJAHRE liefert die am Jahr anteilige Differenz zweier Datumsangaben.

Tabelle 6.8 Dabei gibt die Basis an, wie die Zinstage gezählt werden

Basis	Bedeutung der Basis
0 oder nicht angegeben	USA (NASD) 30/360
1	Taggenau/taggenau
2	Taggenau/360
3	Taggenau/365
4	Europa 30/360

Beispiel: Im Jugendamt einer Stadt werden Formulare für die Forderungen an die Väter erstellt, in einigen Fällen auch an die Mütter. Innerhalb einer bestimmten Altersstufe muss ein Vater für sein Kind bestimmte Sätze zahlen. Diese Beträge werden Tabellen entnommen. Dabei wird das Jahr nicht mit 365 Tagen veranschlagt, sondern mit 360. Bislang haben die Sachbearbeiterinnen und Sachbearbeiter immer per Hand abgezählt. Also vom 16. Dezember bis zum Jahreswechsel sind es 15 Tage. Vom 01. Dezember bis zum 01. Januar sind es 30 Tage, allerdings vom 10. Dezember bis zum 01. Januar des kommenden Jahres 21 Tage. Diese Tage werden über die Funktion =TAGE360 ermittelt. Dabei wird die europäische Methode angewandt. Ist das Ausgangsdatum der 31. eines Monats, wird dieses Datum zum 30. des gleichen Monats. Also vom 31.12 bis zum 01.01. ist es ein Tag. Ebenso wie vom 30.12. bis zum 01.01. Ist das Enddatum der 31. eines Monats, so wird es zum 01. des nächsten Monats. Also vom 16.12. bis zum 31.12. sind es 15 Tage, ebenso wie vom 16.12. bis zum 1.1. Der 28. und der 29. Februar werden dagegen wie der 30. Februar berechnet. Für diese Berechnung muss in der Funktion die Methode WAHR eingesetzt werden.

In einer Spalte werden nun die Anfangsdaten angegeben, ab denen andere Zahlungsbeträge fällig sind. Ist beispielsweise ein Kind am 13.02.87 geboren, so werden die Tage bis zum 31.12.91 berechnet. Denn vom 01.01.92 bis zu seinem vollendeten sechsten Lebensjahr (also bis zum 12.2.93) gelten andere Sätze. Allerdings trat zum 01.01.1995 wieder eine Reform in Kraft. Und seit dem 13.02.99 (seit sei-

nem 12. Lebensjahr) gelten wiederum andere Sätze. Diese Datumsangaben werden in eine Spalte geschrieben. Mit der Formel
=TAGE360(A2;B2;WAHR)
erhält man die Anzahl der Tage. Diese werden in der nächsten Spalte durch 30 geteilt, um die Anzahl der Monate zu erhalten. Da nicht die Dezimalzahl interessiert, sondern die nach unten gerundete Zahl, ist besser zu schreiben:
=GANZZAHL(C2/30)
Nun ist noch die Anzahl der Tage zu ermitteln. Sie ergeben sich als Ergebnis aus der Funktion
=REST(C2;30)
Wird in die Nachbarspalte (F) der entsprechende Monatssatz eingegeben, so kann in der Spalte rechts davon der zu zahlende Betrag ermittelt werden:
=D2*F2+E2/30*G2
Darunter wird die Summe gezogen.

	A	B	C	D	E	F	G
1	Unterhaltsberechnung für Hugo Zahlbar						
2							
3	Von	Bis	Tage	Monate (ganz	Resttage	Satz	zu zahlen:
4	13.02.1987	31.12.1991	1757	58	17	207,00 DM	12.123,30 DM
5	01.01.1992	12.02.1993	401	13	11	211,00 DM	2.820,37 DM
6	13.02.1993	31.12.1996	1397	46	17	299,00 DM	13.923,43 DM
7	01.01.1997	31.12.1998	719	23	29	325,00 DM	7.789,17 DM
8	01.01.1999	12.02.1999	41	1	11	386,00 DM	527,53 DM
9	13.02.1999	30.06.1999	137	4	17	506,00 DM	2.310,73 DM
10							
11						Summe:	39.494,53 DM
12							

Abbildung 6.25 Die Tabelle zur Berechnung der Unterhaltszahlungen

6.3.2 Uhrzeit

Nach den ausführlichen Bemerkungen über das Rechnen mit Datumsangaben gäbe es nun fast nichts mehr über das Rechnen mit Uhrzeiten zu sagen, außer: Es verhält sich analog. Wenn einem Tag die Zahl 1 entspricht, so entsprechen 24 Stunden der Zahl 1. Umgekehrt bedeutet dies: Eine als 12:00 Uhr eingegebene Uhrzeit ist ein halber Tag oder die Zahl 0,5. Morgens um 6:00 Uhr ist 0,25, nachmittags um 18:00 Uhr ist 0,75. 9:00 Uhr ist 0,375, 10:00 Uhr 0,4166666 und so weiter. Mit diesen Zahlen kann (fast) problemlos gerechnet werden.
Excel stellt zwei Hilfen zur Verfügung: Formatierungen und Formeln. Formate werden immer auf die Zellen angewendet, in denen die Werte stehen, Formeln beziehen sich immer auf andere Zellen.

Wenn Sie in eine Zelle 0,8 tippen, so können Sie per Formatierung erreichen, dass Excel 1 anzeigt. Allerdings befindet sich in der Zelle der Wert 0,8. Wird mit dem Wert weitergerechnet, so mit 0,8. Soll dagegen mit 1 weitergerechnet werden, dann muss die Funktion RUNDEN verwendet werden, allerdings in einer anderen Zelle als in der, in welcher sich der Wert befindet.

Es geht leider nicht, dass Sie in eine Zelle 135 schreiben und dass in der gleichen Zelle per Formatierung 2:15 steht. Es geht aber, dass Sie in die Zelle A1 135 schreiben, in der Zelle B1 rechnen:

=A1/60

Dann berechnet Excel 2,25. Soll diese Zahl nun als Uhrzeit dargestellt werden, muss sie erneut durch 24 (Stunden) geteilt werden. Also beispielsweise so:

=A1/60/24

Das Ergebnis: unformatiert 0,09375 oder formatiert (hh:mm) 2:15. Dafür brauchen Sie aber eine Hilfsspalte. Man könnte es auch direkt in der gleichen Spalte realisieren, aber dann benötigen Sie die Programmiersprache VBA.

Beispiel: In einer Zeiterfassungstabelle einer Firma wird das Kommen und Gehen der Mitarbeiter protokolliert. Um die Arbeitszeit zu berechnen, kann die Differenz aus Ende und Anfang gebildet werden. Die Anzeige liefert einen Uhrzeitwert, der wiederum in eine Dezimalzahl formatiert werden könnte.

	A	B	C	D	E
5	Verkäufer	Arbeitsbeginn	Arbeitsende:	Differenz:	Lohn:
6	Anton	06:15	17:00	10:45	241,88 €
7	Bert	06:50	13:00	06:10	138,75 €
8	Claudia	06:10	14:10	08:00	180,00 €
9	Dieter	07:15	16:15	09:00	202,50 €
10	Erika	21:00	05:30	08:30	191,25 €
11	Fritz	07:00	16:25	09:25	211,88 €
12	Gerda	06:30	16:35	10:05	226,88 €
13	Hildegard	06:20	16:55	10:35	238,13 €
14	Ingrid	22:25	05:10	06:45	151,88 €
15	Jürgen	06:55	17:20	10:25	234,38 €

Zelle D6: =WENN(C6>B6;C6-B6;1+C6-B6)

Abbildung 6.26 Die Differenz zweier Uhrzeiten wird gebildet.

Was aber nun, wenn ein Mitarbeiter über die 24-Uhr-Grenze arbeitet? Was, wenn sein Arbeitsende „vor" seinem Arbeitsbeginn liegt? Wenn Erika um 21:00 Uhr beginnt und um 5:30 Uhr aufhört? Das Ergebnis wäre eine negative Zahl, die Excel nicht als Uhrzeit darstellen kann. Zwar kann Excel über die 24-Uhr-Grenze hinaus rechnen (23:00 + 17:00 ergibt 16:00), Excel kann diese Zahlen auch als absolute Stunden anzeigen (dann werden sie als [hh]:mm formatiert: 23:00 + 17:00 ergibt 40:00), Excel kann jedoch nicht in den negativen Bereich hineinrechnen, außer wenn Sie in EXTRAS / OPTIONEN im Registerblatt „Berechnung" die Option „1904-Datumswerte" einschalten.

6 Funktionen

Dies funktioniert deshalb, weil Excel nun den Beginn seiner Zeitrechnung nicht mehr an den 01.01.1900 setzt. 12:00 Uhr entspricht unter normalen Umständen der Zahl 0,5 oder, anders ausgedrückt, dem 01.01.1900; 12:00 Uhr. Folglich kann es keine negativen Uhrzeiten geben. Mit der Umstellung auf 1904 bleiben Excel nun vier Jahre für negative Uhrzeiten.

Allerdings kann überprüft werden, ob der Beginn vor dem Ende liegt. Wenn ja, dann soll die Differenz zwischen 24:00 Uhr und dem Beginn zur Differenz zwischen Ende und 24:00 Uhr addiert werden:
=WENN(C7<C8;C8-C7;1-C7+C8)
oder:
=WENN(C7<C8;C8-C7; "24:00"-C7+C8)
Eleganter geht es sicherlich mit folgendem Wahrheitswert:
C7<C8 liefert entweder WAHR oder FALSCH, was den beiden Zahlen 1 oder 0 entspricht. Dieser logische Wert kann zur Differenz der Datumsangaben hinzugezählt werden:
=(C7>C8)+C8-C7
Es wird überprüft, ob zwischen Beginn und Ende eine Tagesgrenze liegt.

Wenn nun diese Mitarbeiter für ihre Arbeitszeit bezahlt werden, so könnte man das Ergebnis mit 24 und zugleich mit dem Lohn multiplizieren. Das Ergebnis liefert den Tageslohn (Zugegeben: Die gesetzlich geregelte Pausenzeit muss noch abgezogen werden ...).

Das Gleiche würden die Funktionen STUNDE und MINUTE (und SEKUNDE) erledigen, mit denen die Information der Stunde ermittelt werden kann. Die Funktion =STUNDE(D6)
extrahiert die Zahl der Stunden. Analog die Funktion
=MINUTE(D6)
Auch damit könnte der Lohn berechnet werden:
=F6*$H$1+G6/60*$H$1

	A	B	C	D	E	F	G	H
1	Zeiterfassungstabelle			Lohn:	22,50 €		Lohn:	22,50 €
2								
3								
4								
5	Verkäufer	Arbeitsbeginn	Arbeitsende:	Differenz:	Lohn:	Stunden	Minuten	Lohn:
6	Anton	06:15	17:00	10:45	241,88 €	10	45	241,88 €
7	Bert	06:50	13:00	06:10	138,75 €	6	10	138,75 €
8	Claudia	06:10	14:10	08:00	180,00 €	8	0	180,00 €
9	Dieter	07:15	16:15	09:00	202,50 €	9	0	202,50 €
10	Erika	21:00	05:30	08:30	191,25 €	8	30	191,25 €
11	Fritz	07:00	16:25	09:25	211,88 €	9	25	211,88 €
12	Gerda	06:30	16:35	10:05	226,88 €	10	5	226,88 €
13	Hildegard	06:20	16:55	10:35	238,13 €	10	35	238,13 €
14	Ingrid	22:25	05:10	06:45	151,88 €	6	45	151,88 €
15	Jürgen	06:55	17:20	10:25	234,38 €	10	25	234,38 €

Abbildung 6.27 Mit STUNDE und MINUTE kann auch der Lohn berechnet werden.

Die Umkehrfunktion zu STUNDE und MINUTE (und SEKUNDE) lautet:
ZEIT
Mit ihr können die drei Zahlen zu einer zusammengesetzt werden. Beispielsweise ergibt
=ZEIT(14;40;0)
die serielle Zahl 0,61111 oder in der Darstellung 2:40 PM. Soll es als 14:40 Uhr angezeigt werden, so kann über die Funktion TEXT optional die Formatierung hinzugefügt werden:
=TEXT(ZEIT(14;40;0);"hh:mm")
Umgekehrt wandelt die Funktion
ZEITWERT
eine Ziffernfolge, die als Text definiert ist, in eine Zahl, das heißt in eine Uhrzeit um:
Wird 14:40 nicht als Uhrzeit eingegeben, sondern als Text, so kann dieser wieder zurück verwandelt werden:
=ZEITWERT("14:40")
ergibt wieder 14:40.
Die einfachsten Excel-Funktionen sind die Funktionen
=HEUTE() und
=JETZT()
Letztere liefert das aktuelle Datum mit der genauen Uhrzeit. Soll die Uhrzeit nicht aktualisiert werden, dann kann die Information mit der Tastenkombination <Strg> + <:> eingetragen werden. Soll JETZT() aktualisiert werden, so muss die Funktionstaste <F9> gedrückt werden.

Beispiel: Einer der Angestellten (Anton) möchte gerne in eine Excel-Tabelle eintragen, wann er geht und wann er kommt. Außerdem soll in diesem Tabellenblatt berechnet werden, welchen Lohn er für seine Arbeitszeit erhält. Das Problem, das sich hierbei stellt, ist, dass er für die Abendstunden, also zwischen 18:00 und 21:00 Uhr, mehr Lohn erhält und für die Nachtarbeitszeit, also für die Zeit, die er zwischen 21:00 Uhr und 4:00 Uhr arbeitet, wieder nach einem anderen Tarif bezahlt wird.

Er legt sich ein Tabellenblatt an, in dem nur die Arbeitstage aufgelistet sind. In diese Tabelle trägt Anton ein, wann er kommt und wann er geht. Mit der WENN-Funktion berechnet er die Stundenzahl, die er arbeitet (Abbildung 6.28).

Jeden Tag soll er sieben Stunden und zwölf Minuten arbeiten. Diese Zahl (7:12) trägt er in die nächste Spalte ein und berechnet die Summe aus der Zeile darüber und der ersten Zeile (absolut), in der sich der Tages-Sollwert befindet. So steht in jeder Zeile der kumulierte Soll-Stundenwert. Ebenso kumuliert Anton die Istwerte in der Spalte daneben. Die tägliche Arbeitszeit wird auf die nächsten vollen fünf Minuten aufgerundet. Hierzu dient die Funktion OBERGRENZE. Sie wird in Kapitel 6.6.1 erläutert. Die Tabelle sieht nun wie folgt aus (Abbildung 6.29).

6 Funktionen

	E3	▼	f_x	=WENN(C3<=D3;D3-C3;"24:00"-C3+D3)				
	A	B	C	D	E	F	G	H	I
1	Wochentag	Datum	kommt	geht	insgesamt	Soll	Ist	Ist-Zeit auf 5 Min auf- gerundet	Guthaben gerundet auf 5 Minuten
2									3:00
3	Donnerstag	01.01.1998	7:00	14:42	7:42				
4	Freitag	02.01.1998	7:00	14:42	7:42				
5	Montag	05.01.1998	7:45	14:00	6:15				
6	Dienstag	06.01.1998	22:00	6:15	8:15				
7	Mittwoch	07.01.1998	18:00	2:30	8:30				
8	Donnerstag	08.01.1998	13:00	16:20	3:20				
9	Freitag	09.01.1998	6:00	14:50	8:50				
10	Montag	12.01.1998	19:00	0:30	5:30				
11	Dienstag	13.01.1998	7:00	14:42	7:42				
12	Mittwoch	14.01.1998	23:00	16:10	17:10				
13	Donnerstag	15.01.1998	23:00	16:30	17:30				
14	Freitag	16.01.1998	23:00	15:30	16:30				
15	Montag	19.01.1998	2:00	14:42	12:42				
16	Dienstag	20.01.1998	2:30	14:42	12:12				
17	Mittwoch	21.01.1998	1:00	15:55	14:55				
18	Donnerstag	22.01.1998	8:35	15:40	7:05				
19	Freitag	23.01.1998	21:00	7:30	10:30				
20	Montag	26.01.1998	21:00	2:00	5:00				
21	Dienstag	27.01.1998	21:00	23:00	2:00				

Abbildung 6.28 Das Grundgerüst der Zeiterfassung

	H3	▼	f_x	=OBERGRENZE(E3;"0:05")				
	A	B	C	D	E	F	G	H	I
1	Wochentag	Datum	kommt	geht	insgesamt	Soll	Ist	Ist-Zeit auf 5 Min auf- gerundet	Guthaben gerundet auf 5 Minuten
2									3:00
3	Donnerstag	01.01.1998	7:00	14:42	7:42	7:12	7:42	7:45	
4	Freitag	02.01.1998	7:00	14:42	7:42	14:24	15:24	15:30	
5	Montag	05.01.1998	7:45	14:00	6:15	21:36	21:39	21:45	
6	Dienstag	06.01.1998	22:00	6:15	8:15	28:48	29:54	30:00	
7	Mittwoch	07.01.1998	18:00	2:30	8:30	36:00	38:24	38:30	
8	Donnerstag	08.01.1998	13:00	16:20	3:20	43:12	41:44	41:50	
9	Freitag	09.01.1998	6:00	14:50	8:50	50:24	50:34	50:40	
10	Montag	12.01.1998	19:00	0:30	5:30	57:36	56:04	56:10	
11	Dienstag	13.01.1998	7:00	14:42	7:42	64:48	63:46	63:55	
12	Mittwoch	14.01.1998	23:00	16:10	17:10	72:00	80:56	81:05	
13	Donnerstag	15.01.1998	23:00	16:30	17:30	79:12	98:26	98:35	
14	Freitag	16.01.1998	23:00	15:30	16:30	86:24	114:56	115:05	
15	Montag	19.01.1998	2:00	14:42	12:42	93:36	127:38	127:50	
16	Dienstag	20.01.1998	2:30	14:42	12:12	100:48	139:50	140:05	
17	Mittwoch	21.01.1998	1:00	15:55	14:55	108:00	154:45	155:00	
18	Donnerstag	22.01.1998	8:35	15:40	7:05	115:12	161:50	162:05	
19	Freitag	23.01.1998	21:00	7:30	10:30	122:24	172:20	172:35	
20	Montag	26.01.1998	21:00	2:00	5:00	129:36	177:20	177:35	
21	Dienstag	27.01.1998	21:00	23:00	2:00	136:48	179:20	179:35	

Abbildung 6.29 Die tägliche Arbeitszeit wird auf fünf Minuten aufgerundet.

Die Sollzeit wird von der tatsächlichen Arbeitszeit abgezogen, die Differenz steht in einer anderen Spalte. So berechnet Anton, um welche Zeit er das tägliche Muss über- oder unterschritten hat. Zum Vergleich berechnet er in einer weiteren Spalte die reale Differenz (also nicht die gerundete) zwischen Soll- und Arbeitszeit. In die Spalte daneben schreibt er seine Urlaubstage.

Damit die negativen Stunden dargestellt werden können, müssen sie korrekt formatiert werden, beispielsweise mit Hilfe der bedingten Formatierung und [h]:mm.
Die Urlaubstage können am Ende der Tabelle zusammengezählt werden mit der Funktion:
=ZÄHLENWENN(K2:K24;"Urlaub")
Die Urlaubstage können natürlich blätterübergreifend zusammengefasst werden.

	E	F	G	H	I	J	K	L	M	N	O
1	insgesamt	Soll	Ist	Ist-Zeit auf 5 Min aufgerundet	Guthaben gerundet auf 5 Minuten	Guthaben		Abend-stunden	Nacht-stunden	Tag	
10	5:30	57:36	56:04	56:10	-1:26	-1:32		2:00	3:30	0:00	127,50 €
11	7:42	64:48	63:46	63:55	-0:53	-1:02	Urlaub	0:00	0:00	7:42	115,50 €
12	17:10	72:00	80:56	81:05	9:05	8:56		0:00	5:00	12:09	307,25 €
13	17:30	79:12	98:26	98:35	19:23	19:14		0:00	5:00	12:29	312,25 €
14	16:30	86:24	114:56	115:05	28:41	28:32		0:00	5:00	11:29	297,25 €
15	12:42	93:36	127:38	127:50	34:14	34:02		0:00	2:00	10:41	210,25 €
16	12:12	100:48	139:50	140:05	39:17	39:02		0:00	1:30	10:41	197,75 €
17	14:55	108:00	154:45	155:00	47:00	46:45		0:00	3:00	11:54	253,50 €
18	7:05	115:12	161:50	162:05	46:53	46:38		0:00	0:00	7:05	106,25 €
19	10:30	122:24	172:20	172:35	50:11	49:56		0:00	7:00	3:30	227,50 €
20	5:00	129:36	177:20	177:35	47:59	47:44		0:00	5:00	0:00	125,00 €
21	2:00	136:48	179:20	179:35	42:47	42:32		0:00	2:00	0:00	50,00 €
22	8:10	144:00	187:30	187:45	43:45	43:30		0:00	0:00	8:10	122,50 €
23	8:35	151:12	196:05	196:20	45:08	44:53		0:00	0:00	8:35	128,75 €
24	8:05	158:24	204:10	204:25	46:01	45:46		0:00	0:00	8:05	121,25 €
25							Urlaub gesamt	0:00	0:00	0:00	
26							2	0:00	0:00	0:00	

Abbildung 6.30 Die Tabelle mit den kumulierten Arbeitstagen und den Urlaubstagen

Um die Abendarbeitsstunden zu berechnen, müssen einige Dinge überprüft werden. Der Arbeitsbeginn kann vor 18:00 Uhr liegen, zwischen 18:00 und 21:00 Uhr oder nach 21:00 Uhr. Das Gleiche gilt für das Arbeitsende. Somit ergeben sich 3*3 = 9 Möglichkeiten. Nun kommen noch drei weitere hinzu: wenn Beginn und Ende im gleichen Zeitraum liegen, beispielsweise beide vor 18:00 Uhr. Dann muss erneut überprüft werden, ob das Arbeitsende vor dem Arbeitsbeginn liegt, wenn Anton beispielsweise von 16:00 Uhr bis 2:00 Uhr arbeitet. Also müssen 9 + 3 Möglichkeiten überprüft werden. Am übersichtlichsten lässt es sich in einer Matrix darstellen.

Tabelle 6.9 Matrix der Möglichkeiten zur Berechnung der Abendstunden:

	Beginn < 18:00 Uhr	18:00 > Beginn > 21:00	Beginn > 21:00
Ende < 18:00	Ende < Anfang? ja: 3 Stunden nein: 0 Stunden	21:00 – Beginn	0 Stunden
18:00 < Ende < 21:00	Ende – 18:00	Ende < Anfang? ja: 21:00 – Beginn + Ende – 18:00 nein: Ende – Beginn	Ende – 18:00
Ende > 21:00	3 Stunden	21:00 – Beginn	Ende < Anfang?

	Beginn < 18:00 Uhr	18:00 >Beginn > 21:00	Beginn > 21:00
			ja: 3 Stunden nein 0 Stunden

Dies kann nun in eine Formel gebracht werden:
=WENN(C29<0,75;WENN(D29<0,75;WENN(D29<C29;"3:00";0);
WENN(D29>0,875;"3:00";D29-0,75));WENN(C29>0,875;WENN(D29<0,75;0;
WENN(D29>0,875;WENN(D29>C29;0;"3:00");D29-0,75));
WENN(D29<0,875;WENN(D29<0,75;0,875-C29;
WENN(D29<C29;0,875-C29+D29-0,75;D29-C29));0,875-C29)))

Dabei wurde die Zahl 0,75 für 18:00 Uhr und 0,875 für 21:00 Uhr verwendet. Man hätte die Zahlen auch auslagern und mit einem absoluten Bezug darauf zugreifen können. Man könnte den Zellinhalt weiß, das heißt unsichtbar, formatieren oder die Spalte ausblenden. Ebenso wären die Funktionen ZEITWERT("21:00") und ZEITWERT("18:00") einsetzbar gewesen. Zugegeben: Ein wenig unübersichtlich ist die Funktion schon, vor allem, wenn man sie „nach"-denken soll. Für den Anfang ist es sicherlich einfacher, sie selbst nachzubauen (am besten Schritt für Schritt) – das erleichtert das Verständnis.

Wer den ersten Teil schafft, dem macht der zweite nun auch keine Probleme mehr, wenn es darum geht, die Arbeitszeit zwischen 21:00 und 4:00 Uhr zu berechnen.

Tabelle 6.10 Die Matrix der Nachtarbeitszeit

	Beginn < 4:00 Uhr	4:00 >Beginn > 21:00	Beginn > 21:00
Ende < 4:00	Ende < Anfang? ja: 4:00 – Anfang + Ende + 3 Stunden nein Ende – Anfang	3 Stunden + Ende	21:00 – Anfang + Ende
4:00 < Ende < 21:00	4:00 – Anfang	Ende < Anfang? ja: 7 Stunden nein: 0 Stunden	21:00 – Anfang + 4 Stunden
Ende > 21:00	Ende – 21:00	Ende – 21:00	Ende < Anfang? ja: 24:00 – Anfang + Ende – 21:00 nein: Ende – Anfang

=WENN(C29<0,1667;WENN(D29<0,1667;WENN(D29<C29;0,1667-C29+D29+
ZEITWERT("3:00");D29-C29);WENN(D29>0,875;D29-0,875+C29;0,1667-C29));
WENN(C29>0,875;WENN(D29<0,1667;1-C29+D29;WENN(D29>0,875;
WENN(D29<C29;1-C29+D29-0,875;D29-C29);1-9+0,1667));WENN(D29>0,875;
WENN(D29<0,1667;ZEITWERT("3:00")+D29;WENN(D29<C29;

ZEITWERT("7:00");0));D29-0,875)))

Auch hier gilt wieder: 1 entspricht 24:00 Uhr, 0,1667 entspricht 4:00 Uhr und 0,875 = 21:00 Uhr. Mit dieser Funktion, die nun heruntergezogen wird, wird die tariflich festgelegte Abendzeit und die Nachtzeit berechnet. Von der Gesamtarbeitszeit werden diese beiden Beträge abgezogen. Jede der drei Stundenangaben kann mit dem Lohn multipliziert werden. Dieser liegt am besten in einer ausgelagerten Zelle und kann per Absolutbezug verrechnet werden. Man kann auch über einen Namen auf ihn zugreifen. Die sich ergebenden Zahlen können nun weiter verrechnet werden.

Dieses Beispiel ist sicherlich nicht direkt umsetzungsfähig, da Löhne und Gehälter in jedem Betrieb unterschiedlich tariflich festgelegt sind. Allerdings zeigt dieses Beispiel das Vorgehen, wie ein Formular zur Arbeitszeitberechnung angelegt werden kann und wie darin aus Zeiten Löhne und Gehälter berechnet werden können.

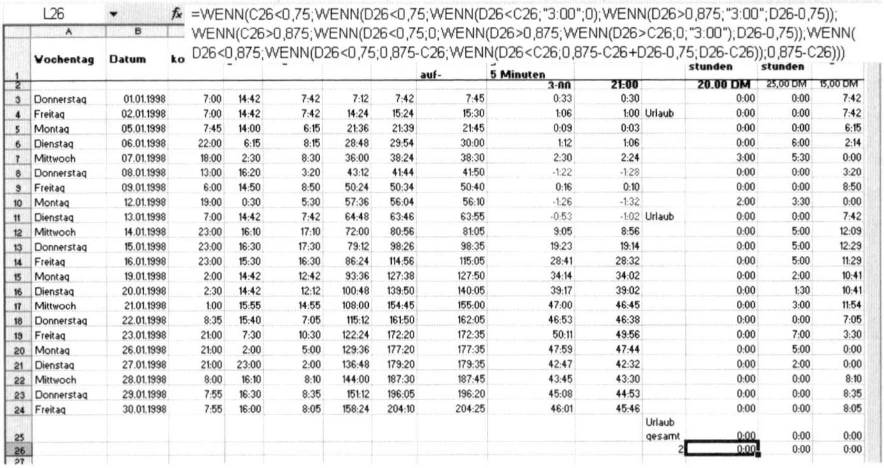

L26 =WENN(C26<0,75;WENN(D26<0,75;WENN(D26<C26;"3:00";0);WENN(D26>0,875;"3:00";D26-0,75)); WENN(C26>0,875;WENN(D26<0,75;0;WENN(D26>0,875;WENN(D26>C26;0;"3:00");D26-0,75));WENN(D26<0,875;WENN(D26<0,75;0,875-C26;WENN(D26<C26;0,875-C26+D26-0,75;D26-C26));0,875-C26)))

	A	B												
1	Vochentag	Datum	ko					auf-	5 Minuten			stunden	stunden	
2									3-00	21:00		20.00 DM	25,00 DM	15,00 DM
3	Donnerstaq	01.01.1998	7:00	14:42	7:42	7:12	7:42	7:45	0:33	0:30		0:00	0:00	7:42
4	Freitaq	02.01.1998	7:00	14:42	7:42	14:24	15:24	15:30	1:06	1:00	Urlaub	0:00	0:00	7:42
5	Montaq	05.01.1998	7:45	14:00	6:15	21:36	21:39	21:45	0:09	0:03		0:00	0:00	6:15
6	Dienstaq	06.01.1998	22:00	6:15	8:15	28:48	29:54	30:00	1:12	1:06		0:00	6:00	2:14
7	Mittwoch	07.01.1998	18:00	2:30	8:30	36:00	38:24	38:30	2:30	2:24		3:00	5:30	0:00
8	Donnerstaq	08.01.1998	13:00	16:20	3:20	43:12	41:44	41:50	-1:22	-1:28		0:00	0:00	3:20
9	Freitaq	09.01.1998	6:00	14:50	8:50	50:24	50:34	50:40	0:16	0:10		0:00	0:00	8:50
10	Montaq	12.01.1998	19:00	0:30	5:30	57:36	56:04	56:10	-1:26	-1:32		2:00	3:30	0:00
11	Dienstaq	13.01.1998	7:00	14:42	7:42	64:48	63:46	63:55	-0:53	-1:02	Urlaub	0:00	0:00	7:42
12	Mittwoch	14.01.1998	23:00	16:10	17:10	72:00	80:56	81:05	9:05	8:56		0:00	5:00	12:09
13	Donnerstaq	15.01.1998	23:00	16:30	17:30	79:12	98:26	98:35	19:23	19:14		0:00	5:00	12:29
14	Freitaq	16.01.1998	23:00	15:30	16:30	86:24	114:56	115:05	28:41	28:32		0:00	5:00	11:29
15	Montaq	19.01.1998	2:00	14:42	12:42	93:36	127:38	127:50	34:14	34:02		0:00	2:00	10:41
16	Dienstaq	20.01.1998	2:30	14:42	12:12	100:48	139:50	140:05	39:17	39:02		0:00	1:30	10:41
17	Mittwoch	21.01.1998	1:00	15:55	14:55	108:00	154:45	155:00	47:00	46:45		0:00	3:00	11:54
18	Donnerstaq	22.01.1998	8:35	15:40	7:05	115:12	161:50	162:05	46:53	46:38		0:00	0:00	7:05
19	Freitaq	23.01.1998	21:00	7:30	10:30	122:24	172:20	172:35	50:11	49:56		0:00	7:00	3:30
20	Montaq	26.01.1998	21:00	2:00	5:00	129:36	177:20	177:35	47:59	47:44		0:00	5:00	0:00
21	Dienstaq	27.01.1998	21:00	23:00	2:00	136:48	179:20	179:35	42:47	42:32		0:00	2:00	0:00
22	Mittwoch	28.01.1998	8:00	16:10	8:10	144:00	187:30	187:45	43:45	43:30		0:00	0:00	8:10
23	Donnerstaq	29.01.1998	7:55	16:30	8:35	151:12	196:05	196:20	45:08	44:53		0:00	0:00	8:35
24	Freitaq	30.01.1998	7:55	16:00	8:05	158:24	204:10	204:25	46:01	45:46		0:00	0:00	8:05
25											Urlaub gesamt	0:00	0:00	0:00
26											2	0:00	0:00	0:00
27														

Abbildung 6.31 Die fertige Tabelle

6.4 Textfunktionen

Gerade der Import vom Großrechner oder von SAP-Produkten macht die Beschäftigung mit Textfunktionen zu einem unumgänglichen Punkt bei der Arbeit mit Funktionen in Excel. Häufig liegen Daten in fremden Formaten vor, das heißt, in einer Zelle steht neben der Zahl ein Text, so dass der Inhalt von Excel als Text interpretiert wird und Excel damit nicht weiterrechnen kann. Mittels einer Funktion muss der Text am Ende (oder am Anfang) einer Zeile gelöscht werden. Auch der umgekehrte Fall tritt im Büroalltag häufig auf: Sie erhalten eine Datenbank, in der Zuname und Vorname oder Telefonnummer und Faxnummer in einer Spalte stehen.

6 Funktionen

Oder eine Telefonnummer soll in die drei Bestandteile Vorwahl, Telefonnummer und Durchwahl zerlegt werden. Wie dies funktioniert, wird im Folgenden gezeigt:
Angenommen Sie möchten den Inhalt zweier Zellen miteinander verbinden. Beispielsweise steht in einer Spalte der Vorname, in einer anderen der Nachname. Beide sollen zusammen in einer Zelle stehen: Dies kann interessant sein, wenn Sie in einer Maske auf beide Informationen zugreifen möchten, um sie in einem Adressfeld anzuzeigen.

Wenn zwei Zahlen addiert werden, ist das Zeichen + zu verwenden; wenn zwei Texte verkettet werden, dann ist das Ampersand oder Et-Zeichen (&) nötig. Die Formel:

=A2&A3

liefert also

AchimAdelmann

Soll noch ein Leerzeichen zwischen Vor- und Zuname eingefügt werden, wird das Leerzeichen mit beiden verkettet. Dabei ist zu beachten, dass das Leerzeichen, wie jeder Text, in Anführungszeichen steht.

=A2&" "&A3

Achtung: Vergessen Sie das zweite „&" nicht, da nun drei Strings miteinander verkettet werden. Ebenso verknüpft die Funktion VERKETTEN zwei oder mehrere Zeichenketten miteinander:

	A	B	C
	C2	fx =A2&" "&B2	
1	Vorname	Zuname	Vor- und Zuname
2	Achim	Adelmann	Achim Adelmann
3	Achim	Adler	Achim Adler
4	Achim	Bauerr	Achim Bauerr
5	Achim	Hutten	Achim Hutten
6	Adam	Allianz	Adam Allianz
7	Adam	Bauer	Adam Bauer
8	Adam	Franken	Adam Franken
9	Adam	Senkpiel-Bechererer	Adam Senkpiel-Bechererer
10	Adelheid	Bergdolt	Adelheid Bergdolt
11	Adelheid	Beythan	Adelheid Beythan
12	Adolf	Bilfinger	Adolf Bilfinger
13	Adolf	Blust-Barber	Adolf Blust-Barber
14	Adolf	Boehmer	Adolf Boehmer
15	Adolf	Bothe	Adolf Bothe

Abbildung 6.32 Die Namensliste

Der umgekehrte Fall scheint interessanter: In einer Spalte stehen Vor- und Zuname zusammen. Diese Spalte soll getrennt werden. Dazu sind zwei Funktionen nötig: Die Funktion FINDEN und die Funktion SUCHEN ermitteln die Stelle des Leerzeichens. Sie liefern beide eine Zahl als Ergebnis.

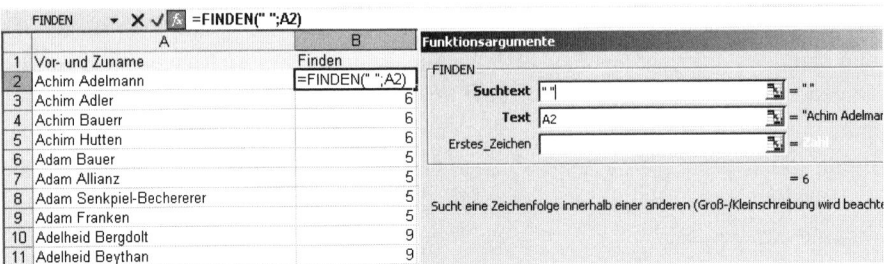

Abbildung 6.33 Die Funktion FINDEN

Umgekehrt schneidet die Funktion LINKS aus dem Text von links eine bestimmte Anzahl von Zeichen heraus. Wie viele? So viele, wie FINDEN liefert:

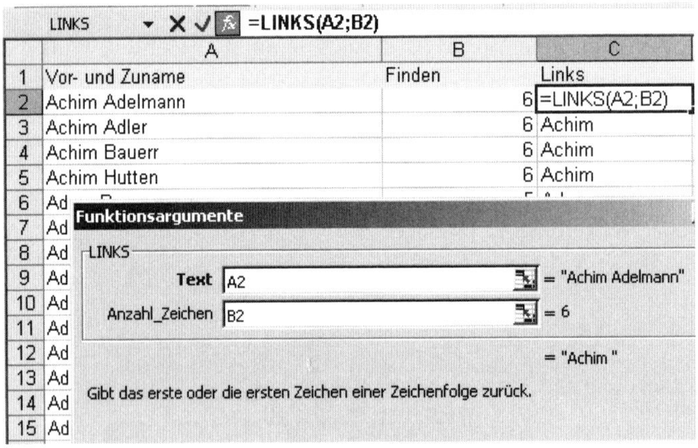

Abbildung 6.34 LINKS schneidet von links Zeichen ab und löscht den rechten Teil.

Die verketteten Funktionen lauten demnach:
=LINKS(C2;FINDEN(" ";C2))
Ganz genau lautet die Funktion
=LINKS(C2;FINDEN(" ";C2)-1)
da in der ersten Variante das Leerzeichen hinter dem Vornamen stehen bleibt.
Der Unterschied zwischen SUCHEN und FINDEN bezieht sich auf die Groß- und Kleinschreibung. SUCHEN unterscheidet nicht zwischen Groß- und Kleinschreibung, FINDEN schon:
=SUCHEN("eisen";"Brenneisen") und
=FINDEN("eisen";"Brenneisen")
liefern die Zahl 6. Dagegen liefert
=FINDEN("eisen";"BRENNEISEN")
den Fehler #WERT, während
=SUCHEN("eisen";"BRENNEISEN")
korrekt die Zahl 6 anzeigt. Auch alle anderen Kombinationen sind denkbar:

6 Funktionen

=SUCHEN("EISEN";"brenneisen")
=SUCHEN("Eisen";"BRENNEISEN")
=SUCHEN("EISEN";"Brenneisen")
=SUCHEN("eIsEn";"BRENNEISEN")
=SUCHEN("eisen";"BrEnNeIsEn")
=SUCHEN("EiseN";"BrenneiseN")

ergeben alle den Wert 6.

Und der Nachname? Leider kann die Funktion RECHTS nicht analog zu LINKS verwendet werden, da

=FINDEN(" ";C2)

die Position des Leerzeichens von links ermittelt, allerdings die Funktion

=RECHTS(C2;FINDEN(" ";C2))

von rechts eine bestimmte Anzahl Zeichen von rechts abschneidet. Diese Funktion würde so viele Buchstaben aus dem Gesamtnamen von rechts herauslösen, wie der Vorname lang ist. Und das ist falsch!

	A	B	C	D	E
1	Vor- und Zuname	Finden	Links	Vorname	Zuname
2	Achim Adelmann	6	Achim	Achim	elmann
3	Achim Adler	6	Achim	Achim	Adler
4	Achim Bauerr	6	Achim	Achim	Bauerr
5	Achim Hutten	6	Achim	Achim	Hutten
6	Adam Bauer	5	Adam	Adam	Bauer
7	Adam Allianz	5	Adam	Adam	lianz
8	Adam Senkpiel-Bechererer	5	Adam	Adam	rerer
9	Adam Franken	5	Adam	Adam	anken
10	Adelheid Bergdolt	9	Adelheid	Adelheid	Bergdolt
11	Adelheid Beythan	9	Adelheid	Adelheid	d Beythan
12	Adolf Bilfinger	6	Adolf	Adolf	finger
13	Adolf Blust-Barber	6	Adolf	Adolf	Barber
14	Adolf Boehmer	6	Adolf	Adolf	oehmer
15	Adolf Bothe	6	Adolf	Adolf	Bothe
16	Agnes Boveri	6	Agnes	Agnes	Boveri
17	Agnes Breinig	6	Agnes	Agnes	reinig
18	Alban Breun	6	Alban	Alban	Breun
19	Albert Brod	7	Albert	Albert	rt Brod
20	Albert Buchert	7	Albert	Albert	Buchert
21	Albert Heid	7	Albert	Albert	rt Heid
22	Albert Chwat	7	Albert	Albert	t Chwat

Abbildung 6.35 So nicht!

Da es keine Funktion gibt, welche die Position von rechts ermittelt, muss mit einem Trick gearbeitet werden. Die Funktion LÄNGE bestimmt die Anzahl der Zeichen des Strings. Also ergibt LÄNGE – FINDEN die Position des Leerzeichens von rechts, oder in diesem Fall: die Gesamtnamenlänge minus der Vornamenlänge! Und damit kann RECHTS arbeiten.

Also entweder mit:

=RECHTS(A2;LÄNGE(A2)-FINDEN(" ";A2))

oder mit:
=RECHTS(A2;LÄNGE(A2)-LÄNGE(B2)-1)

	A	B	C	D	E
	E2 ▼ fx =RECHTS(A2;LÄNGE(A2)-FINDEN(" ";A2))				
1	Vor- und Zuname	Finden	Links	Vorname	Zuname
2	Achim Adelmann	6	Achim	Achim	Adelmann
3	Achim Adler	6	Achim	Achim	Adler
4	Achim Bauerr	6	Achim	Achim	Bauerr
5	Achim Hutten	6	Achim	Achim	Hutten
6	Adam Bauer	5	Adam	Adam	Bauer
7	Adam Allianz	5	Adam	Adam	Allianz
8	Adam Senkpiel-Bechererer	5	Adam	Adam	Senkpiel-Bec
9	Adam Franken	5	Adam	Adam	Franken
10	Adelheid Bergdolt	9	Adelheid	Adelheid	Bergdolt
11	Adelheid Beythan	9	Adelheid	Adelheid	Beythan
12	Adolf Bilfinger	6	Adolf	Adolf	Bilfinger
13	Adolf Blust-Barber	6	Adolf	Adolf	Blust-Barber
14	Adolf Boehmer	6	Adolf	Adolf	Boehmer
15	Adolf Bothe	6	Adolf	Adolf	Bothe
16	Agnes Boveri	6	Agnes	Agnes	Boveri
17	Agnes Breinig	6	Agnes	Agnes	Breinig
18	Alban Breun	6	Alban	Alban	Breun
19	Albert Brod	7	Albert	Albert	Brod
20	Albert Buchert	7	Albert	Albert	Buchert
21	Albert Heid	7	Albert	Albert	Heid
22	Albert Chwat	7	Albert	Albert	Chwat

Abbildung 6.36 Die Funktion LÄNGE – FINDEN funktioniert!

Die Funktionen LINKS und RECHTS wären überflüssig, wenn Sie mit der Funktion TEIL arbeiten: TEIL schneidet ab einer bestimmten Stelle eine feste Anzahl Zeichen heraus. Um also den Vornamen der Zelle C2 zu ermitteln, könnte auch
=TEIL(C2;1;FINDEN(" ";C2)-1)
für den Nachnamen verwendet werden:
=TEIL(C2;FINDEN(" ";C2)+1;LÄNGE(C2)-FINDEN(" ";C2))
Das heißt: TEIL ersetzt zwar die Funktionen LINKS und RECHTS, nicht aber die Funktionen LÄNGE und FINDEN. TEIL benötigt leider als drittes Kriterium die Anzahl der Zeichen, die aus der Zeichenkette herausgeschnitten werden sollen. (Bei der VBA-Funktion MID ist dies nicht nötig.) Allerdings darf über das Ziel hinaus „geschossen" werden: Wird an einer bestimmten Position ein Text herausgelöst, so ist der neue Text maximal so lang wie der alte, das bedeutet, er überschreitet LÄNGE(C2) nicht. Mit diesem Wissen könnte die obige Formel vereinfacht werden:
=TEIL(C2;FINDEN(" ";C2)+1;LÄNGE(C2))
Was wäre, wenn Sie nun statt
=LINKS(C2;FINDEN(" ";C2)-1)
=LINKS(C2;FINDEN(" ";C2))

6 Funktionen

geschrieben haben? Dann enthält jeder Vorname ein Leerzeichen am Ende. Dies ist nicht sichtbar, kann aber zu störenden Nebeneffekten führen. Beispielsweise wenn diese Vornamen und andere erneut mit einem Nachnamen verkettet werden. Oder wenn Sie nach einem Vornamen suchen. Dann müssen Sie den Text „Alois Dimpfelmoser " und nicht den „Dimpfelmoser" suchen. Deshalb existiert in Excel die Funktion
GLÄTTEN
Sie löscht alle Leerzeichen vor und hinter dem Text, falls welche vorhanden sind.
Wahrscheinlich genügen diese sechs Funktionen (LINKS, RECHTS, FINDEN oder SUCHEN, LÄNGE und TEIL), um solche Datenbank-Textprobleme in Excel zu lösen, das heißt, um Spalten auseinander zu ziehen.
Für die Probleme des Texttrennens müssen übrigens nicht solch schwierige Funktionen verwendet werden. Excel stellt seit vielen Versionen über DATEN / TEXT IN SPALTEN einen Assistenten zur Verfügung, mit dessen Hilfe der Text getrennt werden kann. Lediglich die Trennzeichen müssen angegeben werden.

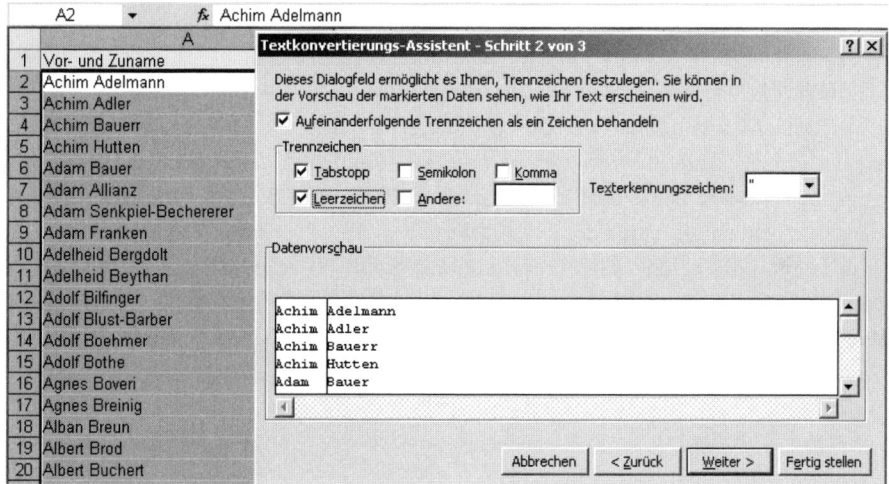

Abbildung 6.37 Der Assistent „Text in Spalten"

Dennoch einige Beispiele, um die Problematik zu verdeutlichen.
Ein Faxprogramm schreibt in eine Textdatei die Namen der angewählten Personen und die Dauer der Übertragung. Leider steht in einer Zelle beispielsweise:
1 Min 53 Sek
oder
12 Min 14 Sek
oder auch
2 Min 0 Sek
Damit überprüft werden kann, ob die abgebuchten Gebühren tatsächlich richtig sind, müssen die Zeiten addiert werden. Dies misslingt natürlich, da Texte nicht

addiert werden können. Deshalb muss die Anzahl der Minuten und die Anzahl der Sekunden extrahiert werden. Mit der Funktion LINKS kann die erste Zahl herausgelöst werden. Unter der Annahme, dass keine Übertragung länger als 99 Minuten dauert, können zwei Stellen von links abgeschnitten werden. Stehen die Zeitangaben in der Spalte C, beginnend ab C2, so liefert die Funktion
=LINKS(C2;2)
die richtige Zahl. (Auch wenn Excel nun Ergebnisse wie "2" erhält, so kann dennoch weitergerechnet werden. Wollen Sie es jedoch ganz genau haben, so müssen Sie mit der Funktion WERT diese Textzahl in eine Zahl umwandeln. Die Funktion WERT wird weiter unten erläutert.)
Und nun die Sekunden. Steht in einer Zelle 1 Min 53 Sek, so befindet sich die Zahl 53 an siebter Stelle, steht jedoch 12 Min 14 Sek drin, so liegt 14 an achter Position. Deshalb muss noch die Stelle dieser Zahl ermittelt werden. Dies könnte über das zweite Leerzeichen funktionieren, ist allerdings etwas kompliziert. Leichter ist es, die Position des Textes „Min" zu finden. Dabei hilft die Funktion FINDEN:
=FINDEN("Min";C2)
liefert 3 bei „1 Min 53 Sek" und ergibt 4 bei „12 Min 14 Sek". Nun kann diese Zahl verwendet werden, um mit TEIL die Sekunden herauszulösen:
=TEIL(C2;E2+4;2)
Der Text „Min" befindet sich beispielsweise an dritter Stelle. Dann steht 53 an siebter (=3+4) Stelle. Davon werden nun zwei Zeichen herausgelöst, da davon ausgegangen werden kann, dass eine Minute 60 Sekunden hat, das heißt, die Sekundenzahlen haben nur eine oder zwei Ziffern.
Nun können die beiden addiert werden, das heißt: 60*Minuten + Sekunden ergibt die Gesamtsekundenanzahl. Auch an dieser Stelle gilt: Vergessen Sie den Assistenten (DATEN / TEXT IN SPALTEN) nicht!
Der Text wird in Bestandteile zerlegt, mit denen weitergerechnet wird.

	A	B	C	D	E	F	G	H	I
1	Kunde	Faxnummer	Übertragungsdauer	Min als Text	Min als Zahl	Position von "Min"	Sekunden	Sekunden als Zahl	60*Min+Sekunden
2	Adelmann	-0911-94667	1 Min 26 Sek	1	1	3	26	26	86
3	Adler	-09318-02265	1 Min 53 Sek	1	1	3	53	53	113
4	Bauerr	-09212-1060	12 Min 33 Sek	12	12	4	33	33	753
5	Hutten	-0911-14817	2 Min 0 Sek	2	2	3	0	0	120
6	Bauer	-09324-20231	2 Min 5 Sek	2	2	3	5	5	125
7	Allianz	-07221-21038	1 Min 33 Sek	1	1	3	33	33	93
8	Senkpiel-Bed	-09561-21118	2 Min 1 Sek	2	2	3	1	1	121
9	Franken	-09081-21310	1 Min 55 Sek	1	1	3	55	55	115
10	Bergdolt	-0911-23572	1 Min 58 Sek	1	1	3	58	58	118
11	Beythan	-0911-23861	1 Min 53 Sek	1	1	3	53	53	113
12	Bilfinger	-0911-27631	2 Min 0 Sek	2	2	3	0	0	120
13	Blust-Barber	-0913-28249	1 Min 53 Sek	1	1	3	53	53	113
14	Boehmer	-0921-28528	2 Min 1 Sek	2	2	3	1	1	121

Abbildung 6.38 Ein weiteres Beispiel

6 Funktionen

Ein Programm liest alle Word-Dokumentvorlagen, die sich im Ordner „C:\MSOffice\Vorlagen\" befinden, in eine Excel-Tabelle ein. Daraus sollen nun die „reinen" Dateinamen gewonnen werden. Also:
„C:\MSOffice\Vorlagen\A1.dot" wird verkürzt zu „A1", „C:\MSOffice\Vorlagen\Brf01.dot" wird zu „Brf01".
Die Anzahl der Zeichen von „C:\msoffice\vorlagen\" wird abgezählt (21) und mit der Funktion RECHTS abgeschnitten:
=RECHTS(A2;LÄNGE(A2)-21)
Dies liefert „A1.dot" und „Brf01.dot". Nun wird die Endung „.dot" mit LINKS abgeschnitten:
=LINKS(B2;LÄNGE(B2)-4)
Das ergibt „A1" und „Brf01". Zusammengefasst lautet die Funktion:
=LINKS(RECHTS(A2;LÄNGE(A2)-21);LÄNGE(RECHTS(A2;LÄNGE(A2)-21))-4)
oder auch:
=TEIL(A2;22;LÄNGE(A2)-25)
Leider existiert keine Funktion, mit der das Vorkommen eines Zeichens von rechts bestimmt werden kann, oder die Anzahl der Zeichen in einer Zeichenkette. Somit kann man bei beliebig langen und unterschiedlichen Pfadangaben nicht mit einer Funktion den Dateinamen herauslösen. Hierzu sind mehrere Funktionen nötig. Oder wieder der Assistent, den Sie im Menü DATEN / TEXT IN SPALTEN finden.

	A	B	C	D	E	F	G
1	Vorlagennamen:		Zeichenlänge	Dateiname	Dateinamenlänge	Dateiname ohne Endung	
2							
3	c:/msoffice/vorlagen/brf.dot		28	brf.dot	7	brf	
4	c:/msoffice/vorlagen/a1.dot		27	a1.dot	6	a1	
5	c:/msoffice/vorlagen/b21.dot		28	b21.dot	7	b21	
6	c:/msoffice/vorlagen/b55.dot		28	b55.dot	7	b55	
7	c:/msoffice/vorlagen/a4.dot		27	a4.dot	6	a4	
8	c:/msoffice/vorlagen/b9.dot		27	b9.dot	6	b9	

Abbildung 6.39 Das Ergebnis

Und noch ein Beispiel: Manchmal liefern Daten vom Großrechner Zahlen mit einem Minuszeichen am Ende einer Zahl. Excel interpretiert diese als Text und kann sie nicht automatisch als Zahl verwenden. Dies kann über eine Textfunktion umgewandelt werden.
Die Funktion RECHTS(A2;1) liefert das letzte Zeichen, also entweder eine Ziffer oder ein Minus. Nun wird überprüft: Wenn es ein Minus ist, muss es vor den Text gesetzt werden, sonst wird der Wert der alten Zelle verwendet.
=WENN(RECHTS(A2;1)="-";"-"&A2;A2)
Allerdings löscht diese Funktion nicht das vorhandene Minus. Dies kann die Funktion LINKS erledigen:
=WENN(RECHTS(A2;1)="-";"-"&LINKS(A2;LÄNGE(A2)-1);A2)

Nun hat die Funktion noch einen kleinen Nachteil: Wird das Minus vom Ende an den Anfang geschoben, dann liegen die Ergebnisse als Text vor und nicht als Zahl. Das heißt, das Ergebnis muss noch in eine Zahl umgewandelt werden:
=WENN(RECHTS(A2;1)="-";WERT("-"&LINKS(A2;LÄNGE(A2)-1));A2)
Nun liefert die Funktion richtige Ergebnisse:

	A	B	C	D	E	F	G
1	importierte Zahlen:						
2	12,5		12,5				
3	-13		-13				
4	13,6		13,6				
5	17-		-17				
6	16,3-		-16,3				
7	15,2		15,2				
8	-14,8		-14,8				
9	-12		-12				
10	12		12				
11	18,5-		-18,5				

Abbildung 6.40 Das Minuszeichen wird von hinten nach vorne gesetzt.

Manchmal kann es vorkommen, dass gelieferte Daten in Großbuchstaben vorliegen, die man lieber in Groß- und Kleinbuchstaben hätte. Was ist zu tun? Hier hilft die Funktion
GROSS2
Sie lässt den ersten Buchstaben in Versalien und verwandelt die anderen in Minuskeln.

	A	B	C	D	E	F	G
1	VORNAME	ZUNAME	Vorname	Zuname	VORNAME	ZUNAME	vorname
2	ACHIM	ADELMANN	Achim	Adelmann	ACHIM	ADELMANN	achim
3	ACHIM	ADLER	Achim	Adler	ACHIM	ADLER	achim
4	ACHIM	BAUERR	Achim	Bauerr	ACHIM	BAUERR	achim
5	ACHIM	HUTTEN	Achim	Hutten	ACHIM	HUTTEN	achim
6	ADAM	BAUER	Adam	Bauer	ADAM	BAUER	adam
7	ADAM	ALLIANZ	Adam	Allianz	ADAM	ALLIANZ	adam
8	ADAM	SENKPIEL-BECHERERER	Adam	Senkpiel-Bec	ADAM	SENKPIEL-B	adam
9	ADAM	FRANKEN	Adam	Franken	ADAM	FRANKEN	adam
10	ADELHEID	BERGDOLT	Adelheid	Bergdolt	ADELHEID	BERGDOLT	adelheid
11	ADELHEID	BEYTHAN	Adelheid	Beythan	ADELHEID	BEYTHAN	adelheid
12	ADOLF	BILFINGER	Adolf	Bilfinger	ADOLF	BILFINGER	adolf
13	ADOLF	BLUST-BARBER	Adolf	Blust-Barber	ADOLF	BLUST-BARE	adolf
14	ADOLF	BOEHMER	Adolf	Boehmer	ADOLF	BOEHMER	adolf

Abbildung 6.41 GROSS2

Die beiden Funktionen GROSS und KLEIN würden den ganzen Text in Groß- beziehungsweise Kleinbuchstaben darstellen.
Und wer braucht solche Funktionen? Zum einen all diejenigen, die in Excel eine Adressenliste bekommen, die in dieser Form wenig brauchbar ist. Zum Beispiel weil Vor- und Nachname in einer Spalte stehen oder weil alle Namen groß ge-

schrieben sind. Dieselben Funktionen tauchen jedoch an anderer Stelle auch auf. Wenn Sie in Access mit Hilfe des Assistenten Klebeetiketten erstellen, so verwendet Access automatisch die Funktion GLÄTTEN:

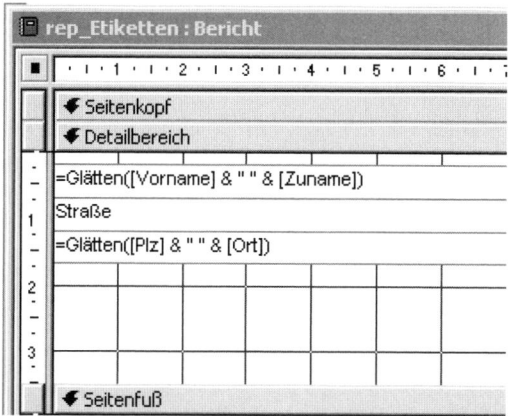

Abbildung 6.42 Klebeetiketten in Access und die Funktion GLÄTTEN

Ähnlich hilfreich für Datenbanken, die von anderen Programmen nach Excel übernommen werden, ist auch die Funktion
WECHSELN
Sie ersetzt einen Textteil innerhalb einer Zeichenkette durch einen anderen. In unserem Beispiel soll aus "Joerg" "Jörg" werden.

	A	B	C	D
1	Vorname	Zuname	Umlaute entfernen (oe zu ö)	
2	Emmy	Achtstaetter	Emmy	Achtstaetter
3	Karlheinz	Aeukens	Karlheinz	Aeukens
4	Michael	Altehoefer	Michael	Altehöfer
5	Michael	Altehoefer	Michael	Altehöfer
6	Klaus	Altmueller	Klaus	Altmueller
7	Guenter	Ammon	Guenter	Ammon

D5 = =WECHSELN(B5;"oe";"ö")

Abbildung 6.43 Die Funktion WECHSELN

Sollte zweimal die Zeichenfolge „oe" auftreten, so wird sie zweimal durch ö ersetzt; auch wenn sie nicht auftaucht, so erzeugt die Funktion WECHSELN keinen Fehler:
Ähnlich arbeitet die Funktion
ERSETZEN
Die Funktion
=FINDEN("oe";B2)

liefert die Position des oe. Existiert diese Zeichenkette allerdings nicht, so ist das Ergebnis eine Fehlermeldung. Sollte ein „oe" vorhanden sein, dann ist es durch ein „ö" zu ersetzen.

Sollte das „oe" nicht vorhanden sein, so kann dies mit einer WENN-Funktion abgefangen werden. Die Formel hierfür lautet:

=WENN(ISTFEHLER(FINDEN("oe";B2));B2;ERSETZEN(B2; FINDEN("oe";B2);2;"ö"))

Gegenüber WECHSELN hat die Funktion ERSETZEN den Nachteil, dass sie nur einmal in einer Zelle Text austauscht. Deshalb ist sie für diesen Zweck des Umwandelns von „ae", „oe" und „ue" in die Umlaute „ä", „ö" und „ü" nicht brauchbar. Mit WECHSELN könnte man auch noch „ae" und „ue" tauschen.

Natürlich könnte man auch noch das „ss" durch ein „ß" ersetzen. Darauf wurde an dieser Stelle verzichtet, da sehr viele Personen in ihrem Namen ein doppeltes S tragen.

=WECHSELN(WECHSELN(WECHSELN(WECHSELN(WECHSELN (WECHSELN(A2;"ae";"ä");"oe";"ö");"ue";"ü");"Ae";"Ä");"Oe";"Ö");"Ue";"Ü")

	A	B	Umlaute entfernen (oe zu ö)		Umlaute entfernen (oe zu ö)		Alle Umlaute wechseln	
1	Vorname	Zuname						
2	Emmy	Achtstaetter	Emmy	Achtstaetter	Emmy	Achtstaetter	Emmy	Achtstätter
3	Karlheinz	Aeukens	Karlheinz	Aeukens	Karlheinz	Aeukens	Karlheinz	Äukens
4	Michael	Altehoefer	Michael	Altehöfer	Michael	Altehöfer	Michäl	Altehöfer
5	Michael	Altehoefer	Michael	Altehöfer	Michael	Altehöfer	Michäl	Altehöfer
6	Klaus	Altmueller	Klaus	Altmueller	Klaus	Altmueller	Klaus	Altmüller
7	Guenter	Ammon	Guenter	Ammon	Guenter	Ammon	Günter	Ammon
8	Harald	Amthauer	Harald	Amthauer	Harald	Amthauer	Harald	Amthaür
9	Guenter	Antoni	Guenter	Antoni	Guenter	Antoni	Günter	Antoni
10	Karl	Auer	Karl	Auer	Karl	Auer	Karl	Aür

Abbildung 6.44 Alle Umlaute sind ausgetauscht

Zugegeben: Der Excel-Menüpunkt BEARBEITEN / ERSETZEN würde das Gleiche tun! Dennoch Achtung: Die Ersetzenfunktion (als Funktion ERSETZEN und WECHSELN oder als Menü BEARBEITEN / ERSETZEN) ist gnadenlos: Goethe wird zu Göthe, Bauer zu Baür, Michael zu Michäl und die Auenstraße zu Aünstraße. Sollten Sie jemals eine solche Datenbank erhalten, dann bleibt nichts anderes übrig, als alle Datensätze zu suchen und einzeln zu prüfen. Denn welche Funktion sollte wissen, wie die Namen richtig geschrieben werden. Bei Vornamen könnte man sich vielleicht noch eine Liste anlegen, aber bei den Nachnamen, das heißt Eigennamen, ist dies unmöglich. Denken Sie dabei nur an die vielen nichtdeutschen Zunamen. Welches Programm sollte sie alle richtig erkennen? Schließlich finden sich „Bär" sowie „Baer" im Telefonbuch.

6 Funktionen 143

	H25		fx	=WECHSELN(WECHSELN(WECHSELN(WECHSELN(WECHSELN(WECHSELN(B25;"ae";"ä");"oe";"ö"); "ue";"ü");"Ae";"Ä");"Oe";"Ö");"Ue";"Ü")			
	A	B					
18	Juergen	Bauder	Juergen	Bauder	Juergen	Bauder	Jürgen	Bauder
19	Adam	Bauer	Adam	Bauer	Adam	Bauer	Adam	Baür
20	Emmy	Bauer	Emmy	Bauer	Emmy	Bauer	Emmy	Baür
21	Gerda	Bauer	Gerda	Bauer	Gerda	Bauer	Gerda	Baür
22	Gerda	Bauer	Gerda	Bauer	Gerda	Bauer	Gerda	Baür
23	Guenter	Bauer	Guenter	Bauer	Guenter	Bauer	Günter	Baür
24	Guenter	Bauer	Guenter	Bauer	Guenter	Bauer	Günter	Baür
25	Hartmut	Bauer	Hartmut	Bauer	Hartmut	Bauer	Hartmut	Baür
26	Hartmut	Bauer	Hartmut	Bauer	Hartmut	Bauer	Hartmut	Baür
27	Helmut	Bauer	Helmut	Bauer	Helmut	Bauer	Helmut	Baür

Abbildung 6.45 Manchmal ist das Ergebnis so nicht gewünscht ...

Eine weitere Hilfe stellt die Funktion SÄUBERN dar. Wie der Name schon sagt, entfernt sie unschöne Dinge. Beim Import von anderen Programmen kann es durchaus passieren, dass unliebsame Zeichen eingefügt werden. Die Funktion SÄUBERN hilft dabei, sie zu entfernen. Wird die Funktion SÄUBERN auf eine Zelle angewendet, die Text mit „nicht druckbaren" Zeichen, die durch Import entstehen, enthält, so werden diese ersatzlos gelöscht.

	C2	fx	=SÄUBERN(B2)
	B		C
1	Straße und Ort		Straße und Ort gesäubert
2	Schellingstr. 10 □□84489 Burghausen		Schellingstr. 10 84489 Burghausen
3	Burgfrieden 8 □□84489 Burghausen		Burgfrieden 8 84489 Burghausen
4	Max-Schaidhauf-Str. □□81476 Sankt Mang		Max-Schaidhauf-Str. 81476 Sankt Mang
5	Orffstr. 1 □□84489 Burghausen		Orffstr. 1 84489 Burghausen
6	Donauschwabenstr.30 □□90552 Röthenbach		Donauschwabenstr.30 90552 Röthenbach
7	Stegerwaldstr. 8 □□84489 Burghausen		Stegerwaldstr. 8 84489 Burghausen
8	Gluckstr. 25 □□84489 Burghausen		Gluckstr. 25 84489 Burghausen

Abbildung 6.46 Die Funktion SÄUBERN

Da zwischen den Textteilen, beispielsweise zwischen Straße, Postleitzahl und Ort, Leerzeichen stehen, kann man mit den Funktionen LINKS, RECHTS, LÄNGE und SUCHEN danach suchen und so die Spalten trennen. Dies kann schrittweise geschehen oder auch in einem einzigen Schritt, indem die Funktionen ineinander verschachtelt werden.

	H2	fx	=RECHTS(B2;LÄNGE(B2)-E2-6)				
	C		D	E	F	G	H
1	Straße und Ort gesäubert		Straße		Plz	Plz richtig	Ort
2	Schellingstr. 10 84489 Burghausen		Schellingstr. 10	26	84489	84489	Burghausen
3	Burgfrieden 8 84489 Burghausen		Burgfrieden 8	33	84489	84489	Burghausen
4	Max-Schaidhauf-Str. 81476 Sankt Mang		Max-Schaidhauf-Str.	33	81476	81476	Sankt Mang
5	Orffstr. 1 84489 Burghausen		Orffstr. 1	32	84489	84489	Burghausen
6	Donauschwabenstr.30 90552 Röthenbach		Donauschwabenstr.30	33	90552	90552	Röthenbach
7	Stegerwaldstr. 8 84489 Burghausen		Stegerwaldstr. 8	33	84489	84489	Burghausen
8	Gluckstr. 25 84489 Burghausen		Gluckstr. 25	33	84489	84489	Burghausen

Abbildung 6.47 Und wieder LINKS und RECHTS

Übrigens wurde das Sonderzeichen mit Hilfe der Funktion
ZEICHEN
erzeugt. ZEICHEN(1) bis ZEICHEN(31) erzeugen nicht druckbare Zeichen, während ZEICHEN(32) bis Zeichen(255) den ANSI-Code erzeugen: Alle anderen Zah-

len liefern Fehler. Wenn Sie beispielsweise zu einem Text per Stringverkettung ein Anführungszeichen hinzufügen möchten, dann können Sie dies mit folgendem Befehl tun:
=ZEICHEN(34)&A2&ZEICHEN(34)
Es würde auch wie folgt funktionieren:
=""""&A2&""""
Steht in der Zelle A1 beispielsweise der Text "Wohlstand", dann liefern beide Funktionen den Wert
"Wohlstand"
Die Umkehrfunktion zu ZEICHEN lautet CODE. Sie liefert den entsprechenden ASCII-Code zu dem Zeichen.
=CODE("A")
ergibt 65. Ist die Zeichenkette länger als ein Zeichen, so wird nur das erste Zeichen verwendet:
=CODE("Argentinien")
liefert ebenfalls 65.
Bleiben wir noch einen Moment bei Datenbanken, die von anderen Systemen übernommen wurden. Es kann durchaus passieren, dass Zahlen als Text dargestellt werden, das heißt, dass interne Textformatierungen vorliegen. Um diese zu löschen, kann die Funktion WERT verwendet werden.
=WERT("12")
liefert 12. Im folgenden Fall werden aus den als Text dargestellten Zahlen wieder Zahlen, die man – zugegeben – möglicherweise in das richtige Zahlenformat bringen muss.
Kennen Sie folgendes Problem: Markieren Sie einen Zellbereich, beispielsweise A1:A9. Formatieren Sie ihn über das Menü FORMAT / ZELLEN / ZAHLEN als Text. Schreiben Sie Zahlen hinein. Berechnen Sie nun in einer anderen Zelle die Summe.
=SUMME(A1:A9)
Das Ergebnis ist 0. Excel erkennt keine Zahlen und kann deshalb auch nicht rechnen. Auch ein nachträgliches Zurückformatieren scheitert – Excel hat die internen Textformate gespeichert und verweigert die Rechnung. Schreiben Sie in eine andere Zelle, beispielsweise in B1, die Formel
=WERT(A1)
so erkennen Sie bereits an der rechtsbündigen Ausrichtung, dass Excel das Ergebnis als Zahl ausweist. Wird diese Funktion hinuntergezogen, so kann nun die Summe gezogen werden. Wenn Sie sich wundern, wer denn so etwas macht, der sollte sich vergegenwärtigen, dass Fremddaten, die aus anderen Systemen importiert werden, manchmal solche Fehler aufweisen. Zwar könnte man jede Zelle mit einem Doppelklick editieren, aber das ist ein großer Aufwand. Per Programmierung kann man das Problem ebenfalls beheben (in VBA stehen Umwandlungsfunktionen, wie beispielsweise CDbl, zur Verfügung). Doch die einfachste Lösung scheint hier immer noch die Funktion WERT, die heruntergezogen werden kann.

6 Funktionen

Eine andere Funktion ist IDENTISCH; mit ihrer Hilfe können zwei Textinhalte auf Gleichheit überprüft werden. Sie unterscheidet nach Groß- und Kleinbuchstaben, ignoriert aber Formatierungsunterschiede.
IDENTISCH("Sonnenschein"; "Sonnenschein") ergibt WAHR
IDENTISCH("Sonnenschein"; "sonnenschein") ergibt FALSCH
IDENTISCH("Sonnen schein"; "Sonnenschein") ergibt FALSCH
Mit dieser Funktion kann überprüft werden, ob ein eingegebener Wert mit einem der Werte in einem festgelegten Bereich übereinstimmt.
Da eine Zelle nicht mit einem Bereich verglichen werden kann und da eine Zelle eine andere Matrix darstellt als ein Bereich, muss jede Zelle des Bereichs mit der einen Zelle, in die der Wert eingegeben wird, überprüft werden. Deshalb lautet die äußere Funktion ODER, wie folgt:
=ODER(IDENTISCH(D2;A2:A3778))
Da es sich beim Bereich A2:A3778 um eine Matrix handelt, darf die Formel nicht mit <Enter> beendet werden, sondern nur mit <Strg> + <Shift> + <Enter>.
Die Formel hat in der Eingabezeile folgende Gestalt:
{=ODER(IDENTISCH(D2;A2:A3778))}

	A	B	C	D	E
1	Vorname	Zuname			
2	Karl	Bachthalter		René	
3	Harry	Back			
4	Hartmut	Back		FALSCH	
5	Robert	Back			
6	Christa	Backfisch			
7	Hartmut	Backfisch			
8	Klaus	Bader			
9	Emmy	Badstieber			
10	Edgar	Baecker			
11	Helmut	Baer			
12	Emmy	Baeumer			
13	Gerda	Baier			
14	Martin	Baier			
15	Peter	Baier			
16	Annefriede	Balentine			
17	Christian	Ball-Freisinger			
18	Edgar	Ballweg			
19	Volker	Baloui			
20	Guenter	Balschbach			
21	Maria	Balzer			
22	Friedrich	Bamberger			

Abbildung 6.48 Die Funktion IDENTISCH vergleicht einen Zellinhalt mit einer Matrix.

Eine ähnliche Funktion ist DELTA aus der Kategorie „Technik" des Funktionsassistenten. Während IDENTISCH alle Zellinhalte miteinander vergleicht (Text, Zahl und Datum), so prüft DELTA nur Werte, das heißt nur Zahlen und Datumsangaben.

IDENTISCH liefert als Ergebnis WAHR und FALSCH, DELTA 1 und 0. Die Ergebnisse beider Funktionen können natürlich weiterverarbeitet werden.

Ein weiteres Textproblem: In einer Zelle sollen der Ort und das heutige Datum stehen. Beispielsweise:

München, den 07.04.2002

Dies kann natürlich über eine Datumsformatierung geschehen:

"München, den "TT.MM.JJJJ

oder über eine Verknüpfung von Text und der Funktion HEUTE. Allerdings lässt sich dann das heutige Datum nicht mehr formatieren!

	f_x ="München,den "&HEUTE()			
	F	G	H	I
	München,den 37087			

Abbildung 6.49 Das Datum wird in eine serielle Zahl verwandelt.

Die Lösung liegt in der Funktion TEXT.

	f_x ="München,den "&TEXT(HEUTE();"TT.MM.JJJJ")			
	F	G	H	I
	München,den 15.07.2001			

Abbildung 6.50 Das automatische Datum – Teil II

Mit der Funktion TEXT gelingt es, das Datum in das richtige Format zu verwandeln:

="München, den "&TEXT(HEUTE();"TT.MM.JJJJ")

Häufig findet sich in Fachzeitschriften die Möglichkeit, vor einer Datumsspalte den Wochentag anzeigen zu lassen. Angenommen in B2 steht das heutige Datum, und angenommen heute ist Sonntag. Dann kann in A2 stehen:

=TEXT(WOCHENTAG(B2);"TTTT")

Diese Funktion liefert zwar das richtige Ergebnis, aber es verbirgt sich ein Haken dahinter: Die Funktion WOCHENTAG ergibt eine serielle Zahl zwischen 1 und 7. Wird ihr kein Typ zugeordnet, so verwendet sie das US-amerikanische Format, nach dem der Sonntag der erste Tag der Woche ist, also der Zahl 1 entspricht. Die Datumsformatierung „TTTT" geht davon aus, dass ein gültiges Datum vorliegt. Die Zahl 1 wird nun interpretiert als 1.1.1900, der bekanntlich ein Montag war. Dies kann nicht nachgesehen werden, da Excel davon ausgeht, dass das Jahr 1900 ein Schaltjahr war, das heißt, dass es den 29.2.1900 gab. Den gab es allerdings nicht. Folglich zeigt Excel für den 1.1.1900 fälschlicherweise Sonntag an. Allerdings kann dieser Fehler nun verwendet werden, um mit der Funktion WOCHENTAG

den richtigen Wochentag zu ermitteln. So viele Denkfehler, und am Ende kommt wieder das Richtige heraus. Die Funktion
=TEXT(WOCHENTAG(B2);"TTTT")
ermittelt also zwar den korrekten Wochentag, allerdings ist das Ergebnis nicht mehr logisch nachvollziehbar. Übrigens darf dabei nicht im Menü EXTRAS / OPTIONEN im Blatt „Berechnung" die Option „1904-Datumswerte" eingeschaltet werden, da sonst die Funktion völlig kippt: der 1.1.1904 war damals ein Freitag! Dabei wäre das Ergebnis einfacher und logisch nachvollziehbar mit Hilfe der Formel
=TEXT(B2;"TTTT")
zu ermitteln.

Ähnlich wie TEXT funktioniert auch die Funktion FEST. Sie wandelt eine Zahl in einen Text mit einer festen Nachkommastelle um:
=FEST(1234,567; 1) ergibt "1.234,6"
=FEST(1234,567; -1) ergibt "1.230"
=FEST(-1234,567; -1) ergibt "-1.230"
=FEST(44,332) ergibt "44,33"

Die Funktion DM liefert dasselbe, nur mit den drei Zeichen " DM" dahinter:
=DM(1234,567; 2) ergibt "1.234,57 DM"
=DM(1234,567; -2) ergibt "1.200 DM"
=DM(-1234,567; -2) ergibt "-1.200 DM"
=DM(-0,123; 4) ergibt "-0,1230 DM"
=DM(99,888) ergibt "99,89 DM"

Die Umkehrfunktion zu TEXT, FEST und DM lautet D (dies war früher die Funktion T). Normalerweise ist es nicht erforderlich, die Funktion D einzusetzen, da Excel Werte bei Bedarf automatisch umwandelt. Diese Funktion steht aus Gründen der Kompatibilität zu anderen Tabellenkalkulationsprogrammen zur Verfügung.
Enthält B1 den Text "Niederschlag", liefert
D(B1) die Zeichenfolge "Niederschlag".
Enthält B2 die Zahl 19, liefert
D(B2) den Wert "".
D("Wahr") ergibt "Wahr"
D(WAHR) ergibt "".

Die Umkehrfunktion von D heißt N - sie wandelt ein Argument in eine Zahl um:
N(7) ergibt 7.
N("Höhensonne") ergibt 0.
N(01.01.2002) ergibt 01.01.2002 und
N(WAHR) ergibt 1.

Die Funktion WIEDERHOLEN wiederholt einen Text so oft, wie Sie es möchten:
WIEDERHOLEN("*"; 7) ergibt "*******"
Enthält die Zelle A3 die Zeichenfolge "Schulden", liefert WIEDERHOLEN(A3; 5,9) die Zeichenfolge "SchuldenSchuldenSchuldenSchuldenSchulden"

Diese Funktion ist interessant, wenn Sie aus einer Excel-Tabelle eine Datenbank mit fester Zeichenlänge produzieren möchten. Dann können Sie in jeder Zelle einer Spalte so viele Leerzeichen hängen, wie die Anzahl der gewünschten Leerzeichen abzüglich der Länge der vorhandenen Zeichen ergibt. Also: Wenn die Vornamenspalte 17 Zeichen lang sein darf, dann fehlen dem Vornamen Alex zu seinen vier Zeichen noch weitere 13, um auf 17 zu kommen.
Man kann Alex mit 13 Leerzeichen füllen:
=A1&WIEDERHOLEN(" ";17-LÄNGE(A1))

6.5 Datenbank- und Matrixfunktionen

6.5.1 Matrixfunktionen

In einer Tabelle werden Produkte mit ihrer Artikelnummer und ihrem Preis aufgelistet. Der Benutzer möchte in einer anderen Tabelle nur die Artikelnummer eingeben und sofort den Namen und den Preis des Artikels erhalten.

	A	B	C
1	Nummer	Film	Preis
18	117	Wie ein Vogel auf dem Draht	19,90 DM
19	118	Mutter Küsters Fahrt zum Himmel	39,90 DM
20	119	Angst vor der Angst	19,90 DM
21	120	Satansbraten	19,90 DM
22	121	Chinesisches Roulette	19,90 DM
23	122	Bolwieser	29,90 DM
24	123	Frauen in New York	19,90 DM
25	124	Despair	19,90 DM
26	125	Deutschland im Herbst	19,90 DM
27	126	In einem Jahr mit 13 Monaten	19,90 DM
28	127	Die Ehe der Maria Braun	39,90 DM
29	128	Die dritte Generation	19,90 DM
30	129	Berlin Alexanderplatz	69,90 DM
31	130	Lili Marleen	39,90 DM
32	131	Lola	39,90 DM
33	132	Die Sehnsucht der Veronika Voss	19,90 DM
34	133	Querelle - Ein Pakt mit dem Teufel	59,90 DM

Abbildung 6.51 Die Artikelliste – in einer zweiten Tabelle wird die Artikelnummer eingegeben.

Bei einer ganz kleinen Tabelle kann die Funktion WAHL aushelfen. Steht beispielsweise in der Zelle A36 nicht die Artikelnummer, sondern die Position, so wird der Wert dieser Zelle in die Option „Index" übernommen, während die einzelnen

6 Funktionen 149

Artikel in die Wertezellen eingetragen werden. Das Ergebnis der Formel lautet demnach:

	A	B	C
1	Nummer	Film	Preis
17	116	Fausterecht der Freiheit	49,90 DM
18	117	Wie ein Vogel auf dem Draht	19,90 DM
19	118	Mutter Küsters Fahrt zum Himmel	39,90 DM
20	119	Angst vor der Angst	19,90 DM
21	120	Satansbraten	19,90 DM
22	121	Chinesisches Roulette	19,90 DM
23	122	Bolwieser	29,90 DM
24	123	Frauen in New York	19,90 DM
25	124	Despair	19,90 DM
26	125	Deutschland im Herbst	19,90 DM
27	126	In einem Jahr mit 13 Monaten	19,90 DM
28	127	Die Ehe der Maria Braun	39,90 DM
29	128	Die dritte Generation	19,90 DM
30	129	Berlin Alexanderplatz	69,90 DM
31	130	Lili Marleen	39,90 DM
32	131	Lola	39,90 DM
33	132	Die Sehnsucht der Veronika Voss	19,90 DM
34	133	Querelle - Ein Pakt mit dem Teufel	59,90 DM
35			
36	122	Bolwieser	

Abbildung 6.52 Die Funktion WAHL benötigt die Zeilenzahl.

=WAHL(A36;B17;B18;B19;B20;B21;B22;B23;B24;B25;B26;B27;B28;B29;B30)
Diese Funktion ist, zugegeben, für diesen Fall recht umständlich.
Die Funktion SVERWEIS ermöglicht die Suche:
=SVERWEIS(A36;A2:C34;2)

	A	B	C
1	Nummer	Film	Preis
17	116	Fausterecht der Freiheit	49,90 DM
18	117	Wie ein Vogel auf dem Draht	19,90 DM
19	118	Mutter Küsters Fahrt zum Himmel	39,90 DM
20	119	Angst vor der Angst	19,90 DM
21	120	Satansbraten	19,90 DM
22	121	Chinesisches Roulette	19,90 DM
23	122	Bolwieser	29,90 DM
24	123	Frauen in New York	19,90 DM
25	124	Despair	19,90 DM
26	125	Deutschland im Herbst	19,90 DM
27	126	In einem Jahr mit 13 Monaten	19,90 DM
28	127	Die Ehe der Maria Braun	39,90 DM
29	128	Die dritte Generation	19,90 DM
30	129	Berlin Alexanderplatz	69,90 DM
31	130	Lili Marleen	39,90 DM
32	131	Lola	39,90 DM
33	132	Die Sehnsucht der Veronika Voss	19,90 DM
34	133	Querelle - Ein Pakt mit dem Teufel	59,90 DM
35			
36	122	Bolwieser	

Abbildung 6.53 Die Funktion SVERWEIS

Mit Suchkriterium (A36) ist die Zelle gemeint, in welcher der zu suchende Wert steht. Mit Matrix (A2:C34) ist der Bereich gemeint, in dem sowohl die laufende Nummer, das heißt der zu suchende Wert, steht als auch der Text, der ausgegeben wird, also die Spalten A und B. Gesucht wird der Wert in Spalte A, ausgegeben dagegen in Spalte B, also in der zweiten Spalte (Spaltenindex = 2). Soll der Preis ausgegeben werden, so muss die Matrix den Bereich A bis C umfassen, der Spaltenindex lautet dann 3.

Der blattübergreifende Verweis stellt keine große Schwierigkeit dar – die Matrix wird einfach auf dem entsprechenden Blatt markiert, auf dem sie steht. Dieses Blatt könnte später sogar ausgeblendet sein, so dass der Benutzer die Informationen, auf die er zurückgreift, gar nicht zu Gesicht bekommt.

Die Funktion SVERWEIS ist leicht anzuwenden, führt aber andererseits schnell zu Fehlern. Diese Funktion unterscheidet zwei Arten von Matrizen oder genauer zwei Arten von Spalten, in denen ein Wert gesucht wird. Bei der ersten Variante stehen die Zahlenwerte geordnet untereinander. Dabei könnte auch Zwischenwerte gefunden werden. Der Parameter „Bereich_Verweis" muss hierbei den Wert WAHR annehmen.

Ist die erste Spalte der Tabelle unsortiert, so führt SVERWEIS zu falschen Ergebnissen oder Fehlermeldungen. Dies kann vermieden werden, indem im Kriterium „Bereich_Verweis" statt dem Vorgabewert WAHR der Wert FALSCH gesetzt wird:

Abbildung 6.54 SVERWEIS bei einer unsortierten Tabelle mit FALSCH

Wird ein Wert eingegeben, der kleiner als die kleinste Zahl ist, so ist erneut eine Fehlermeldung die Folge. Bei einer Zahl größer als die größte wird die größte Zahl verwendet, bei Zwischenwerten jeweils der nächstkleinere Wert. Und bei unsinnigen Eingaben? Eine Fehlermeldung – was sonst. Zugegeben: In diesem Fall könnte über das Menü DATEN / GÜLTIGKEIT der Wert begrenzt werden.

Ein Beispiel: In einer Firma werden Produkte aus einzelnen Komponenten gefertigt. Diese kommen aus verschiedenen Ländern und werden über verschiedene Währungen abgerechnet. In einer Tabelle steht eine Liste von Währungsangaben mit den entsprechenden Kursen. Die Leitwährung ist EURO. Dem Benutzer werden nun

zwei Spalten zur Verfügung gestellt: In die erste gibt er die Zahlenwerte ein, in die zweite trägt er den Währungsnamen ein. Damit er beim Tippen keine Fehler macht (oder es auch nicht zu Inkonsistenzen kommt, wie beispielsweise bei "EURO", "EUR" und "€"), wird über eine Dropdown-Liste eine Auswahlbox bereitgestellt (DATEN / GÜLTIGKEIT „Liste“), aus der gewählt werden kann. Diese eingegebene oder geänderte Währung wird in der Spalte der Währungen gesucht. Die Funktion SVERWEIS gibt die Spalte neben den Währungen, das heißt die Kurse, zurück.
=SVERWEIS(C1;$F$1:$G$26;2;FALSCH)
Der Parameter FALSCH ist hierbei wichtig, da die Währungen mit Sicherheit nicht sortiert vorliegen. Damit die Berechnung zur Verfügung gestellt werden kann, bevor die Währungen eingegeben werden, muss sie ein wenig modifiziert werden:
=WENN(ISTFEHLER(SVERWEIS(C1;$F$1:$G$26;2;FALSCH));"";
SVERWEIS(C1;$F$1:$G$26;2;FALSCH))
Statt den Anführungszeichen kann auch 0 eingegeben werden, wenn direkt mit diesem Wert weitergerechnet wird.

H2 =SVERWEIS(G2;$B$2:$C$16;2;FALSCH)

	A	B	C	D	E	F	G	H	I
1	Länder	Währungen	Kurs zum EURO (Stand: 15.07.01)			Preis	Währung	Kurs	Preis in €
2	Australien	AUD	1,6600			10	DKR	7,4222	1,35 €
3	Dänemark	DKR	7,4222			200	JPY	105,3900	1,90 €
4	Europa	EUR	1,0000			40	HKD	6,5595	6,10 €
5	Großbritannie	GBP	0,6071			100	CZK	33,0800	3,02 €
6	Hongkong	HKD	6,5595			20	EUR	1,0000	20,00 €
7	Japan	JPY	105,3900			100	CHF	1,5084	66,30 €
8	Kanada	CAD	1,3058			10	USD	0,8520	11,74 €
9	Neuseeland	NOK	2,0710			10	CAD	1,3058	7,66 €
10	Norwegen	NKR	7,9430						
11	Polen	PZL	3,5350						
12	Schweden	SEK	9,2938						
13	Schweiz	CHF	1,5084						
14	Südafrika	HRD	6,9040						
15	Tschechien	CZK	33,0800						
16	USA	USD	0,8520						
17									

Abbildung 6.55 Die Funktion SVERWEIS für unterschiedliche Währungen und Kurse

Dennoch bleibt SVERWEIS für einige Anwendungsbereiche unflexibel. Besser geeignet sind die beiden Funktionen VERGLEICH und INDEX. VERGLEICH sucht einen Wert in einer Matrix (Spalte) und zeigt die entsprechende Zeilenzahl an.

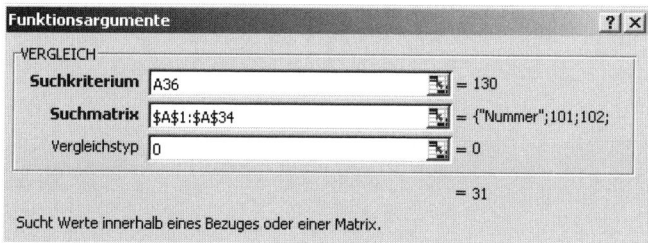

Abbildung 6.56 Die Funktion VERGLEICH

Bei „Vergleichstyp" ist die Zahl -1, 0 oder 1 einzutragen. Vergleichstyp gibt an, auf welche Weise Microsoft Excel die Werte in einer Suchmatrix mit den Suchkriterien vergleicht.

Ist Vergleichstyp gleich 1, liefert VERGLEICH den größten Wert, der kleiner gleich Suchkriterium ist. Die Elemente der Suchmatrix müssen in aufsteigender Reihenfolge angeordnet sein: ... -2, -1, 0, 1, 2, ..., A-Z, FALSCH, WAHR.

Ist Vergleichstyp gleich 0, liefert VERGLEICH den ersten Wert, der gleich Suchkriterium ist. Die Elemente der Suchmatrix dürfen in beliebiger Reihenfolge angeordnet sein. 0 muss bei Textvergleich eingegeben werden.

Ist Vergleichstyp gleich -1, liefert VERGLEICH den kleinsten Wert, der größer gleich Suchkriterium ist. Die Elemente der Suchmatrix müssen in absteigender Reihenfolge angeordnet sein: WAHR, FALSCH, Z-A, ... 2, 1, 0, -1, -2 ... usw.

Fehlt das Argument Vergleichstyp, wird es als 1 angenommen.

Die Funktion INDEX dagegen liefert nun den entsprechenden Wert aus einer anderen Matrix, das heißt Spalte. Handelt es sich wirklich nur um eine Spalte, so kann Matrix; Zeile; Spalte verwendet werden.

Die Funktion INDEX liegt noch in einer zweiten Variante vor.

INDEX(Bezug; Zeile; Spalte; Bereich), der die erste Variante umfasst, stellt noch weitere Eingabemöglichkeiten zur Verfügung. Sie arbeitet analog zu der hier erläuterten Variante.

Oder man fügt beide Funktionen zusammen ein:

=INDEX(A1:C34;VERGLEICH(A36;A1:A36;0);2)

Wurde der Vergleichstyp für die Funktion VERGLEICH mit dem Wert 0 angenommen, so muss die Eingabe eindeutig sein. Sowohl 100 als auch 150 oder auch 105,123 führen zu einer Fehlermeldung. Mit dieser Hilfe können falsche Eingaben abgefangen werden:

=WENN(ISTFEHLER(VERGLEICH($A36;$A$1:$A$34;0));"";
INDEX($A$1:$C$34;VERGLEICH($A36;$A$1:$A$34;0);2))

Wenn die Funktion VERGLEICH zu einem Fehler führt, dann zeige nichts an, ansonsten den entsprechenden Artikel. Damit diese Funktion eine Zelle nach rechts kopiert werden, aber auch in mehreren Zellen nach unten verwendet werden kann, ist die Formel in einen gemischten Bezug zu verwandeln:

=WENN(ISTFEHLER(VERGLEICH($A36;$A$1:$A$34;0));"";INDEX($A$1:
$C$34;VERGLEICH($A36;$A$1:$A$34;0);2))

Diese Funktion kann natürlich auf einem anderen Tabellenblatt stehen – dazu muss lediglich der Blattname angegeben werden, auf den die Funktion verweist.

	B36		fx	=WENN(ISTFEHLER(VERGLEICH($A$36;$A$1:$A$34;0));"";INDEX($B$1:$B$34;VERGLEICH($A$36;
	A			$A$1:$A$34;0)))
1	Nummer	Film		Preis
30	129	Berlin Alexanderplatz		69,90 DM
31	130	Lili Marleen		39,90 DM
32	131	Lola		39,90 DM
33	132	Die Sehnsucht der Veronika Voss		19,90 DM
34	133	Querelle - Ein Pakt mit dem Teufel		59,90 DM
35				
36	130	Lili Marleen		39,90 DM
37				

Abbildung 6.57 Der Wert erscheint erst, wenn eine (korrekte) Artikelnummer eingetragen wird.

Heißt die Tabelle mit den Fassbinder-Filmen „Fassbinder", so lautet die Funktion:
=WENN(ISTFEHLER(VERGLEICH($A3;Fassbinder!$A$1:Fassbinder!$A$34;0));"";INDEX(Fassbinder!$A$1:Fassbinder!$C$34;VERGLEICH(Fassbinder!$A3;Fassbinder!$A$1:Fassbinder!$A$34;0);2))

Will man nun auf verschiedene Tabellenblätter zugreifen, so könnte man eine Auswahlliste erstellen, in der die Namen der einzelnen Blätter (hier: der einzelnen Regisseure) stehen, beispielsweise in B3. Dann muss die Funktion
=VERGLEICH($A3;Fassbinder!$A$1:Fassbinder!$A$34;0)
ersetzt werden durch
=VERGLEICH($A5;INDIREKT($B$3&"!A1"):INDIREKT($B$3&"!A130");0)

Die Funktion INDIREKT ist nötig, um den Text "Fassbinder!A1", der aus der Formel $B$3&"!A1 resultiert, in einen Zellbezug umzuwandeln. Damit die Spaltenanzahl nicht immer von 2 auf 3 beim Herüberziehen geändert werden muss, kann mit der Funktion SPALTE gearbeitet werden. Sie ermittelt die aktuelle Spalte (aus B wird 2) und verändert sich in 3, wenn sie in der Spalte C zu stehen kommt. Die komplette Formel lautet nun:
=WENN(ISTFEHLER(VERGLEICH($A5;INDIREKT($B$3&"!A1"):INDIREKT($B$3&"!A130");0));"";INDEX(INDIREKT($B$3&"!A1"):INDIREKT($B$3&"!C130");VERGLEICH($A5;INDIREKT($B$3&"!A1"):INDIREKT($B$3&"!A130");0);SPALTE(B4)))

Siehe Abbildung 6.58.

Was aber nun, wenn der Inhalt der letzten gefüllten Zelle ermittelt werden soll, beispielsweise bei einer ungeordneten Zahlenliste oder bei einer Texttabelle? Oder, um in unserem Datenbankbeispiel zu bleiben, wenn von noch lebenden Regisseuren weitere Filme hinzukommen? Die Funktion Anzahl2 liefert die Anzahl der gefüllten Zellen und damit die letzte Zelle.

	B6	▼	fx	=WENN(ISTFEHLER(VERGLEICH($A6;INDIREKT($B$3&"!A1"):INDIREKT($B$3&"!A"&ANZAHL2(
	A			INDIREKT($B$3&"!A1"):INDIREKT($B$3&"!A999")));0));"";INDEX(INDIREKT($B$3&"!A1"):INDIREKT($B$3&"!
1	Nummer	Film		C"&ANZAHL2(INDIREKT($B$3&"!A1"):INDIREKT($B$3&"!A999"));VERGLEICH($A6;INDIREKT($B$3&"!
2				A1"):INDIREKT($B$3&"!A"&ANZAHL2(INDIREKT($B$3&"!A1"):INDIREKT($B$3&"!A999")));0);SPALTE(B5)))
3		Fassbinder		
4				
5	110	Die bitteren Tränen der Petra von Kant	39,90 DM	
6	133	Querelle - Ein Pakt mit den Teufel	59,90 DM	
7				

Abbildung 6.58 Nun können die Regisseure und deren Filme gesucht werden

Beispielsweise wurde der Bereich B2:B15 markiert, es sind aber lediglich B2:B12 gefüllt, also 11 Zellen. Dies kann die Funktion
=ANZAHL2(B2:B15)
ermitteln. Wie aber soll nun die Zelle "B11+1" angezeigt werden? Dafür kann die Funktion INDIREKT helfen. Werden Zellnamen durch Textverkettung zusammengesetzt, so liefert INDIREKT einen Bezug auf diese Zelle. In unserem Fall wäre es:
=INDIREKT("B"&ANZAHL2(B2:B14)+1)
Mit dieser Funktion könnte man Bereiche dynamisch halten, auf welche die Matrixfunktionen zugreifen. Im Filmbeispiel sind die Filmlisten unterschiedlich lang. Das heißt: Man greift auf einen Bereich zu, der bei A1 beginnt und bei
ANZAHL2(INDIREKT($B$3&"!a1"):INDIREKT($B$3&"!A999"))
endet. Oder als ganze Funktion könnte stehen:
=WENN(ISTFEHLER(VERGLEICH($A5;INDIREKT($B$3&"!A1"):
INDIREKT($B$3&"!A"&ANZAHL2(INDIREKT($B$3&"!A1"):
INDIREKT($B$3&"!A999")));0));"";INDEX(INDIREKT($B$3&"!A1"):
INDIREKT($B$3&"!C"&ANZAHL2(INDIREKT($B$3&"!A1"):
INDIREKT($B$3&"!A999"));VERGLEICH($A5;INDIREKT($B$3&"!A1"):
INDIREKT($B$3&"!A"&ANZAHL2(INDIREKT($B$3&"!A1"):
INDIREKT($B$3&"!A999")));0);SPALTE(B4)))

	B3	▼	fx	Almodóvar					
	A	B		C	D	E	F	G	H
1	Nummer	Film		Preis					
2									
3		Almodóvar							
4									
5	110	Kika		39,80 DM					
6	133								
7									

Abbildung 6.59 Unabhängig von der Anzahl der Filme wird auf die richtige Matrixgröße zugegriffen.

Die Funktion ZEILEN ist hier unbrauchbar, da diese die Anzahl der markierten Spalten liefern würde, also
=ZEILEN(B2:B15)
ergibt 14. Das Ergebnis ist unabhängig davon, ob die Zellen gefüllt sind oder nicht.
Die umgekehrte Funktion scheint wichtig. Wenn auf eine Zählerspalte verzichtet werden soll (wie im Beispiel in Kapitel 6.1), so kann die Positionshöhe mit der

6 Funktionen

Funktion ZEILE ermittelt werden. Gibt beispielsweise der Benutzer in die Zelle A1 die Zahl 12 ein und soll daraufhin die Tabelle von Zeile 2 bis 13 aufgebaut werden (und die jeweilige Zahl anzeigen), so wird in die Zelle A2 die folgende Formel geschrieben:
=WENN(ZEILE(A1)<=$A$1;ZEILE(A1);"")
Diese wird nach unten gezogen. Statt der „Dann"-Bedingung der Formel ZEILE(A1) kann eine andere Funktion eingesetzt werden, die ein bestimmtes Rechenergebnis liefert.

Analog für die Spalten existiert die Funktion SPALTE.

Kennen Sie das Problem? Sie haben eine Tabelle begonnen, die Überschriften stehen nebeneinander in der ersten Zeile, und nun entscheiden Sie sich dafür, die Überschriften untereinander in eine Spalte zu schreiben. Kein Problem. Sie können den schon erstellten Bereich markieren, kopieren, den Cursor an die Stelle positionieren, an der der neue Bereich stehen soll, und nun über das Menü BEARBEITEN / INHALTE EINFÜGEN mit der Option „Transponieren" die Tabelle um 90° drehen:

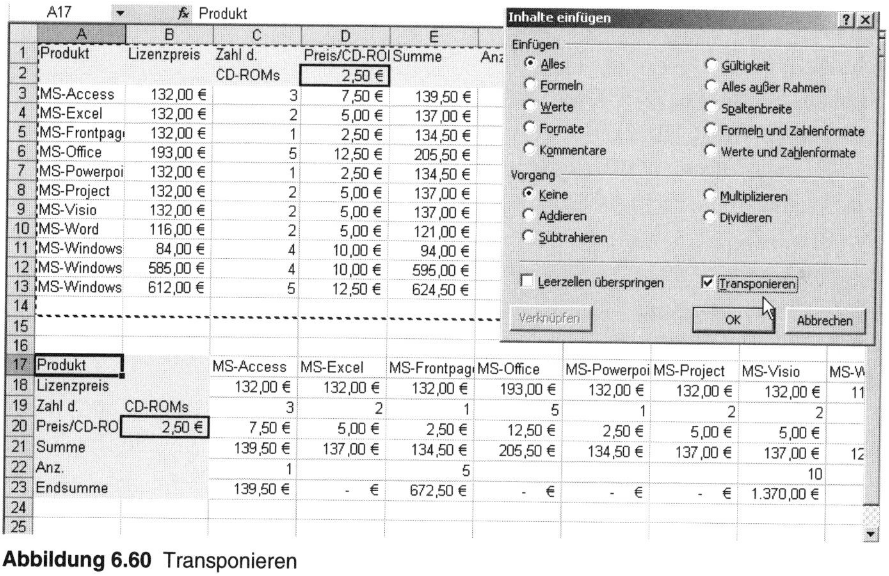

Abbildung 6.60 Transponieren

Für diese Aktion existiert die Funktion MTRAN. So schön und praktisch diese Funktion MTRAN zum Transponieren einer Matrix ist, so unpraktisch ist sie, da sie nicht dynamisch ist, das heißt, nach einem veränderten Bereich neu aktiviert werden muss.

Angenommen in den Zellen A1:C7 stehen Zahlen und Texte, die auf einer anderen Tabelle transponiert, das heißt um 90° gedreht, dargestellt werden sollen. Dazu kann eine verschachtelte Funktion verhelfen. Die beiden Funktionen
=SPALTE(A1) und

=ZEILE(A1)

liefern die Werte für die Spalte und die Zeile, also eben 1 und 1. Mit der Funktion

=ADRESSE(SPALTE(A1);ZEILE(A1))

werden diese wieder zu einer „umgekehrten", aber gültigen Adresse zusammengesetzt, nämlich zu $A$1. Die Funktion

=INDIREKT(ADRESSE(SPALTE(A1);ZEILE(A1)))

liefert den Inhalt. Wird diese Funktion nun nach unten und nach rechts gezogen, so erscheint die transponierte Matrix. Leere Zellen werden erfahrungsgemäß mit dem Wert 0 angezeigt, diese können entweder über EXTRAS / OPTIONEN / ANSICHT „Nullwerte" ausgeblendet werden oder über eine WENN-Funktion:

=WENN(INDIREKT(ADRESSE(SPALTE(A1);ZEILE(A1)))="";"";INDIREKT (ADRESSE(SPALTE(A1);ZEILE(A1))))

Und außerdem als Matrixfunktion. Wird als Zielbereich ein Bereich markiert, der ebenso groß ist wie der ursprüngliche (nur eben Zeilen und Spalten vertauscht), so kann auf die ganze Matrix zugegriffen werden. Das Ergebnis muss aber mit <Shift> + <Strg> + <Enter> beendet werden!

Natürlich geht es mit KOPIEREN und INHALTE EINFÜGEN „Transponieren" ebenso schnell.

Ähnliches leistet die Funktion:

BEREICH.VERSCHIEBEN

Mit ihr kann auf eine Zelle zugegriffen werden, die sich um eine bestimmte Anzahl von Spalten weiter rechts oder unterhalb der Zelle befindet.

Mit BEREICHE kann die Anzahl der Bereiche festgelegt werden. Stehen also in den Spalten A3:A17, C3:C27 und G3:G20 Zahlen, die den Namen „Ausgaben" tragen (siehe auch Kapitel 2.1.4), so liefert

=BEREICHE(Ausgaben)

die Zahl 3.

Diese beiden Funktionen sind in der Makroprogrammierung von Bedeutung, wenn es darum geht zu überprüfen, welche Bereiche der Benutzer ausgewählt hat beziehungsweise um bestimmte Bereiche zu versetzen.

Beispiel: Mit dem Wissen dieses Kapitels können nun einige Beispiele gelöst werden. Angenommen, ein wissenschaftliches Institut schreibt jeden Tag Messwerte in eine Excel-Tabelle. Diese werden in einem darüber zur Verfügung gestellten Ordner gespeichert und nach dem jeweiligen Tag benannt: MW010701.xls, MW020701.xls, MW030701.xls und so weiter. Nun kann allerdings nicht in einer Zelle geschrieben werden:

="MW"&HEUTE()&"Tabelle1"&A1

Das Ergebnis wäre:

MW37074Tabelle1

Das heutige Datum muss in eine Zahl umgewandelt werden:

="MW"&TEXT(HEUTE();"TTMMJJ")&"Tabelle1"&A1

Auch dies liefert lediglich:

MW020701Tabelle1
Damit der String als Bezug erkannt wird, muss er in die Funktion
=INDIREKT("'C:\Eigene Dateien\Uebungsdateien\Excel[MW"&
TEXT(HEUTE();"TTMMJJ")&".xls]standard'!A1")
eingepasst werden.
Oder folgendes Beispiel:
In eine Zelle wird der Monatsname „Januar" geschrieben. Durch Herunterziehen werden die übrigen Monate erzeugt. Über das Menü DATEN / GÜLTIGKEIT wird ein Zellendropdown generiert, in dem sich die Monatsnamen befinden. In zwölf Zellen dieser Mappe befinden sich Tabellenblätter mit den Namen „Januar", „Februar", „März", ... In allen Blättern steht in Zelle E17 ein spezifischer Wert. Auf diesen kann über folgende Funktion zugegriffen werden:
=INDIREKT(B1&"!E17")
Leider fehlt in Excel eine Funktion, die zwölf Blätter erzeugt mit den zwölf Monatsnamen. So etwas muss mit VBA programmiert werden. Oder es wird einmal erstellt und als Vorlage gespeichert.
Oder folgendes Problem. In einer Abteilung einer großen Firma, die mit Fertigungen von Teilen beschäftigt ist, muss vorausplanend ein Gesamtpreis kalkuliert werden. Das Problem hierbei ist, dass die Einzelteile aus verschiedenen Ländern zu unterschiedlichen Währungen eingekauft werden. Die Währungen werden auf einem Tabellenblatt aufgelistet, daneben die Kurse. Leitwährung ist Euro. Trägt nun der Benutzer einen bestimmten Preis ein, so muss er zusätzlich daneben aus dem Zellendropdown (DATEN / GÜLTIGKEIT „Liste") die Währung auswählen. Über einen SVERWEIS wird der entsprechende Kurs hierzu gefunden:
=SVERWEIS(C2;$G$1:$H$23;2;FALSCH)
Damit man die Funktion herunterziehen kann, müssen Fehler abgefangen werden:
=WENN(ISTFEHLER(SVERWEIS(C2;$G$1:$H$23;2;FALSCH));"";
SVERWEIS(C2;$G$1:$H$23;2;FALSCH))
Und mit diesem Kurs kann nun weitergerechnet werden: Preis * Kurs ergibt Preis in der Leitwährung Euro. Und diese Zahlen können addiert werden, damit eine vernünftige Gesamtsumme entsteht.
Ein weiteres Beispiel: In einer Firma werden Leiterplatten automatisch gelötet und bestückt. Diese werden auf eine Maschine positioniert, anschließend auf einem Bandförderer in eine Vorwärmkammer gefahren, wo ein Flussmittel aufgetragen wird, mit dem schließlich die Verbindungen hergestellt werden. Dabei treten regelmäßig Fehler auf. Die Abteilung, die sich mit Qualitätsmanagement beschäftigt, versucht nun die Einflussgrößen zu bestimmen, die verändert werden können. Sie kommen zu dem Ergebnis, dass man das Flussmittel austauschen, die Bandgeschwindigkeit erhöhen, den Neigungswinkel vergrößern oder die Vorwärmtemperatur erhöhen könnte. In einer Tabelle werden die ermittelten Werte aufgelistet, wobei die aktuellen Werte mit "-" gekennzeichnet werden und die neuen, die es zu untersuchen gilt, mit "+".

Tabelle 6.11 Die vier Faktoren, die es zu beachten gilt

Bezeichnung	Einflussgröße	Niveau	
		aktuell (−)	neu (+)
x_1	Flussmittel	A 19	A 880
x_2	Bandgeschwindigkeit	4 m/min	8 m/min
x_3	Neigungswinkel	5°	7°
x_4	Vorwärmtemperatur	160 °C	220 °C

Nun stehen insgesamt 2*2*2*2 = 16 Möglichkeiten zur Verfügung: jeweils vier Mal die alten und die neuen, zu untersuchenden Werte. Es werden also 16 Tests durchgeführt, bei denen die Wechselwirkungen untersucht werden.

Tabelle 6.12 Für die vier Faktoren liefern die 16 Tests folgende Fehler-Ergebnisse:

Nr.	x_1	x_2	x_3	x_4	Ergebnis
1	−	−	−	−	19
2	−	+	−	−	15
3	+	−	−	−	108
4	+	+	−	−	8
5	−	−	−	+	16
6	−	+	−	+	61
7	+	−	−	+	1
8	+	+	−	+	0
9	−	−	+	−	4
10	−	+	+	−	45
11	+	−	+	−	41
12	+	+	+	−	3
13	−	−	+	+	33
14	−	+	+	+	13
15	+	−	+	+	10
16	+	+	+	+	0

Übrigens: Um ein "+" oder ein "-" in eine Zelle einzugeben, kann man am einfachsten die <+>-Taste drücken und mit <Enter> oder <Tab> bestätigen.
Damit mit diesen Werten gerechnet werden kann, wäre es geschickter, sie gegen 1 und -1 auszutauschen. Oder die entsprechenden Textfunktionen WECHSELN oder ERSETZEN (siehe Kapitel 6.3!):
=WERT(WECHSELN(WECHSELN(B4;"+";1);"-";"-1"))
Dies leistet auch die Funktion ERSETZEN aus dem Menü BEARBEITEN. Nun werden noch weitere Spalten eingefügt, in denen die Wechselwirkungen aufgelistet werden. Also x_1x_2 oder x_1x_4 oder auch $x_1x_2x_3$ und so weiter. Nun werden die Werte entsprechend der Überschrift in der ersten Zeile miteinander multipliziert. Diese kann dann

6 Funktionen

nach unten gezogen werden. Die gesamte Tabelle mit den Wechselwirkungen sieht folgendermaßen aus:

Tabelle 6.13 Die Wechselwirkungstabelle

Nr.	x_1	x_2	x_3	x_4	x_1x_2	x_1x_3	x_1x_4	x_2x_3	x_2x_4	x_3x_4	$x_1x_2x_3$	$x_1x_2x_4$	$x_1x_3x_4$	$x_2x_3x_4$	$x_1x_2x_3x_4$	Ergebnis
1	-1	-1	-1	-1	1	1	1	1	1	1	-1	-1	-1	-1	1	19
2	-1	1	-1	-1	-1	1	1	-1	-1	1	1	1	-1	1	-1	15
3	1	-1	-1	-1	-1	-1	-1	1	1	1	1	1	1	-1	-1	108
4	1	1	-1	-1	1	-1	-1	-1	-1	1	-1	-1	1	1	1	8
5	-1	-1	-1	1	1	1	-1	1	-1	-1	-1	1	1	1	-1	16
6	-1	1	-1	1	-1	1	-1	-1	1	-1	1	-1	1	-1	1	61
7	1	-1	-1	1	-1	-1	1	1	-1	-1	1	-1	-1	1	1	1
8	1	1	-1	1	1	-1	1	-1	1	-1	-1	1	-1	-1	-1	0
9	-1	-1	1	-1	1	-1	1	-1	1	-1	1	-1	1	1	-1	4
10	-1	1	1	-1	-1	-1	1	1	-1	-1	-1	1	1	-1	1	45
11	1	-1	1	-1	-1	1	-1	-1	1	-1	-1	1	-1	1	1	41
12	1	1	1	-1	1	1	-1	1	-1	-1	1	-1	-1	-1	-1	3
13	-1	-1	1	1	1	-1	-1	-1	-1	1	1	1	-1	-1	1	33
14	-1	1	1	1	-1	-1	-1	1	1	1	-1	-1	-1	1	-1	13
15	1	-1	1	1	-1	1	1	-1	-1	1	-1	-1	1	-1	-1	10
16	1	1	1	1	1	1	1	1	1	1	1	1	1	1	1	0

Unter der Tabelle wird nun der Einfluss der einzelnen Faktoren auf das Ergebnis bestimmt. Befindet sich in der Tabelle in einer Spalte ein "+", so wird die Ergebniszahl addiert, befindet sich ein "-" darin, so wird sie subtrahiert. Also ergibt sich für die Spalte x_1:

-19-15+108+8-16-61+1+0-4-45+41+3-33-13+10+0 = -35

Diese Berechnung ist eine Multiplikation zwischen der Zelle, in der die Zahl +1 oder −1 steht, und dem Ergebnis der letzten Spalte. Da die Formel nach rechts gezogen werden soll, aber gleichzeitig immer auf die Ergebnisspalte zugegriffen werden muss, ist sie absolut zu setzen. Die Funktion SUMMENPRODUKT multipliziert die beiden Spalten miteinander, wobei die zweite absolut gesetzt wird (Abbildung 6.61).

Da die Zahlen absolut benötigt werden, wird eine kleine Korrektur vorgenommen:
=ABS(SUMMENPRODUKT(G2:G17;$V$2:$V$17))

Diese beiden Funktionen werden im Kapitel „Mathematische und trigonometrische Funktionen" behandelt.

Die Berechnung kann nun nach rechts gezogen werden, wobei sofort ersichtlich ist, dass sich in der Spalte x_1x_2 die größte Zahl befindet. Dies könnte natürlich noch mittels der Funktion

=MAX(G18:U18)

ermittelt werden. Die Funktionen INDEX und VERGLEICH würden auch die zugehörige Spaltenbeschriftung finden:

=INDEX(G1:U18;1;VERGLEICH(G20;G18:U18;0))

Ebenso kann nach dem zweitgrößten Element gesucht werden:

=KGRÖSSTE(G18:U18;2)

L25 =ABS(SUMMENPRODUKT(L9:L24;$Q$9:$Q$24))

	A	B	C	D	E	F	G	H	I	J	K	L	M	N	O	P	Q	R
1	Bezeichnung	Einflußgröße	Niveau															
2			aktuell (-)	neu (+)														
3	x_1	Flußmittel	A 19	A 880														
4	x_2	Bandgeschwindigkeit	4 m/min	8 m/min														
5	x_3	Neigungswinkel	5°	7°														
6	x_4	Vorwärmtemperatur	160 °C	220 °C														
7																		
8	Nr.	x_1	x_2	x_3	x_4	x_1x_2	x_1x_3	x_1x_4	x_2x_3	x_2x_4	x_3x_4	$x_1x_2x_3$	$x_1x_2x_4$	$x_1x_3x_4$	$x_2x_3x_4$	$x_1x_2x_3x_4$	Ergebnis	
9	1	-1	-1	-1	-1	1	1	1	1	1	1	-1	-1	-1	-1	1	19	
10	2	-1	1	-1	-1	-1	1	1	-1	-1	1	1	1	-1	1	-1	15	
11	3	1	-1	-1	-1	-1	-1	-1	1	1	1	1	1	1	-1	-1	108	
12	4	1	1	-1	-1	1	-1	-1	-1	-1	1	-1	-1	1	1	1	8	
13	5	-1	-1	-1	1	1	1	-1	1	-1	-1	-1	1	1	1	-1	16	
14	6	-1	1	-1	1	-1	1	-1	-1	1	-1	1	-1	1	-1	1	61	
15	7	1	-1	-1	1	-1	-1	1	1	-1	-1	1	-1	-1	1	1	1	
16	8	1	1	-1	1	1	-1	1	-1	1	-1	-1	1	-1	-1	-1	0	
17	9	-1	-1	1	-1	1	-1	1	-1	1	-1	1	-1	1	1	-1	4	
18	10	-1	1	1	-1	-1	-1	1	1	-1	-1	-1	1	1	-1	1	45	
19	11	1	-1	1	-1	-1	1	-1	-1	1	-1	-1	1	-1	1	1	41	
20	12	1	1	1	-1	1	1	-1	1	-1	-1	1	-1	-1	-1	-1	3	
21	13	-1	-1	1	1	1	-1	-1	-1	-1	1	1	1	-1	-1	1	33	
22	14	-1	1	1	1	-1	-1	-1	1	1	1	-1	-1	-1	1	-1	13	
23	15	1	-1	1	1	-1	1	1	-1	-1	1	-1	-1	1	-1	-1	10	
24	16	1	1	1	1	1	1	1	1	1	1	1	1	1	1	1	0	
25		35	87	79	109	211	47	189	33	115	35	73	139	127	181	39		
26																		
27		größte Zahl:	211															
28		steht in Spalte:	x1x2															
29																		
30		zweitgrößte Zahl	189															

Abbildung 6.61 Die Funktion SUMMENPRODUKT

Beispiel: Vielleicht ist das folgende kein sinnvolles Beispiel, aber auch dieses Beispiel verdeutlicht die Arbeitsweise von Matrixfunktionen. In einer Tabelle sind Adjektive und Substantive abgelegt.

6 Funktionen

	A	B	C	D	E	F
1	**Wirtschaftsfachhochchinesich leicht gemacht!**					
2						
3						
4	Ihr gesuchter Ausdruck lautet:					
5						
6	funktionelle	Aktions	dynamik			
7	integrierte	Drittgenerations	ebene			
8	konzentrierte	Fluktuations	flexibilität			
9	mehrkörper	Führungs	kontingenz			
10	orientierte	Identifikations	konzeption			
11	permanente	Interpretations	phase			
12	progressive	Koalitions	potenz			
13	qualifizierte	Organisations	problematik			
14	qualifizierte	System	programmierung			
15	synchrone	Übergangs	struktur			
16	systematisierte	Wachstums	tendenz			
17	multiple	Human	veranlagung			
18						

Abbildung 6.62 Einige Begriffe, die gemischt werden sollen

Aus ihnen werden in Kombinationen „Fremdwörter" generiert. Zum Beispiel: „konzentrierte Führungsphase" oder „synchrone Fluktuationsflexibilität". Mit der Funktion ZUFALLSZAHL wird eine Zahl zwischen 0 und 1 generiert. Diese wird mit 11 multipliziert und mit der Funktion AUFRUNDEN auf die nächste ganze Zahl aufgerundet:
=AUFRUNDEN(ZUFALLSZAHL()*11;0)
Da die Begriffe in Zeile 10 bis 21 stehen, wird noch 10 addiert. So entstehen beliebige Zahlen zwischen 10 und 21. Nun muss über eine Funktion aus der ersten, zweiten und dritten Spalte ein Text herausgeholt werden. Diese werden miteinander verkettet. Dafür gibt es mehrere Lösungen. Man kann mit der Funktion ADRESSE arbeiten. Sie setzt eine Zeile und eine Spalte zu einer gültigen Adresse zusammen.
=ADRESSE(AUFRUNDEN(ZUFALLSZAHL()*10;0)+10;1)
liefert eine Zelle zwischen A10 und A21. Mit dieser Adresse kann nun über die Funktion INDIREKT der Zellinhalt abgefragt werden. Diese verketteten Funktionen werden dreimal verwendet und "addiert". Die Funktion sieht nun so aus:
=INDIREKT(ADRESSE(AUFRUNDEN(ZUFALLSZAHL()*11;0)+10;1))&"
"&INDIREKT(ADRESSE(AUFRUNDEN(ZUFALLSZAHL()*11+10;0);2))&
INDIREKT(ADRESSE(AUFRUNDEN(ZUFALLSZAHL()*11+10;0);3))
Hinter dem ersten "&" muss ein Leerzeichen stehen, da sonst das Leerzeichen zwischen dem Adjektiv und dem Substantiv fehlt.
Es geht auch anders. Man könnte ebenso die Funktion INDEX verwenden, um auf einen Matrixeintrag zuzugreifen.
=INDEX(A10:C21;AUFRUNDEN(ZUFALLSZAHL()*10;0);1)
liefert einen Wert aus der Matrix der ersten Spalte. Diese Funktion wird dreimal verkettet und ergibt:

=INDEX(A10:C21;AUFRUNDEN(ZUFALLSZAHL()*11;0);1)&" "&INDEX(A10:C21;AUFRUNDEN(ZUFALLSZAHL()*11;0);2)&INDEX(A10:C21;AUFRUNDEN(ZUFALLSZAHL()*11;0);3)
Sie liefert das gleiche Ergebnis wie INDIREKT und ADRESSE:

	A	B	C	D
1	**Wirtschaftsfachhochchinesich leicht gemacht!**			
2				
3				
4	Ihr gesuchter Ausdruck lautet:		Ein schönes neues Wort:	
5				
6			systematisierte Organisationsprogrammierung	
7	funktionelle	Aktions	dynamik	
8	integrierte	Drittgenerations	ebene	
9	konzentrierte	Fluktuations	flexibilität	Noch ein schönes Wort:
10	mehrkörper	Führungs	kontingenz	
11	orientierte	Identifikations	konzeption	permanente Identifikationsdynamik
12	permanente	Interpretations	phase	
13	progressive	Koalitions	potenz	
14	qualifizierte	Organisations	problematik	
15	qualifizierte	System	programmierung	
16	synchrone	Übergangs	struktur	
17	systematisierte	Wachstums	tendenz	
18	multiple	Human	veranlagung	
19				

Abbildung 6.63 Neue Wörter braucht das Land.

Noch ein Beispiel: Man kann mit den Matrixfunktionen Werte nicht nur eindimensional suchen lassen, sondern auch zweidimensional. Angenommen in einer Matrix stehen mehrere Kilometerangaben untereinander und mehrere Gewichtsangaben nebeneinander. Ihnen sind jeweils bestimmte Werte zugeordnet. Nun soll in ein zweites Tabellenblatt in einer Spalte ein Wert aus der ersten Spalte stehen (Kilometerangabe); daneben ein Wert aus der Beschriftungszeile (Gewichtsangabe). Der Wert, der in der ersten Matrix gefunden wird, soll in die dritte Zelle daneben geschrieben werden.

In die erste Zelle gibt der Benutzer die km ein. Die Formel
=VERGLEICH(A2;Tabelle1!$B$2:$B$19)
berechnet die Zeile, in der sich dieser Wert befindet. Mit
=VERGLEICH(B2;Tabelle1!$B$2:$Q$2)
wird die Spalte berechnet, in der sich der Wert kg befindet. Nun kann über
=INDEX(Tabelle1!$B$2:$Q$19;C2;D2)
die entsprechende Zelle herausgeholt werden. Excel sucht bei Zwischenwerten den nächstkleineren Wert, also bei 101 oder 199 wird immer 100 verwendet. Wollen Sie aufrunden, dann zählen Sie eins dazu:
=INDEX(Tabelle1!$B$2:$Q$19;C2;D2+1)
Dies kann nun zu einer Formel zusammengefasst werden:
=INDEX(Tabelle1!$B$2:$Q$19;VERGLEICH(A3;Tabelle1!$B$2:$B$19); VERGLEICH(B3;Tabelle1!$B$2:$Q$2))
Und noch nicht eingegebene Werte sollen keine Fehler melden:
=WENN(ISTFEHLER(INDEX(Tabelle1!$B$2:$Q$19;VERGLEICH(A4;

Tabelle1!$B$2:$B$19);VERGLEICH(B4;Tabelle1!$B$2:$Q$2)));"";
INDEX(Tabelle1!$B$2:$Q$19;VERGLEICH(A4;Tabelle1!$B$2:$B$19);
VERGLEICH(B4;Tabelle1!$B$2:$Q$2)))

Die Formeln stehen alle in Spalte E. Nun können die Werte in Spalte A und B eingetragen werden. Wenn die Formel aufrunden soll (siehe oben), dann so:
=WENN(ISTFEHLER(INDEX(Tabelle1!$B$2:$Q$19;
VERGLEICH(A4;Tabelle1!$B$2:$B$19);VERGLEICH(B4;Tabelle1!$B$2:$Q$2)
+1));"";INDEX(Tabelle1!$B$2:$Q$19;VERGLEICH(A4;Tabelle1!$B$2:$B$19);
VERGLEICH(B4;Tabelle1!$B$2:$Q$2)+1))

Achtung: Die Werte müssen als WERTE, d.h. als Zahlen eingegeben werden. Sonst rechnet Excel nicht!

			50 Kg	100 Kg	200 Kg	300 Kg	400 Kg	500 Kg	600 Kg	700 K
3		30	Km	13,90 DM	16,30 DM	27,90 DM	39,40 DM	42,50 DM	45,60 DM	67,90 DM	70,20
4		40	Km	14,30 DM	18,70 DM	37,90 DM	39,50 DM	44,50 DM	49,30 DM	68,10 DM	71,20
5		50	Km	14,70 DM	19,00 DM	29,00 DM	41,50 DM	47,10 DM	52,80 DM	71,30 DM	75,40
6		60	Km	15,00 DM	20,30 DM	30,10 DM	43,40 DM	49,50 DM	55,50 DM	74,40 DM	78,40
7		70	Km	15,50 DM	20,40 DM	31,30 DM	45,20 DM	51,00 DM	56,80 DM	77,50 DM	82,10
8		80	Km	15,90 DM	20,90 DM	32,40 DM	47,10 DM	52,60 DM	58,20 DM	80,70 DM	87,10
9		90	Km	16,20 DM	22,60 DM	33,50 DM	48,90 DM	56,20 DM	63,20 DM	83,90 DM	96,10
10		100	Km	16,60 DM	23,40 DM	34,80 DM	50,90 DM	66,70 DM	67,90 DM	87,10 DM	100,00
11		120	Km	17,20 DM	24,60 DM	36,30 DM	53,50 DM	70,50 DM	74,60 DM	91,60 DM	105,30
12		140	Km	17,90 DM	25,90 DM	38,50 DM	57,00 DM	75,10 DM	81,40 DM	92,10 DM	112,00
13		160	Km	18,60 DM	27,30 DM	40,40 DM	60,30 DM	79,90 DM	86,90 DM	97,60 DM	118,60
14		180	Km	19,30 DM	28,70 DM	42,40 DM	63,70 DM	84,50 DM	92,80 DM	103,30 DM	125,30
15		200	Km	20,00 DM	30,10 DM	44,60 DM	67,00 DM	89,10 DM	97,70 DM	109,00 DM	132,10
16		225	Km	21,20 DM	32,60 DM	48,00 DM	72,70 DM	97,20 DM	113,70 DM	124,20 DM	143,80
17		250	Km	21,80 DM	33,80 DM	49,70 DM	75,50 DM	101,10 DM	117,30 DM	128,80 DM	149,40
18		275	Km	22,30 DM	34,80 DM	51,30 DM	78,40 DM	105,00 DM	128,40 DM	133,60 DM	155,00
19		300	Km	22,90 DM	36,10 DM	53,00 DM	81,20 DM	108,90 DM	133,10 DM	138,20 DM	160,70
21			km		kg		Ergebnis				
22				90		450	56,20				
23				30		200	27,90				
24				55		111	19,00				

Abbildung 6.64 Eine zweidimensionale Matrixfunktion

6.5.2 Datenbankfunktionen

Vielleicht ist der Begriff „Datenbankfunktionen" etwas hoch angesetzt. Um relationale Datenbanken, um SQL oder Ähnliches geht es nicht. Die Datenbankfunktionen könnten genauso gut durch eine Pivot-Tabelle ermittelt werden. Dort tauchen die gleichen Funktionalitäten auf. Allerdings werden in einer Pivot-Tabelle sämtliche Möglichkeiten gefiltert und berechnet – mit einer Datenbankfunktion können Teilergebnisse sichtbar gemacht werden. Außerdem bieten die Funktionen den großen Vorteil der dynamischen und schnellen Überprüfbarkeit verschiedener Möglichkeiten und Faktoren. Am deutlichsten wird die Leistung der Datenbankfunktionen an folgendem Beispiel:

Gegeben sei eine Verkaufsliste. Zu bestimmten Datumsangaben verkaufen drei Verkäufer (Breuer, Weidner und Sauerbier) drei verschiedene Artikel (Klebeetiketten, Briefpapier und Umschläge) an vier verschiedene Einzelhändler (Papier & Deco, Hugos Shop, Papier 2000 und Art & Design). Dabei werden Stückzahlen und Umsatzzahlen notiert. Nun möchte man wissen, wie viele Klebeetiketten Sauerbier verkauft hat. Neben der Tabelle werden weitere Zellen eingerichtet, in denen die Überschrift, Verkäufer und Artikel zu finden sind, darunter die jeweiligen Namen (Abbildung 6.65).

Die Funktion DBSUMME verlangt drei Kriterien:
=DBSUMME(Datenbank, Datenbankfeld, Suchkriterien)
Die Datenbank gibt den Bereich an, in dem gesucht werden soll. Das Datenbankfeld gibt die Spalte an, aus der die Zahlen genommen werden sollen (in unserem Fall „Menge" oder „Umsatz"). Die Suchkriterien stellen die Filterbedingungen dar (in unserem Fall Verkäufer = "Sauerbier" und Artikel = "Klebeetiketten").

Die Formel kann nun auf zwei Arten geschrieben werden:
=DBSUMME(A1:F76;"Menge";I1:N2)
=DBSUMME(A1:F76;M1;I1:N2)

	A	B	C	D	E	F
1	Datum	Verkäufer	Artikel	Kunde	Menge	Umsatz
2	02.01.01	C. Breuer	Klebeetiketten	Papier & Deco	23	4.853,00 €
3	03.01.01	C. Breuer	Briefpapier	Hugos Shop	12	780,00 €
4	04.01.01	B. Weidner	Briefumschläge	Papier 2002	75	7.500,00 €
5	04.01.01	B. Weidner	Briefpapier	Art & Design	30	1.650,00 €
6	04.01.01	B. Weidner	Klebeetiketten	Hugos Shop	10	1.900,00 €
7	05.01.01	E. Sauerbier	Briefpapier	Art & Design	100	6.500,00 €
8	05.01.01	E. Sauerbier	Klebeetiketten	Papier 2002	10	1.800,00 €
9	06.01.01	C. Breuer	Briefpapier	Hugos Shop	12	780,00 €
10	06.01.01	C. Breuer	Klebeetiketten	Casarossa	15	4.650,00 €
11	07.01.01	B. Weidner	Briefpapier	Papier 2002	20	1.400,00 €
12	07.01.01	B. Weidner	Briefumschläge	Hugos Shop	45	4.950,00 €
13	10.01.01	E. Sauerbier	Briefumschläge	Art & Design	100	10.000,00 €
14	10.01.01	E. Sauerbier	Klebeetiketten	Hugos Shop	20	3.600,00 €
15	11.01.01	C. Breuer	Briefpapier	Papier 2002	20	1.300,00 €
16	12.01.01	B. Weidner	Klebeetiketten	Casarossa	50	11.500,00 €
17	12.01.01	B. Weidner	Briefumschläge	Papier & Deco	55	5.225,00 €
18	13.01.01	E. Sauerbier	Klebeetiketten	Hugos Shop	45	9.900,00 €
19	13.01.01	E. Sauerbier	Briefumschläge	Papier 2002	95	9.975,00 €
20	14.01.01	C. Breuer	Briefumschläge	Art & Design	150	18.000,00 €
21	17.01.01	B. Weidner	Briefpapier	Casarossa	80	3.600,00 €
22	18.01.01	E. Sauerbier	Briefumschläge	Art & Design	75	7.500,00 €
23	18.01.01	E. Sauerbier	Briefpapier	Uschi	400	26.000,00 €
24	18.01.01	E. Sauerbier	Klebeetiketten	Uschi	12	2.160,00 €

Abbildung 6.65 Die Tabelle und die Kriterien

Dabei stellt A1:F76 den Datenbankbereich zur Verfügung, I1:M1 liefert das Kriterium oder die Kriterien.

Genauso könnten auch die großen Verkaufszahlen (zum Beispiel >100) addiert werden:

Datum	Verkäufer	Artikel	Kunde	Menge	Umsatz
				>100	

oder auch alle Kunden außer Hugo:

Datum	Verkäufer	Artikel	Kunde	Menge
			<>Hugos Shop	

Die übrigen elf Datenbankfunktionen arbeiten nach dem gleichen Prinzip: Die Syntax verlangt jeweils Datenbank, Datenbankfeld und Suchkriterien. Sie ermitteln Durchschnitt (DBMITTELWERT), Anzahl von Zahlen (DBANZAHL) und Anzahl nicht leerer Zellen (DBANZAHL2), Maximum und Minimum (DBMAX, DBMIN), einen einzigen Wert, wenn dieser eindeutig ist (DBAUSZUG), Produkt (DBPRODUKT) und Varianz und Standardabweichung (DBVARIANZ, DBVARIANZEN, DBSTDAB, DBSTDABWN). Die einzelnen Funktionen und deren Unterschiede werden in Kapitel 6.7 erläutert.

6.6 Mathematische und trigonometrische Funktionen

Dies kann sicherlich nicht der Ort sein, an dem eine Wiederholung der Schulmathematik von Klasse 9 bis 13 stattfindet. Schon gar nicht eine Einführung in die Mathematik, wie sie an der Universität gelehrt wird. Umgekehrt muss man wissen, was ein Sinus oder Logarithmus ist und wozu er verwendet wird, sonst nützt die Beschreibung des Sinus oder Logarithmus in Excel wenig. Ausgehend von einigen allgemein gebräuchlichen Funktionen wird zu sehr speziellen Funktionen übergegangen, die wohl wirklich nur Spezialisten verwenden. Die 58 Funktionen der Kategorie „Mathematik und Trigonometrie" können in folgende Bereiche unterteilt werden:

- Algebraische Funktionen
- Kombinatorik
- Potenzfunktionen
- Matrixfunktionen
- Trigonometrische Funktionen
- Zufallsfunktionen

6.6.1 Algebraische Funktionen

Angenommen in einer Tabelle stehen die Löhne und Gehälter der Mitarbeiter einer Firma. Sie erhalten, weil das Geschäftsjahr so gut war, einen Bonus von 10 %. Was

wird nun Willi bekommen, wenn 10 % von 2.243,56 € 224,356 € betragen. Man könnte diese Zahl kaufmännisch gerundet darstellen, wobei allerdings mit der ursprünglichen Zahl (also mit 224,356 €) weitergerechnet wird und nicht mit der gerundet angezeigten (mit 224,36 €). Also wird die Zahl rechnerisch gerundet, damit auch wirklich die Zahl 224,36 zum Weiterrechnen vorhanden ist. Hierzu kann die Funktion
RUNDEN
verwendet werden:
Diese Funktion verlangt eine Zahl (beispielsweise 224,356) und die Anzahl der Stellen, auf die auf- oder abgerundet wird. Demnach ergibt
=RUNDEN(224,356;2)
die Zahl 224,36
=RUNDEN(224,356;1) liefert die Zahl 224,4
=RUNDEN(224,356;0) ergibt die ganze Zahl, also 224. Ist die Anzahl der Stellen kleiner als 0, so wird auf Einer-, Zehner-, Hunderterstellen ... gerundet. Beispielsweise:
=RUNDEN(224,356;-1) ergibt 220
=RUNDEN(224,356;-2) ergibt 200
=RUNDEN(224,356;-3) ergibt 0
Soll dagegen eine Zahl immer ab- oder immer aufgerundet werden, so können hierfür die Funktionen
ABRUNDEN und AUFRUNDEN
verwendet werden. Sie funktionieren analog zu RUNDEN:
=ABRUNDEN(224,356;1) ergibt 224,30
=AUFRUNDEN(224,356;1) ergibt 224,40
Soll auf eine ganze Zahl abgerundet werden, so können hierfür auch die beiden Funktionen
KÜRZEN und GANZZAHL
benutzt werden. Beide Funktionen liefern, angewendet auf 224,356, die Zahl 224:
=KÜRZEN(224,356)
=GANZZAHL(224,356)
Beispiel: Diese beiden Funktionen können beim Berechnen eines Alters interessant werden. Angenommen Rainer wurde am 7.4.1964 geboren, und heute ist der 6.12.2001. Dann liegen dazwischen 13.757 Tage (die Differenz aus beiden Zahlen). Teilt man die Zahl durch 365,25, so erhält man die Anzahl der Jahre, nämlich 37,66. Allerdings ist Rainer 37 Jahre alt und nicht gerundete 38. Er wird – bis einen Tag vor seinem Geburtstag – 37 Jahre alt bleiben. Also muss mit der Funktion KÜRZEN oder mit GANZZAHL abgerundet werden auf 37. Und die Anzahl der Monate? Diese ergibt sich, indem man von der Jahreszahl (37,66) die abgerundete Jahreszahl (37) subtrahiert. Das Ergebnis: 0,66. Dieses wird mit 12 multipliziert (7,97) und erneut abgerundet (7).

Der Unterschied zwischen KÜRZEN und GANZZAHL findet sich bei den negativen Zahlen:
=KÜRZEN(-224,356) liefert -224
=GANZZAHL(-224,356) liefert -225
Das heißt: KÜRZEN schneidet einfach nur die Nachkommastellen ab (genau wie ABRUNDEN(224,356;0)), während GANZZAHL auf die nächstkleinere Zahl abrundet.
Interessant wird es, wenn nicht auf eine ganze Zahl oder ein Vielfaches von 10 gerundet werden soll, sondern auf den letzten oder nächsten 5er. Man kann Funktionen verschachteln:
=RUNDEN(A1*2;-1)/2
Die Zahl wird verdoppelt, auf eine Stelle vor dem Komma gerundet (auf die 10er) und schließlich durch 2 geteilt. Statt RUNDEN kann auch AUFRUNDEN oder ABRUNDEN verwendet werden. Etwas leichter tut man sich mit der Funktion VRUNDEN, die durch das Add-In „Analyse" installiert werden muss:
=VRUNDEN(A1;5)
Soll immer aufgerundet werden, so könnte man mit der Funktion OBERGRENZE arbeiten:
=OBERGRENZE(A1;5)
Was passiert nun beim Teilen? Angenommen, es interessiert nicht das genaue Ergebnis, sondern der Rest, so ist dieser mit der Funktion REST zu ermitteln (dies entspricht in der Programmierung der Funktion Modulo). Also =REST(17;4) liefert 1, denn die 4 geht viermal in die 17 mit Rest 1. „Viermal" würde die Funktion KÜRZEN(17/4) ermitteln.
Übrigens: Statt der verketteten Funktionen GANZZAHL(A1/365,25) kann auch die Analysefunktion
=QUOTIENT(A1;365,25)
verwendet werden. Sie liefert den ganzzahligen Quotienten der beiden Zahlen, rundet also bei der Division ab oder, anders ausgedrückt, schneidet die Nachkommastellen ab, wenn zwei Zahlen durcheinander geteilt werden.
Ist umgekehrt das nächste Vielfache gesucht, das größer oder gleich der Zahl ist, so kann die Funktion
OBERGRENZE
verwendet werden. Analog liefert UNTERGRENZE das größte Vielfache der Zahl, das kleiner ist als ein zweiter Wert. Steht in A1 17 und in A2 4, so ergibt:
=OBERGRENZE(D1;D2) die Zahl 20 und
=UNTERGRENZE(D1;D2) die Zahl 16.
Soll dagegen bis zur Mitte abgerundet und ab der Mitte aufgerundet werden, so muss mit der Funktion
VRUNDEN
gearbeitet werden. Die Zahl 16 ist das Ergebnis von
=VRUNDEN(16;4)

=VRUNDEN(16,5;4)
=VRUNDEN(17;4)
=VRUNDEN(17,5;4)
Die Zahl 20 ist das Ergebnis von
=VRUNDEN(18;4)
=VRUNDEN(18,5;4)
=VRUNDEN(19;4)
=VRUNDEN(19,5;4)
=VRUNDEN(20;4)
Der Vollständigkeit halber sollen auch folgende zwei Funktionen Erwähnung finden: GERADE und UNGERADE. Mit ihnen wird auf die nächste gerade beziehungsweise auf die nächste ungerade Zahl gerundet. Beispielsweise:
=GERADE(5) liefert 6
=UNGERADE(5) liefert 5
=GERADE(5,4) liefert 6
=UNGERADE(5,4) liefert 7
=GERADE(-5,1) liefert -6
=UNGERADE(-5,1) liefert -7
Apropos negative Zahlen. Soll eine Zahl positiv genommen werden, wenn sie negativ ist, so könnte dies mit -A1 gelöst werden. Was aber, wenn der Benutzer ein Feld hat, in das er eine Zahl einträgt, zum Beispiel Schulden, die verzinst werden. Nun könnte es Benutzer geben, die diese Zahl negativ eingeben. Angenommen dies wird nicht mit der Gültigkeitsregel des Menüs DATEN abgefangen, so kann dennoch immer mit der positiven Zahl weitergerechnet werden, ganz gleich, ob die eingegebene Zahl positiv oder negativ ist. Aus der 7,4 in der Zelle A1 wird mit
=ABS(A1)
7,4, aus -7,4 wird ebenfalls 7,4.
Die Funktion VORZEICHEN das Vorzeichen der Zahl, liefert also 1 bei einer positiven Zahl, die größer als 0 ist, 0 bei 0 und −1 bei einer negativen Zahl.
Und nun zum Rechnen. Können Sie das im Kopf? 1/2 und 1/3 zusammenzählen? Richtig: Das sind 5/6. Das geht noch. Aber was ergibt 5/12 + 3/8? Eben: Dafür muss das kleinste gemeinsame Vielfache (kgV) gefunden werden. Es wird algebraisch ermittelt, indem eine Primfaktorzerlegung stattfindet. In Excel ist das alles viel einfacher: Steht in A1 die Zahl 12 und in A2 die Zahl 8, so liefert die Funktion
=KGV(A1;A2)
das Ergebnis 24. Vielleicht hätte man das noch im Kopf gekonnt, aber wie sieht es mit dem kgV von 96, 148 und 224 aus? Richtig: Das Ergebnis lautet 24.864.
Und umgekehrt liefert der ggT den größten gemeinsamen Teiler. Beispielsweise ist:
=GGT(123456;234568; 348248)
die Zahl 8.
=GGT(12;13) ergibt 1. Beide Funktionen stehen nur dann zur Verfügung, wenn sie über das Add-In hinzugeladen wurden.

6.6.2 Kombinatorik

Aus dem Bereich Kombinatorik liegen folgende Funktionen vor:
FAKULTÄT, ZWEIFAKULTÄT und KOMBINATIONEN. Ihre Anwendungsgebiete sind in Bezug auf Permutationen weitgehend im Bereich der Kombinatorik und Statistik zu finden, beziehen sich also weniger auf „reine" Mathematik.
=FAKULTÄT(A1)
liefert das Produkt aller Zahlen zwischen 1 und der Zahl selbst. Also FAKULTÄT(4) (geschrieben 4!) ergibt 1*2*3*4 = 24.
Beispiel: Wie viele Möglichkeiten haben vier Personen, sich auf vier verschiedene Stühle zu setzen? Für die erste Person bleiben vier Möglichkeiten, von diesen Möglichkeiten bleiben drei für die zweite übrig, zwei für die dritte und nur noch eine für die letzte. Also 4*3*2*1 Möglichkeiten, ergibt 120 Möglichkeiten. Die Obergrenze der Zahlen, von denen Excel die Fakultät berechnen kann, ist 170. Die Untergrenze lautet korrekt 0! = 1. Bei größeren und bei negativen Zahlen erfolgt eine Fehlermeldung.
Beispiel: Und wie viele Möglichkeiten gibt es, aus einer Gruppe von zehn Personen zwei herauszuholen? Würde man die zehn Personen in einer Reihe aufstellen, so hätte man 10! Möglichkeiten, sie unterschiedlich aufzustellen. Für die zwei herausgegriffenen Personen gibt es 2! Möglichkeiten, sich nebeneinander zu platzieren. Die übrigen acht Personen lassen sich auf 8! verschiedene Weisen anordnen. Also bleiben für die zwei herausgeholten Leute 10! / (2! * (10-2)!) Möglichkeiten, also 45 Möglichkeiten. Stehen die beiden Werte (10 und 2) in A1 und in A2, so könnte die Funktion wie folgt geschrieben werden:
=FAKULTÄT(A1)/(FAKULTÄT(A2)*FAKULTÄT(A1-A2))
Stattdessen existiert die Funktion
=KOMBINATIONEN(A1;A2)
Sie liefert ebenso 45.
Beispiel: Beim Zahlenlotto werden aus 49 Kugeln sechs gezogen. Die Reihenfolge spielt keine Rolle. Also gibt es 49 über sechs Kombinationen, das sind 13.983.816:
=KOMBINATIONEN(49;6)
Will man den Jackpot knacken, so muss man noch die Superzahl haben. Dafür stehen zehn Möglichkeiten zur Verfügung, was bedeutet, dass sich die Wahrscheinlichkeit auf 10 % verringert, also auf 1:139.838.160. Oder übertragen in die Alltagssprache: Es ist nahezu unmöglich, im Lotto zu gewinnen.
Beispiel: In einer Schachtel liegen nebeneinander vier gelbe, zwei weiße und sechs grüne Kugeln. Wie viel voneinander unterscheidbare Anordnungen gibt es? Es sind 12! / (4! * 2! * 6!) oder 13.680 Möglichkeiten. Diese Formel kann auch mit
=POLYNOMIAL(A1;A2;A3)
geschrieben werden.
Beispiel: Aus den Ziffern 2,2,3,3,3,3,5,7 lassen sich
=POLYNOMIAL(2;4;1;1)

also 840 verschiedene achtstellige Zahlen bilden.
Beispiel: Beim Skatspiel erhält jeder Spieler zehn von 32 verschiedenen Karten. Da der Spieler seine Karten beliebig umordnen darf, ist die Anzahl der verschiedenen Kartenkombinationen in der Hand eines Spielers 32 über zehn, also 64.512.240. Da der zweite Spieler zehn der verbleibenden 22 Karten, der dritte Spieler zehn der restlichen zwölf erhält, so gibt es c(32,10)*c(22,10)*c(12,10) oder
=PRODUKT(KOMBINATIONEN(32;10); KOMBINATIONEN(22;10); KOMBINATIONEN(12;10))
ergibt 2.753.294.408.504.640 mögliche Verteilungen der Karten auf die drei Spieler, wobei die Reihenfolge der Spieler berücksichtigt ist.
Die Anzahl der Variationen ohne Wiederholung berechnet sich mit n!/(n-k)!
Beispiel: Es werden fünf Würfelwürfe notiert. Dabei wird der Würfel so lange geworfen, bis keine Augenzahl doppelt vorkommt. Wie viele Möglichkeiten gibt es? Es gibt sechs Möglichkeiten, aus sechs Zahlen fünf auszuwählen. Jede dieser Möglichkeiten hat nun 5! Permutationsmöglichkeiten. Das ergibt 6*5! = 720. Mit der Funktion VARIATIONEN (sie ist in der Kategorie „Statistik" zu finden), kann diese Zahl berechnet werden:
=VARIATIONEN(6;5)
Der Vollständigkeit halber soll sie erwähnt werden:
Die Funktion
ZWEIFAKULTÄT
liefert die Fakultät einer Zahl, wobei nur die geraden oder nur die ungeraden Zahlen miteinander multipliziert werden. Also Zweifakultät von sieben ist 7*5*3*1, während Zweifakultät von 8 das Produkt von 8,6,4 und 2 ist.

6.6.3 Matrixfunktionen

Das Rechnen mit Matrizen wird in Kapitel 2.4 erläutert. Einige statistische Funktionen arbeiten mit Matrizen, einige mathematische Funktionen stellen Möglichkeiten zum Berechnen von Matrizen zur Verfügung. Diese Matrixfunktionen haben nichts mit der Kategorie „Matrix" zu tun, in der Funktionen zu finden sind, die von datenbankähnlichen Gebilden in einem Tabellenblatt ausgehen. Vielmehr beziehen sich diese Matrizen auf Zahlenbereiche, die in der Mathematik durch Spalten und Zeilen definiert werden. Mit ihnen kann gerechnet werden.
Haben zwei Matrizen die gleiche Form, das heißt, die erste Matrix hat n Spalten und m Zeilen, die andere umgekehrt m Spalten und n Zeilen, so können die beiden Matrizen miteinander multipliziert werden. In der Mathematik gilt dafür folgende Rechenanweisung. Liegt beispielsweise eine 2×3-Matrix und eine 3×2-Matrix vor, zum Beispiel (3,4;1,5;4,4) und (2,2,4;-1,2,3), so werden sie in eine neue Matrix verknüpft, indem jede Zeile der Matrix1 mit der entsprechenden Spalte von Matrix2

multipliziert und die einzelnen Elemente addiert werden. Hierfür stellt Excel die Funktion MMULT zur Verfügung.
Beispiel: Es existieren die beiden Matrizen (1.2;2.2;3.3) und (3.1.2;4.2.3). Dann lautet ihr (mathematisches) Produkt: (1*3+2*4;2*1+2*2;3*2+3*3) = (11;14;21). Dies löst die Funktion MMULT. Da es sich hierbei um eine Matrizenmultiplikation handelt, muss der Zielbereich markiert und die Eingabe mit <Strg> + <Shift> + <Enter> beendet werden.

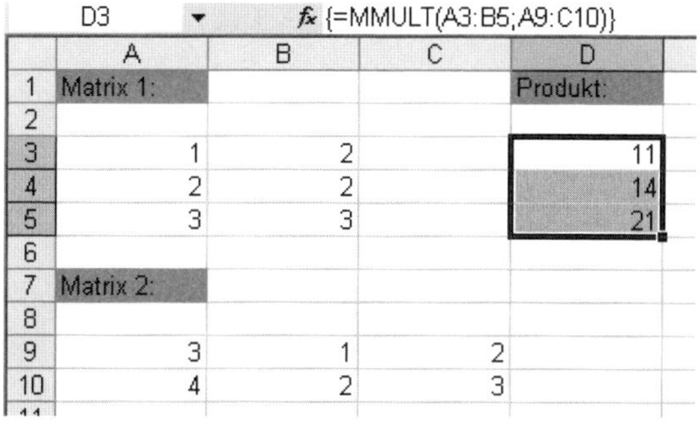
D3 {=MMULT(A3:B5;A9:C10)}

	A	B	C	D
1	Matrix 1:			Produkt:
2				
3	1	2		11
4	2	2		14
5	3	3		21
6				
7	Matrix 2:			
8				
9	3	1	2	
10	4	2	3	

Abbildung 6.66 Matrizenmultiplikation

Die gemeinsame Maximalzahl linear unabhängiger Zeilen und Spalten einer Matrix heißt Rang der Matrix. Eine quadratische Matrix mit n Zeilen und n Spalten heißt regulär, wenn ihr Rang = n beträgt. Und jede reguläre Matrix besitzt eine inverse Matrix. Wird eine Matrix mit ihrer inversen multipliziert, dann ist das Produkt die Einheitsmatrix. Die dreidimensionale Einheitsmatrix hat die Gestalt (1.0.0;0.1.0;0.0.1). Also: Matrix × Matrixinv = Matrixinv × Matrix = (1.0.0;0.1.0;0.0.1).
Lautet beispielsweise die Matrix {(4.2.5;2.1.2;3.2.3)}, so lautet zu dieser die inverse Matrix {-1.4.-1;0.-3.2;1.-2.0)}. Das Produkt von beiden ergibt die neutrale Matrix {(1.0.0;0.1.0;0.0.1)}.

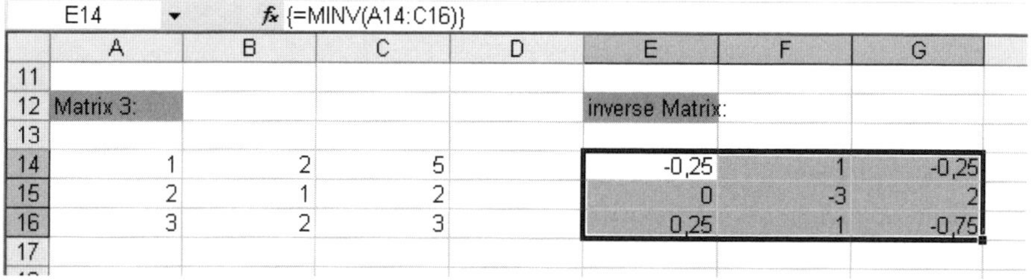
E14 {=MINV(A14:C16)}

	A	B	C	D	E	F	G
11							
12	Matrix 3:				inverse Matrix:		
13							
14	1	2	5		-0,25	1	-0,25
15	2	1	2		0	-3	2
16	3	2	3		0,25	1	-0,75
17							

Abbildung 6.67 Die Funktion MINV dient zur Bestimmung der inversen Matrix.

Als Determinante einer n-reihigen quadratischen Matrix A = (am,n) bezeichnet man den Ausdruck

$$Det\, A = \sum_{\pi \in \sigma_n} (\mathrm{sgn}\,\pi) a_{1,\pi 1} \ldots a_{\pi,\pi n}$$

Die Berechnung der Determinanten einer 2 × 2-Matrix A1:B2 erfolgt mit Hilfe folgender Funktion: A1*B2 - B1*A2. Liegt die Matrix in A1:C3, so wird ihre Determinante wie folgt berechnet: A1*B2*C3 - A1*C2*B3 - B1*A2*C3 + B1*C2*A3 + C1*A2*B3 - C1*B2*A3. So ergibt beispielsweise die Determinante von (2.2.3;1.1.3;2.2.0) die Zahl 0. Und:
det(4.2.5;2.1.2;3.2.3) = 12 - 16 - 12 + 12 + 20 - 15 = 1

Die Funktion MDET löst diese Gleichung ebenfalls. Daraus ergibt sich übrigens der Rang: Er lautet 3, da det(Matrix) <> 0. Bei der Matrix (4.2.5;2.1.2;4.2.3) sind die ersten beiden Spalten linear abhängig – die Determinante lautet: 0. Ihr Rand ist folglich kleiner als 3. Da eine Unterdeterminante gefunden werden kann, die nicht 0 ist (zum Beispiel (1.2;1.2)), ist ihr Rang 2.

Dagegen ist die Determinante von (4.2.6;2.1.3;4.2.6) auch 0, alle vier Unterdeterminanten det((4.2;2.1)), det((2.6;1.3)), det((2.1;4.2)) und det((1.3;2.6)) sind 0. Folglich ist der Rang der Matrix 1.

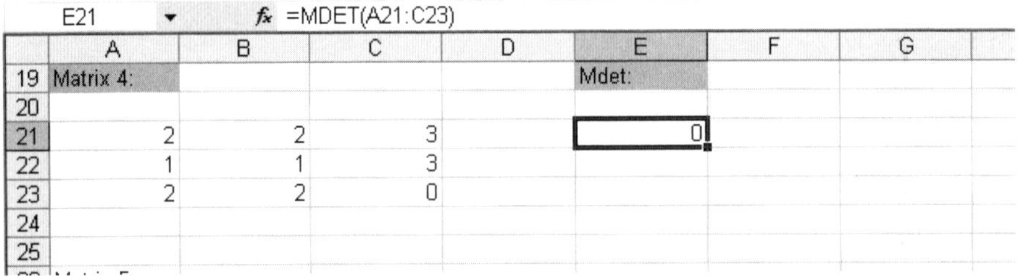

Abbildung 6.68 Die Berechnung der Determinanten einer 3 × 3-Matrix

Determinanten haben vielfältige Anwendungsgebiete, zum Beispiel zum Lösen von linearen Gleichungssystemen.
Beispiel: Gegeben sei das Gleichungssystem:
a + b = 1
b + c = 1
3*a + 2*b + c = 0
Die Determinante von (1.0.3;1.1.2;0.1.1) lautet 2. Mit der Cramer'schen Regel können nun die drei weiteren Determinanten (1.1.0;1.1.2;0.1.1), (1.0.3;1.1.0;0.1.1) und (1.0.3;1.1.2;1.1.0) berechnet werden. Sie lauten -2, 4 und -2. Damit ergeben sich die drei Lösungen a = -1, b = 2 und c = -1.

6 Funktionen 173

	A	B	C	D	E	F
26	Matrix 5:					
27	a:	b:	c:	Ergebnis:		Mdet 1:
28	1	1	0	1		
29	0	1	1	1		2
30	3	2	1	0		
31						
32	Ergebnis:	b:	c:			Mdet 2:
33	1	1	0			
34	1	1	1			-2
35	0	2	1			
36						
37	a:	Ergebnis:	c:			Mdet 3:
38	1	1	0			
39	0	1	1			4
40	3	0	1			
41						
42	a:	b:	Ergebnis:			Mdet 4:
43	1	1	1			
44	0	1	1			-2
45	3	2	0			
46						
47	La,b,c = {Mdet2/Mdet1, Mdet3/Mdet1 ,Mdet4/Mdet1}					
48	-1	2	-1			
49	a	b	c			

Abbildung 6.69 Mit Determinanten werden lineare Gleichungen mit drei Variablen berechnet.

6.6.4 Trigonometrische Funktionen

Fast jeder wird während der Schulzeit mit den trigonometrischen Funktionen konfrontiert, deren Bedeutung wird aber im beruflichen Alltag, wo sie wenig Anwendung finden, oftmals schnell wieder vergessen. Dabei spielen sie in Geometrie, Physik, Landvermessung, Nautik und anderen technischen Gebieten eine wichtige Rolle.

In einem rechtwinkligen Dreieck mit den Katheten a und b und mit der Hypotenuse c ist der Winkel α zwischen b und c definiert als (Abbildung 6.70):

$\sin(\alpha) = a/c$
$\cos(\alpha) = b/c$
$\tan(\alpha) = a/b$
$\cot(\alpha) = b/a = 1/\tan(a)$

Die ersten drei Funktionen finden sich in Excel, der Cotangens ergibt sich als Kehrwert aus dem Tangens.

Achtung: Der Winkel wird nicht in Grad eingeben, sondern im Bogenmaß, das im Verhältnis zu PI berechnet wird.

=PI()

ist eine weitere mathematische Excelfunktion. Sie benötigt keine Argumente und liefert die Zahl 3,14159265358979. Mit ihr kann und muss weitergerechnet werden.

Also nicht
=SIN(90)
sondern:
=SIN(0,5*PI())
oder einsichtiger:
=SIN(90/180*PI())
Das Ergebnis ist 1.

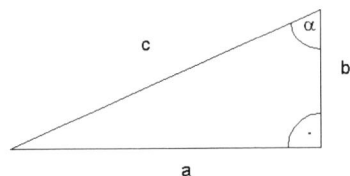

Abbildung 6.70 Das rechtwinklige Dreieck

Beispiel: Gegeben sei ein Quadrat mit der Seitenlänge 1. In diesem Quadrat wird die Länge der Diagonalen gesucht.

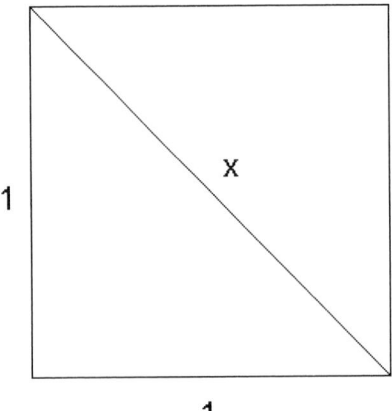

Abbildung 6.71 Die Länge der Diagonalen im Quadrat wird gesucht.

Sie kann berechnet werden über
=1/SIN(45/180*PI())
oder über
=1/COS(45/180*PI())
was 1,4142135623731 ergibt, also $\sqrt{2}$.

Beispiel: Gesucht ist die Länge der Seitenhalbierenden in einem gleichseitigen Dreieck mit der Seitenlänge 1. Sie kann berechnet werden über
=TAN(60/180*PI())/2
was die Zahl 0,866025404 (oder 1/2*√3) liefert.
Analog dazu stellt Excel die Umkehrfunktionen
ARCSIN, ARCCOS und ARCTAN zur Verfügung.
Beispiel: In einem rechtwinkligen Dreieck haben die Katheten eine Länge von 3 und 4 cm. Der Winkel zwischen der kürzeren Kathete und der Hypothenuse lautet folglich:
=ARCTAN(3/4)
was 0,643501109 ergibt. Verwendet man die Länge der Hypothenuse (5), so liefert
=ARCSIN(4/5) oder
=ARCCOS(3/5)
die Zahl 0,92729522. Beide Zahlen ergeben, multipliziert mit 180/PI(), die Winkel 36,86989° und 53,1301°, die addiert 90° liefern.
Statt die Berechnung mittels der Hypothenuse durchzuführen, könnte auch die Funktion ARCTAN2 verwendet werden. Setzt man dieses rechtwinklige Dreieck in ein Koordinatensystem, so dass die Ecken auf A(0/0), C(3/0) und B(3/4) liegen, dann erhält man mit
=ARCTAN2(3;4)
die gleiche Zahl 0,92729522 (oder richtig multipliziert den Winkel 53,1301°). Gerade beim grafischen Programmieren spielt diese Funktion eine enorme Bedeutung.
Übrigens: Um sich die Umrechnung der Division durch PI zu ersparen, kann auch die Funktion
=GRAD
verwendet werden.
=GRAD(PI()) ergibt 180.
Umgekehrt liefert
=BOGENMASS(180)
die Zahl 3,14159, also π.
In Excel 5.0 fehlt die Funktion GRAD – dort findet sich die Funktion RADIANT.
Übrigens existiert neben
=PI()
auch die Funktion WURZELPI. Sie berechnet die Wurzel aus dem Produkt einer Zahl und π. Also:
=WURZELPI(1/4)
ergibt 0,88622693. Man könnte diese Zahl auch mit
=WURZEL(PI()*1/4)
berechnen.
Vielleicht passt diese Funktion am besten zu den trigonometrischen, man könnte sie aber auch an anderer Stelle erläutern.

QUADRATESUMME von einem Bereich addiert die Quadrate der einzelnen Zahlen. Bei zwei Zahlen ergibt sich ein anschauliches Beispiel: Die Summe der Kathetenquadrate ist im rechtwinkligen Dreieck gleich dem Hypothenusenquadrat. Also $a^2 + b^2 = c^2$. Ist a = 5 und b = 12, so ist c:
=WURZEL(QUADRATESUMME(5;12))
oder 13.
In der euklidischen Geometrie wurden für die Dreieckberechnung die Winkelfunktionen eingeführt. In der hyperbolischen Geometrie definiert man die Hyperbelfunktionen sinus hyperbolicus, cosinus hyperbolicus, tangens hyperbolicus und cotangens hyperbolicus über:
$\sinh(a) = (e^a - e^{-a})/2$
$\cosh(a) = (e^a + e^{-a})/2$
$\tanh(a) = \sinh(a)/\cosh(a)$
$\coth(a) = \cosh(a)/\sinh(a)$
Und so liefert
=SINH(1) den Wert 1,175201194, also $1/2*(e^{-1/e})$
Zu den drei Funktionen SINH, COSH und TANH existieren die Umkehrfunktionen ARCSINH, ARCCOSH und ARCTANH.
Probleme treten in der Geometrie bei Messungen von Abständen auf. Deshalb wurde ein Skalarprodukt eingeführt:
$<v,w> = \|v\| * \|w\| * \cos\theta$
wobei $\|v\|$ und $\|w\|$ die Länge von Variablen und w sind, θ der Winkel zwischen den beiden Vektoren darstellt. Die Länge oder Norm eines Vektors berechnet sich beispielsweise in dreidimensionalem Raum als:
$\|v\| := \sqrt{a_1^2 + a_2^2 + a_3^2}$
Gegeben sei der Vektor v = <4,4,2> mit der Länge = 6. Dafür gibt es in Excel die Funktion QUADRATSUMME (siehe oben). Es liefert
=WURZEL(QUADRATSUMME(4;4;2)) die Zahl 6.
Ebenso können hierfür die Funktionen SUMMEX2PY2 und SUMMENPRODUKT nützlich sein. Mit ihr kann die Distanz zum Ursprung (0,0,0) berechnet werden:
=WURZEL(SUMMEX2PY2(A1:A3;B1:B3))
wenn in A1 die 4 steht, in A2 die 4, in A3 die 2, in B1, B2 und B3 die 0.
Werden die Werte (4.4.2) in die Zellen A1:A3 geschrieben, so kann die Länge des Vektors auch über SUMMENPRODUKT ermittelt werden. Es berechnet:
=WURZEL(SUMMENPRODUKT(A1:A3;A1:A3)
SUMMENPRODUKT multipliziert die einzelnen Komponenten miteinander und addiert sie. In der euklidischen Geometrie wird diese Multiplikation auch kanonisches Skalarprodukt genannt.
Wird nun der Abstand zweier Vektoren gesucht, so berechnet sich die Distanz im dreidimensionalen Raum wie folgt:

6 Funktionen _____ 177

$$d(v,w) := \|w-v\| = \sqrt{(w_1 - v_1)^2 + (w_2 - v_2)^2 + (w_3 - v_3)^2}$$

So liegen die beiden Vektoren
v = (7;3;5) und w = (3;1;1) genau 6 voneinander entfernt. Dies kann mit Hilfe der Funktion
=WURZEL(SUMMEXMY2(A1:A3;B1:B3))
berechnet werden, wobei A1 = 7, A2 = 3, A3 = 5, B1 = 3, B2 und B3 = 1.
SUMMEXMY2 liefert dabei $\Sigma(x-y)^2$.
Der Vollständigkeit halber soll die Funktion SUMMEX2MY2 erwähnt werden: sie summiert für die zusammengehörigen Komponenten zweier Matrizen die Differenzen der Quadrate. Also: SUMMEX2MY2 = $\Sigma(x^2-y^2)$
Beispiel: Gegeben seien die beiden Matrizen (5.4.3.2) und (1.2.3.4). Bei ihnen lautet das Ergebnis für SUMMEX2MY2 24.
Eine Reihe von Funktionen kann auf verschiedene Arten hergeleitet werden. Der Sinus kann über regelmäßige Schwingungen, als Winkelfunktion oder auch analytisch als Ergebnis einer Reihe gesehen werden. So lässt sich der Sinus definieren als:

$$\sin(x) = \sum_{v=0}^{\infty} (-1)^v \frac{1}{(2v+1)!} x^{2v+1}$$

Das heißt, man könnte den Sinus(30°) =Sinus(π*180/30) = Sinus(π/6) berechnen:

$$\sin(\frac{\pi}{6}) = \sum_{v=0}^{\infty} (-1)^v \frac{1}{(2v+1)!} (\frac{\pi}{6})^{2v+1} = \frac{1}{1!}*(\frac{\pi}{6}) - \frac{1}{3!}*(\frac{\pi}{6})^3 + \frac{1}{5!}*(\frac{\pi}{6})^7 - \frac{1}{3!}*(\frac{\pi}{6})^9 + ...$$

Dafür stellt Excel die Funktion POTENZREIHE zur Verfügung. In den Zellen A1:A7 werden die Fakultäten berechnet. In A1 steht die Formel:
=1/FAKULTÄT(1)
in A2:
=-1/FAKULTÄT(3)
in A3:
=1/FAKULTÄT(5)
und so weiter. Noch eleganter könnte man in A1 die Formel
=(-1)^(ZEILE()-1)/FAKULTÄT(2*ZEILE()-1)
schreiben und herunterziehen. In einer weiteren Zeile, zum Beispiel B1, stehen die 30° in Bogenmaß. Also entweder
=BOGENMASS(30)
oder:
=PI()/6
Beide Funktionen liefern den Wert: 0,52359878. Die Funktion POTENZREIHE verlangt nacheinander den Wert x (v), in unserem Fall π/6, die Anfangspotenz v (hier: 1, da x^{2v+1} bei v = 0 mit dem Wert 1 zu zählen beginnt), den Wert m sowie das Inkrement (hier: 2, da 2*v+1 in Zweierschritten weiterzählt). Die Koeffizienten liegen in den Zellen A1:A7. Folglich lautet die Formel:

=POTENZREIHE(B1;1;2;A1:A7)
und ergibt den Wert 0,5. Analog für den Cosinus:

$$\cos(x) = \sum_{v=0}^{\infty} (-1)^v \frac{1}{2v!} x^{2v}$$

In A1 steht die Formel:
=(-1)^(ZEILE()-1)/FAKULTÄT(2*(ZEILE()-1))
in B1 steht π/6:
=BOGENMASS(30)
und in einer weiteren Zelle werden die Werte berechnet:
=POTENZREIHE(B1;1;2;A1:A7)
Dies ergibt cos(30°) oder 0,8660254 = 1/2*√3.

6.6.5 Die logarithmischen Funktionen

Schon bei den Grundrechenarten wurde der Rechenoperator "^" erläutert. Will man die Zahl 5 dreimal mit sich selbst multiplizieren, also 5*5*5 oder 5^3 berechnen, so kann
=5^3
geschrieben werden. Dafür stellt Excel die Funktion POTENZ zur Verfügung, mit der man zum gleichen Ergebnis 125 kommt, wenn man
=POTENZ(5;3)
berechnet. Will man nun wissen, welche Zahl dreimal mit sich selbst multipliziert 5 liefert, so muss man die dritte Wurzel ziehen, also entweder über:
=5^(1/3)
oder
=POTENZ(5;1/3)
Für die Quadratwurzel gibt es in Excel die Funktion
=WURZEL
Sie kann beispielsweise statt
=64^(1/2)
verwendet werden mit
=WURZEL(64)
Beispiel: Die Masse eines Elektrons ist m_e = 9,1081 *10^{-31} kg, die Ladung eines Elektrons beträgt e = $1,6020^{-19}$ C. In einer Fernsehröhre wird durch die Spannung von 6000 Volt ein Elektron beschleunigt. Gesucht ist die Endgeschwindigkeit v.

$$v = \sqrt{2\frac{e}{m} \cdot U} = \sqrt{\frac{2 \cdot 1{,}602 \cdot 10^{-19} \cdot 6 \cdot 10^3 C \cdot V}{9{,}1021 \cdot 10^{-31} kg}} = \sqrt{\frac{19{,}224 \cdot 10^{-16} m^2}{9{,}1081 \cdot 10^{-31} s^2}} = 4{,}596 \cdot 10^7 \frac{m}{s}$$

=WURZEL((2*1,602*POTENZ(10;-19)*6*POTENZ(10;3))/
(9,1021*POTENZ(10;-31)))

Ist allerdings bei der Potenzfunktion die Basis gesucht, so muss die Funktion LOG verwendet werden:
=LOG(125;5)
liefert 3. Das Ganze funktioniert auch mit dem natürlichen Logarithmus zur Basis e (2,718281828).
=EXP(A1)
potenziert die Zahl, die in A1 steht, mit der Basis e, und
=LN(A1) (in Excel 5.0 hieß diese Funktion =ZE(A1))
liefert den natürlichen Logarithmus einer Zahl. Den Logarithmus zur Basis 10 können Sie auch mit
=LOG10(A1)
ermitteln. Beispielsweise ergibt
=LOG10(1000000)
die Zahl 6, da 10^6 = 1000000.

6.6.6 Zufallsfunktionen

Die beiden Funktionen ZUFALLSZAHL und ZUFALLSBEREICH liefern zufällige Zahlen. Der Unterschied zwischen beiden besteht darin, dass ZUFALLSZAHL ohne Argumente eine Dezimalzahl zwischen 0 und 1 (einschließlich 0 und ausschließlich 1) liefert. ZUFALLSBEREICH dagegen liefert eine ganze Zahl innerhalb der Grenzen, die in den Argumenten „Untere_Zahl" und „Obere_Zahl" eingegeben werden.
Wollen Sie beispielsweise eine zufällige Zahl zwischen 1 und 49 (Lotto) ermitteln, so kann dies mit
=ZUFALLSBEREICH(1;49)
geschehen oder auch mit
=GANZZAHL(ZUFALLSZAHL()*49)+1
Soll eine neue Zahl „gezogen" werden, so drücken Sie die Funktionstaste <F9> – mit ihr wird manuell neu berechnet.
Angenommen in den Zellen A3 bis A8 stehen sechs „Lottozahlen", so könnten Duplikate vorkommen. Eine Möglichkeit, um Duplikate auszuschließen, besteht darin, bei Duplikaten eine Zahl zu vergeben, die um 1 größer ist. Sollte eine Zahl doppelt vorkommen, so wird eine um 1 vergrößerte vergeben. Also erscheint die 5 zweimal, so nehme 5 und 6:
=WENN(KKLEINSTE($A$3:$A$8;1)<=C3;C3+1;KKLEINSTE($A$3:$A$8;1))
Dies kann für alle anderen Zellen ebenfalls verwendet werden. Die sechste Zahl wird folglich berechnet mit:
=WENN(KKLEINSTE($A$3:$A$8;6)<=C7;C7+1;KKLEINSTE($A$3:$A$8;6))

Damit nicht immer die Zahlen 2, 3, ..., 6 für den Rang getippt werden müssen, kann auch die Funktion ZEILE verwendet werden. Nun lautet die Funktion in der Zelle C3:
=WENN(KKLEINSTE($A$3:$A$8;ZEILE(B4)-2)<=C3;C3+1;KKLEINSTE($A$3:$A$8;ZEILE(B4)-2))
Die Funktion kann anschließend heruntergezogen werden.

	A	B
1		Lottozahlen:
2		
12		
13	1	1
14	1	2
15	49	49
16	49	1
17	49	1
18	49	49
19		
20		

C14: =WENN(C13=49;1;WENN(KKLEINSTE($A$13:$A$18;ZEILE(B14)-12)<=C13;C13+1;KKLEINSTE($A$13:$A$18;ZEILE(B14)-12)))

Abbildung 6.72 Die Lottozahlen – nun alle sechs

Diese Lösung hat einen Nachteil: Wird zweimal 49 gezogen, so lautet nun ein Ergebnis 50, das aber nicht vorkommen darf. Und es muss ehrlich gestanden werden, dass die Zahlen nicht gleich wahrscheinlich verteilt sind.

Ein nettes Beispiel für Zufallszahlen findet sich Kapitel 6.5.2.

6.7 Statistische Funktionen

6.7.1 Die Mitte

Die Aufgaben der statistischen Funktionen werden am besten an einem Beispiel deutlich. Lassen Sie uns ein solches konstruieren. Frau Lämpel ist Lehrerin in einer Klasse, in der sie Englisch unterrichtet. Sie hat 24 Schüler und Schülerinnen, die in der letzten Klassenarbeit folgende Noten erzielt haben. Die Noten stehen in einem Tabellenblatt in den Zellen A1:H7.

Tabelle 6.14 Bei der letzten Klassenarbeit hatten die Schüler folgende Noten.

Name	Note	Name	Note	Name	Note	Name	Note
Anton	1,00	Gerda	3,25	Martha	4,50	Traudl	4,25
Bert	4,00	Hildegard	2,75	Norbert	2,00	Ulla	5,25
Conny	2,50	Irmgard	3,50	Otto	5,50	Victoria	5,00

6 Funktionen

Name	Note	Name	Note	Name	Note	Name	Note
Det	5,00	Jürgen	2,75	Pedro	4,00	Walter	3,75
Ede	2,00	Karl	5,25	René	1,00	Xaver	3,50
François	1,75	Lotte	5,25	Stefan	2,25	Yasar	4,00

Um den Durchschnitt, das heißt das arithmetische Mittel, zu berechnen, kann die Funktion MITTELWERT verwendet werden:
=MITTELWERT(B2:B7;D2:D7;F2:F7;H2:H7)
Sollen Ränder außer Acht gelassen werden, so ist die Funktion GESTUTZTMITTEL zu verwenden. Wird beispielsweise davon ausgegangen, dass von den 24 Schülern immer zwei Ausreißer sind (also 2/24 = 8,33333%), dann liefert
=GESTUTZTMITTEL(B2:B25;8,33333%)
den Wert 3,522727. Die beiden „Ausreißer" sind Anton (oder René) mit der Note 1 und Otto mit 5,5. Somit verschiebt sich der Durchschnitt nach oben.
Der Durchschnitt liegt bei 3,5. Was aber, wenn Frau Lämpel die Noten sortiert? Das heißt, wenn sie von folgender Liste ausgeht.

Tabelle 6.15 Die Notenliste kumuliert

Note	Schüler	Note	Schüler
1	2	3,75	1
1,75	1	4	3
2	2	4,25	1
2,25	1	4,5	1
2,5	1	5	2
2,75	2	5,25	3
3,25	1	5,5	1
3,5	2		

Diese Liste kann übrigens mit der Funktion ZÄHLENWENN erzeugt werden. Nun muss der Durchschnitt mit der folgenden Funktion berechnet werden:
=SUMMENPRODUKT(H21:H35;I21:I35)/SUMME(I21:I35)
Das heißt, die Anzahl der Noten wird mit den Noten multipliziert und das Ergebnis addiert.
Was aber, wenn Frau Lämpel nun wissen möchte, welcher Wert am häufigsten auftaucht? Nun, sie könnte diese Tabelle nach der Spalte „Schüler" sortieren lassen und erkennt sofort, dass sowohl die 4 als auch die 5,25 am häufigsten vorkommt. Die statistische Funktion, die dies ermittelt, lautet
=MODALWERT(B2:B7;D2:D7;F2:F7;H2:H7)
Sie liefert 4.
Angenommen Frau Lämpel würde ihre Schüler nun der Notenwertung nach aufstellen und sich ansehen, welcher ihrer Schüler in der Mitte stünde, so könnte sie dies

mit der Funktion MEDIAN berechnen. Eine Aufstellung ergibt, dass Irmgard als 12. Schülerin eine 3,5 erreicht und Walter eine 3,75. Der „mittlere" Schüler liegt also dazwischen. Excel nimmt nun das arithmetische Mittel aus beiden Werten und berechnet den Median
=MEDIAN(H2:H7;F2:F7;D2:D7;B2:B7)
mit dem Wert 3,625.
Möchte Frau Lämpel nicht nur den „mittleren Schüler" ermitteln, sondern auch den Schüler, der in der ersten Hälfte oder in der zweiten Hälfte in der Mitte liegt, so verwendet sie die Funktion QUARTILE. Die Funktion benötigt ein zweites Argument (Quartil), in das die Werte 1, 2 oder 3 eingetragen werden. Je nachdem, ob der Wert im ersten Viertel, in der Mitte oder im zweiten Viertel gesucht wird, ist der entsprechende Wert einzugeben. Dabei liefert die Zahl 2 das gleiche Ergebnis wie der Median. Es ergeben:
=QUARTILE($B$2:$H$7;1)
=QUARTILE($B$2:$H$7;2)
=QUARTILE($B$2:$H$7;3)
die Werte 2,4375, 3,625 und 4,625.
Eine weitere Funktion zur Berechnung der Mitte ist das geometrische Mittel, das in diesem Beispiel keinen Sinn macht, da es sich bei der geometrischen Mitte um Wachstumsangaben handelt und nicht um verteilte Werte. Würde man ihn dennoch berechnen, so ergibt
=GEOMITTEL(H2:H7;F2:F7;D2:D7;B2:B7)
den Wert 3,17276. Es ist die 24. Wurzel aus dem Produkt der Noten und entspricht damit folgender Funktion:
=POTENZ(PRODUKT(H2:H7;F2:F7;D2:D7;B2:B7);1/24)
Möchte Frau Lämpel nun wissen, an welcher Stelle Ede mit seiner Note 2 steht, so kann sie die Funktion RANG verwenden. Der Parameter „Reihenfolge" liefert dabei die Position ausgehend vom besten, das heißt kleinsten Wert (1) oder vom größten Wert (0). Ede liegt in dieser Klassenarbeit auf
=RANG(2;A2:H7;1)
das heißt auf Rang 4 (nur Anton, Frieda und René sind besser) oder auf
=RANG(2;A2:H7;0)
das heißt auf Platz 20 von hinten.
Umgekehrt liefern
=KKLEINSTE(A2:H7;4)
=KGRÖSSTE(A2:H7;21)
den viertkleinsten und den einundzwanziggrößten Platz, also 2. Und natürlich:
=KKLEINSTE(A2:H7;21)
=KGRÖSSTE(A2:H7;4)
den viertschlechtesten Schüler, also denjenigen, der eine 5– (5,25) geschrieben hat: Karl, Lotte und Ulla sind nicht ganz so schlecht wie Otto.

Auch das harmonische Mittel ist hier fehl am Platz. Bei ihm werden die Kehrwerte der Zahlen addiert und durch die Anzahl geteilt. Das Ergebnis von
=HARMITTEL(B2:H7)
ist 2,77466. Soll nun ein Schwellenwert festgelegt werden, ab dem Beobachtungen akzeptiert werden, so kann die Funktion QUANTIL verwendet werden. Soll beispielsweise der Schwellenwert bei 10 % liegen, so ergibt das Quantil:
=QUANTIL(A2:H7;0,1)
den Wert 1,825. Umgekehrt liefert
=QUANTILSRANG(B2:B25;1,825)
den Wert 10 % (oder 0,1).

6.7.2 Abweichung

Auch für verschiedene Abweichungen stellt Excel eine Reihe von Funktionen zur Verfügung. Die größte und kleinste Zahl, das Maximum und Minimum wird mit den beiden Funktionen MAX und MIN ermittelt. Sie liefern 1 und 5,5.

Übrigens kann man statt dieser beiden Funktionen auch die Tabelle auf- oder absteigend sortieren. So erfährt man auch den kleinsten und den größten Wert. Nur hat das Sortieren zwei Nachteile: Es verändert die ursprüngliche Reihenfolge und bei der Eingabe neuer Datensätze muss erneut sortiert werden.

Die Differenz zwischen diesen beiden Zahlen beträgt 4,5; sie wird auch Spannweite genannt.

Berechnet man nun die Differenz einer jeden Zahl vom Mittelwert, bildet daraus den Absolutwert, addiert diese und teilt sie durch die Anzahl, so erhält man die Mittelabweichung. Sie könnte auch mit der Funktion
=MITTELABW(B2:B7;D2:D7;F2:F7;H2:H7)
ermittelt werden. Das Ergebnis beträgt 1,1458333.

Tabelle 6.16 In der zweiten Klassenarbeit erhalten die Schüler andere Noten.

Name	Note	Name	Note	Name	Note	Name	Note
Anton	3,25	Gerda	4,00	Martha	3,75	Traudl	3,00
Bert	3,00	Hildegard	4,00	Norbert	3,25	Ulla	4,25
Conny	2,75	Irmgard	3,25	Otto	4,00	Victoria	4,00
Det	4,00	Jürgen	3,75	Pedro	4,00	Walter	4,50
Ede	3,75	Karl	4,00	René	1,75	Xaver	4,00
François	3,75	Lotte	2,75	Stefan	2,25	Yasar	3,00

Der Durchschnitt liegt auch hier bei 3,5. Dagegen ist das Maximum 4,5, das Minimum 1,75 – die Spannweite beträgt lediglich 2,75, aber die mittlere Abweichung nur 0,5625, das heißt: Die Spannweite ist weniger deutlich ausgeprägt als bei der ersten Arbeit.

Ein besseres Maß für die Abweichung von der Mitte ist die Standardabweichung: Dabei wird die Differenz zum Mittelwert quadriert, diese wird addiert und durch die Anzahl geteilt. Dieses Maß wird Varianzen genannt. Zieht man aus ihm die Wurzel, so erhält man die Standardabweichung. Beide Funktionen finden sich in der Kategorie „Statistik":
=VARIANZEN(F10:M15)
=STABWN(F10:M15)
Sie liefern bei der ersten Klassenarbeit mit einer breiteren Streuung die Zahlen 1,828 und 1,352, bei der zweiten Klassenarbeit 0,4375 und 0,6614. In der zweiten Arbeit gruppieren sich die Werte also viel stärker um die arithmetische Mitte.
Achtung: Will man mit Standardabweichungen und Varianzen für Tendenzen arbeiten, so empfiehlt es sich, nicht durch die Anzahl, sondern durch die (Anzahl −1) zu dividieren. Excel stellt für beide Aufgabenstellungen eine Lösung zur Verfügung:
=VARIANZ(G10:M15)
=STABW(G10:M15)
Sie liefern die Werte 1,9076 und 1,38116 beziehungsweise 0,4565 und 0,6757.
Ein weiteres Maß für Abweichungen von Datenpunkten von deren Mittelpunkt ist die Möglichkeit, die Differenz zwischen den Datenpunkten und dem Mittelpunkt zu bilden und ihre Quadrate zu summieren. SUMQUADABW erledigt diese Aufgabe.
In diesem Zusammenhang sei noch eine weitere Funktion erwähnt:
Mit Mittelwert und Standardabweichung kann man nun die Verteilung standardisieren. Im ersten Notenbeispiel war der Durchschnitt 3,5, die Standardabweichung betrug 1,352. Daraus resultiert der zur Note 3 standardisierte Wert:
=STANDARDISIERUNG(3;3,5;1,352) ergibt −0,3698.

6.7.3 Korrelationen

Frau Lämpel vermutet einen Zusammenhang zwischen den Noten, die ihre Schüler geschrieben haben, und deren Körpergröße. Sie gibt sie ein.

Tabelle 6.17 Noten und Körpergröße:

Name	Note	Körpergröße in cm	Name	Note	Körpergröße in cm
Anton	1,00	176,00	Martha	4,50	130,00
Bert	4,00	180,00	Norbert	2,00	181,00
Conny	2,50	155,00	Otto	5,50	155,00
Det	5,00	171,00	Pedro	4,00	165,00
Ede	2,00	154,00	René	1,00	180,00
François	1,75	170,00	Stefan	2,25	130,00
Gerda	3,25	184,00	Traudl	4,25	162,00

6 Funktionen

Name	Note	Körpergröße in cm	Name	Note	Körpergröße in cm
Hildegard	2,75	190,00	Ulla	5,25	162,00
Irmgard	3,50	185,00	Victoria	5,00	190,00
Jürgen	2,75	139,00	Walter	3,75	166,00
Karl	5,25	159,00	Xaver	3,50	143,00
Lotte	5,25	162,00	Yasar	4,00	120,00

Der Korrelationskoeffizient berechnet sich für die erste Spalte mit
=KORREL(B2:B13;C2:C13)
und liefert den Wert -0,074. Für die zweite Spalte ergibt sich -0,122. Der Korrelationskoeffizient bewegt sich zwischen den beiden Zahlen -1 und 1. Liegt der Wert bei -1, so stehen zwei Zahlenreihen in einem umgekehrten Verhältnis zueinander, bei 1 gibt es eine direkte Abhängigkeit. Da in Frau Lämpels Beispiel die Werte um 0 herum liegen, gibt es keinen Zusammenhang zwischen Körpergröße und Schulnote.

Übrigens benötigt man zur Berechnung des Korrelationskoeffizienten die Kovarianz (KOVARIANZ). Sie ist der Mittelwert der für alle Datenpunkte gebildeten Produkte der Abweichungen.

6.7.4 Trends

Frau Lämpel sieht ein, dass es keinen Zusammenhang zwischen diesen beiden Größen gibt, aber sie stellt fest, dass die Noten der Klassenarbeiten immer besser werden. Sie errechnet folgende (Mittel-)Werte.

Tabelle 6.18 Die Mittelwerte der Klassenarbeiten

Termin der Arbeit	Nummer	Klassendurchschnitt
01.10.1998	1	3,50
02.11.1998	2	3,50
04.12.1998	3	3,20
05.01.1999	4	3,20
06.02.1999	5	3,10
10.03.1999	6	3,00
11.04.1999	7	3,10
13.05.1999	8	2,80
14.06.1999	9	2,70
16.07.1999	10	

trägt diese in ein Diagramm ein:

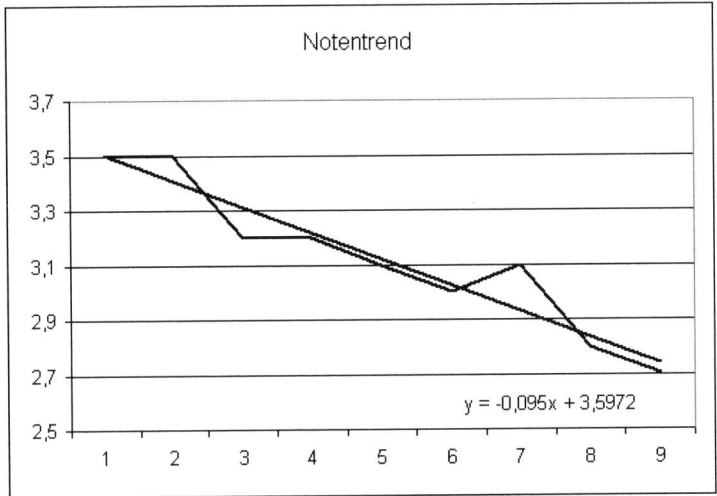

Abbildung 6.73 Die Linie wurde mit der Option „Trend" eingeschaltet.

Wenn Frau Lämpel nun wissen möchte, wie die nächste Arbeit voraussichtlich ausfällt, so markiert sie die Spalte neben den Noten bis zur zehnten Arbeit. Sie wählt aus dem Funktionsassistenten die Funktion TREND aus und markiert bei y-Werte die vorhandenen neun Noten, bei NEUE_X_WERTE die Reihe der Zahlen 1 bis 10. Da es sich hier um eine Matrixfunktion handelt, muss die Tastenkombination <Shift> + <Strg> + <Enter> gedrückt werden.

Tabelle 6.19 Das Ergebnis der Trendberechnung

Termin der Arbeit	Nummer	Klassendurchschnitt	Trend
01.10.1998	1	3,50	3,50
02.11.1998	2	3,50	3,41
04.12.1998	3	3,20	3,31
05.01.1999	4	3,20	3,22
06.02.1999	5	3,10	3,12
10.03.1999	6	3,00	3,03
11.04.1999	7	3,10	2,93
13.05.1999	8	2,80	2,84
14.06.1999	9	2,70	2,74
16.07.1999	10		2,65

Die Trendachse schneidet die y-Achse und hat eine bestimmte Steigung. Die beiden Werte können mit den Funktionen
=ACHSENABSCHNITT(D2:D11;B2:B11) und
=STEIGUNG(D2:D11;B2:B11)

berechnet werden. Sie liefern 3,5972 und –0,095 (also eine sehr flache, negative Steigung).

Dies kann auch in einem Diagramm dargestellt werden. Man markiert die (vorhandenen) x- und y-Werte (hier die Zahlen 1 bis 9 und 3,5 bis 2,7) und lässt sich dazu ein Diagramm erstellen (siehe auch Kapitel 7). Über den Menüpunkt DIAGRAMM / TRENDLINIE HINZUFÜGEN kann zusätzlich eine Trendlinie und deren Funktion eingefügt werden.

Ist nur ein Trendwert gesucht, so kann auch die Funktion SCHÄTZER verwendet werden. Vermutet man zwischen Werten, denen kein Trend zu Grunde liegt, einen linearen Zusammenhang, dann kann die Funktion RGP verwendet werden, um eine Matrix zu berechnen, in der die Elemente liegen, die eine Gerade bilden.

Geht Frau Lämpel allerdings von einer exponentiellen Steigerung aus, so müsste sie statt TREND die Funktion VARIATION verwenden. Damit sieht das Bild etwas anders aus.

Tabelle 6.20 Das Ergebnis der exponentiellen Trendberechnung mit VARIATION

Termin der Arbeit	Nummer	Klassendurchschnitt	Trend
01.10.2001	1	3,50	3,52
02.11.2001	2	3,50	3,41
04.12.2001	3	3,20	3,31
05.01.2002	4	3,20	3,21
06.02.2002	5	3,10	3,11
10.03.2002	6	3,00	3,02
11.04.2002	7	3,10	2,93
13.05.2002	8	2,80	2,84
14.06.2002	9	2,70	2,75
16.07.2002	10		2,67

Vermutet man zwischen Werten, denen kein Trend zu Grunde liegt, einen exponentiellen Zusammenhang, dann kann die Funktion RKP verwendet werden, um eine Matrix zu berechnen, in der die Elemente liegen, die eine solche Kurve bilden.

6.7.5 Wahrscheinlichkeiten

Frau Lämpel hat während der vielen Klassenarbeiten festgestellt, dass ihre Schüler mit einer Wahrscheinlichkeit von 20 % spicken, schummeln, mogeln und abschreiben. Wie groß, so fragt sie sich, ist nun die Wahrscheinlichkeit, dass sie zwei Schüler beim Betrügen erwischen wird, wenn sie zehn Schüler überprüft? Hierfür kann die Funktion der Binomialverteilung (oder Bernouilli-Verteilung) helfen. Die Zahl

der Erfolge sind 2, die Versuche 10 bei einer Wahrscheinlichkeit von 0,2. Da die Daten nicht kumuliert werden, wird dort die Zahl 0 eingegeben.
=BINOMVERT(2;10;0,2;0)
So erhält sie das Ergebnis 0,3019898 oder 30 %, das heißt, mit einer Wahrscheinlichkeit von 1 zu 2 spicken zwei von zehn Schülern bei einer Arbeit.
Der Durchschnitt ihrer ersten Arbeit liegt bei 3,5 und einer Standardabweichung von $\sigma = 1{,}352$. Wie groß ist nun die Wahrscheinlichkeit, dass einer ihrer Schüler, der zufällig ausgewählt wurde, eine 4 oder schlechter hat? Die Normalverteilung (oder Gauß'sche Verteilung) beträgt für „x" = 4, „Mittelwert" = 3,5, „Standabwn" = 1,352 und „Kumuliert" = 1 die Formel:
=NORMVERT(4;3,5;1,352;1)
oder den Wert 0,64424, das heißt mehr als 64 %.
Übrigens könnte mit der Funktion NEGBINOMVERT die Wahrscheinlichkeit einer negativbinomialverteilten Zufallsvariablen berechnet werden, das heißt, man kann berechnen, wie wahrscheinlich es ist, dass es eine gewisse Anzahl von Misserfolgen gibt, bis ein positives Ereignis n-mal eintritt.
Noch ein Beispiel: Die Noten von 1 bis 6 lassen sich auf einer Skala abtragen, so dass sich 21 verschiedene Notenwerte ergeben (1, 1-, 1-2, ... 5-6, 6+ und 6). Acht dieser 21 Noten sind schlechter oder gleich schlecht als 4. Wie hoch, so fragt sich Frau Lämpel, ist nun die Wahrscheinlichkeit, wenn sie zufällig drei Schüler auswählt, dass sie zwei schlechte und einen guten erwischt? Hier hilft die hypergeometrische Verteilung. Die Erfolge der Stichprobe betragen 2 (zwei schlechte Schüler), die Größe der Stichprobe ergibt 3 (drei ausgewählte Schüler). Die Erfolge der Grundgesamtheit betragen 8 (es gibt acht Noten {4–, 4-5, 5+, 5, 5–, 5-6, 6+ und 6} und der Umfang der Grundgesamtheit ergibt 21 (mögliche Noten). Somit erhält
=HYPGEOMVERT(2;3;8;21)
den Wert 0,27368, das entspricht mehr als 27 %.
Eine Annäherung an die Binomialverteilung stellt die Poisson-Verteilung dar. Sie liefert die Grenzverteilung zur Binomialverteilung.
Beispiel: Die Wahrscheinlichkeit, dass einer ihrer Schüler am Tage vor einer Klassenarbeit vom Elternhaus wegläuft, beträgt 2 ‰. Wie groß, will Frau Lämpel wissen, ist die Wahrscheinlichkeit, dass von 1000 Schülern, die pro Jahr eine Arbeit schreiben, vier von zu Hause weglaufen? Dazu verwendet sie die Poisson-Verteilung, wobei für x die Zahl vier einzugeben ist. Der Mittelwert beträgt 1000*0,002, und da nicht kumuliert wird, ist in dieses Feld der Wert 0 einzugeben. Die Formel sieht wie folgt aus:
=POISSON(4;1000*0,002;0)
Das Ergebnis lautet: 0,09, also fast 10 %.
In diesem Zusammenhang sollen noch drei weitere Funktionen erwähnt werden:
Soll der Standardfehler der geschätzten y-Werte für alle x-Werte einer Regression berechnet werden, dann kann die Funktion STFEHLERYX herangezogen werden.

Die Wahrscheinlichkeit für einen Wert, der in einem Intervall von zwei Werten liegt, wird mit der Funktion WAHRSCHBEREICH berechnet.

Mit der Funktion WEIBULL werden die Wahrscheinlichkeiten einer weibullverteilten Zufallsvariablen berechnet.

6.7.6 Konfidenzintervall

In Frau Lämpels erster Klassenarbeit schreiben 24 Schüler mit. Der Klassendurchschnitt liegt bei 3,5, die Standardabweichung bei 1,352. Bei 1000 Schülern ihrer Schule, so schätzt sie, liegt die Wahrscheinlichkeitsangabe (oder das Konfidenzintervall) bei 90 %, das heißt, das Vertrauensniveau wird in 10 % der Fälle nicht erreicht. Mit diesen Werten kann sie in Excel mit der KONFIDENZ das Vertrauensintervall berechnen. Alpha entspricht 10 %, die Standardabweichung liegt bei 1,352 und der Umfang der Stichprobe bei 24. Das ergibt:
=KONFIDENZ(10%;1,352;24)
Es liefert den Wert 0,4539, also etwas weniger als die Hälfte.

6.7.7 Tests und Verteilungen

An dieser Stelle alle Tests und Verteilungen aufzuführen und zu erläutern, würde den Rahmen dieses Buches sprengen. Deshalb soll an einem Beispiel erläutert werden, was ein solches Testverfahren leistet, wie es anzuwenden ist und welche Zahlen in die Excel-Funktionen einzugeben sind.

Frau Lämpels Klasse besteht aus Jungen und Mädchen, deren Klassenarbeiten benotet werden. Da sie weniger an den Viertelnoten (also 2+ oder 3-) interessiert ist, stellt sie eine Liste auf, wie viele Jungen und wie viele Mädchen welche Noten (in der ersten Arbeit) geschrieben haben.

Tabelle 6.21 Die Schüler nach Geschlecht und Noten aufgelistet

Name	Mädchen	Jungen
Anton	1	
Bert		4
Conny	2,5	
Det		5
Ede		2
François	1,75	
Gerda	3,25	
Hildegard	2,75	
Irmgard	3,5	
Jürgen		2,75

Name	Mädchen	Jungen
Karl		5,25
Lotte	5,25	
Martha	4,5	
Norbert		2
Otto		5,5
Pedro		4
René	1	
Stefan		2,25
Traudl	4,25	
Ulla	5,25	
Victoria	5	
Walter		3,75
Xaver		3,5
Yasar		4

Mit Hilfe der Funktion
=WENN(ODER(B11-GANZZAHL(B11)=0,25;
B11-GANZZAHL(B11)=0,75);RUNDEN(B11;0);WENN(B11="";"";B11))
werden die Noten gerundet.

Tabelle 6.22 Die gerundeten Noten sehen wie folgt aus:

Name	Mädchen	Jungen
Anton		1
Bert		4
Conny	2,5	
Det		5
Ede		2
François		2
Gerda	3	
Hildegard	3	
Irmgard		3,5
Jürgen		3
Karl		5
Lotte	5	
Martha	4,5	
Norbert		2
Otto		5,5
Pedro		4
René	1	
Stefan		2

Name	Mädchen	Jungen
Traudl		4
Ulla	5	
Victoria	5	
Walter		4
Xaver		3,5
Yasar		4

Mit der Funktion HÄUFIGKEIT lässt Frau Lämpel die Notenverteilung anzeigen. Dazu ist im Bereich „Daten" die Matrix einzugeben, die gesucht ist, also in unserem Fall die Notenwerte von 1 bis 6. Mit Klasse ist die Notenliste gemeint (einmal für die Mädchen, einmal für die Jungs). Da es sich um eine Matrixformel handelt, ist sie mit <Shift> + <Strg> + <Enter> zu beenden. Sie hat beispielsweise folgende Gestalt:
{=HÄUFIGKEIT(F2:F25;$I2:$I12)}

Tabelle 6.23 Die Noten werden nach ihrer Häufigkeit aufgelistet.

Noten:	Mädchen	Jungen
1	0	2
1,5	0	0
2	0	4
2,5	1	0
3	2	1
3,5	1	1
4	1	4
4,5	1	0
5	4	1
5,5	0	1
6	0	0

Dies sind die realen Daten der ersten Klassenarbeit. Auch wenn der Notendurchschnitt der Mädchen etwas besser ist als der Schnitt der Jungen, so soll gezeigt werden, dass es keinen Zusammenhang zwischen Geschlecht und Noten gibt. Dazu werden die Summen der Jungs und der Mädchen einerseits und der Notenkategorien andererseits gebildet.

Tabelle 6.24 Die Werte werden addiert:

Noten	Mädchen	Jungen	Summe
1	0	2	2
1,5	0	0	0
2	0	4	4
2,5	1	0	1
3	2	1	3
3,5	1	1	2
4	1	4	5
4,5	1	0	1
5	4	1	5
5,5	0	1	1
6	0	0	0
Summe	10	14	24

Das Verhältnis der Mädchen zur Gesamtzahl der Schüler der Klasse beträgt 10/24. Die theoretisch zu erwartenden Häufigkeiten liegen bei den Mädchen also bei 2*10/24, bei den Jungen bei 2*14/24, also bei den Werten 0,8333 und 1,1666.

Um diese Formel schnell von links nach rechts (von den Mädchen zu den Jungen) und von oben nach unten (über die gesamten Notenwerte) zu ziehen, kann mit relativen, gemischten und absoluten Bezügen gearbeitet werden:
=10/24*2 entspricht:
=J$13/$L$13*$L2

Tabelle 6.25 Damit ergeben sich folgende Häufigkeitswerte:

Noten	Mädchen	Jungen	Summe der Häufigkeiten
1	0,83333333	1,16666667	2
1,5	0	0	0
2	1,66666667	2,33333333	4
2,5	0,41666667	0,58333333	1
3	1,25	1,75	3
3,5	0,83333333	1,16666667	2
4	2,08333333	2,91666667	5
4,5	0,41666667	0,58333333	1
5	2,08333333	2,91666667	5
5,5	0,41666667	0,58333333	1
6	0	0	0
	10	14	

Wenn also die bei Unabhängigkeit zu erwartenden Werte mit den beobachteten Häufigkeiten übereinstimmen, kann die Hypothese von der Unabhängigkeit als

6 Funktionen

bestätigt angesehen werden. Je weiter sie aber voneinander abweichen, desto größer ist die Abweichung von der Unabhängigkeit, das heißt, die beiden Untersuchungsvariablen sind als voneinander abhängig anzusehen.

Um vernünftig weiterrechnen zu können, muss die Zeile mit der Note 6 und die mit der Note 1,5 gelöscht werden, da diese Noten nicht auftauchen.

Tabelle 6.26 Werte, die nicht verwendet werden, werden gelöscht.

Noten	Mädchen	Jungen	Häufigkeit
1	0,83333333	1,16666667	2
2	1,66666667	2,33333333	4
2,5	0,41666667	0,58333333	1
3	1,25	1,75	3
3,5	0,83333333	1,16666667	2
4	2,08333333	2,91666667	5
4,5	0,41666667	0,58333333	1
5	2,08333333	2,91666667	5
5,5	0,41666667	0,58333333	1
	10	14	24

Bildet man die Differenz zwischen den erwarteten Werten und den gemessenen Werten und quadriert sie (um aus negativen Werten positive zu erzeugen und um eine bekannte Verteilung zu erhalten), teilt sie anschließend durch die erwarteten Werte und addiert diese Werte zum Schluss auf, so erhält man in obigem Beispiel die Zahl 7,88. Je größer diese Zahl von 0 abweicht, umso eher kann die ursprüngliche Hypothese verworfen werden, je kleiner, umso eher stimmt sie.

Tabelle 6.27 Die Erwartungswerte

Noten	Mädchen	Jungen
1	0,83333333	0,5952381
2	1,66666667	1,1904762
2,5	0,81666667	0,5833333
3	0,45	0,3214286
3,5	0,03333333	0,0238095
4	0,56333333	0,402381
4,5	0,81666667	0,5833333
5	1,76333333	1,2595238
5,5	0,41666667	0,297619
		12,6171

Frau Lämpel geht nun von einem Signifikanzniveau von 15 % aus. Um die Wahrscheinlichkeit zu bestimmen, ob ein Zusammenhang besteht, bestimmt sie die Frei-

heitsgrade. Das ist das Produkt aus den um 1 verminderten Zeilen und Spalten, also (9-1)*(2-1) = 8 Freiheitsgrade. Nun liefert die Funktion
=CHIVERT(12,6171;8)
den Wert 0,1257, also unter der 15%-Grenze. Den gleichen Wert erhält sie, wenn sie die Funktion CHITEST einsetzt:
=CHITEST(W11:X19;R11:S19)
Übrigens könnte Frau Lämpel die Zahl 12,6171 rechnerisch aus dem Ergebnis des Chitests mit der folgenden Funktion ermitteln:
=CHIINV(0,0969;8)
wobei die Zahl 8 die Anzahl der Freiheitsgrade ist.
Teilt man den Wert 12,6171 durch die Summe aus 12,6171 und der Schüleranzahl 24 und zieht daraus die Wurzel, so erhält man den Pearson'schen Kontingenzkoeffizienten, der in einem Wertebereich zwischen 0 und 1 liegt. In Frau Lämpels Fall liegt er bei 0,587. Mit ihm kann man nun das BESTIMMTHEITSMASS berechnen.
In diesem Zusammenhang seien noch einige weitere Funktionen erwähnt:
Ein Maß, wie asymmetrisch eine eingipflige Häufigkeitsverteilung um den Mittelwert liegt, liefert die Funktion SCHIEFE. Sie ergibt bei den vorliegenden Noten der ersten Klassenarbeit die Zahl –0,2616, bei der zweiten –0,937. Diese negative Zahl zeigt eine Verteilung an, deren Gipfel sich mehr hin zu Werten kleiner dem Mittelwert erstreckt.
Die Funktion KRITBINOM liefert den kleinsten Wert, für den die kumulierten Wahrscheinlichkeiten der Binomialverteilung größer oder gleich einer Grenzwahrscheinlichkeit sind.
Die Wölbung einer Verteilung im Vergleich zu der Normalverteilung wird mit der Kurtosis (KURT) gemessen: Eine positive Kurtosis weist auf eine schmale und spitze Verteilung hin, eine negative auf eine flache Verteilung.
Weitere Verteilungsfunktionen, die Excel zur Verfügung stellt, sollen nur alphabetisch aufgelistet werden:
BETAINV und BETAVERT, FINV, FTEST und FVERT, FISCHERINV und FISCHER, GAMMAINV, GAMMALN und GAMMAVERT, GTEST (Gaußtest), EXPONVERT und LOGNORMVERT, NORMINV und NORMVERT, STANDNORMINV und STANDNORMVERT, TTEST und TVERT (die Student'sche T-Verteilung).
Ein einfaches Beispiel: Eine pharmazeutische Firma prüft regelmäßig Produkte. In zwei Zellen werden der Produktname und die Spezifikation hineingeschrieben, in einer anderen Zelle wird daraus der Überschriftstext ermittelt:
="Calculation of Standardcurve of "&A1&" in "&B1
In Spalte B befinden sich die Volumina, die gemessen werden, in Spalte C und D zwei Messergebnisse. In Spalte E wird das Ergebnis berechnet:
=C5-D5
Mit einem Doppelklick auf das Kästchen kann die Berechnung nach unten gezogen werden (Abbildung 6.74).

6 Funktionen

In einer zweiten Tabelle, die sich weiter unten befindet, werden die Volumina erneut aufgelistet. Nun soll der Mittelwert der Zahlen berechnet werden, deren Werte in Spalte E zu den entsprechenden aus B gehören. Man könnte die Mittelwertfunktion durch Anklicken der einzelnen Zellen berechnen:
=MITTELWERT(E5;E10;E15)

	A	B	C	D	E	F
1	Hexachloral	Hexapidin#77	13,00			
2	Calculation of Standardcurve of Hexachloral in Hexapidin#77					
3						
4	Sample	Inj. Vol (µl)	Area (mV x min)	Std. blank	standard-blank	
5	Std dil. to 13 µg/ml	10	32,78	1,73	31,05	
6	Std dil. to 13 µg/ml	20	68,50	3,65	64,85	
7	Std dil. to 13 µg/ml	30	102,58	5,56	97,02	
8	Std dil. to 13 µg/ml	40	138,42	7,43	130,99	
9	Std dil. to 13 µg/ml	50	170,73	9,47	161,26	
10	Std dil. to 13 µg/ml	10	33,14	1,86	31,28	
11	Std dil. to 13 µg/ml	20	68,49	3,93	64,56	
12	Std dil. to 13 µg/ml	30	105,26	5,66	99,60	
13	Std dil. to 13 µg/ml	40	137,13	7,37	129,76	
14	Std dil. to 13 µg/ml	50	168,64	9,66	158,98	
15	Std dil. to 13 µg/ml	10	33,29	1,85	31,44	
16	Std dil. to 13 µg/ml	20	68,93	3,76	65,17	
17	Std dil. to 13 µg/ml	30	103,96	5,75	98,21	
18	Std dil. to 13 µg/ml	40	137,47	7,48	129,99	
19	Std dil. to 13 µg/ml	50	168,69	9,40	159,29	
20						

Abbildung 6.74 Die erfassten Daten

Stehen die Volumina in Spalte B regelmäßig untereinander (also beispielsweise 10, 20, 30, 40, 50, 10, 20, ...), so kann die Berechnung problemlos heruntergezogen werden. Was tut man aber, wenn dies nicht der Fall ist?
Da sich der Mittelwert als SUMME/ANZAHL berechnen lässt, können statt diesen beiden Funktionen die entsprechenden Bedingungsfunktionen verwendet werden:
=SUMMEWENN($B$5:$B$19;A25;$E$5:$E$19)/
ZÄHLENWENN($B$5:$B$19;A25)
Neben dem Durchschnitt soll allerdings auch die Standardabweichung berechnet werden. Es gibt keine Funktion STABWNWENN oder Ähnliches. Da die Berechnung der Standardabweichung sehr viel komplexer ist als der Mittelwert, erscheint es wenig sinnvoll, sie in ihre Bestandteile zu zerlegen und über Wenn-Funktionen zu berechnen. Es geht allerdings auch anders.
=STABWN($E$5:$E$19)
berechnet die Standardabweichung aller Zahlen von E5 bis E19.
{=STABWN(WENN(A25=$B$5:$B$19;$E$5:$E$19;""))}
Da die Zelle A25 nicht gleichzeitig mit allen Zellen von B5 bis B19 verglichen werden kann, muss mit einer Matrixfunktion gerechnet werden. Das heißt, Sie beenden den Funktionsassistenten oder die Eingabe mit <Shift> + <Strg> + <Enter>. In der Eingabezeile sind danach die beiden geschweiften Klammern sichtbar.

Weiter unten werden über die Dosierung und die berechneten Mittelwerte die Steigung, der y-Achsenabschnitt und die Korrelation der beiden Datenreihen ermittelt:
=STEIGUNG(B25:B29;C25:C29)
=ACHSENABSCHNITT(B25:B29;C25:C29)
=KORREL(B25:B29;C25:C29)

	A	B	C	D	E	F
12	Std dil. to 13 µg/ml	30	105,26	5,66	99,60	
13	Std dil. to 13 µg/ml	40	137,13	7,37	129,76	
14	Std dil. to 13 µg/ml	50	168,64	9,66	158,98	
15	Std dil. to 13 µg/ml	10	33,29	1,85	31,44	
16	Std dil. to 13 µg/ml	20	68,93	3,76	65,17	
17	Std dil. to 13 µg/ml	30	103,96	5,75	98,21	
18	Std dil. to 13 µg/ml	40	137,47	7,48	129,99	
19	Std dil. to 13 µg/ml	50	168,69	9,40	159,29	
20						
21						
22						
23						
24		inj. Volume	blank subtracted signal	inj. amount of MDX-RA (µg)	SD of the blank subtracted signal	%CV of the blank subtracted signal
25		10	31,26	0,13	0,16	0,51%
26		20	64,86	0,26	0,25	0,38%
27		30	98,28	0,39	1,05	1,07%
28		40	130,25	0,52	0,53	0,41%
29		50	159,84	0,65	1,01	0,63%
30						
31						
32	linear regression analysis					
33	slope		248,12			
34	intercept		0,13			
35	coeffitient of regression		1,00			
36						

Formel in E25: {=STABWN(WENN(A25=$B$5:$B$19;$E$5:$E$19;""))}

Abbildung 6.75 Die ermittelten Werte

Damit wird auf einem zweiten Blatt weitergerechnet. Über einen Bezug kann man sich den Wert holen. Auf diesem Blatt steht jeweils dreimal untereinander:
Hexachloral active sample 1
Hexachloral active sample 1
Hexachloral active sample 1
Hexachloral active sample 2
Hexachloral active sample 2
Hexachloral active sample 2
Hexachloral active sample 3 ...
Dies kann über eine Zeilenfunktion gelöst werden:
Die erste Formel in Zeile 8 wird berechnet über:
=standard!$A$1&" active sample "&GANZZAHL((ZEILE()+1)/3)-2
Dabei ist „standard" der Name des Blattes, in dem das pharmazeutische Produkt in Zeile A1 steht. In Zeile 8 liefert Zeile() die Zahl 8. Zu ihr wird 1 addiert, das Ergebnis durch 3 geteilt und abgerundet. Dies liefert 3. Um auf die Zahl 1 zu kommen, muss nur noch 2 abgezogen werden. Diese Funktion wird nun für alle Sam-

6 Funktionen

ples nach unten gezogen. Um unter jeder Dreiergruppe einen Strich zu erhalten, könnte man die bedingte Formatierung verwenden. Über das Menü FORMAT / BEDINGTE FORMATIERUNG wird eingestellt: „Formel ist"
=GANZZAHL((ZEILE()-1)/3)=(ZEILE()-1)/3
Damit wird unter der Zeile 10, 13, 16, ... die Formatierung verwendet – nämlich ein Strich. Und mit einer ähnlichen Funktion kann nun der Mittelwert der jeweils drei zusammengehörigen Zellen berechnet werden:
=WENN(GANZZAHL((ZEILE()+1)/3)=(ZEILE()+1)/3; MITTELWERT(C8:C10);"")

	A	B	C	D	E	F	G
6	Sample	Inj. Vol (µl)	Area (mV x min)	mean of triplicates MDX-RA active	mean of triplicates MDX-RA active - mean placebo	protein concentration (µg/ml)	MDX-RA active
7							
8	Hexachloral active sample 1	30	99,33	98,93	93,66	12,57	62,83
9	Hexachloral active sample 1	30	99,69				
10	Hexachloral active sample 1	30	97,78				
11	Hexachloral active sample 2	30	99,80	99,51	94,24	12,64	63,21
12	Hexachloral active sample 2	30	100,20				
13	Hexachloral active sample 2	30	98,52				
14	Hexachloral active sample 3	30	100,76	100,04	94,77	12,71	63,57
15	Hexachloral active sample 3	30	99,72				
16	Hexachloral active sample 3	30	99,63				
17	Hexachloral active sample 4	30	102,04	100,07	94,80	12,72	63,59
18	Hexachloral active sample 4	30	98,79				
19	Hexachloral active sample 4	30	99,37				
20	Hexachloral active sample 5	30	101,80	100,03	94,76	12,71	63,56
21	Hexachloral active sample 5	30	100,22				
22	Hexachloral active sample 5	30	98,07				
23	Hexachloral active sample 6	30	99,62	99,12	93,85	12,59	62,96
24	Hexachloral active sample 6	30	99,75				

Abbildung 6.76 Das Auswertungsblatt

Ein weiteres Beispiel. MIN findet die kleinste Zahl, KKLEINSTE findet die n-kleinste Zahl, MAX die grösste und KGRÖSSTE die n-größte Zahl: Wie ermittelt aber alle zugehörigen Werte, wenn es nicht nur ein Maximum oder ein Minimum, sondern mehrere gibt?
In einer Liste befindet sich eine Reihe von Artikeln. Daneben stehen die zugehörigen Preise. Das Maximum ist über die Funktion
=MAX(B:B)
schnell ermittelt. In einer weiteren Spalte wird nun überprüft, ob der Preis des Artikels gleich dem Maximum ist. Falls ja, so soll die entsprechende Zeilennummer angezeigt werden:
=WENN($C$1=B1;ZEILE();"")

Diese Liste kann nun mit Hilfe von Funktionen sortiert werden. KGRÖSSTE liefert den größten, den zweitgrößten, ... Wert:
=KGRÖSSTE(D:D;ZEILE())
Da es aber nur einige wenige Maximumswerte gibt, sind Fehlermeldungen die Folge. Diese können mit Hilfe von der Funktion ISTFEHLER unterdrückt werden:
=WENN(ISTFEHLER(KGRÖSSTE(D:D;ZEILE()));"";
KGRÖSSTE(D:D;ZEILE()))
Der Inhalt der Spalte A kann nun mit Hilfe der Funktion INDEX angezeigt werden:
=INDEX(A:A;E1)
Auch hier muss ein Fehler abgefangen werden:
=WENN(ISTFEHLER(INDEX(A:A;E1));"";INDEX(A:A;E1))
Die letzten beiden Funktionen können zu einer zusammengefasst werden:
=WENN(ISTFEHLER(INDEX(A:A;WENN(ISTFEHLER(KGRÖSSTE(D:D;
ZEILE()));"";KGRÖSSTE(D:D;ZEILE()))));"";INDEX(A:A;
WENN(ISTFEHLER(KGRÖSSTE(D:D;ZEILE()));"";
KGRÖSSTE(D:D;ZEILE()))))

	A	B	C	D	E	F	G
1	Produkt	Lizenzpreis	Max	Vorkommen	KGRÖSSTE	INDEX	
2	MS-Access	132,00 €	132,00 €	2	2	MS-Access	
3	MS-Excel	132,00 €		3	3	MS-Excel	
4	MS-Frontpage	116,00 €			5	MS-Powerpoint	
5	MS-Powerpoint	132,00 €		5	7	MS-Visio	
6	MS-Project	116,00 €					
7	MS-Visio	132,00 €		7			
8	MS-Word	116,00 €					
9							

In Zelle F2: =WENN(ISTFEHLER(INDEX(A:A;E2));"";INDEX(A:A;E2))

Abbildung 6.77 Man kann per Funktionen sortieren und filtern.

Ein ähnlich gelagertes Beispiel tauchte einmal in folgendem Problem auf. In einer Produktionsfirma sind bestimmte Werkzeuge mit den Buchstaben A bis Z bezeichnet. Sie werden in einer Spalte eingegeben. Dabei kann es nun sein, dass einige Werkzeuge mehrmals eingegeben werden, andere gar nicht. Dies soll herausgefunden werden, indem per Funktionen eine sortierte Liste erstellt wird:
In Spalte A stehen die Buchstaben A bis Z. In Spalte B befinden sich einige Buchstaben. Nun kann überprüft werden, wie oft der Buchstabe in der Liste auftaucht:
=WENN(ZÄHLENWENN(B:B;A1);CODE(A1);"")
Die Funktion Code liefert den ASCII-Wert des Zeichens. Darüber kann die Liste nun sortiert werden:
= KKLEINSTE(C:C;ZEILE())
Oder besser, damit keine Fehler auftauchen:
=WENN(ISTFEHLER(KKLEINSTE(C:C;ZEILE()));"";
KKLEINSTE(C:C;ZEILE()))

6 Funktionen 199

Und damit kann wiederum der Buchstabe ermittelt werden:
=WENN(ISTFEHLER(ZEICHEN(WENN(ISTFEHLER(KKLEINSTE
(C:C;ZEILE()));"";KKLEINSTE(C:C;ZEILE()))));"";ZEICHEN(WENN(
ISTFEHLER(KKLEINSTE(C:C;ZEILE()));"";KKLEINSTE(C:C;ZEILE()))))

	A	B	C	D
1	Buchstaben	Benutze Werkzeuge	Vorkommen	Code
2	A	S	65	A
3	B	S		C
4	C	A	67	F
5	D	C		G
6	E	C		R
7	F	F	70	S
8	G	G	71	
9	H	R		
10	I	F		
11	J	R		
12	K	R		
13	L	G		
14	M			
15	N			
16	O			
17	P			
18	Q			
19	R		82	
20	S		83	
21	T			
22	U			

D2 fx =WENN(ISTFEHLER(KKLEINSTE(C:C;ZEILE()-1));"";ZEICHEN(KKLEINSTE(C:C;ZEILE()-1)))

Abbildung 6.78 Die Buchstaben werden sortiert.

6.8 Weitere statistische Hilfsmittel

Sind im Add-Ins-Manager des Menüs EXTRAS die Analysefunktionen aktiviert, so weist Excel in diesem Menü EXTRAS den Punkt ANALYSE-FUNKTIONEN auf. Über diesen kann eine Reihe von Funktionen, die mit dem Funktionsassistenten zur Verfügung stehen, auf Datenbereiche angewendet werden.

Diese Analysefunktionen helfen dabei, dass Sie von großen Wertebereichen nicht jede Funktion einzeln berechnen müssen, sondern mit einem Mausklick alle wichtigen Funktionsergebnisse zur Verfügung haben.

Dabei werden zum Teil nicht nur die Rechenergebnisse angezeigt, sondern auch Diagramme über bestimmte Verteilungen erzeugt.

Beispielsweise liefert der Punkt Regression eine Reihe von Informationen über einen Wertebereich:

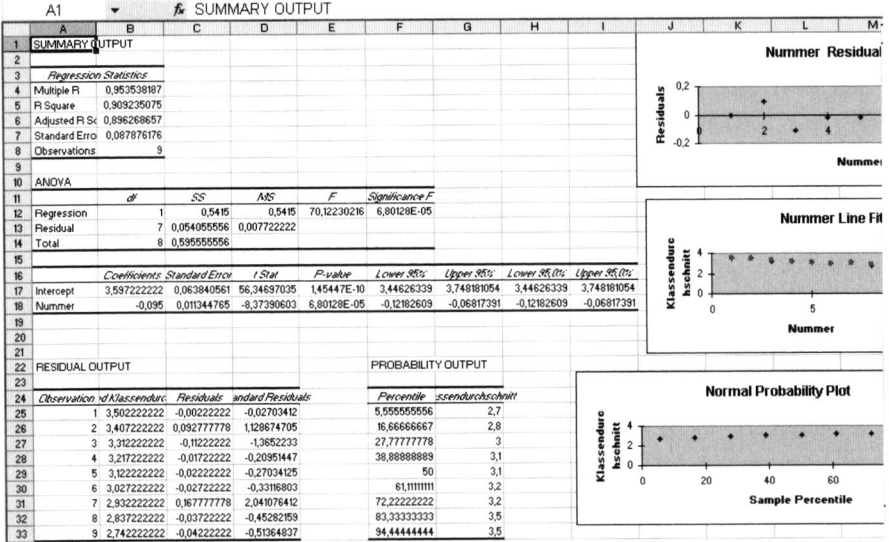

Abbildung 6.79 Die Analysefunktionen mit Regression

6.9 Finanzmathematische Funktionen

Auch hier, wie bei einigen anderen Funktionen, finden sich viele, die eigentlich überflüssig wären. Aber gerade um dieses „eigentlich" soll es hier gehen. Schließlich sollen die Funktionen nicht per Logarithmen oder Exponentialfunktionen hergeleitet werden, sondern die Beträge sollen direkt in Funktionen eingegeben werden, so dass Excel die Werte daraus berechnet.

Die finanzmathematischen Funktionen unterteilen sich in folgende Bereiche:
- Zins und Tilgung
- Abschreibung
- Zinsfuß einer Investition
- Kurs und Effektivverzinsung
- US-amerikanische Funktionen

6.9.1 Zins und Tilgung

Beispiel: Auf der Bank wird ein Guthaben von 5.000 € angelegt. Der momentane Zinssatz sei 4 %. Der Zins des ersten Jahres beträgt 4 % von 5.000 €, also 200 €. Das heißt, das Kapital beträgt nach einem Jahr 5.200 €. Würde man nun die Zinsen wegnehmen und das ursprüngliche Kapital zum gleichen Zinssatz verzinsen, so würden jedes Jahr 200 € Zinsen anfallen. Das heißt, bei einer fünfjährigen Laufzeit würde das Kapital insgesamt 5*200 = 1.000 € ergeben. Ist n die Anzahl der Jahre, i der Zinssatz und K_0 das Anfangskapital, so ergibt sich:

$K_n = K_0 + n*K_0*i = K_0*(1 + n*i)$

Wird das Kapital allerdings mit Zinseszinsen angelegt, so erhöht sich der Kapitalstand. Im obigen Beispiel werden also im zweiten Jahr nicht mehr nur 5.000 € verzinst, sondern 5.200 €. Das ergibt im zweiten Jahr einen Zins von 4%*5.200 = 208 €. Mittels einer geometrischen Reihe kann nun die neue Formel ermittelt werden. Sie lautet:

$K_n = K_0*(1 + i)^n$

Bei 5.000 € Anfangskapital und einem Zinssatz von 4% ergibt sich nach fünf Jahren ein Kapital von

$K_n = 5000*(1 + 4\%)^5 = 6.083{,}26$ €

Von diesen vier Parametern – Anfangskapital, Endkapital, Zinssatz, Laufzeit – kann mittels der drei vorhandenen Werte der jeweils vierte mathematisch ermittelt werden. Oder einfach mit Excel. Statt der obigen Formel, die beispielsweise folgendermaßen aussieht:

=5000*(1+4%)^5

könnten die Werte auch in die Funktion ZW eingegeben werden.

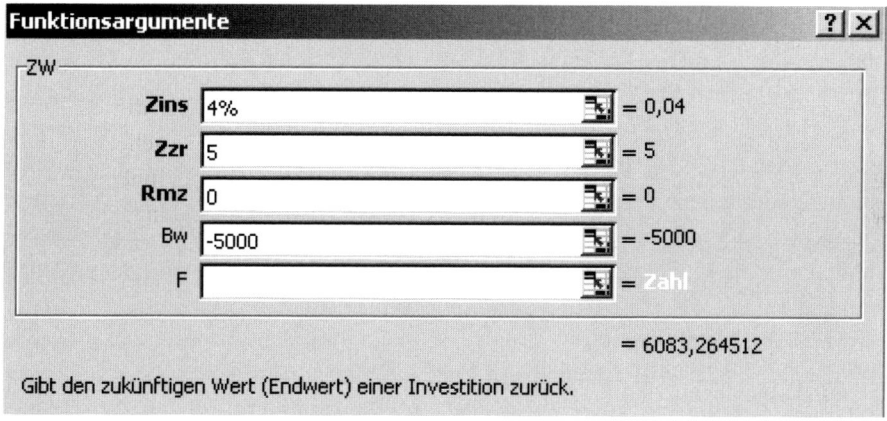

Abbildung 6.80 Die Funktion ZW

Die Eingabewerte Zins und Zzr (Zinszeitraum) sind klar. Da diese Funktion eine Investition berechnet, wird von einem Betrag ausgegangen, der regelmäßig zurückbezahlt wird (Rmz). Diesen gibt es nicht. Deshalb ist in der Eingabezeile „Rmz" der Wert 0 einzutragen. Da der Barwert in unserem Fall Guthaben ist (das heißt, auf der Habenseite zu verbuchen ist) muss er negativ genommen werden, um ein positives Ergebnis zu erhalten.

Analog zu ZW berechnet ZW2 den zukünftigen Endwert bei unterschiedlichen Zinsbeträgen. Umgekehrt berechnet die Funktion ZZR die Anzahl der Perioden. Sie verlangt folgende Argumente:

=ZZR(Zins; Rmz; Bw; Zw; F)
Dabei kann in F statt einer vorschüssigen Zahlung (wie allgemein üblich) auch eine nachschüssige Zahlungsmodalität eingegeben werden. In unserem Beispiel wären die Werte einzutragen:
=ZZR(4%;0;-5000;6083,26)
Das Ergebnis lautet gerundet 5. Die anderen beiden Formeln heißen:
=ZINS(Zzr; Rmz; Bw; Zw; F; Schätzwert)
Mit Schätzwert kann eingetragen werden, wie hoch der geschätzte Zinssatz sein kann.
=ZINS(5;0;-5000;6083,26) liefert 4%.
Und schließlich verlangt
=BW(Zins; Zzr; Rmz; Zw; F)
die Werte:
=BW(4%;5;0;-6083,26)
liefert 5.000 €

Umgekehrt müssen für einen aufgenommenen Kredit Kreditzinsen bezahlt werden. Ein Rückzahlungsbetrag splittet sich auf in einen Zinsbestandteil, der von der Bank festgelegt wird, und eine Tilgungsrate, die von der Schuld abgezogen wird. Wird beispielsweise ein Kredit von 50.000 € aufgenommen und mit der Bank ein Zinssatz von 5,2 % verhandelt, so müssen im ersten Jahr 5,2%*50.000 = 2.600 € zurückbezahlt werden. Da die Rückzahlung monatlich erfolgt, müssen nun 2.600,00/12 = 216,67 € Zinsen bezahlt werden. Wurde eine monatliche Tilgung von beispielsweise 1.000 € vereinbart, so betragen die Annuität 1.000 €, die monatlichen Zinsen 216,67 € und die Rückzahlung die Differenz, also 783,33 €. Kommt nun noch der Faktor Zeit ins Spiel, also will der Benutzer wissen, wann die Schuld getilgt ist, so kann die Funktion RMZ verwendet werden. Sollen beispielsweise 50.000 € nach 15 Jahren abbezahlt sein, so könnte man berechnen lassen (Abbildung 6.81):
=RMZ(5,2%;15;-50000)
Dies liefert 4.882,45 € Annuität pro Jahr. Da nun monatlich zurückbezahlt wird, muss der Zins durch 12 dividiert werden, der Zinszeitraum (Zzr) mit 12 multipliziert werden. Dadurch ergibt sich ein leicht veränderter Wert gegenüber 4882,45/12, nämlich 400,63 € und nicht 406,87 €. Dies hängt damit zusammen, dass die zu verzinsende Schuld im Laufe der Monate geringer wird, so dass 12*monatliche Annuität < jährliche Annuität. Ist nun die monatliche Annuität von 400,63 bekannt, so könnten daraus die anderen Werte berechnet werden.

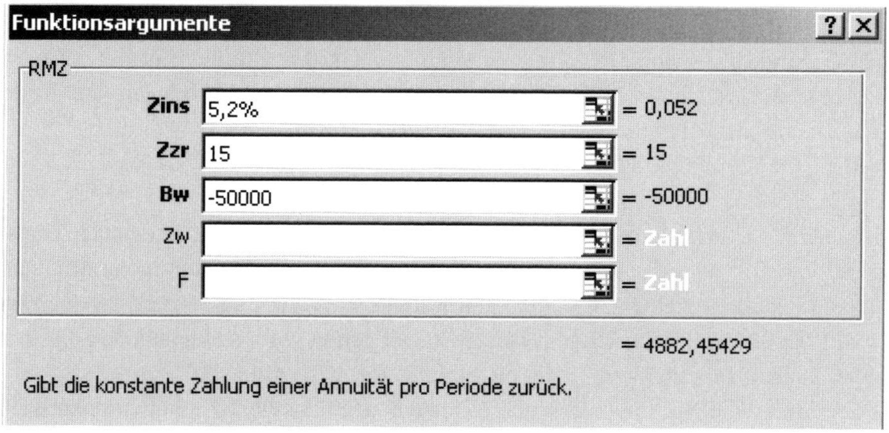

6 Funktionen

Abbildung 6.81 Die Funktion RMZ

Der Zinszeitraum beträgt
=ZZR(Zins; Rmz; Bw; Zw; F)
=ZZR(5,2%/12;400,63;-50000) liefert 180, also 15*12.
Der Zinssatz beträgt:
=ZINS(Zzr; Rmz; Bw; Zw; F; Schätzwert)
=ZINS(15*12;400,63;-50000)*12 = 5,2 %. Das Produkt mit 12 ist nötig, da der Jahreszins gesucht wird. Und schließlich berechnet sich der Barwert mit:
=BW(Zins; Zzr; Rmz; Zw; F)
=BW(5,2%/12;15*12;400,63) und ergibt –50.000 €.
Mit diesen Funktionen können nun alle Aufgaben, die einen ähnlichen Charakter haben, berechnet werden:
Beispiel: Fünf Jahre lang zahlt jemand am Ende jeden Jahres 1.000 € auf ein Konto, auf dem das Kapital zu 10 % Zinseszinsen angesammelt wird. Nach fünf Jahren verfügt derjenige über
=ZW(10%;5;-1000) oder 6.105,10 €
Beispiel: Ein Vater beschließt bei der Geburt seines Sohnes, jährlich nachschüssig jeweils 2.000 € auf ein Bankkonto einzuzahlen. Der angesammelte Geldbetrag soll dem Sohn nach Abschluss seines 20. Lebensjahres zur Abdeckung seiner Ausbildungskosten zur Verfügung stehen. Wie lange wird das dem Sohn ausgezahlte Kapital reichen, wenn dieser jährlich nachschüssig je 6.000 € benötigt und während der gesamten Zeitspanne ein Zinssatz von 5 % gültig ist? Dazu sind zwei Berechnungen nötig:
=ZW(5%;20;-2000)
ergibt, dass der Vater nach 20 Jahren 66.131,91 € angespart hat. Diese werden nun ausgegeben:
=ZZR(5%;-6000;66131,91)
liefert 16,41. Das heißt, nach mehr als 16 Jahren ist das Kapital aufgebraucht.

Beispiel: Ein Sparer beschließt an seinem 18. Geburtstag, dass er an seinem 65. Geburtstag 1.000.000 € durch jährlich nachschüssige Raten bei 6 % Zinsen zusammengespart haben will. Wie viel muss er jährlich zur Seite legen, um dieses Ziel zu erreichen? Hierbei hilft wieder die Funktion RMZ
=RMZ(6%;65-18;0;-1000000)
ergibt 4.147,68 €.

Bleiben wir noch kurz bei dem Beispiel der Schuld. 50.000 € sind bei einem Jahreszins von 5,2 % aufgenommen, der Kredit läuft 15 Jahre und monatlich sind 400,63 € zurückzuzahlen. Will man nun wissen, wie viele Zinsen man in den ersten zwölf Monaten zahlt, beziehungsweise wie viel getilgt wird, so könnte man dies mit einer kleinen Tabelle lösen, in der die Summe gezogen wird.

Dabei kann die Summe unter der entsprechenden Spalte beziehungsweise auch daneben stehen. Steht die Summenfunktion neben der Spalte, so kann damit der Stand der kumulierten Zinsen gut abgelesen werden.

	A	B	C	D	E	F	G	H	I
1		Schulden							
2	BW	50.000,00 €							
3	ZINS	5,20%							
4	ZZR	15							
5		12							
6	RMZ	400,63 €							
7									
8			Anfangsschuld	Zins:	Tilgung:	Endschuld:			
9		1	50.000,00 €	216,67 €	183,96 €	49.816,04 €		192,92 €	KAPZ
10		2	49.816,04 €	215,87 €	184,76 €	49.631,29 €		216,67 €	ZINSZ
11		3	49.631,29 €	215,07 €	185,56 €	49.445,73 €			
12		4	49.445,73 €	214,26 €	186,36 €	49.259,37 €		- 2.546,62 €	KUMZINSZ
13		5	49.259,37 €	213,46 €	187,17 €	49.072,20 €		- 2.260,89 €	KUMKAPITAL
14		6	49.072,20 €	212,65 €	187,98 €	48.884,22 €			
15		7	48.884,22 €	211,83 €	188,79 €	48.695,43 €			
16		8	48.695,43 €	211,01 €	189,61 €	48.505,81 €			
17		9	48.505,81 €	210,19 €	190,43 €	48.315,38 €			
18		10	48.315,38 €	209,37 €	191,26 €	48.124,12 €			
19		11	48.124,12 €	208,54 €	192,09 €	47.932,03 €			
20		12	47.932,03 €	207,71 €	192,92 €	47.739,11 €			
21									
22	Summe:			2.546,62 €	2.260,89 €				

Abbildung 6.82 Die kumulierten Zinsen und die kumulierten Tilgungsbeträge

Dies würde auch die Funktion KUMZINSZ und KUMKAPITAL leisten:
=KUMZINSZ(5,2%/12;15*12;50000;1;12;0) ergibt 2.546,62
=KUMKAPITAL(5,2%/12;15*12;50000;1;12;0) ergibt 2.260,89
Soll dagegen die erste (oder zwölfte) Zins- und Kapitalrückzahlung berechnet werden, so leisten dies folgende Funktionen:
=KAPZ(5,2%/12;1;15*12;-50000) liefert 183,96
=KAPZ(5,2%/12;12;15*12;-50000) liefert 192,92
=ZINSZ(5,2%/12;1;15*12;-50000) liefert 216,67
=ZINSZ(5,2%/12;12;15*12;-50000) liefert 207,71

6.9.2 Abschreibung

Excel stellt eine Reihe von Abschreibungsfunktionen zur Verfügung.
Beispiel: Es wurde ein Motorrad für 12.000 € angeschafft, das nach einer Nutzungsdauer von vier Jahren einen Restwert von 2.000 € hat. Nun kann der zu berücksichtigende Abschreibungsbetrag wie folgt berechnet werden. Handelt es sich um eine lineare Abschreibung, so ist die Funktion LIA zu verwenden:
=LIA(12000;2000;4) ergibt 2.500 €
Handelt es sich dagegen um eine geometrisch-degressive Abschreibung, so ist zu verwenden:
=GDA2(12000;2000;4;1) ergibt 4332,00 € Abschreibungsbetrag für das erste Jahr.
=GDA2(12000;2000;4;4) ergibt 1130,29 € Abschreibungsbetrag für das letzte Jahr.
Dabei ist die Zahl 1 die Anzahl der Perioden, die berechnet werden soll (also ein Jahr).
Liegt dagegen eine geometrisch-degressive Doppelraten-Abschreibung vor, so muss mit
=GDA(12000;2000;4;1) = 6.000 € gerechnet werden.
Wird dagegen eine arithmetisch-degressive Abschreibung angenommen, was im deutschen Steuerrecht nicht üblich ist, so ist die Funktion DIA einzusetzen:
=DIA(12000;2000;4;1) liefert für das erste Jahr 4.000 €
=DIA(12000;2000;4;4) liefert für das vierte Jahr 1.000 €.
Für das französische Buchführungssystem stehen Ihnen zwei weitere Funktionen für Abrechnungen zur Verfügung: AMORDEGRK und AMORLINEARK. Beide berechnen den für eine Abrechnungsperiode anzusetzenden Abschreibungsbetrag.

Tabelle 6.28 AMORDEGRK arbeitet mit folgendem Abschreibungskoeffizienten:

Nutzungsdauer eines Anlageguts	Abschreibungskoeffizient
Zwischen 3 und 4 Jahre	1,5
Zwischen 5 und 6 Jahre	2
Mehr als 6 Jahre	2,5

Beispiel: Es wurde ein Motorrad für 12.000 € angeschafft, das nach einer Nutzungsdauer vom 4.6.1993 bis 1.1.1999 einen Restwert von 2.000 € hat. Der Abschreibungssatz beträgt 15 % und die erste Abschreibungsperiode endet am 31.12.1993. Dann ergeben:
=AMORDEGRK(12000;"4.6.1993";"31.12.1993";2000;1;15%;1) = 3.529 €
=AMORLINEARK(12000;"4.6.1993";"31.12.1993";2000;1;15%;1) = 1.800 €

6.9.3 Zinsfuß einer Investition

Beispiel: Angenommen Sie möchten ein Geschäft eröffnen. Sie schätzen die Finanzierungskosten auf –150.000 €. Weiter schätzen Sie, dass Sie in den ersten fünf Jahren folgende Nettogewinne erzielen werden: 24.000 €, 33.000 €, 36.000 €, 40.000 € und 52.000 €. Stehen diese Werte nun in einer Tabelle in den Zellen A1:A6, so berechnet die Funktion IKV den nach vier Jahren erzielten internen Zinsfuß dieser Investition:
=IKV(A1:A5) mit -4,33% und
=IKV(A1:A6) mit 6,61%.

	A	B	C
1	- 150.000,00 €		
2	24.000,00 €		
3	33.000,00 €		
4	36.000,00 €		
5	40.000,00 €		
6	52.000,00 €		
7			
8	IKV für 4 Jahre:	-4,33%	
9	IKV für 5 Jahre:	6,61%	

Abbildung 6.83 Der interne Zinsfuß einer Investition

Beispiel: Angenommen die 150.000 € für die Geschäftsgründung wurden zu einem Zinssatz von 9 % ausgeliehen. Die Gewinne wurden mit 12,5 % reinvestiert. So ergibt sich für die ersten drei, vier und fünf Jahre ein modifizierter interner Zinsfuß mit:
=QIKV(A1:A4;9%;12,5%) = -11,63%
=QIKV(A1:A5;9%;12,5%) = 1,06%
=QIKV(A1:A6;9%;12,5%) = 8,73%

Beispiel: Angenommen die Nettogewinne 24.000 €, 33.000 €, 36.000 €, 40.000 € und 52.000 € wurden nun schon vor Jahresfrist erreicht. Und zwar zu folgenden in der Abbildung 6.84 gezeigten Daten. Mit der Funktion XINTZINSFUSS wird nun der interne Zinsfuß berechnet.
Analog berechnet XKAPITALWERT den Nettobarwert einer Reihe nicht periodisch anfallender Zahlungen.
Für diese nicht periodisch anfallenden Zahlungen liefert die Funktion NBW den Nettobarwert bei konstantem Zinssatz.
Beispiel: Bei 12,5 % Abzinsungsrate beträgt beim Kaufpreis von 150.000 € und den Nettogewinnen 24.000 €, 33.000 €, 36.000 €, 40.000 € und 52.000 € der Nettobarwert
=NBW(12,5%;-150000;24000;33000;36000;40000;52000) = -20.871,58 €.

6 Funktionen 207

	B15	▼	fx =XINTZINSFUSS(A1:A6;B1:B6)	
	A	B	C	D
1	- 150.000,00 €	09.02.1999		
2	24.000,00 €	27.10.1999		
3	33.000,00 €	13.07.2000		
4	36.000,00 €	30.03.2001		
5	40.000,00 €	15.12.2001		
6	52.000,00 €	01.09.2002		
7				
8	IKV für 4 Jahre:	-4,33%		
9	IKV für 5 Jahre:	6,61%		
10				
11	QIKV für 3 Jahre:	-11,63%		
12	QIKV für 4 Jahre:	1,06%		
13	QIKV für 5 Jahre:	8,73%		
14				
15	XINTZINSFUSS:	9,40%		
16	XKAPITALWERT	- 9.260,21 €		
17				
18	NBARWERT	- 20.871,58 €		
19				

Abbildung 6.84 Der interne Zinsfuß bei einer Reihe nicht periodischer Zahlungen

6.9.4 Kurs und Effektivverzinsung

Bei einigen Investitions- und Finanzierungsproblemen spielen die Begriffe „Kurs" und „Effektivverzinsung" eine große Rolle, zum Beispiel bei Wertpapieren, Anleihen, Anschaffungsdarlehen, Hypotheken und Kleinkrediten. Bei Anschaffungsdarlehen ist folgendes Verfahren üblich: Es wird nicht die zu einem bestimmten Zinssatz vereinbarte Kreditsumme ausbezahlt, sondern ein darunter liegender Betrag, zum Beispiel 98 %. Dennoch werden aber Zinsen und Tilgung vom vereinbarten Kreditbetrag berechnet. Dies führt dazu, dass der Darlehensnehmer eine über dem vereinbarten Zinssatz liegende effektive Zinsbelastung hat, während andererseits der Darlehensgeber einen über dem vereinbarten Zinssatz liegende Rendite erzielt. Dies kann berechnet werden.

Beispiel: Hat jemand ein Wertpapier unter Verwendung der Nominalzinsen von 6 % für 100 € erworben, so bringt ihm diese Investition 6 € pro Jahr. Wünscht man sich jedoch eine tatsächliche Verzinsung von 8 %, dann wird nicht der Nennwert von 100 € verwendet, sondern ein geringerer Kaufpreis. Angenommen nach fünf Jahren wird das Wertpapier zurückgegeben. Dann beträgt der Kurs:

$$K_0' = 6 * \frac{1}{1{,}08^5} * \frac{1{,}08^5 - 1}{1{,}08 - 1} + 100 * \frac{1}{1{,}08^5} = 92{,}01$$

Dies kann man in Excel berechnen mit:
=KURS("1.1.1994";"1.1.1999";6%;8%;100;1;1) = 92,0145799
Die Differenz der Datumsangaben ergibt fünf Jahre, die letzte 1 steht als Symbol für die Basis. Es existieren folgende Möglichkeiten:

Tabelle 6.29 Basis für eine Reihe finanzmathematischer Funktionen:

Basis	Basis für die Zählung der Tage
0 oder nicht angegeben	USA 30/360
1	Taggenau/taggenau
2	Taggenau/360
3	Taggenau/365
4	Europa 30/360

Umgekehrt ließe sich die Rendite mit den obigen Werten berechnen:
=RENDITE("1.1.1994";"1.1.1999";6%;92,0145799;100;1;1) ergibt 8%.
Die beiden Funktionen EFFEKTIV und NOMINAL berechnen, ausgehend von einer Nominalverzinsung sowie der jeweiligen Anzahl der Zinszahlungen pro Jahr, die zugehörige Effektivverzinsung oder umgekehrt die Nominalverzinsung.
Beispiel: Eine Anleihe ist mit einer Nominalverzinsung von 6 % bei jährlichen Zinszahlungen ausgestattet. Die Tilgung in halbjährlichen Jahresraten erfolgt nach einem Aufschub von fünf Jahren während eines Zeitraums von vier Jahren. Gesucht ist nun der Kurs der Anleihe bei einer Rendite von 7,5 %. Die wird berechnet mit:
=KURSFÄLLIG("1.1.1997";"1.1.1998";"1.1.1993";6%;7,5%;1) ergibt 96,93
Und umgekehrt:
=RENDITEFÄLL("1.1.1997";"1.1.1998";"1.1.1993";6%;96,93;1) ergibt 7,55 %
Will man nun den Auszahlungsbetrag eines voll investierten Wertpapiers wissen, dann hilft die Funktion AUSZAHLUNG weiter.
Beispiel: Es wurden 100.000 € bei einem Disagio von 5 % angelegt. Gesucht ist der Auszahlungsbetrag nach einem Jahr:
=AUSZAHLUNG("1.1.98";"1.1.99";100000;5,75%;1) liefert 106.100,796 €
Umgekehrt kann damit der Zinssatz berechnet werden, der sich aus (Rückzahlung-Anlage)/Anlage berechnet:
=ZINSSATZ("1.1.98";"1.1.99";100000;106100,796;1) = 6,1 %
Beispiel: Ein unverzinsliches Wertpapier mit einem Rückzahlungswert von 100.000 € liegt ein Jahr bei einem Kurs von 99,75 auf der Bank. Die Rendite beträgt demnach:
=RENDITEDIS("1.1.98";"1.1.99";99,75;100000;1) ergibt 1.001,50 €
Wurde das Wertpapier zu einem Preis von 99.750 € gekauft, so kann damit der Abschlag (Disagio) berechnet werden:
=DISAGIO("1.1.98";"1.1.99";99750;100000;1) = 0,25 %
Und dies wiederum liefert umgekehrt den Kurs:
=KURSDISAGIO("1.1.98";"1.1.99";D27;100000;1) = 99750

6.9.5 US-amerikanische Funktionen

Einige spezielle US-amerikanische Funktionen finden wenig Verwendung bei uns. Deshalb sollen sie nur namentlich erwähnt werden:
AUFGELZINS, AUFGELZINSF, NOTIERUNGBRU, NOTIERUNGDEZ, TBILLÄQIV, TBILLKURS, TBILLRENDITE (Funktionen zur Berechnung der Treasury Bills), UNREGER.KURS, UNREGER.REND, UNREGLE.KURS, UNREGLE.REND, ZINSTERMNZ, ZINSTERMTAGE, ZINSTERMTAGNZ, ZINSTERMTAGVA, ZINSTERMVZ, ZINSTERMZAHL

6.10 Der Euro-Konverter

Seit Excel 2000 existiert ein Eurowährungs-Tool. Es wird über das Menü EXTRAS / ADD-INS-MANAGER aktiviert. Nun steht nicht nur das €-Symbol in der Formatierungssysmbolleiste zur Verfügung, sondern in den benutzerdefinierten Funktionen findet sich die Funktion EUROCONVERT. Excel 2002 stellt sogar einen Menüpunkt und eine eigene Symbolleiste bereit. Sie verlangt folgende Eingaben:
EUROCONVERT(Number; Source; Target; Full_Precision; Triangulation_Precision)
„Number" ist der Währungswert, der konvertiert werden soll. „Source" und „Target" sind eine Zeichenfolge aus drei Buchstaben, welche die Zeichenfolge gemäß dem ISO-Code für die Quellwährungseinheit enthält.

Tabelle 6.30 Die folgenden Währungseinheitencodes stehen in der EUROCONVERT-Funktion zur Verfügung.

Land	Grundwährungseinheit	ISO-Code
Belgien	Franc	BEF
Luxemburg	Franc	LUF
Deutschland	Deutsche Mark	DEM
Spanien	Peseta	ESP
Frankreich	Franc	FRF
Irland	Pfund	IEP
Italien	Lira	ITL
Niederlande	Gulden	NLG
Österreich	Schilling	ATS
Portugal	Escudo	PTE
Finnland	Markka	FIM
Euro-Mitgliedsstaaten	Euro	EUR

Leider fehlt in dieser Liste die griechische Drachme.

Tabelle 6.31 Microsoft kündigt in der Hilfe folgende Abkürzungen für die nachfolgenden Länder an, falls diese den Euro einführen.

Land	Grundwährungseinheit	ISO-Code
Dänemark	Krone	DKK
Griechenland	Drachme	GRD
Schweden	Krone	SEK
Großbritannien	Pfund	GBP

„Source" ist die Quelle, aus der konvertiert wird, „Target" ist die Zielwährung. „Full_Precision" ist ein logischer Wert (WAHR oder FALSCH). Dieser Wert gibt an, wie das Ergebnis gerundet wird. Dieser Wert ist optional.

Tabelle 6.32 Der Parameter „Full_Precision"

Wert	Auswirkung in Excel
FALSCH	Verwenden der währungsspezifischen Rundungsregeln; siehe folgende Tabelle. Excel verwendet den Berechnungsgenauigkeitswert, um das Ergebnis zu berechnen, und den Anzeigegenauigkeitswert, um das Ergebnis anzuzeigen. FALSCH ist der Standardwert, wenn das Argument Full_Precision nicht verwendet wird.
WAHR	Ignorieren der währungsspezifischen Rundungsregeln und Verwenden des Konvertierungsfaktors mit sechs maßgeblichen Stellen ohne anschließendes Runden.

Die folgende Tabelle zeigt die währungsspezifischen Rundungsregeln, das heißt, wie viele Dezimalstellen Excel zum Berechnen der Konvertierung einer Währung und zum Anzeigen des Ergebnisses verwendet.

Tabelle 6.33 Die Rundungsregeln

ISO-Code	Berechnungsgenauigkeit	Anzeigegenauigkeit
BEF	0	0
LUF	0	0
DEM	2	2
ESP	0	0
FRF	2	2
IEP	2	2
ITL	0	0
NLG	2	2
ATS	2	2
PTE	1	2
FIM	2	2
EUR	2	2

„Triangulation_Precision" ist eine ganze Zahl gleich oder größer 3, welche die Anzahl der maßgeblichen Stellen angibt, die beim Konvertieren zwischen zwei Euro-Mitgliederwährungen für den Euro-Zwischenwert verwendet werden soll. Wenn Sie dieses Argument auslassen, rundet Excel den Euro-Zwischenwert nicht. Wenn Sie dieses Argument beim Konvertieren von einer Euro-Mitgliederwährung in den Euro einschließen, berechnet Excel den Euro-Zwischenwert, der anschließend in eine Euro-Mitgliederwährung konvertiert werden kann.
Beispiel:
Die Funktion
=EUROCONVERT(1000;"EUR";"DEM")
berechnet 1.955,83
=EUROCONVERT(1000;"DEM";"EUR")
ergibt 511,29
1.000 DEM ergeben 3.353,85 französische Francs:
=EUROCONVERT(1000;"DEM";"FRF")
Und schließlich berechnet
=EUROCONVERT(1;"FRF";"EUR";WAHR;3)
0,152 EURO, da „Full_Precision" mit WAHR den Wert 3 annimmt. Wäre er FALSCH, so wäre das Ergebnis 0,15 EURO.
Diese Werte können selbstverständlich in Zellen ausgelagert werden.
Man könnte die Funktion EUROKONVERT benutzen, um kleine Tabellen von DM-Währungen in Euro zu konvertieren. Angenommen auf dem Tabellenblatt „Tabelle1" befindet sich eine Reihe von Zahlen. Einige davon sind als DM-Währungsformat formatiert. Auf einem zweiten Tabellenblatt wird überprüft, ob der Inhalt der Zelle A1 eine Zahl ist und ob diese Zahl als Währung formatiert ist. Letzteres wird mit der Funktion
=ZELLE("Format";Tabelle1!A1)
erledigt – sie gibt "W0", "W0-", "W2" oder "W2-" zurück. Das erste Zeichen ist immer "W". Die Konvertierungsfunktion lautet demnach:
=WENN(UND(LINKS(ZELLE("Format";Tabelle1!A1);1)="W";ISTZAHL (Tabelle1!A1));EUROCONVERT(Tabelle1!A1;"DEM";"EUR");Tabelle1!A1)
Sie kann nach unten und nach rechts gezogen werden. Die Nachteile liegen auf der Hand: Es werden keine Formatierungen übernommen – sie können auch nicht global kopiert werden, da ja nun einige DM-Beträge in Euro umgewandelt wurden. Formeln werden nicht übernommen, sondern durch Werte ersetzt. Wird also ein Wert der Zieltabelle geändert, so ändert sich nicht die daraus resultierende Berechnung.

	A	B
		=WENN(UND(LINKS(ZELLE("Format";KUMZINS_DMIA1);1)="W";ISTZAHL(KUMZINS_DMIA1));euroconvert(KUMZINS_DMIA1;"DEM";"EUR");KUMZINS_DMIA1)
1		Schulden
2	BW	25564,59
3	ZINS	0,052
4	ZZR	15
5		12
6	RMZ	204,84
7		
8		Anfangsschuld Zins: Tilgung: Endschuld:
9	1	25564,59 110,78 94,06 25470,54
10	2	25470,54 110,37 94,46 25376,07
11	3	25376,07 109,96 94,87 25281,2
12	4	25281,2 109,55 95,28 25185,91
13	5	25185,91 109,14 95,7 25090,22
14	6	25090,22 108,72 96,11 24994,1
15	7	24994,1 108,31 96,53 24897,58
16	8	24897,58 107,89 96,95 24800,63
17	9	24800,63 107,47 97,37 24703,26
18	10	24703,26 107,05 97,79 24605,47
19	11	24605,47 106,62 98,21 24507,26
20	12	24507,26 106,2 98,64 24408,62
21		
22	Summe:	1302,07 1155,97

Abbildung 6.85 Eine Tabelle wird per Funktionen von DEM in EUR konvertiert – sehr problematisch!

6.10.1 Technische Funktionen

Die technischen Funktionen unterteilen sich in drei Bereiche:
- die imaginären Zahlen und deren Berechnungen
- Umrechnungsfunktionen
- Besselfunktionen

6.10.2 Die imaginären Zahlen und deren Berechnungen

Erinnern Sie sich: Die Gleichung $x^2 = -4$ hat in der Menge der reellen Zahlen keine Lösung: 2^2 ergibt 4, $(-2)^2$ ergibt ebenfalls 4. Um diese Gleichung lösen zu können, führt man eine Zahlenbereichserweiterung ein. Angenommen α löst die Gleichung $x^2 = -4$. Dann ist $\alpha = 2*i$. Man nennt Zahlenpaare $\alpha = (a1;a2)$ – auch geschrieben: $a = a_1 + a_2 * i$ – komplexe Zahlen, wobei a_1 der Realteil darstellt, a_2 wird Imaginärteil genannt. Komplexe Zahlen können als Vektoren dargestellt werden.
In Excel werden komplexe Zahlen von der Form
a_1+a_2i
oder als
a_1+a_2j
eingegeben. Die Grundrechenarten können problemlos durchgeführt werden. Um zwei komplexe Zahlen zu addieren, dient die Funktion
IMSUMME
Angenommen in A1 steht die Zahl 2+3i, in A2 steht 1+i. Dann ergibt

=IMSUMME(A1;A2)
3+4i
Die Differenz berechnet sich mittels
=IMSUB(A1;A2)
und liefert
1+2i
Für die Multiplikation ist IMPRODUKT zuständig.
=IMPRODUKT(A1;A2)
ergibt -1+5i. Es berechnet sich übrigens: (2+3i)*(1+i) = 2*1 + 2*i + 3i*1 + 3i*i = 2 + 2i + 3i - 3 (da i² = -1) = -1 + 5i
Man dividiert durch eine komplexe Zahl, indem man mit der zum Divisor (multiplikativ) inversen komplexen Zahl multipliziert.
(2+3i)/(1+i) = (2+3i)*(1-i)/(1+i)*(1-i) = (2-2i+3i+3)/(1+1) = (5+i)/2 = 2,5 + 0,5*i
Das Gleiche liefert
=IMDIV(A1;A2)
Ist die konjugiert komplexe Zahl gesucht, so hilft die Funktion IMKONJUGIERTE weiter. Aus den Werten der Zellen A1 und A2 wird
=IMKONJUGIERTE(A1)
2-3i beziehungsweise 1-i.

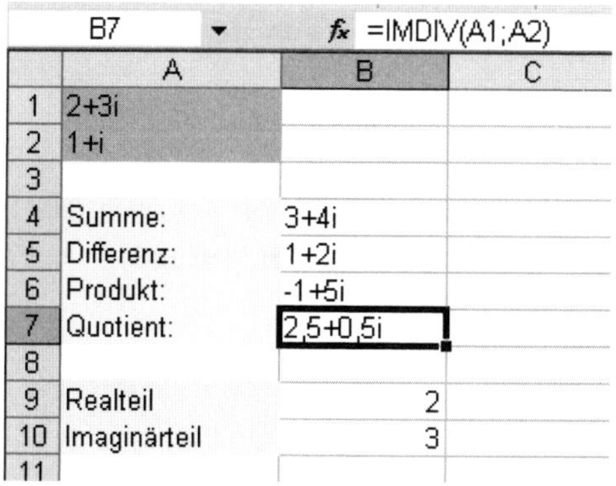

	A	B	C
1	2+3i		
2	1+i		
3			
4	Summe:	3+4i	
5	Differenz:	1+2i	
6	Produkt:	-1+5i	
7	Quotient:	2,5+0,5i	
8			
9	Realteil	2	
10	Imaginärteil	3	
11			

Abbildung 6.86 Berechnungen mit komplexen Zahlen

Aus der komplexen Zahl 2+3i, die sich in A1 befindet, filtert die Funktion
=IMREALTEIL(A1)
die Zahl 2, also den Ganzteil, die Funktion
=IMAGINÄRTEIL(A1)
den Imaginärteil 3. Man könnte beide Zahlen (wenn sie in B1 und in C1 stehen) mit der Verkettungsfunktion
=B1&"+"&C1&"i"
oder mit
=VERKETTEN(B1;"+";C1;"i")

zusammensetzen. Doch Achtung: Wenn der Imaginärteil negativ ist, so führt die Verkettungsfunktion zu einer Zeichenkette wie beispielsweise 2+-3i. Diese kann von Excel nicht mehr als Imaginärzahl erkannt werden. Besser ist deshalb, mit IMSUMME zu arbeiten:
=IMSUMME(2;-3&"i")
Diese liefert korrekt 2-3i. Oder noch einfacher mit KOMPLEXE:
=KOMPLEXE(2;-3)
Um den Absolutbetrag zu berechnen, kann die Funktion IMABS verwendet werden. Sie zieht die Wurzel aus der Summe des quadrierten Ganzteils und des quadrierten Imaginärteils. Stellt man sich die komplexe Zahl als Vektor vor, so entspricht IMABS der Länge. Also:
=IMABS("3+4i")
ist 5. Der Vektor hat ebenso einen Winkel, dieser wird Argument (φ) genannt. 1+i besitzt folglich den Winkel 45°. Steht also in A2 1+i, so liefert
=IMARGUMENT(A2) die Zahl
0,785398163397448
Um dieses Bogenmaß in Grad umzuwandeln, kann die Funktion GRAD verwendet werden:
=GRAD(IMARGUMENT(A2))
ergibt 45 (gemeint ist 45°).
Oder die Zahl kann mit 180 multipliziert und durch π geteilt werden:
=IMARGUMENT(A2)*180/PI()
ergibt ebenfalls 45.
Und schließlich stehen für spezielle Aufgabengebiete die Funktionen
IMWURZEL, IMSIN, IMCOS, IMEXP und IMLN, IMAPOTENZ und IMLOG10 und IMLOG2 (der Logarithmus zur Basis 10 und zur Basis 2) zur Verfügung
Nun ein Beispiel aus der Praxis:
In einem Wechselstromkreis ($\omega = 100 \pi \text{ s}^{-1}$) seien ein Kondensator (C = 10 µF) und eine Spule (L = 0,1 H; R_Ω = 100 Ω) in Reihe geschaltet. Es gilt:

$$Z = R_\Omega + i\omega L + \frac{1}{i\omega C} = R_\Omega + i(\omega L - \frac{1}{\omega C})$$

Es ergeben sich
Z = 100 Ω + i(31,416 - 318,31) Ω = 100 Ω - i *286,89 Ω

$$|Z| = \sqrt{Z * \overline{Z}} = \sqrt{10000 \Omega^2 + 82306 \Omega^2} = 303,82 \Omega$$

$$\tan \varphi = \frac{\omega L - \frac{1}{\omega C}}{R_\Omega} = \frac{-286,89 \Omega}{100 \Omega} = -2,8689 \text{, also } \varphi = -70,78°$$

Da Imaginärzahlen sich anschaulich in einem zweidimensionalen Koordinatensystem darstellen lassen, könnte in diesem Beispiel jede der Zahlen in ihren Imaginärteil und ihren Realteil zerlegt werden. Damit wird |Z| anschaulich, aber auch φ.

6 Funktionen

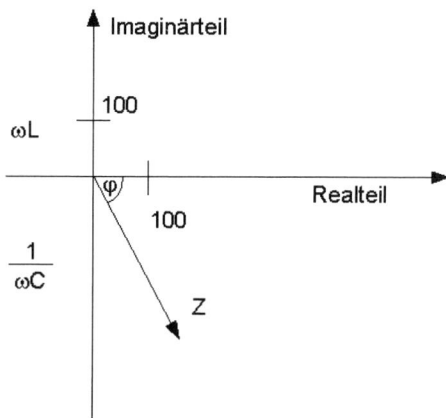

Abbildung 6.87 Die schematische Darstellung des Beispiels

Die Rechnung in Excel könnte folgendermaßen aussehen:
=IMSUMME(100;100*PI()*0,1-1/(100*PI()*10^(-5))&"i")
liefert 100-286,893959647893i
=IMABS("100-286,893959647893i")
hat als Lösung 303,822554
=GRAD(ARCTAN((100*PI()*0,1-1/(100*PI()*10^(-5)))/100))
oder
=GRAD(IMARGUMENT("100-286,893959647893i"))
Beide ergeben: -70,7834457

6.10.3 Umrechnungsfunktionen

Noch immer gibt es aus historischen, politischen oder technischen Gründen verschiedene Maßeinheiten. Excel stellt zu deren Umrechnung eine Reihe von Funktionen zur Verfügung:
Gerade bei technischen Berechnungen rund um den Computer tauchen neben den Zahlen unseres dezimalen Zahlensystems binäre Zahlen, hexadezimale Zahlen (zur Basis 16) und oktale Zahlen (zur Basis 8) auf. Eine Zahlenreihe könnte wie folgt aussehen:

	A	B	C	D	E	F	G
1	Dezimalzahl		Binäre Zahl		Hexadezimale Zahl		Oktale Zahl
2		0	0		0		0
3		1	1		1		1
4		2	10		2		2
5		3	11		3		3
6		4	100		4		4
7		5	101		5		5
8		6	110		6		6
9		7	111		7		7
10		8	1000		8		10
11		9	1001		9		11
12		10	1010		A		12
13		20	10100		14		24
14		30	11110		1E		36
15		40	101000		28		50
16		50	110010		32		62
17		60	111100		3C		74
18		70	1000110		46		106
19		80	1010000		50		120
20		90	1011010		5A		132
21		100	1100100		64		144
22		200	11001000		C8		310
23		300	100101100		12C		454
24		400	110010000		190		620

Abbildung 6.88 Eine Zahlenreihe in verschiedenen Zahlensystemen

Um sie umzurechnen, stehen folgende Funktionen zur Verfügung:
DEZINBIN, DEZINHEX, DEZINOKT wandelt dezimale Zahlen in binäre, hexadezimale und oktale um.
BININDEZ, BININHEX und BININOKT wandelt binäre Zahlen in dezimale, hexadezimale und oktale um.
HEXINDEZ, HEXINBIN und HEXINOKT wandelt hexadezimale Zahlen in dezimale, binäre und oktale Zahlen um. Und analog verwandelt
OKTINDEZ, OKTINBIN und OKTINHEX oktale Zahlen in dezimale, binäre respektive hexadezimale Zahlen.
Sehr viel komplexer ist die Funktion UMWANDELN. Sie wandelt eine Zahl von einem Maßsystem in ein anderes um. Beispielsweise ist 1 Inch 2,54 cm. Die Funktion
=UMWANDELN(1;"in";"m")
liefert 0,0254
Umgekehrt ergibt
=UMWANDELN(0,0254;"m";"in")
die Zahl 1. Eine Zahl wird also von einer Maßeinheit in eine andere umgewandelt. Dabei stellt Excel eine Reihe von Kategorien zur Verfügung, innerhalb derer Umwandlungsberechnungen möglich sind. (Es ist sofort einzusehen, dass eine Umwandlung von Metern in Gramm keinen Sinn macht.) Die Liste der Maßeinheiten findet sich in der Hilfe und soll hier ohne weitere Angaben aufgelistet werden.

Dabei wird auf die Anführungszeichen, die der Funktionsassistent automatisch setzt, verzichtet.

Tabelle 6.34 Die Liste der Maßeinheiten für die Funktion UMWANDELN

Kategorie	Maßeinheit	Kürzel für die Maßeinheit
Masse	Gramm	g
	Stück	sg
	Pfund (Handelsgewicht)	lbm
	U (atomare Masseneinheit)	u
	Unze (Handelsgewicht)	ozm
Länge	Meter	m
	Britische Meile	mi
	Nautische Meile	Nmi
	Zoll	in
	Fuß	ft
	Yard	yd
	Ångström	ang
	Pica (1/72 Zoll)	Pica
Zeit	Jahr	yr
	Tag	day
	Stunde	hr
	Minute	mn
	Sekunde	sec
Druck	Pascal	Pa
	Atmosphäre	atm
	mm Quecksilbersäule	mmHg
Kraft	Newton	N
	Dyn	dyn
Energie	Joule	J
	Erg	e
	Thermodynamische Kalorie	c
	Kalorie	cal
	Elektronenvolt	eV
	Pferdestärke mal Stunde	HPh
	Watt mal Stunde	Wh
	BTU	BTU
Leistung	Pferdestärke (PS)	HP
	Watt	W

Kategorie	Maßeinheit	Kürzel für die Maßeinheit
Magnetismus	Tesla	T
	Gauß	ga
Temperatur	Grad Celsius	C
	Grad Fahrenheit	F
	Grad Kelvin	K
Maße für Flüssigkeiten	Teelöffel (Teaspoon)	tsp
	Esslöffel (Tablespoon)	tbs
	Flüssige Unze	oz
	Tasse (Cup)	cup
	Pint	pt
	Quart	qt
	Gallone	gal
	Liter	l

Darüber hinaus können Präfixe für Einheiten vor jede metrische Maßeinheit gesetzt werden.

Tabelle 6.35 Die Liste der metrischen Maßeinheiten für die Funktion UMWANDELN:

Vorsatz	Multiplikator	Abkürzung
Exa	1,00E+18	E
Peta	1,00E+15	P
Tera	1,00E+12	T
Giga	1,00E+09	G
Mega	1,00E+06	M
Kilo	1,00E+03	k
Hekto	1,00E+02	h
Deka	1,00E+01	e
Dezi	1,00E-01	d
Zenti	1,00E-02	c
Milli	1,00E-03	m
Mikro	1,00E-06	u
Nano	1,00E-09	n
Piko	1,00E-12	p
Femto	1,00E-15	f
Atto	1,00E-18	a

Somit können inch direkt in Zentimeter verwandelt werden:
=UMWANDELN(1;"in";"cm") ergibt 2,54 und
=UMWANDELN(2,54;"cm";"in") liefert 1.

6.10.4 Besselfunktionen und Gaußfehler

Die vier Funktionen BESSELI, BESSELJ, BESSELK und BESSELY, mit denen Differentialgleichungen gelöst werden können, erscheinen so speziell, dass auf eine genaue Beschreibung verzichtet wird. In der Hilfe werden die Formeln der Funktionen gezeigt.

Bei der Betrachtung der Bessel-Funktionen kann man von der Funktion

$$e^{\frac{z}{2}(t-\frac{1}{t})}$$

ausgehen. Diese ist für $t \in C \setminus \{0\}$ analytisch. Entwickelt man diese Funktion in eine Laurent-Reihe:

$$e^{\frac{z}{2}\left(t-\frac{1}{t}\right)} = \sum_{n=-\infty}^{\infty} t^n J_n(z)$$

so erhält man die Besselfunktionen. (Der Faktor $1/2\pi i$ vor dem Integral dient der Normierung.)

$$J_n(z) = \frac{1}{2\pi i} \int_{Weg} e^{\frac{z}{2}\left(w-\frac{1}{w}\right)} w^{-n-1} dx$$

Die Substitution $w = 2t/z$ und $dw = (2/z)dt$ ergibt

$$J_n(z) = \frac{1}{2\pi i}\left(\frac{z}{2}\right)^n \int_{Weg} e^{t-\frac{z}{4t}} t^{-n-1} dt$$

Reihendarstellung der Besselfunktion n-ter Ordnung:

$$J_n(z) = \sum_{m=0}^{\infty} \frac{(-1)^m \left(\frac{z}{2}\right)^{2m+n}}{m!(n+m)!}$$

Oder:

$$J_n(z) = \sum_{m=0}^{\infty} \frac{(-1)^m}{m!\Gamma(n+m-1)} \left(\frac{z}{2}\right)^{n+2m}$$

Die erste und zweite Ableitung der Besselfunktion:
Erste Ableitung:

$$\frac{dJ_n(z)}{dz} = \frac{1}{2\pi i}\left(\frac{z}{2}\right)^n \int_{Weg} e^{t-\frac{z}{4t}} t^{-n-1} \left[\frac{n}{z} - \frac{z}{2t}\right] dt$$

Zweite Ableitung:

$$\frac{d^2 J_n(z)}{dz^2} = \frac{1}{2\pi i}\left(\frac{z}{2}\right)^n \int_{Weg} e^{t-\frac{z}{4t}} t^{-n-1} \left[\left(\frac{n}{z} - \frac{z}{2t}\right)^2 - \frac{n}{z^2} - \frac{1}{2t}\right] dt$$

Auf eine genaue Erläuterung der beiden Funktionen GAUSSFEHLER und GAUSSKOMPL wird an dieser Stelle verzichtet.

6.11 Eine letzte Funktion

Nun hätte ich sie doch fast vergessen. Nein, nicht die Funktionen HYPERLINK, PIVOTDATENZUORDNEN, AUFRUFEN und REGISTER.KENNUMMER sind gemeint, mit denen Hyperlinks für Internetseiten eingerichtet sowie Daten aus Pivot-Tabellen zugeordnet beziehungsweise eine DLL aufgerufen werden kann. Nein: gemeint ist die Funktion RÖMISCH. Sie wandelt eine arabische Zahl in eine römische um und hat dabei als Argument die Werte 0, 1, 2, 3 oder 4:
=RÖMISCH(1999) und =RÖMISCH(2000) ergeben genau wie
=RÖMISCH(1999;0) und =RÖMISCH(2000;0) MCMXCIX und MM.
=RÖMISCH(1999;1) liefert MLMVLIV
=RÖMISCH(1999;2) liefert MXMIX
=RÖMISCH(1999;3) liefert MVMIV
=RÖMISCH(1999;4) liefert MIM.

7

Wo wird noch gerechnet?

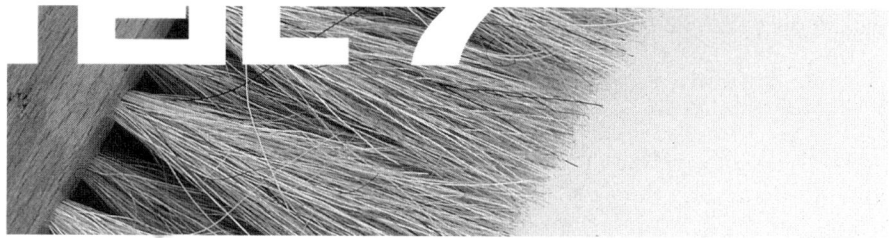

Wer das Buch aufmerksam vom Anfang bis zu dieser Stelle durchgelesen hat, dem wird nicht entgangen sein, dass Excel an mehr Stellen Rechnungen verwendet – nicht nur in den Zellen bei Eingabe einer Formel oder einer Funktion. In diesem Kapitel werden weitere Positionen gezeigt, wo in Excel Funktionen verwendet werden. Angenehm ist dabei, dass die Syntax aller Funktionen gleich ist.

7.1   Bedingte Formatierung

An mehreren Stellen wurde im Buch bereits erwähnt, dass im Menü FORMAT / BEDINGTE FORMATIERUNG nicht nur ein Zellwert überprüft und bei bestimmten Bedingungen formatiert werden kann (beispielsweise alle Geldbeträge, deren Höhe 1.000.000 € überschreitet, alle Messwerte, die unter 2,38 µm liegen und so weiter). Im Dropdown-Menü findet sich die Möglichkeit, eine Formel einzugeben. Da nur bei einer Bedingung formatiert wird, muss die Formel mit einem Gleichheitszeichen beginnen. Das „WENN" ist im Assistenten schon enthalten. Soll beispielswei-

se jede fünfte Zeile zur besseren Lesbarkeit grau schattiert werden, so kann die Formel
=ZEILE()/5=GANZZAHL(ZEILE()/5)
verwendet werden. Soll ein Verkäufer farblich gekennzeichnet werden, dessen Verkaufszahlen einen Betrag übersteigen, der in Zelle C1 ausgelagert wurde, so genügt die Funktion:
=C2>$C$1
Denken Sie daran, dass die erste Zelle relativ sein muss (da jeweils eine andere Zahl überprüft wird), der Betrag, mit dem der Wert verglichen wird, ist dagegen absolut.
Soll in einer Spalte, in der sich eine Reihe von Datumswerten befindet, jeweils das Wochenende grau hervorgehoben werden, dann kann folgende Funktion verwendet werden:
Stehen die Datumsangaben in der Spalte B, so wird die erste Zelle mit
=WOCHENTAG(B3;2)>=6
auf Samstag oder Sonntag überprüft.

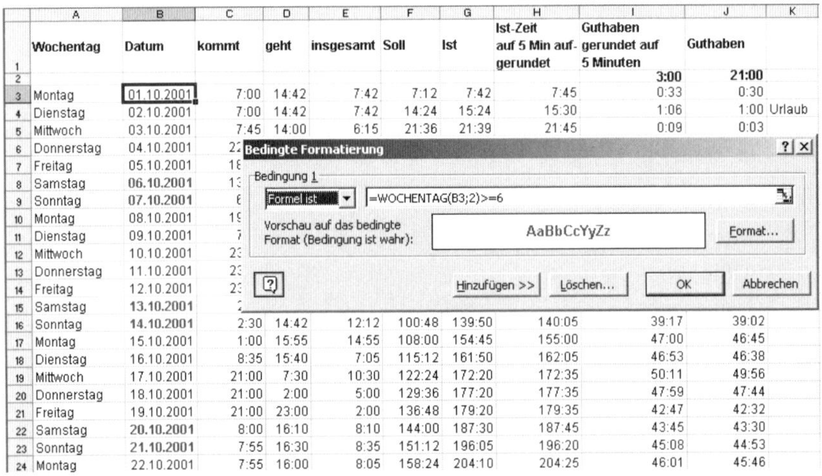

Abbildung 7.1 Die Samstage und Sonntage werden farblich gekennzeichnet.

Soll in der Spalte B der größte Wert farblich gekennzeichnet werden, so kann dies die Funktion
=MAX($B$2:$B$200)=B2
lösen. Auch hier wird die Funktion in der leeren Tabelle entweder nach unten gezogen oder mit Hilfe des Format-übertragen-Pinsels kopiert. Auch das Geburtstagsproblem aus Kapitel 6.3. kann damit gelöst werden. In der Zelle H3 wird folgende Bedingung eingegeben:
=UND(TAG(HEUTE())=TAG(H3);MONAT(HEUTE())=MONAT(H3))

In einer Spalte mit Datumsangaben sollen alle Zellen gekennzeichnet werden, deren Datum nicht im laufenden Geschäftsjahr liegt. Das Geschäftsjahr beginnt am 01. April und endet am 31. März des darauf folgenden Jahres. Die bedingte Formatierung könnte wie folgt aussehen:
=NICHT(ODER(UND(MONAT(HEUTE())>=4;JAHR(HEUTE())=JAHR(N7); MONAT(N7)>=4);UND(;MONAT(HEUTE())<4;
JAHR(HEUTE())-1=JAHR(N7);MONAT(N7)<4)))

Übrigens ist die Eingabe solcher langen Formeln in die Zelle der bedingten Formatierungen mühsam. Man kann die Formel auch in eine andere Zelle eingeben und danach in das Feld kopieren. Wenn Sie sich allerdings mit der Pfeiltaste im Feld bewegen wollen, so geht Excel davon aus, dass Sie Bezug auf eine andere Zelle nehmen wollen, und schreibt den Zellenbezug hinein. Dieses Problem kann umgangen werden, indem zuvor die Funktionstaste <F2> gedrückt wird. Nun ist ein problemloses Bewegen mit den Pfeiltasten im Eingabefeld möglich.

Ein schönes Beispiel für bedingte Formatierungen sind Kassenbücher. Angenommen auf einer Seite werden die Einnahmen und Ausgaben eingetragen. Dabei wird der Betrag entweder auf der Einnahmen- oder auf der Ausgabenseite verbucht. Die Salden sollen unten addiert werden, der aktuelle Kassenstand wird hinter jeder Zeile angezeigt. Steht ein Betrag in F9, so berechnet sich die kumulierte Summe in G9 als: =G8+F9

Für die Ausgaben analog: Der Betrag wird in H9 geschrieben, die Summe in I9 lautet: =I8+H9

Da aber jeder Betrag nur einmal aufgelistet ist (als Einnahme oder Ausgabe), so wird zwar zu den Salden auf der anderen Seite nichts addiert, allerdings stehen dort sehr unschön die alten Werte. Sie werden nicht benötigt. Deshalb können sie mit Hilfe einer bedingten Formatierung ausgeblendet werden. In G9 steht folglich:
Wenn der Zellwert ist gleich =$G9+$F9
dann formatiere die Schrift weiß. Diese Formatierung kann nun nach unten gezogen und nach rechts kopiert werden.

	A	B	C	D	E	F	G	H	I	J	K	L	M
2		Kassenkontrolle			Etat 2001 Gruppe H.Potter			Noch zur Ver-			1.354,97		
4						Einnahmen		Ausgaben			Kassenstand		
6	Datum	Beleg	Firma	Artikel	Verwendung/Zweck	Betrag	Saldo	Betrag	Saldo		Saldo		
8	08.01.		Frau Hehmann	Übertrag von 2001	137,73 verwendbar bis 03/2001						0,00		
9	13.01.		Lara Croft	2 Batterie-Lok etc.	Spielmaterial			72,76	72,76		-72,76		
10	16.01.		Avön	Duschbad	Geschenke/Geburtstag			4,50	77,26		-77,26		
11	26.01.		Max&Milian	Bilderbuch / Anteil	"Drei Freunde"			16,00	93,26		-93,26		
12	30.01.		Die Nadel	Reißverschluss	RV f. Kleid, Puppenecke			5,50	98,76		-98,76		
13	02.02.		Edeka	Knetmasse	Spielmaterial			39,92	138,68		-138,68		
14	03.02.		Obi	Tapetenkleister	Kleber f. Kinder			6,66	145,34		-145,34		
15	07.02.		Tschibo	Reißverschluss	RV f. Kleid, Puppenecke			6,00	151,34		-151,34		
16	09.02.		Edison	Batterien, aufladbar	Brio-Eisenbahn			10,01	161,35		-161,35		
17	13.02.		Schmidt	goldf. Fotokarton	Geburtstagskronen			25,20	186,55		-186,55		
18	15.02.		Edeka	Knetmasse	Spielmaterial			19,96	206,51		-206,51		
19	15.02.		Frau Hehmann	Erstattung aller, bis hierher angefallenen, Beträge		206,51	206,51				0,00		
20	16.02.		Hanser-Verlag	Bücher	"Mit Gott unterwegs"			29,95	236,46		-29,95		
21	16.02.		Frau Hehmann	Erstattung	für o.a. Rechnung	29,95	236,46				0,00		
22	16.02.				Schüttelkuchen / Anteil			9,90	246,36		-9,90		
23	16.02.		Frau Hehmann	Eratattung	für o.a. Rechnung	9,90	246,36				0,00		
24	21.02.		Kiga-heute	Ideen-Blitz	Hefte /Wind, Farben								
25					Purzelbaum, Tage / Anteil			21,45	267,81		-21,45		
26	21.02.		Frau Hehmann	Erstattung	für o.a. Rechnung	21,45	267,81				0,00		
27	08.03.			Tierstempel	Osterkörbchen / Geburtstag			14,95	282,76		-14,95		

Abbildung 7.2 Die Salden werden berechnet, aber nicht alle werden angezeigt.

7.2 Gültigkeit

Sehr ähnlich wie die Formeln in der bedingten Formatierung sehen auch die Funktionen im Menü DATEN / GÜLTIGKEIT aus. Soll dort beispielsweise in eine Zelle nur ein Datum eingetragen werden, das vor dem heutigen Tag liegt, so muss eingeschaltet werden:
Zulassen: Datum
Daten: Kleiner oder gleich
Enddatum: =HEUTE()
Oder in einer Spalte dürfen nur Zahlenwerte stehen, die kleiner oder gleich als die korrespondierenden Werte aus Spalte C sind. Dann steht in der ersten Zeile die Formel:
Zulassen: Benutzerdefiniert
Formel: =G1>C1
Oder wir wollen einer Sekretärin verbieten, dass sie in die Spalte der Zunamen die Eingabe mit einem Leerzeichen beendet. Die Nachnamen lauten beispielsweise "Braunig", "Grünlich" und "Blauer" und nicht "Braunig ", "Grünlich " und "Blauer ". Die entsprechende benutzerdefinierte Formel für die Zelle K1 lautet:
=RECHTS(K1;1)<>" "

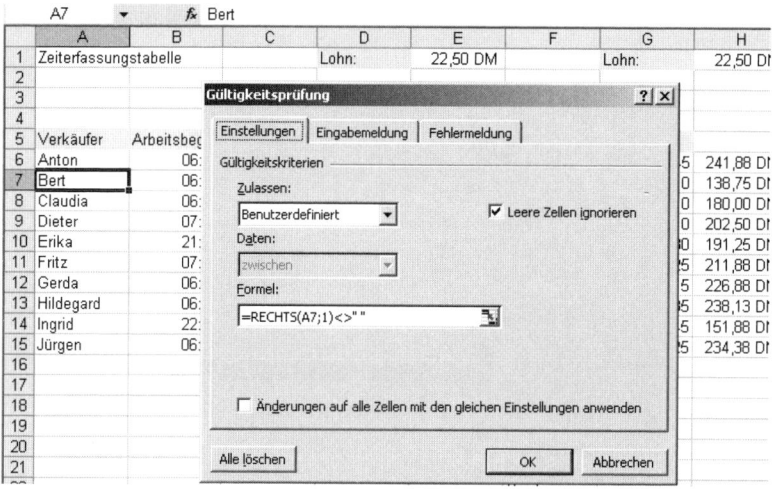

Abbildung 7.3 Am Ende eines Textes darf sich kein Leerzeichen befinden.

Oder es dürfen nur Datumsangaben eingegeben werden, die nicht auf einen Sonntag fallen:
=WOCHENTAG(M1;2)<>7

Das eingegebene Datum, so lautet die Bedingung, muss im laufenden Geschäftsjahr liegen. Das Geschäftsjahr beginnt am 01. April und endet am 31. März des darauf folgenden Jahres. Die Gültigkeitsprüfung könnte wie folgt aussehen:
=ODER(UND(MONAT(HEUTE())>=4;JAHR(HEUTE())=JAHR(S5);
MONAT(S5)>=4);UND(;MONAT(HEUTE())<4;JAHR(HEUTE())-1
=JAHR(S5);MONAT(S5)<4))

Die Formel ist die gleiche wie oben im Kapitel „Bedingte Formatierung".

7.3 Teilergebnisse

Angenommen in einer Liste stehen mehrere sich wiederholende Werte (Verkäufer, Artikel, Produkte, Bezeichnungen, ...). Diese sollen gruppiert werden, während Werte, die sich in einer anderen Spalte befinden, berechnet werden. Anders als bei Pivot-Tabellen wird nun nicht eine neue Tabelle erzeugt, sondern die neuen berechneten Werte befinden sich innerhalb der Liste.

Über das Menü DATEN / TEILERGEBNISSE wird der Assistent aufgerufen. Zuvor sollten die Werte nach dem Schlüssel sortiert sein, nach dem gruppiert wird.

Teilergebnisse stellt die bekannten statistischen Funktionen SUMME, ANZAHL, MITTELWERT, MAXIMUM, MINIMUM, PRODUKT, ANZAHL (ZAHLEN), STANDARDABWEICHUNG und VARIANZ zur Verfügung. Ganz gleich, welche dieser Funktionen ausgeführt wird – unterhalb der Tabelle wird die Funktion
=TEILERGEBNIS(9;H16:H24)
eingetragen.

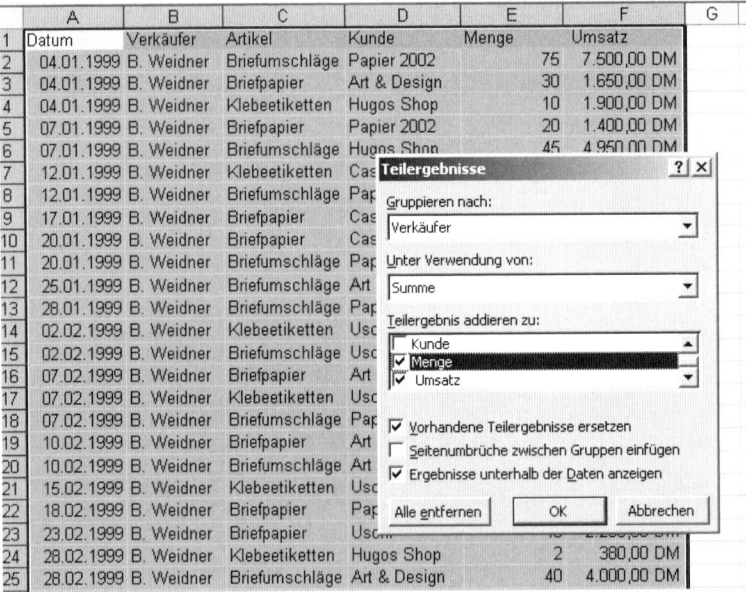

Abbildung 7.4 Die Ausgangssituation (Die Daten)

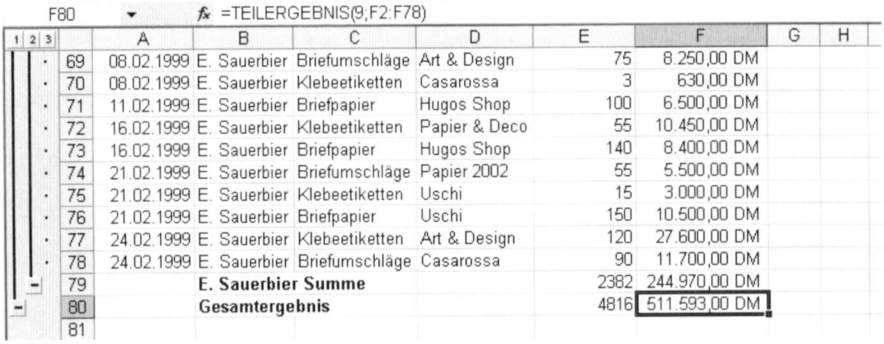

Abbildung 7.5 Die Teilergebnisse (Summe)

Diese Funktion steht nicht in der Liste der Funktionen im Funktionsassistenten. Sie könnte dennoch verwendet werden.

Tabelle 7.1 Die Hilfe gibt Auskunft über alle Parameter der Funktion TEILERGEBNISSE.

Funktionsnummer	Funktion
1	MITTELWERT
2	ANZAHL
3	ANZAHL2

4	MAX
5	MIN
6	PRODUKT
7	STABW
8	STABWN
9	SUMME
10	VARIANZ
11	VARIANZEN

Und wozu wird die Funktion verwendet?
Angenommen Sie haben eine Datenmenge. Einige Zeilen unterhalb dieses Bereichs befinden sich die Summenformeln:
=SUMME(H6:H115)
=TEILERGEBNIS(9;H6:H115)
Wird nun über das Menü DATEN / FILTER / AUTOFILTER eine Filterung durchgeführt, so zeigt die SUMME noch das ursprüngliche Ergebnis, also die Summe aller Daten. Dagegen zeigt das Teilergebnis nur die Summe der gefilterten, also der sichtbaren Daten an.

7.4 Pivot-Tabelle

Pivot (engl. Drehpunkt, Angelpunkt) ist neben den Teilsummen und den Datenbankfunktionen eine weitere Möglichkeit, einen Überblick über große Datenmengen zu erhalten. Es geht darum, sich wiederholende Daten zu gruppieren und mit zugehörigen Zahlen zu rechnen (zum Beispiel sie zu addieren). Pivot-Tabellen vollständig zu beschreiben, das würde den Rahmen dieses Kapitels sprengen. Ich beschränke mich auf die von Excel vorgegebenen Funktionen und auf weitere Rechenmöglichkeiten innerhalb von Pivot-Tabellen.
Um einen Einblick in das Arbeiten von Pivot-Tabellen zu erhalten, verwenden wir die Liste aus Kapitel 6.5.3: eine Liste von Verkäufern, Artikeln und Kunden und als Zahleninformationen die Anzahl der verkauften Artikel und der dabei erzielte Umsatz.
Befindet sich der Cursor in der Datenbank, so kann mit Hilfe des Assistenten bestimmt werden, welche Informationen in den Spalten und den Zeilen zu finden sind. Es können ein oder mehrere Feldnamen hineingezogen werden – es könnte beispielsweise auch nur die Zeileninformation angezeigt werden. Zwingend notwendig ist jedoch das Feld „Daten". Werden dort numerische Werte hineingezogen, so geht Excel von der Standardfunktion SUMME aus, bei Texten von ANZAHL.

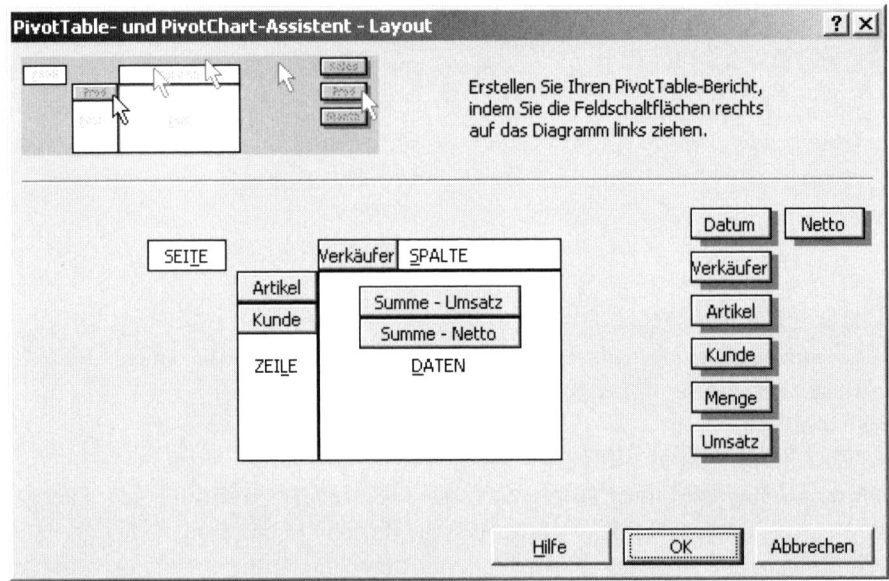

Abbildung 7.6 Das Layout im Assistenten

Es muss sich mindestens ein Feld in den Daten befinden, es können auch mehrere Felder vorhanden sein. Für jedes der Felder stehen die Standardfunktionen aus dem Bereich „Statistik" zur Verfügung: Man gelangt über den Assistenten per Doppelklick auf eines der Felder in die Liste der Funktionen oder über den Menüpunkt FELDEIGENSCHAFTEN aus der Symbolleiste „PivotTable". Dort finden sich die Funktionen „Summe", „Anzahl", „Mittelwert", „Maximum", „Minimum", „Produkt", „Anzahl Zahlen", „Standardabweichung" und „Varianz".

Soll mit dem berechneten Ergebnis weitergearbeitet werden, so kann über den Menüpunkt PIVOTTABLE / FORMELN / BERECHNETES FELD ein neues Feld geschaffen werden. Ihm wird ein Name gegeben. In der Zeile darunter befindet sich die Formel, beispielsweise:

= Umsatz/116%

7 Wo wird noch gerechnet?

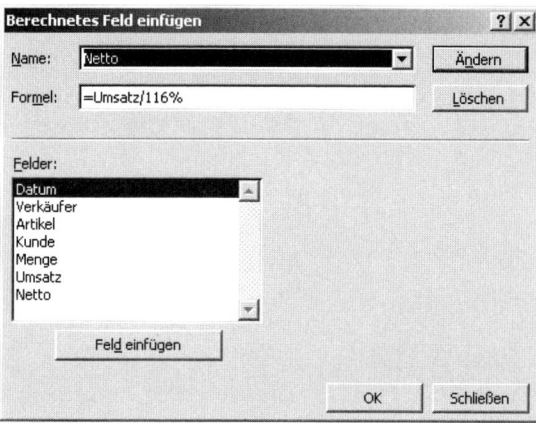

Abbildung 7.7 Ein berechnetes Feld

Dabei kann das Feld, mit dem gerechnet wird, angeklickt werden – sein Name muss nicht noch einmal abgetippt werden.

Tabelle 7.2 Für die Felder stehen in der Pivot-Tabelle folgende Funktionen zur Verfügung.

Funktion	Ergebnis
Differenz von	Zeigt alle Daten im Datenbereich als Differenz zu dem angegebenen Basisfeld und dem angegebenen Basiselement an. Das Basisfeld und das Basiselement liefern die Daten für die benutzerdefinierte Berechnung.
% von	Zeigt alle Daten im Datenbereich als Prozentwert bezogen auf das angegebene Basisfeld und das Basiselement an. Das Basisfeld und das Basiselement liefern die Daten für die benutzerdefinierte Berechnung.
% Differenz von	Zeigt alle Daten im Datenbereich als Differenz zu dem angegebenen Basisfeld und dem angegebenen Basiselement an, stellt die Differenz jedoch als Prozentwert der Basisdaten dar. Das Basisfeld und das Basiselement liefern die Daten für die benutzerdefinierte Berechnung.
Ergebnis in	Zeigt die Daten für aufeinander folgende Elemente als fortlaufendes Ergebnis an. Sie müssen das Feld markieren, dessen Elemente in einem fortlaufenden Ergebnis angezeigt werden sollen.
% der Zeile	Zeigt die Daten in jeder Zeile im PivotTable-Bericht als Prozentsatz der Summe für jede Zeile an. Im PivotChart-Bericht werden die Daten als Prozentsatz der Summe für die Kategorie angezeigt.
% der Spalte	Zeigt die Daten in jeder Spalte im PivotTable-Bericht als Prozentsatz der Summe für jede Spalte an. Im PivotChart-Bericht werden die Daten als Prozentsatz der Summe für die Kategorie angezeigt.

Funktion	Ergebnis
% des Ergebnisses	Zeigt die Daten in jedem Datenbereich im PivotTable-Bericht als Prozentsatz des Gesamtergebnisses aller Daten an. Im PivotChart-Bericht werden die Daten als Prozentsatz der Summe aller Datenpunkte angezeigt.
Index	Zeigt die Daten unter Verwendung des folgenden Algorithmus an: ((Wert_in_Zelle) x (Gesamtergebnis)) / ((Zeilengesamtergebnis) x (Spaltengesamtergebnis))

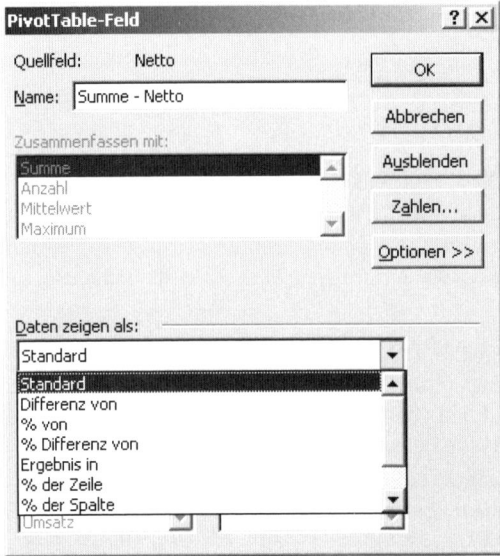

Abbildung 7.8 In der Pivot-Tabelle stehen einige Funktionen zur Verfügung.

Analog kann auch ein Element neu berechnet werden – der Dialog sieht ähnlich aus, wie der Dialog „Berechnetes Feld". Übrigens kann mit der Funktion
PIVOTDATENZUORDNEN
auf ein Ergebnis zugegriffen werden. Diese Funktion verlangt den Bereich, in dem sich die Pivot-Tabelle befindet, und einen Zeilen- oder Spaltennamen.

7.5 Analysefunktionen

Ganz ohne Funktionen, das heißt ohne sichtbare Excel-Funktionen, kommen die Analysefunktionen aus. Sie ermitteln automatisch eine Reihe von Werten aus einem Bestand an großen Zahlen.

Über EXTRAS / ADD-INS werden die Analysefunktionen aktiviert. Nun befindet sich im Menü EXTRAS ein neuer Menüpunkt „Analysefunktionen". Dahinter verbirgt sich eine Liste von 19 Analyse-Varianten. Jede der Optionen verlangt einen Eingabebereich und einen Ausgabebereich. Als Ergebnis werden statische Zahlen ausgegeben, die das Gleiche berechnen wie die Excel-Funktionen. Der Vorteil von ihnen ist, dass auf einen Schlag mehrere Berechnungen von mehreren Datenreihen durchgeführt werden können, der Nachteil ist, dass Veränderungen der Quelldaten keine Aktualisierungen der Analyse-Daten nach sich ziehen.

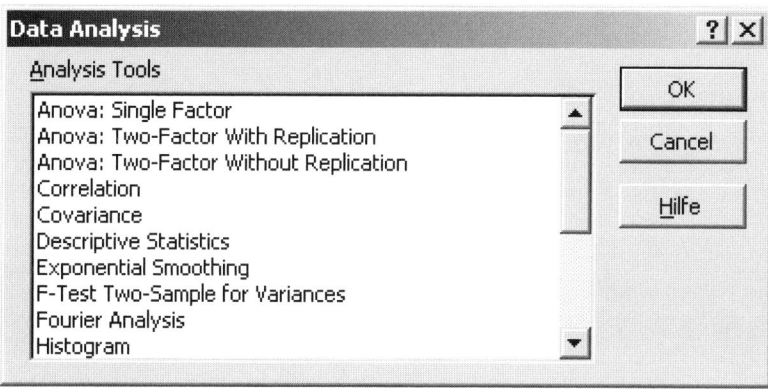

Abbildung 7.9 Die Liste der Analysefunktionen

7.6 Die Statuszeile

Und schließlich sei noch eine ganz unbedeutende Stelle genannt, wo Excel rechnet: die Statuszeile. Wird in einer Tabelle ein Bereich mit Zahlen markiert, so schlägt Excel die Funktion SUMME vor und berechnet diese automatisch. Mit Hilfe der rechten Maustaste kann eine der anderen bekannten statistischen Funktionen ausgewählt werden. So kann man sich eine Zwischensumme berechnen lassen, ohne dass das Ergebnis in einer Zelle stehen muss.

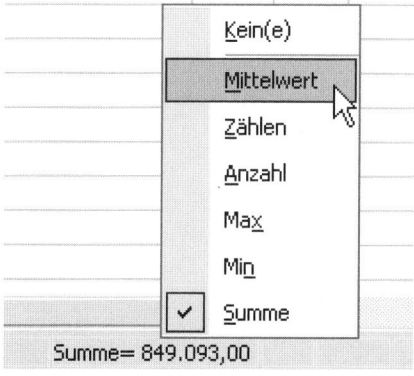

Abbildung 7.10 In der Statuszeile wird gerechnet – man kann auf eine andere Funktion umschalten.

8

Zins und Tilgung
– ein Beispiel

In diesem Kapitel wird exemplarisch vorgestellt, wie eine leere Tabelle mit beschriftenden Texten und Zahlen gestaltet und mit Zahlenformaten vorformatiert wird. Es werden die wichtigsten Möglichkeiten von Excel vorgestellt, mit denen ein Eingabeformular erstellt werden kann, in das der Benutzer seine Daten eingeben kann. Eingaben sind nur an bestimmten Stellen erlaubt, Daten werden auf Plausibilität überprüft und Fehler werden abgefangen.

8.1 Die Berechnung wird erstellt

In einer kleinen Filiale außerhalb einer großen Stadt arbeitet ein Bankbeamter. In dieser Gemeinde wohnen viele junge Leute, die sich regelmäßig durchrechnen lassen, welche Kosten für einen Kredit in einer bestimmten Höhe anfallen: Wie viel monatlich zu zahlen ist beziehungsweise wie hoch die Schuldenlast zu welchem Zeitpunkt noch ist. Das kann er hervorragend in Excel erstellen.

In einem Excel-Tabellenblatt wird ein Kopf erstellt, in den die Daten später eingetragen werden. Es werden – zur besseren Übersicht – einige Dummy-Werte eingegeben. Die Annuität berechnet sich mit der finanzmathematischen Funktion RMZ.

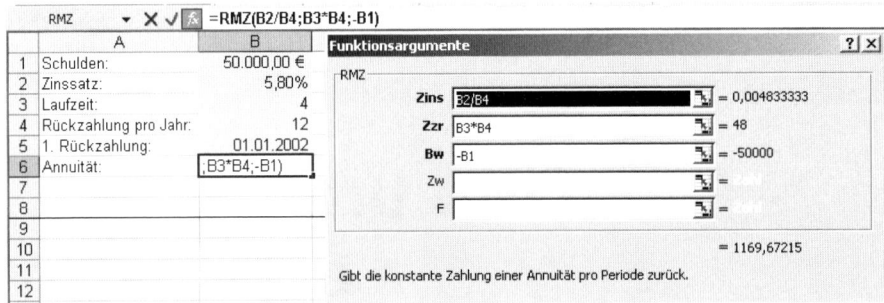

Abbildung 8.1 Die Funktion RMZ

Dabei ist zu beachten, dass der Jahreszins durch 12 (die Zelle B4) geteilt werden muss. Ebenso setzt sich die Laufzeit als Produkt aus Rückzahlungen pro Jahr (B4) und der Laufzeit (B3) zusammen. Der Barwert wurde negativ gesetzt, damit das Ergebnis als positive Zahl dasteht. Auf den zukünftigen Wert (Zw) wurde verzichtet, da die Schulden bis auf 0 abgetragen werden sollen. Ebenso auf die Fälligkeit, da der Standard 0 die übliche vorschlägige Rückzahlung bedeutet. Das Ergebnis für diese Zahlen lautet 1.169 DM.

Nun wird der untere Teil der Tabelle erstellt, wobei die Nummer lediglich einen Zähler darstellt. Danach wird gerechnet: Die Anfangsschuld wird vom Kopf übernommen.

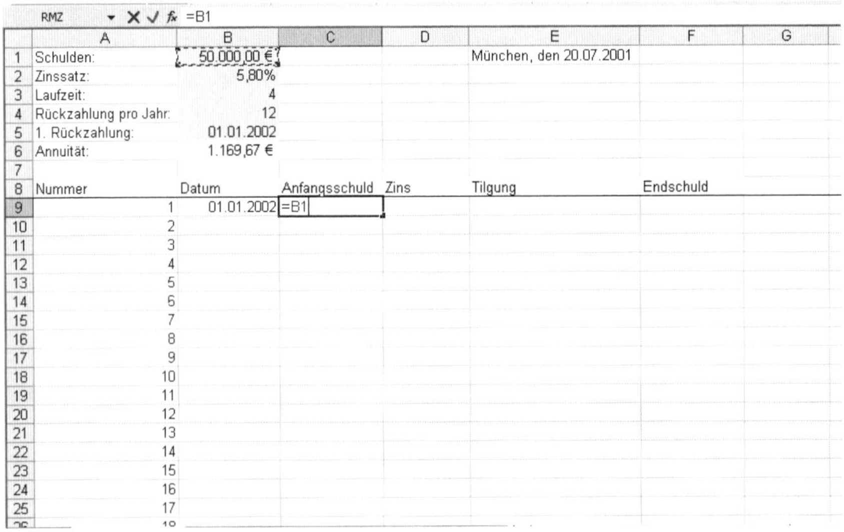

Abbildung 8.2 Die Anfangsschuld

8 Zins und Tilgung

Der zu zahlende Zins beträgt: Anfangsschuld multipliziert mit Jahreszinssatz, geteilt durch die Anzahl der Rückzahlungen pro Jahr. Man muss hierbei durch die Zahl 12 (Anzahl der Rückzahlungen) teilen, da der Zinssatz als Jahreszins eingegeben wurde, allerdings mit einer monatlichen Verzinsung gerechnet wird. Dabei sind Zins (B2) und Rückzahlungen (B4) absolut zu setzen! Man könnte die Zahl 12 auch direkt in die Formeln eingeben, allerdings soll hier von der hypothetischen Voraussetzung ausgegangen werden, dass der Schuldner nicht nur monatlich zurückzahlt, sondern auch die Möglichkeit hat, zweimonatlich oder halbjährlich zu zahlen. Dann wären die Zahlen statt 12, 6 oder 2:

=C9*$B$2/$B$4

Die Tilgung ergibt sich aus der Differenz von Annuität und Zins, wobei die Annuität einen absoluten Wert darstellt:

=$B$6-D9

Damit bleiben am Ende des ersten Monats Anfangsschuld minus Endschuld übrig:

=C9-E9

Und diese wird mittels eines Bezugs in den zweiten Monat übernommen.

	A	B	C	D	E	F	G
1	Schulden:	50.000,00 €			München, den 20.07.2001		
2	Zinssatz:	5,80%					
3	Laufzeit:	4					
4	Rückzahlung pro Jahr:	12					
5	1. Rückzahlung:	01.01.2002					
6	Annuität:	1.169,67 €					
7							
8	Nummer	Datum	Anfangsschuld	Zins	Tilgung	Endschuld	
9	1	01.01.2002	50.000,00 €	241,67 €	928,01 €	49.071,99 DM	
10	2		49.071,99 €				
11	3						
12	4						
13	5						

Abbildung 8.3 Die Anfangsschuld im zweiten Monat

Und nun werden die einzelnen Formeln heruntergezogen und überprüft, ob wirklich am Ende des 48. Monats keine Schulden mehr vorliegen:

	A	B	C	D	E	F
1	Schulden:	50.000,00 €			München, den 20.07.2001	
2	Zinssatz:	5,80%				
3	Laufzeit:	4				
4	Rückzahlung pro Jahr:	12				
5	1. Rückzahlung:	01.01.2002				
6	Annuität:	1.169,67 €				
7						
8	Nummer	Datum	Anfangsschuld	Zins	Tilgung	Endschuld
43	35		15.796,79 €	76,35 €	1.093,32 €	14.703,47 DM
44	36		14.703,47 €	71,07 €	1.098,61 €	13.604,87 DM
45	37		13.604,87 €	65,76 €	1.103,92 €	12.500,95 DM
46	38		12.500,95 €	60,42 €	1.109,25 €	11.391,70 DM
47	39		11.391,70 €	55,06 €	1.114,61 €	10.277,09 DM
48	40		10.277,09 €	49,67 €	1.120,00 €	9.157,09 DM
49	41		9.157,09 €	44,26 €	1.125,41 €	8.031,68 DM
50	42		8.031,68 €	38,82 €	1.130,85 €	6.900,82 DM
51	43		6.900,82 €	33,35 €	1.136,32 €	5.764,51 DM
52	44		5.764,51 €	27,86 €	1.141,81 €	4.622,70 DM
53	45		4.622,70 €	22,34 €	1.147,33 €	3.475,37 DM
54	46		3.475,37 €	16,80 €	1.152,87 €	2.322,49 DM
55	47		2.322,49 €	11,23 €	1.158,45 €	1.164,05 DM
56	48		1.164,05 €	5,63 €	1.164,05 €	0,00 DM

Abbildung 8.4 Im 48. Monat ist die Schuld getilgt.

Die Datumsberechnung ist etwas schwieriger. In der ersten Zeile wird über einen einfachen Verweis das Datum „heruntergeholt". Damit das Datum automatisch monatsweise weitergezählt wird, wird die Funktion DATUM benötigt:
Aus der oberen Zelle werden das Jahr, der Monat und der Tag herausgeholt, wobei zu dem Monat 1 hinzugezählt wird. Oder genauer: Anstelle 1 zum Monat zu addieren, wird 12 durch die Anzahl der Rückzahlungen geteilt. Also bei 12 Rückzahlungen im Jahr wird 12/12 = 1 weitergezählt, bei 6 hypothetischen Rückzahlungen wird 12/6 = 2 addiert, und bei 2 Zahlungen pro Jahr (also halbjährlich) werden 12/2 = 6 Monate hinzugefügt.
Diese Formel wird anschließend heruntergezogen.

	A	B	C	D	E	F	G
1	Schulden:	50.000,00 €	1		München, den 20.07.2001		
2	Zinssatz:	5,80%	2				
3	Laufzeit:	4	3				
4	Rückzahlung pro Jahr:	12	4				
5	1. Rückzahlung:	01.01.1999	6				
6	Annuität:	1.169,67 €	12				
7							
8	Nummer	Datum	Anfangsschuld	Zins		Tilgung	Endschuld
48	40	01.04.2002	10.277,09 €	49,67 €		1.120,00 €	9.157,09 DM
49	41	01.05.2002	9.157,09 €	44,26 €		1.125,41 €	8.031,68 DM
50	42	01.06.2002	8.031,68 €	38,82 €		1.130,85 €	6.900,82 DM
51	43	01.07.2002	6.900,82 €	33,35 €		1.136,32 €	5.764,51 DM
52	44	01.08.2002	5.764,51 €	27,86 €		1.141,81 €	4.622,70 DM
53	45	01.09.2002	4.622,70 €	22,34 €		1.147,33 €	3.475,37 DM
54	46	01.10.2002	3.475,37 €	16,80 €		1.152,87 €	2.322,49 DM
55	47	01.11.2002	2.322,49 €	11,23 €		1.158,45 €	1.164,05 DM
56	48	01.12.2002	1.164,05 €	5,63 €		1.164,05 €	0,00 DM

B56: =DATUM(JAHR(B55);MONAT(B55)+12/$B$4;TAG(B55))

Abbildung 8.5 Das Datum wird weitergezählt.

Wenn sichergestellt ist, dass die Analysefunktionen installiert sind, dann kann in der Zelle B10 auch die Funktion EDATUM verwendet werden:
=EDATUM(B9;12/$B$4)
Nun, so lautet der Wunsch, soll sich die Tabelle so weit aufbauen, wie die Rückzahlung läuft. Das heißt: In der Nummernspalte erscheint die Zahl 1 nur dann, wenn sowohl in der Zelle „Rückzahlung pro Jahr" eine Zahl eingegeben wird als auch in der Zelle „Laufzeit". Beide Bedingungen werden gleichzeitig, das heißt, mit einer UND-Funktion in einer WENN-Bedingung überprüft. Eine andere Möglichkeit wäre die Überprüfung des Produkts:
=WENN(UND(B3="";B4="");"";1)
=WENN(B3*B4=0);"";1)
Eine Zelle tiefer wird nun nachgeschaut, ob die Zahl darüber schon das Produkt aus Laufzeit und Rückzahlungen pro Jahr erreicht hat. Überprüft wird, ob der Zähler in Spalte A kleiner als das Produkt aus Jahren und Rückzahlungen pro Jahr ist. Falls der laufende Zähler (noch) kleiner ist, wird die Zahl um 1 vergrößert; falls das Produkt schon erreicht wurde, so soll nichts mehr angezeigt werden:
=WENN(A9<$B$3*$B$4;A9+1;"")

8 Zins und Tilgung

	A	B	C	D	E	F	G
	A10		fx =WENN(A9<$B$3*$B$4;A9+1;"")				
1	Schulden:	50.000,00 €			München, den 20.07.2001		
2	Zinssatz:	5,80%					
3	Laufzeit:	4					
4	Rückzahlung pro Jahr:	12					
5	1. Rückzahlung:	01.01.1999					
6	Annuität:	1.169,67 €					
7							
8	Nummer	Datum	Anfangsschuld	Zins	Tilgung	Endschuld	
9	1	01.01.1999	50.000,00 €	241,67 €		928,01 €	49.071,99 DM
10	2	01.02.1999	49.071,99 €	237,18 €		932,49 €	48.139,50 DM
11	3	01.03.1999	48.139,50 €	232,67 €		937,00 €	47.202,51 DM
12	4	01.04.1999	47.202,51 €	228,15 €		941,53 €	46.260,98 DM
13	5	01.05.1999	46.260,98 €	223,59 €		946,08 €	45.314,90 DM
14	6	01.06.1999	45.314,90 €	219,02 €		950,65 €	44.364,25 DM
15	7	01.07.1999	44.364,25 €	214,43 €		955,24 €	43.409,01 DM
16	8	01.08.1999	43.409,01 €	209,86 €		959,86 €	42.449,14 DM
17	9	01.09.1999	42.449,14 €	205,17 €		964,50 €	41.484,64 DM
18	10	01.10.1999	41.484,64 €	200,51 €		969,16 €	40.515,48 DM
19	11	01.11.1999	40.515,48 €	195,82 €		973,85 €	39.541,63 DM

Abbildung 8.6 Der fortlaufende Zähler

Diese Funktion kann nun beliebig weit heruntergezogen werden. Sie hört auf, Werte anzuzeigen, wenn das Produkt überschritten ist.

Die Idee dieser WENN-Funktion wird in den benachbarten Spalten verwendet: Schaue nach, ob die Zählerspalte leer ist. Wenn ja, dann bleibe selbst leer, sonst rechne.

Lautet die alte Funktion:

=F9

so wird sie nun modifiziert zu:

=WENN(A10="";"";F9)

Man kann über eine ODER-Veknüpfung natürlich mehrere Zellen auf leeren Inhalt überprüfen:

=WENN(ODER(A10="";C9="";$B$2="";$B$1="");"";F9)

Die gleiche äußere WENN-Funktion kann nun auf die benachbarten Zellen übertragen werden, indem sie markiert und kopiert wird. Dazu wird von der Funktion =WENN(A10="";"";F9)

der „WENN-Teil", also WENN(ODER(A10="";C9="";$B$2="";$B$1="");""; markiert, kopiert und in alle übrigen Funktionen eingefügt. Lediglich die ")" muss noch per Hand am Ende der Formel eingegeben werden. So wird beispielsweise aus der ursprünglichen Funktion

=$B$6-D9

nach dem Einfügen die Funktion

=WENN(ODER(A10="";C9="";$B$2="";$B$1="");"";$B$6-D9

Vergessen Sie nicht, die Klammer der WENN-Funktion zu schließen!

	A	B	C	D	E	F	G
1	Schulden:	50.000,00 €			München, den 20.07.2001		
2	Zinssatz:	5,80%					
3	Laufzeit:	4					
4	Rückzahlung pro Jahr:	12					
5	1. Rückzahlung:	01.01.1999					
6	Annuität:	1.169,67 €					
7							
8	Nummer		Datum	Anfangsschuld	Zins	Tilgung	Endschuld
48		40	01.04.2002	10.277,09 €	49,67 €	1.120,00 €	9.157,09 DM
49		41	01.05.2002	9.157,09 €	44,26 €	1.125,41 €	8.031,68 DM
50		42	01.06.2002	8.031,68 €	38,82 €	1.130,85 €	6.900,82 DM
51		43	01.07.2002	6.900,82 €	33,35 €	1.136,32 €	5.764,51 DM
52		44	01.08.2002	5.764,51 €	27,86 €	1.141,81 €	4.622,70 DM
53		45	01.09.2002	4.622,70 €	22,34 €	1.147,33 €	3.475,37 DM
54		46	01.10.2002	3.475,37 €	16,80 €	1.152,87 €	2.322,49 DM
55		47	01.11.2002	2.322,49 €	11,23 €	1.158,45 €	1.164,05 DM
56		48	01.12.2002	1.164,05 €	5,63 €	1.164,05 € -	0,00 DM
57							
58							

Abbildung 8.7 Die linke Spalte wird verwendet, um die Ergebnisse anzuzeigen oder nicht.

Sind nun alle „alten" Funktionen modifiziert, dann können sie (am besten mit einem Doppelklick auf das Kästchen) auf die Länge der Spalte A heruntergezogen werden.

Zugegeben: Die Funktionen können verbessert werden, indem mögliche falsche Angaben von Seiten des Benutzers abgefangen werden. Es kann überprüft werden, ob im Kopf etwas eingegeben wurde und ob im Kopf etwas Falsches eingegeben wurde. Aus der ursprünglichen Funktion RMZ:

= RMZ(B2/B4;B3*B4;-B1)

werden nun mögliche Fehler abgefangen:

=WENN(ISTFEHLER(RMZ(B2/B4;B3*B4;-B1));"";RMZ(B2/B4;B3*B4;-B1))

Ist nun diese Zelle fehlerhaft berechnet, wird also nicht ("") angezeigt, dann können auch andere Zellen auf diese Zellen B6 verweisen. Aus der ursprünglichen Funktion:

=WENN(ODER(A10="";C9="";$B$2="";$B$1="");"";$B$6-D9)

wird nun:

=WENN(ODER(A10="";C9="";$B$2="";$B$1="";$B$6="");"";$B$6-D9)

So können alle möglichen Fehler abgefangen werden. Gleichzeitig kann überprüft werden, ob in einer Zelle noch nichts steht, was zu Fehlern oder zu völlig falschen Berechnungen führen würde. Gerechnet wird nur dann, wenn alle Zellen gefüllt sind.

8.2 Das Formular wird erstellt

Damit man immer die „Startwerte" sieht, kann der obere Teil fixiert werden. Sollen beispielsweise die ersten acht Zeilen immer auf dem Bildschirm sichtbar sein, dann wird der Cursor auf die Zelle A9 gesetzt. Nun wird mit dem Menü FENSTER / FIXIEREN der obere Bereich auf dem Bildschirm festgehalten.

8 Zins und Tilgung

Die Zellen, in die der Benutzer etwas eingeben darf, werden auf die Bereiche begrenzt, die sinnvoll sind. Dazu wird das Menü DATEN / GÜLTIGKEIT verwendet. Soll der mögliche Schuldenbereich zwischen 0 und 1.000.000 DM liegen, dann kann dies als Wertebereich eingetragen werden, ebenso der Zinssatz. Liegt er zwischen 0 % und 25 % so werden die Grenzwerte 0 und 0,25 verwendet. Der Gültigkeitsdialog erlaubt leider nicht die Eingabe eines Prozentwertes. Für die Rückzahlung pro Jahr kann sich der Benutzer zwischen den Zahlen 1, 2, 3, 4, 6 oder 12 entscheiden. Damit er nur sie wählt, werden diese Werte in einen Bereich neben den Eingabekopf geschrieben (beispielsweise in die Zellen C1:C6. Damit die Zahlen später nicht sichtbar sind, kann der Bereich, in dem die Zahlen stehen, weiß eingefärbt werden oder über die bedingte Formatierung ";;;;". Über das Menü DATEN / GÜLTIGKEIT wird nun die Liste zugelassen. Die „Quelle" der Werte liegt im Zahlenbereich C1:C6.

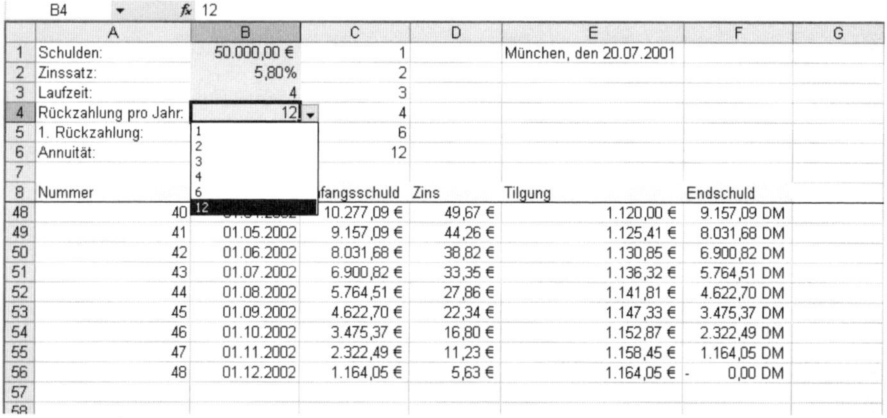

Abbildung 8.8 Der Gültigkeitsbereich (noch nicht wegformatiert) und die Dropdown-Liste

Und schließlich wird die Datei noch „gesichert". Im Menü FORMAT / ZELLEN / SCHUTZ wird die Sperrung der Zellen A1:A5 ausgeschaltet. In diesen Bereich darf der Benutzer etwas eintragen. Soll er dagegen keine der verwendeten Formeln sehen dürfen, dann könnte man „Ausgeblendet" ausschalten. Diese beiden Optionen werden erst dann aktiv, wenn zusätzlich über das Menü EXTRAS / SCHUTZ / BLATT SCHÜTZEN das gesamte Tabellenblatt geschützt wird. Hierbei kann ein Kennwort vergeben werden, muss allerdings nicht. Achtung: Wird ein Kennwort vergeben, so kann nur in Excel 2002 festgelegt werden, ob der Benutzer Zellen formatieren (das heißt verbreitern) darf. In älteren Excel-Versionen hat der Benutzer keinerlei Möglichkeit, dieses Blatt zu öffnen – würde er also sehr große Werte eingeben, so dass das Ergebnis der Formeln die Breite der Spalte sprengt, dann sieht er nur eine Kette von Zahlenzeichen: ########. Ihm steht bis Excel 2000 keine Möglichkeit der Formatierung zur Verfügung: Er kann die Spalte nicht breiter machen! Daran ist beim Einrichten eines Formulars zu denken: Testen Sie das Formular mit unterschiedlichen Werten, die per Funktionen abgefangen werden können.

8.3 Weitere Beispiele

Nach dem gleichen Muster kann nun eine Reihe weiterer Formulare entwickelt werden. Im Laufe des Buches wurden sie schon an mehreren Stellen beschrieben – genannt seien zwei beliebte Beispiele, die natürlich modifiziert werden müssen:

In ein Tabellenblatt werden Noten von Klassenarbeiten eingegeben – an anderer Stelle oder in einem anderen Blatt wird die Halbjahresnote daraus berechnet. Achtung: Hierbei muss berücksichtigt werden, dass in jedem Bundesland das Verhältnis von schriftlichen Klausuren, unangekündigten Tests und mündlichen Noten anders berechnet wird.

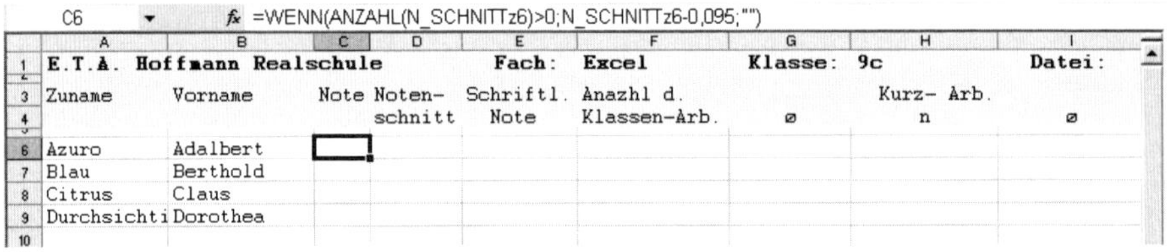

Abbildung 8.9 Ein Notenbeispiel

Auch im Bereich Versicherungsmathematik oder Rentenberechnung fehlen entsprechende Funktionen. Allerdings kann man ohne größeren Aufwand aus den entsprechenden Angaben die entsprechenden Werte berechnen.

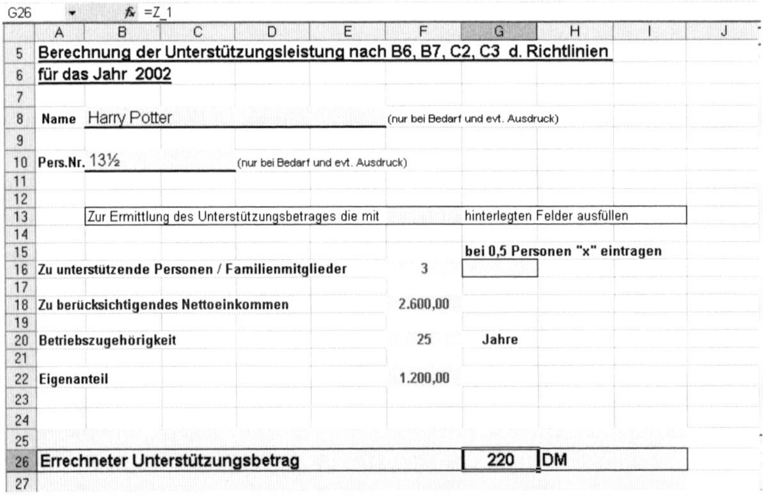

Abbildung 8.10 Ein Eingabeformular, das eine Unterstützungsleistung berechnet

9

Eigene Funktionen erstellen

Seit der Version 5.0 liegt unter Excel eine Programmiersprache mit Namen Visual Basic for Applications (VBA). Sinn dieser Makrosprache ist es, per Programmierung auf Tabellen zuzugreifen, Informationen zu verarbeiten und in andere Tabellen zurück schreiben. Dies kann dialoggesteuert funktionieren: Der Benutzer hat eine Eingabemaske vor sich, auf der er in Eingabefelder etwas einträgt, Optionsbuttons und Kontrollkästchen anklickt, etwas aus Listen auswählt und schließlich auf Schaltflächen klickt und so die Bestätigung seiner Aktion einleitet. Dies alles zu erläutern würde den Rahmen des vorliegenden Buchs sprengen. Man benötigt zwar keine profunden Kenntnisse der Programmiersprache VBA, um nun eigene Funktionen in Excel zu erstellen, aber dennoch: Einige Grundbegriffe von VBA sind nötig für benutzerdefinierte Funktionen. Denn: Trotz der zirka 350 Funktionen, die Excel zur Verfügung stellt, kann es durchaus sein, dass eine Funktion für die tägliche Arbeit fehlt. Wie man solche Funktionen selbst erstellen kann, wird im Folgenden gezeigt.

Um zum VBA-Editor zu gelangen, öffnen Sie ihn in Excel (am besten, wenn Sie sich in einer leeren Mappe befinden) über das Menü EXTRAS / MAKRO / VISUAL

BASIC EDITOR oder mit der Funktionstaste <Alt> + <F11>. Der Projekt-Explorer zeigt Ihnen an, dass Sie sich im VBA-Projekt „Mappe1" befinden oder in dem Projekt, das zu Ihrer Datei gehört. Sollte der Projekt-Explorer nicht sichtbar sein, so können Sie ihn über das Menü ANSICHT / PROJEKT-EXPLORER herholen. Mit der rechten Maustaste oder dem Menü EINFÜGEN / MODUL öffnen Sie das Codefenster (das Modulfenster), wo Sie nun beginnen können zu programmieren. Auf den folgenden Seiten finden Sie vorab weitere Erläuterungen zur Codeeingabe in VBA.

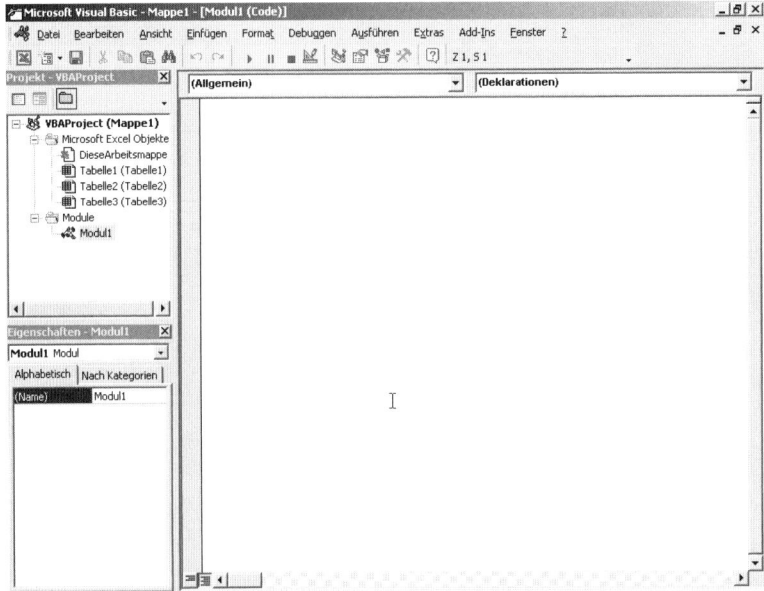

Abbildung 9.1 Der Visual Basic Editor

Achtung: Excel 5.0 und Excel 7.0 besitzen einen solchen Editor nicht. Dort öffnen Sie über den Menüpunkt EINFÜGEN / TABELLE ein neues Modulblatt, in das der Code eingegeben wird. Die Sprache VBA hat sich seit Excel 97 nur geringfügig geändert; die folgenden Beispiele gelten für alle Versionen ab Excel 8.0.

9.1 Die Codeeingabe

Wenn Sie ein Programm, auch Prozedur oder Makro genannt, erstellen wollen, so beginnen Sie mit dem Schlüsselwort Sub. Danach folgt der Name der Prozedur, beispielsweise:
```
Sub Jekt
```
oder:
```
Sub Altern
```
Wenn danach die Eingabetaste gedrückt wird, erscheint zwei Zeilen tiefer ein

9 Eigene Funktionen erstellen

```
End Sub
```
während hinter den Namen zwei Klammern gesetzt werden:
```
Sub Altern()
End Sub
```
Während jede Prozedur mit dem Schlüsselwort `Sub` gefolgt von einem Namen beginnt, so fangen Funktionen mit dem Schlüsselwort `Function` an, denen der Name folgt.
```
Function RechneNeu()
End Function
```
Der Name darf bis zu 80 Zeichen lang sein. Alle Zeichen außer Leerzeichen, Satz- und Sonderzeichen: .,;:-!"§$%&/(){<>}\^ sind erlaubt. Wichtig: Auch der Bindestrich "-" darf nicht verwendet werden, der Unterstrich ("_") dagegen schon. Die Groß- und Kleinschreibung können Sie ebenso verwenden wie die zehn Ziffern (VBA macht, ebenso wie Excel, keine Unterschiede). Ein gültiger Funktionsname wäre:
```
Function Mein_erstes_kleines_Programm_von_heute
```
Der Name der Funktion oder der Prozedur muss selbstverständlich eindeutig sein und darf nicht mit einem Schlüsselwort übereinstimmen. Was sind Schlüsselwörter? Schlüsselwörter sind

Objekte der verschiedenen Programme: ActiveWorksheet, Cells, Font, Table ...
- Alle Befehle und Anweisungen: GoTo, Dim, As, If, While ...
- Alle Funktionen: Sin, Cos, Date, Year ...
- Alle logischen Operatoren: And, Or, Not ...

Die Klammern werden bei Funktionen mit Parametern gefüllt. Dies wird in Kapitel 10.5 erläutert.

Nun wird zwischen
```
Function Mein_erstes_kleines_Programm_von_heute()
End Function
```
der Programmcode eingegeben. Die Texteingabe und -korrektur im Codefenster erfolgt nach den gleichen Regeln wie in der Textverarbeitung:

Es kann nun passieren, dass Sie eine sehr lange Befehlszeile eingeben, zum Beispiel:
```
Anzeigetext = MsgBox("Möchten Sie den Text sehen?", vbYesNo & vbQuestion, "Text sehen")
```
Ein automatischer Umbruch, wie von der Textverarbeitung bekannt, findet erst nach 1.024 Zeichen statt: Der Text fließt weiter und weiter nach rechts. Der Text kann jedoch in mehrere Zeilen geteilt werden: Am Ende der Zeile steht ein Unterstrich, vor dem sich eine Leerstelle (sie ist unbedingt nötig!) befindet.
```
Anzeigetext = MsgBox ("Möchten Sie den Text sehen?", _
    vbYesNo + vbQuestion, _
    "Text sehen")
```
Häufig wünscht der Benutzer seine Programme zu kommentieren; sei es, um sie besser zu strukturieren, sei es, um anderen Programmierern, die damit weiterarbeiten, schnell einen Überblick zu verschaffen. Kommentare können überall eingefügt

werden: Sie werden mit einem Apostroph „'" eingeleitet, das innerhalb einer Zeile stehen kann:
```
MsgBox "x1*x2 = q ( -(x1 + x2) = p" 'Satz von Vieta
```
oder am Anfang einer Zeile:
```
' Nun folgt ein Meldungsfenster:
MsgBox "x1*x2 = q ( -(x1 + x2) = p"
' Dies ist der Satz von Vieta
```
Die Groß- und Kleinschreibung spielt in VBA keine Rolle. Eine praktische Hilfe übrigens: Sie können Tippfehler vermeiden, wenn Sie sämtliche VBA-Befehle in Kleinbuchstaben schreiben und nach Drücken der <Enter>-Taste überprüfen, ob sie verändert wurden. Wenn ja, so war die Eingabe korrekt (zumindest was ihre Schreibweise anbelangt), wenn nein, so haben Sie sich vertippt.

Damit die Funktion wieder etwas ausgibt, wird an sie ein Wert übergeben. Die folgende Funktion übergibt den Inhalt von Date, also das heutige Datum, an die Funktion AktuellesDatum:
```
Function AktuellesDatum()
    AktuellesDatum = Date
End Function
```
Man kann das Datum auch an eine Variable übergeben:
```
Function AktuellesDatum()
    heute = Date
    AktuellesDatum = heute
End Function
```
Die Namen der Variablen dürfen bis zu 255 Zeichen enthalten (so lange Namen sind Unsinn!), müssen mit einem Buchstaben beginnen und dürfen nicht mit einem VBA-Schlüsselwort identisch sein.

Ihnen stehen verschiedene Variablentypen zur Verfügung:

Tabelle 9.1 Liste der Variablentypen in VBA

Datentyp	Variablentyp	Typenkennzeichen	Bereich	Speicherplatz (in Bytes)	Präfix
Ja/Nein	Boolean		0 (False) und −1 (True)	2	f
Ganzzahlen	Byte		0 – 255	1	byt
	Integer	%	−32.768 bis 32.767	2	int
	Long	&	−2.147.483.648 bis 2.147.483.647	4	lng
Dezimalzahlen	Single	!	$-3{,}402823*10^{38}$ bis $3{,}402823*10^{38}$	4	sng

9 Eigene Funktionen erstellen

Datentyp	Variablentyp	Typenkennzeichen	Bereich	Speicherplatz (in Bytes)	Präfix
	Double	#	$-1{,}797693*10^{-324}$ bis $1{,}797693*10^{324}$	8	dbl
	Currency	@	$-9{,}22*10^{14}$ bis $9{,}22*10^{14}$	8	cur
Datumzahlen	Date		1.1.100 bis 31.12.9999	8	dtm
Text	String	$	zirka 2 Milliarden	10 + Länge der Zeichenkette	str
Wechselnde Typen	Variant		jeder numerische Wert im Bereich Double, jeder String	22 + Länge der Zeichenkette	var

Viele VBA-Programmierer kennzeichnen Variablen, indem sie drei Zeichen vor den Namen setzen. So wird deutlich, dass es sich bei datHeute um eine Datumsvariable handelt, bei strZuname um eine Zeichenkette. Die Konvention, die von der Firma Gregory Reddick & Associates, einer Unternehmensberatungsfirma von Microsoft, herausgegeben wurde, ist nicht verbindlich. Allerdings arbeiten sehr viele Programmierer damit. Diese Konvention stellt eine Möglichkeit der Standardisierung für VBA-Programmierung dar. Sie müssen sich natürlich nicht daran halten, sollten sich aber, wenn Sie zu mehreren an einem Projekt programmieren, über die Benennung der Variablen einig sein.

Das obige Beispiel könnte also wie folgt aussehen:

```
Option Explicit

Function AktuellesDatum() As Date
    Dim datHeute As Date
    datHeute = Date
    AktuellesDatum = datHeute
End Function
```

Die Zeile

```
Option Explicit
```

weist darauf hin, dass jede Variable deklariert werden muss.

Nun steht die Funktion in Excel zur Verfügung, wo sie per Funktionsassistent aus der benutzerdefinierten Kategorie ausgewählt oder direkt in ein Tabellenblatt eingegeben werden kann (Abbildung 9.2).

9.2 Rechnen und verknüpfen

Beim Rechnen in VBA gelten die gleichen Regeln wie in Excel. Im Beispiel
```
x = 2^5
```
erhält x den Wert 32, im Beispiel
```
x = 36 ^ 0.5
```
den Wert 6.

Bitte beachten Sie: Dezimalstellen werden im Quellcode mit einem Punkt (".") geschrieben, nicht mit Komma (","). Die Eingabe (zum Beispiel in Excel) erfolgt allerdings mit einem Komma, da hier die Systemsteuerung greift.

Mit Prozenten kann nicht gerechnet werden:
```
BuchMWSt = BuchPreis * 7%
```
führt zu einer Fehlermeldung. Richtig wäre:
```
BuchMWSt = BuchPreis * 0.07
```

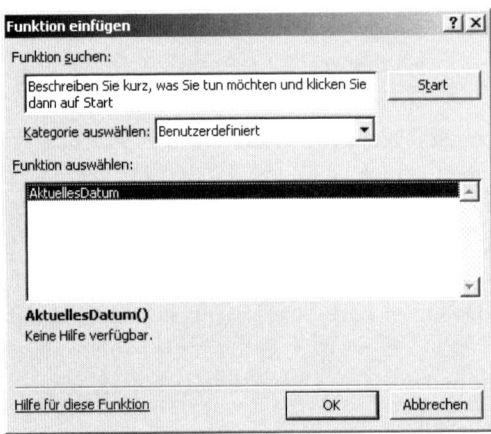

Abbildung 9.2 Die erste benutzerdefinierte Funktion

Tabelle 9.2 Zusammenfassung der mathematischen Funktionen.

Funktionsname in VBA	Name in Excel	Bedeutung
+, -, *, /	+, -, *, /	Dürfte bekannt sein ...
\	GANZZAHL	Ganzzahliges Ergebnis der Division
MOD	REST	Ganzzahliger Rest bei der Division
SQR	WURZEL	Quadratwurzel
SIN	SIN	Sinus
COS	COS	Cosinus
TAN	TAN	Tangens
ATN	ARCTAN	Der Arkutangens, die Umkehrfunktion des Tangens

9 Eigene Funktionen erstellen

Funktionsname in VBA	Name in Excel	Bedeutung
EXP	EXP	Exponentialfunktion auf Basis e
LOG	LN	Der natürliche Logarithmus zur Basis e
ABS	ABS	Gibt den Absolutwert einer Zahl zurück: 3 = Abs(3) 3 = Abs(−3)
INT	GANZZAHL	Gibt einen Wert zurück, der den gleichen Typ wie der übergebene Wert hat und den ganzzahligen Anteil einer Zahl enthält: 8 = Int(8,4) −9 = Int(−8,4)
FIX	KÜRZEN	Gibt einen Wert zurück, der den gleichen Typ wie der übergebene Wert hat und den ganzzahligen Anteil einer Zahl enthält: 8 = Fix(8,4) −8 = Fix(−8,4)
SGN	VORZEICHEN	Das Vorzeichen einer Zahl: Wert von Zahl — Rückgabewert von Sgn Größer als null — 1 Gleich null — 0 Kleiner als null — −1
ROUND	RUNDEN	Rundet eine Zahl
RND	ZUFALLSZAHL	Eine Zufallszahl

Neben den Rechenfunktionen stellt VBA eine Reihe finanzmathematischer Funktionen zur Verfügung, die schon im entsprechenden Kapitel erläutert wurden.

Tabelle 9.3 Die folgende Tabelle listet die Funktionsnamen, ihren Excel-Namen und ihre Bedeutung auf.

Funktionsname	Funktionsname in Excel	Bedeutung
DDB	GDA	Die Abschreibung eines Anlageobjekts nach der geometrisch degressiven Methode für einen spezifischen Zeitraum
SYD	DIA	Die Abschreibung eines Anlageobjekts nach der arithmetisch degressiven Methode für einen spezifischen Zeitraum
SLN	LIA	Die Abschreibung eines Anlageobjekts nach der linearen Methode für einen spezifischen Zeitraum
FV	ZW	Der Endwert einer Annuität ausgehend von regelmäßigen Zahlungen und einem konstanten Zinssatz
RATE	ZINS	Der Zinssatz einer Annuität

Funktionsname	Funktionsname in Excel	Bedeutung
IRR	IKV	Der interne Zinsfluss für regelmäßige Cash-flows
MIRR	QIKV	Der modifizierte interne Zinsfluss für regelmäßige Cash-Flows
IPMT	ZINSZ	Der Zinsanteil einer Annuität für einen spezifischen Zeitraum
PMT	RMZ	Die Zahlung einer Annuität
PPMT	KAPZ	Der Kapitalanteil einer Annuität
NPV	NBW	Der Netto-Barwert für regelmäßige Cash-Flows
PV	BW	Der Barwert einer Annuität

Die vollständige Liste aller Funktionen finden Sie im Objektkatalog. Sie öffnen ihn über die Funktionstaste <F2>, über das Symbol oder über den Menüpunkt ANSICHT / OBJEKTKATALOG.

Ebenso wie Zahlen durch Rechenoperationen miteinander verknüpft werden, können auch Textblöcke verknüpft werden. Zwei (oder mehrere) Zeichenketten können mit dem Zeichen + oder dem Zeichen & verbunden werden (hier sind beide möglich). Dies ist bei der Ausgabe längerer Texte nötig, da innerhalb der Textzeile nicht mit dem Unterstrich "_" umbrochen werden darf. Beispielsweise:

```
Function Busch()
    Dim strLämpel1 As String, strLämpel2 As String
    Dim strLämpel3 As String, strLämpel4 As String
    Dim strLämpel5 As String, strLämpel6 As String
    Dim strLämpel7 As String, strLämpel8 As String
    Dim strLämpel9 As String, strLämpel10 As String

    strLämpel1 = "Also lautet ein Beschluss"
    strLämpel2 = "Dass der Mensch was lernen muss"
    strLämpel3 = "Nicht allein das Abc"
    strLämpel4 = "Bringt den Menschen in die Höh"
    strLämpel5 = "Nicht allein in Schreiben, Lesen"
    strLämpel6 = "Übt sich ein vernünftig Wesen"
    strLämpel7 = "Nicht allein in Rechnungssachen"
    strLämpel8 = "Soll der Mensch sich Mühe machen"
    strLämpel9 = "Sondern auch der Weisheit Lehren"
    strLämpel10 = "Muss man mit Vergnügen hören"
    Busch = strLämpel1 & " / " & strLämpel2 & " / " & _
    strLämpel3 & " / " & strLämpel4 & " / " & _
    strLämpel5 & " / " & strLämpel6 & " / " & _
    strLämpel7 & " / " & strLämpel8 & " / " & _
    strLämpel9 & " / " & strLämpel10
End Function
```

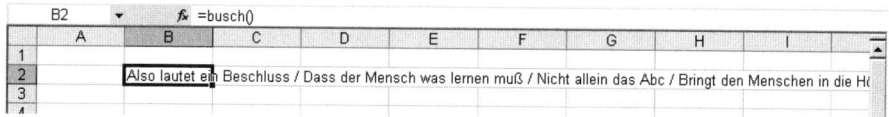

Abbildung 9.3 Eine Zeichenkette als Ergebnis einer Funktion

In der folgenden Tabelle finden Sie eine Zusammenfassung der String-Funktionen und ihre Excel-Entsprechung.

Tabelle 9.4 Textfunktionen

Funktionsname	Excel-Funktion	Bedeutung
Left	LINKS	Schneidet eine bestimmte Anzahl von Zeichen von links ab
Right	RECHTS	Schneidet eine bestimmte Anzahl von Zeichen von rechts ab
Mid	TEIL	Schneidet eine bestimmte Anzahl von Zeichen aus der "Mitte" heraus, das heißt ab einer bestimmten Position
InStr	SUCHEN, FINDEN	Überprüft, ob eine Zeichenfolge innerhalb einer Zeichenkette vorhanden ist, und gibt die Position an
Ltrim		Löscht Leerzeichen am Anfang eines Strings
Rtrim		Löscht Leerzeichen am Ende eines Strings
Trim	GLÄTTEN	Löscht Leerzeichen am Anfang und Ende eines Strings
Len	LÄNGE	Ermittelt die Länge einer Zeichenkette
Chr	ZEICHEN	Wandelt einen ASCII-Code in einen String um
Asc	CODE	Wandelt einen String in die entsprechende Zahl des ASCII-Codes um
Val	WERT	Wandelt einen Zahlenstring in eine Zahl um
Str	TEXT	Wandelt eine Zahl in einen String um
Lcase	KLEIN	Wandelt eine Zeichenkette in Kleinbuchstaben um
Ucase	GROSS	Wandelt eine Zeichenkette in Großbuchstaben um
StrComp	IDENTISCH	Vergleicht zwei Zeichenketten. Ist die erste Zeichenkette größer als die zweite, wird −1 zurückgegeben, im umgekehrten Fall 1. Sind beide gleich: 0. Ist einer der beiden Strings leer, so wird Null übergeben.

Funktionsname	Excel-Funktion	Bedeutung
Space		Gibt eine Folge von Leerzeichen aus
SPLIT		Trennt eine Zeichenfolge und liefert einen Array
JOIN		Setzt eine Zeichenfolge zusammen
Filter		Durchsucht eine Zeichenfolge
InStrRev("abcd", "ä")		Überprüft von hinten, ob eine Zeichenfolge in einer anderen vorhanden ist

Die letzten vier Funktionen existieren erst seit Excel 2000, das heißt seit VBA 6.0
Auch die Vergleichsoperatoren und Verknüpfungskonjunktoren sind ähnlich wie in Excel.

Tabelle 9.5 Die Liste der Vergleichsoperatoren

Operator	Beschreibung	Operator	Beschreibung	Operator	Beschreibung
=	gleich	<=	kleiner gleich	like	Stringvergleich
<	kleiner als	>=	größer gleich		
>	größer als	<>	ungleich		

Das Gleichheitszeichen hat in VBA zwei Funktionen. Zum einen kann mit = einer Variablen ein Wert zugewiesen werden, zum anderen können mit = zwei Werte (normalerweise eine Variable und ein fester Wert oder zwei Variablen) verglichen werden. Im zweiten Fall bedeutet = „gleich", so wie wir es aus unserem Sprachgebrauch kennen.

Ebenso können zwei logische Operatoren miteinander verknüpft werden.

Tabelle 9.6 Liste der logischen Operatoren

Operator	Excel-Name	Beschreibung
Not	NICHT	Negation
And	UND	Logisches Und
Or	ODER	Logisches Oder (das eine oder das andere)
Xor		Exklusives Oder (entweder genau das eine oder genau das andere)
Eqv		Logische Äquivalenz
Imp		Implikation
Is		Vergleich von Objektvariablen (für selbst erstellte Excel-Funktionen ohne Bedeutung)

9 Eigene Funktionen erstellen

Tabelle 9.7 Zusammenfassung der Datumsfunktionen

Funktionsname	Excel-Name	Bedeutung
DATE	HEUTE	Setzt das aktuelle Systemdatum ein oder stellt das Systemdatum um
NOW	JETZT	Gibt das Systemdatum und die aktuelle Systemzeit zurück
TIME		Setzt die aktuelle Systemzeit ein oder stellt die Systemzeit um
DATESERIAL	DATUM	Gibt die fortlaufende Datumszahl eines Datums zurück: DateSerial (Year, Month, Day)
DATEVALUE	DATWERT	Gibt das Datum eines String-Arguments zurück
TIMESERIAL	ZEIT	Gibt einen fortlaufenden Zeitwert für eine Uhrzeit zurück
TIMEVALUE	ZEITWERT	Wandelt einen String in eine Uhrzeit um
DATEADD		Addiert oder subtrahiert ein angegebenes Intervall zu einem oder von einem Datum Syntax: DateAdd(Intervall, Anzahl, Datum) Dabei wird das Intervall als String ausgegeben (vergleiche DateDiff)
DATEDIFF		Gibt die Anzahl der Zeitintervalle zurück, die zwischen zwei Datumsangaben liegen Syntax: DateDiff(Intervall, Date1, Date2 [, FirstDayofWeek] [, FirstDayofYear])
DATEPART		Berechnet, zu welchem Teil eines angegebenen Intervalls ein Datum gehört: DatePart(Intervall, Date [, FirstDayofWeek] [, FirstDayofYear]) Die Zahlen und Variablen entsprechen denen von DateDiff
DAY	TAG	Filtert den Tag aus einem Datum
MONTH	MONAT	Filtert den Monat aus einem Datum
YEAR	JAHR	Filtert das Jahr aus einem Datum
WEEKDAY	WOCHENTAG	Gibt eine Zahl zwischen 1 und 7 zurück, die dem Wochentag entspricht: Weekday(Date, [FirstDayofWeek]) Dabei entsprechen Date einem Datum und FirstDayofWeek der gleichen Variable wie bei DateDiff. Der zurückgegebene Wert ist ebenso eine Zahl von 1 bis 7 oder von vbSunday bis vbSaturday
HOUR	STUNDE	Filtert die Stunde aus einer Uhrzeit
MINUTE	MINUTE	Filtert die Minutenanzahl aus einer Uhrzeit
SECOND	SEKUNDE	Filtert die Sekundenanzahl aus einer Uhrzeit

Erinnern Sie sich noch an das Problem mit der Kalenderwoche. VBA stellt die europäische Variante zur Verfügung. Damit kann leicht eine eigene Funktion erstellt werden:

```
Function KalenderwocheNachDIN(Datum As Date)
    KalenderwocheNachDIN = Format(Datum, "WW", _
    vbMonday, vbFirstFourDays)
End Function
```

Die Funktion FORMAT ähnelt sehr der bedingten Formatierung in Excel:

Tabelle 9.8 Folgende Argumente sind bei „Format" möglich:

Zeichen	Beschreibung	Beispiel
Kein Zeichen	Zeigt die Zahl ohne Formatierung an	
0	Beliebige Ziffer	Format(1234, "0") liefert 1234
Format(1234, "0.00") liefert 1234,00	Format(1234.5678, "0") liefert 1235	Format(1234.5678, "0.00") liefert 1234,57
#	Platzhalter für eine Ziffer, die nur angezeigt wird, wenn sich an dieser Stelle eine Ziffer befindet. Gedacht für Tausendertrennzeichen	Format(1234, "0") liefert 1234 Format(1234, "#,##0") liefert 1.234 Format(123, "#,##0") liefert 123
. und ,	Der Punkt dient als Trennzeichen für Dezimalzeichen, das Komma für Tausendertrennzeichen. Also umgekehrt als im Deutschen!	Siehe oben
%	Multipliziert die Zahl mit 100 und fügt ein %-Zeichen an	Format(0.15, "#,##0.00%") liefert 15,00% Format(0.125, "0.00%") liefert 12,50%
E- E+ e- e+	Wissenschaftliche Zahlenschreibweise	Format(1250000, "0.00 E+00") liefert 1,25 E+06 Format(1250000, "0.00 E-00") liefert1,25 E06 Format(1250000, "0.00 e+0") liefert 1,25 e+6 Format(0.125, "0.00 e-0") liefert 1,25 e-1
+, - und Leerzeichen	Können zur Darstellung direkt in die Formatierung eingefügt werden	Format(1234, "#,##0.00 ") liefert 1.234,00
currency	Liefert das voreingestellte Währungsformat	Format(1234, "currency") liefert 1.234,00 DM (wenn so voreingestellt)

9 Eigene Funktionen erstellen

Zeichen	Beschreibung	Beispiel
\	Das nächste Zeichen wird als Zeichen und nicht als Formatierung ausgegeben. Das "\" verschwindet in der Anzeige	Format(1234, "#,##0.00 \E\u\r\o") liefert 1.234,00 Euro

Es können bis zu vier verschiedene Zahlenformate in Abschnitten ausgegeben werden. Dabei bedeuten:

Zeichen	Beschreibung	Beispiel
Nur ein Abschnitt	Alle Werte	
Zwei Abschnitte	Der erste Abschnitt bezieht sich auf positive Werte und die Null, der zweite auf negative	Format(123, "0;(0)") liefert 123
Drei Abschnitte	Wie zwei Abschnitte; der dritte Abschnitt bezieht sich auf die Null	Format(-123, "0;(0);\N\i\x") liefert (123)
Vier Abschnitte	Wie drei Abschnitte; der vierte Abschnitt bezieht sich auf Null-Werte	Format(0, "0;(0);\N\i\x") liefert Nix

Tabelle 9.9 Datums- und Zeitformatierungen:

Zeichen	Beschreibung	Beispiel
/	Datumstrennzeichen	
d	Zeigt den Tag als Zahl	Format("2.9.1999", "d/m/yy") liefert 2.9.99
dd	Zeigt den Tag als Zahl, wobei Tage zwischen 1 und 9 mit führender Null dargestellt werden	Format("2.9.1999", "dd/mm/yyyy") liefert 02.09.1999
ddd	Zeigt den Wochentag als Abkürzung	Format("2.9.1999", "ddd") liefert Do
dddd	Zeigt den Wochentag ausgeschrieben	Format("2 / 9 / 1999", "dddd, \d\e\n dd. mmmm yyyy") liefert Donnerstag, den 02. September 1999
ddddd		
short date	Zeigt das vollständige Datum gemäß der Systemsteuerung im Kurzformat an (dd.mm.yyyy)	Format("2 / 9 / 1999", "ddddd") und Format("2 / 9 / 1999", "short date") liefern 02.09.1999
dddddd		

Zeichen	Beschreibung	Beispiel
long date	Zeigt das vollständige Datum gemäß der Systemsteuerung im Langformat an (dd.mmmm.yyyy)	Format("2 / 9 / 1999", "dddddd") und Format("2 / 9 / 1999", "long date") liefern Donnerstag, 02 September 1999
w	Der Wochentag als Zahl (1 = Sonntag, 7 = Samstag)	Format("2.9.1999", "w") liefert 5
ww	Die Kalenderwoche (1 – 54)	Format("2.9.1999", "ww") liefert 36
m	Monat als Zahl (1 – 12)	
mm	Monat als Zahl. Monate zwischen 1 und 9 mit führender Null	
mmm	Monat als Text mit drei Buchstaben (Jan – Dez)	
mmmm	Vollständiger Monatsname	
q	Quartal	Format("2.3.1998", "q") liefert 1
yy	Jahr als zweistellige Zahl (00 – 99)	
yyyy	Jahr als vierstellige Zahl (100 – 9999)	

Tabelle 9.10 Die Zeitangaben

Zeichen	Beschreibung	Beispiel
:	Zeittrennzeichen	
h	Stunde als Zahl ohne führende Null	Format("2:4", "h:m") liefert 2:4
hh	Stunde als Zahl mit führender Null	Format("2:4", "hh:mm") liefert 02:04
n oder m	Die Minute ohne führende Null	Format("15:4", "hh:mm") liefert 15:04
short time	Liefert die Kurzform gemäß Systemsteuerung	Format("15:4", "short time") liefert 15:04
nn oder mm	Die Minute mit führender Null	
s	Die Sekunden ohne führende Null	
ss	Die Sekunden mit führender Null	
ttttt	Die vollständige Zeitangabe	zahl = Format("2:4", "ttttt") liefert 02:04:00

9 Eigene Funktionen erstellen

Zeichen	Beschreibung	Beispiel
long time	Liefert die Langform gemäß Systemsteuerung	Format("15:4", "long time") liefert 15:04:00
AM/PM, am/pm, A/P, A/p, AMPM	Verschiedene 12-Stunden-Formate	

Tabelle 9.11 Zeichenformatierungen

Zeichen	Beschreibung	Beispiel
@	Platzhalter für ein Zeichen. Ist die Variable leer, wird ein Leerzeichen ausgegeben.	Format("Sonnenschein", "@") liefert "Sonnenschein"
&	Platzhalter für ein Zeichen. Ist die Variable leer, wird nichts ausgegeben.	Format("Sonnenschein", "&") liefert "Sonnenschein"
!	Auffüllen aller Platzhalter von links nach rechts	Format("Sonnenschein", "!") liefert "Sonnenschein"
"Sonnenschein"		
<	Zeigt den Text in Kleinbuchstaben	Format("Sonnenschein", "<") liefert "sonnenschein"
>	Zeigt den Text in Großbuchstaben	Format("Sonnenschein", ">") liefert "SONNENSCHEIN"

9.3 Verzweigungen

Wenn-Verzweigungen nehmen auch in VBA eine zentrale Rolle ein. Zur Logik ist nichts mehr zu sagen, nur noch zur Syntax. Sie kann lauten:
```
If Bedingung Then Anweisung1
```
Dies muss nicht in einer Zeile stehen, sondern kann auch untereinander geschrieben werden. Der Übersichtlichkeit halber wird es normalerweise untereinander geschrieben und eingerückt. Beachten Sie aber, dass dann die If-Verzweigung mit einem `End If` geschlossen werden muss. Und vergessen Sie das `Then` nicht! Die Syntax:
```
If Bedingung Then
Anweisung1
[Anweisung2]
[Anweisung3]

[Else Anweisung2]
[Anweisung1]
```

```
[Anweisung2]
[Anweisung3]
End If
```
Beispiel: Der Benutzer gibt die beiden Variablen für a und b ein, mit denen die Gleichung

$0 = x^2 + a * x + b$

berechnet werden soll. Die Lösung der Gleichung lautet:

$$x_{1,2} = -\left(\frac{a}{2}\right) \pm \sqrt{\left(\frac{a}{2}\right)^2 - b}$$

Sie funktioniert nur, wenn die Diskriminante

$$\left(\frac{a}{2}\right)^2 - b \geq 0$$

Also wird überprüft, ob

$$\left(\frac{a}{2}\right)^2 - b < 0$$

Wenn dies der Fall ist, so existiert keine Lösung. Sollte jedoch

$$\left(\frac{a}{2}\right)^2 - b = 0$$

sein, so existiert genau eine Lösung, nämlich: $-\frac{a}{2}$. Andernfalls gibt es die beiden oben angegebenen Lösungen. Der Benutzer wird aufgefordert, die beiden Variablen für a und b auszurechnen. Dann wird überprüft, ob es keine Lösung gibt. Danach wird getestet, ob es nur eine Lösung gibt oder zwei. Diese werden in einem Meldungsfenster angezeigt.

```
Function Quadratische_Gleichung_L1(a As Double, b As Double)
    Dim dblD As Double
    dblD = (a / 2) ^ 2 - b
    If dblD < 0 Then
        Quadratische_Gleichung_L1 = "#Keine Lösung"
    Else
        Quadratische_Gleichung_L1 = -(a / 2) + Sqr(dblD)
    End If
End Function

Function Quadratische_Gleichung_L2(a As Double, b As Double)
    Dim dblD As Double
    dblD = (a / 2) ^ 2 - b
    If dblD < 0 Then
        Quadratische_Gleichung_L2 = "#Keine Lösung"
    Else
        Quadratische_Gleichung_L2 = -(a / 2) - Sqr(dblD)
    End If
End Function
```

9 Eigene Funktionen erstellen

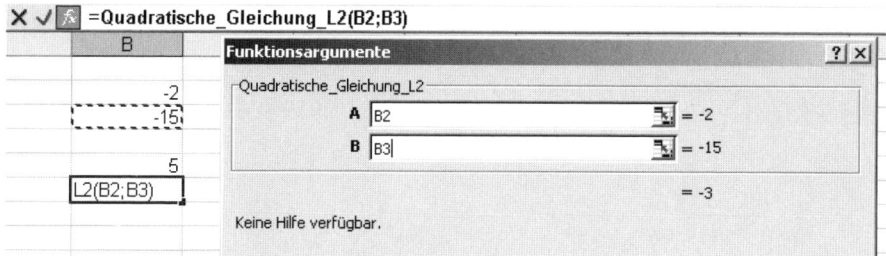

Abbildung 9.4 Zwei Eingaben und zwei Lösungen

9.4 Schleifen

Es existieren mehrere Schleifentypen, die sich sehr ähnlich sind, aber dennoch Unterschiede aufweisen.

In der For...Next-Schleife wird eine Variable definiert. Im zweiten Schritt wird diese Variable weitergezählt (bezeichnenderweise wird die Variable oft Zähler genannt). Sie wird so lange vergrößert, bis ein vorgegebener Endwert erreicht ist. Ist der Endwert erreicht, verlässt das Programm die Schleife und arbeitet die Befehle ab, die nach, das heißt hinter oder außerhalb, der For...Next-Schleife stehen. Sie hat folgende Syntax:

```
For Zähler = Anfangswert To Endwert [Step Schrittweite]
    Anweisungen
Next [Zähler]
```

Der Befehl `Zähler = Anfangswert` bedeutet, dass der Variablen `Zähler` ein Wert (zum Beispiel 1) zugewiesen wird. Dieser wird nun vergrößert – entweder um 1 oder um die Zahl, die hinter `Step` steht.

Angenommen die Funktion soll nicht in Einerschritten hochzählen, sondern in einer anderen Schrittweise, so kann hinter der Zeile

```
For AdamRiese = 49 To 63
```

ein Step mit einer Zahl folgen. Zum Beispiel

```
For AdamRiese = 49 To 63 Step 3
```

Sollte der Endwert überschritten werden, so wird die Schleife automatisch beendet. Auch ein Abwärtszählen ist möglich:

```
For AdamRiese = 63 To 49 Step -3
```

Und sogar ein schrittweises Weiterzählen mit Dezimalzahl. (Achtung: VBA verlangt die amerikanische Dezimalschreibweise!)

```
For AdamRiese = 49 To 63 Step 2.5
```

Die For...Next-Schleife kann folglich gar nicht, einmal oder beliebig oft ausgeführt werden (theoretisch und leider auch praktisch sogar unendlich oft).

Beispiel: Der Benutzer gibt eine Zahl ein, von der überprüft wird, ob es sich um eine Primzahl handelt oder nicht:

```
Function prim(Zahl As Double) As Boolean
Dim dblZähler As Double

   If Zahl < 1 Then
      prim = "Fehler"
      Exit Function
   ElseIf Int(Zahl) <> Zahl Then
      prim = "Fehler"
      Exit Function
   End If

   For dblZähler = 2 To Sqr(Zahl) + 1
      If Zahl Mod dblZähler = 0 Then
         prim = False
         Exit Function
      End If
   Next dblZähler

   prim = True
End Function
```

Alle Zahlen zwischen 2 und der Wurzel der eingegebenen Zahl werden überprüft, ob sie Teiler der eingegebenen Zahl sind. Wenn sich ein Teiler findet, dann ist die Zahl keine Primzahl – die Berechnung kann beendet werden. Wurden alle Zahlen überprüft und kein Teiler gefunden, so ist die Zahl eine Primzahl.

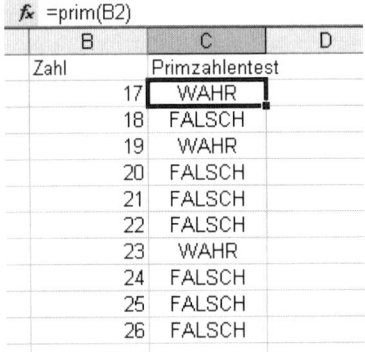

Abbildung 9.5 Der Primzahltest

Oder Sie verwenden eine andere Schleifenform, die für diese Zwecke besser geeignet ist, zum Beispiel:

```
Do
   Anweisungen
   [Exit Do]
Loop Until
```

9 Eigene Funktionen erstellen

Mit `Do...Loop Until` wird eine Bedingung überprüft. Ist sie korrekt, wird weitergearbeitet, falls nicht, wird die Schleife verlassen. Im Primzahlenbeispiel sieht das folgendermaßen aus:

```
Function prim2(Zahl As Double) As Boolean
Dim dblZähler As Double

    If Zahl < 1 Then
        prim2 = "Fehler"
        Exit Function
    ElseIf Int(Zahl) <> Zahl Then
        prim2 = "Fehler"
        Exit Function
    End If

    dblZähler = 2
    Do
        If Zahl Mod dblZähler = 0 Then
            prim2 = False
            Exit Function
        End If
        dblZähler = dblZähler + 1
    Loop Until dblZähler >= Sqr(Zahl) + 1

    prim2 = True
End Function
```

Die Do-Schleife wird betreten, solange der Zähler, der zuvor auf 2 gesetzt wurde, kleiner ist als die Wurzel aus dem eingegebenen Wert. Innerhalb der Schleife wird überprüft, ob der eingegebene Wert einen Teiler hat. Wenn ja, dann ist die Zahl keine Primzahl. Wenn nein, so wird der Zähler um 1 erhöht, und die Schleife beginnt von vorne mit dem Zählen. Ähnlich funktionieren die Schleifen

```
Do
[...]
[Exit Loop]
Loop While
```

Der Unterschied liegt in der Überprüfung: Das `Loop While` weist bleibt solange in der Schleife, wie die Bedingung noch gilt. `Loop Until` verlässt die Schleife dagegen, wenn die Bedingung erfüllt ist.

Man kann die Bedingungen auch in den Kopf der Schleife schreiben – dann könnte die Schleife möglicherweise gar nicht ausgeführt werden. Steht die Bedingung im Fuß, so wird sie immer mindestens einmal ausgeführt.

Achtung vor Endlosschleifen! Dann bleibt nur noch der „Ausstieg" aus dem Makro mit der Tastenkombination <Strg> + <Unterbr> ...

9.5 Benutzerdefinierte Funktionen

Excel bietet, wie gesehen, eine große Anzahl an Funktionen. Dennoch kann es durchaus vorkommen, dass eine spezielle Funktion fehlt. Oder dass Sie Funktionen benötigen, auf die Sie häufig zurückgreifen müssen. Aus diesem Grund steht Ihnen die Möglichkeit zur Verfügung, eigene Funktionen zu erstellen, auf die Sie einmal oder mehrfach zugreifen können.

Beispiel: Der Benutzer gibt die Seitenlängen der Katheten eines rechtwinkligen Dreiecks ein und erhält die Länge der Hypothenuse berechnet. Angenommen diese Berechnung wird häufig verwendet, dann kann das Problem folgendermaßen gelöst werden:

```
Function RechtwinklDreieck(Seite1 As Double, Seite2 As Double)
    RechtwinklDreieck = Sqr(Seite1 ^ 2 + Seite2 ^ 2)
End Function
```

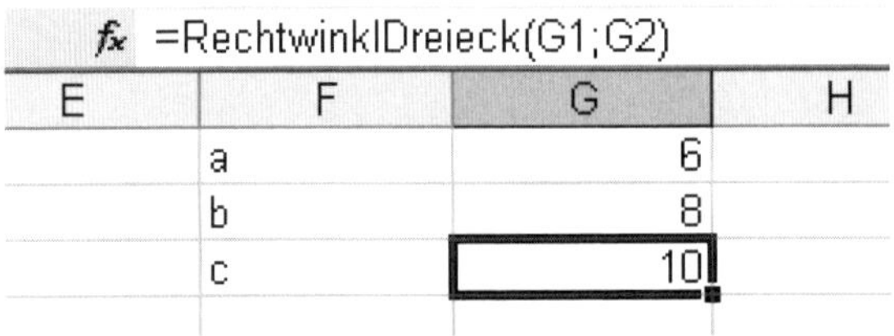

	E	F	G	H
f_x	=RechtwinklDreieck(G1;G2)			
		a	6	
		b	8	
		c	10	

Abbildung 9.6 Die Dreiecksberechnung

Das folgende Beispiel übergibt eine eingegebene Zahl an eine Funktion, welche die Ziffern in Text umwandelt:

```
Function Zahlentext(Zahl As Double) As String
    Dim intZähler As Integer
    Dim strZiffer As String
    Dim strZiffertext As String
    Dim strGanzeZahl As String

    For intZähler = 1 To Len(CStr(Zahl))
        strZiffer = Mid(CStr(Zahl), intZähler, 1)
        If strZiffer = "0" Then
            strZiffertext = "null"
        ElseIf strZiffer = "1" Then
            strZiffertext = "eins"
        ElseIf strZiffer = "2" Then
            strZiffertext = "zwei"
        ElseIf strZiffer = "3" Then
            strZiffertext = "drei"
        ElseIf strZiffer = "4" Then
            strZiffertext = "vier"
        ElseIf strZiffer = "5" Then
            strZiffertext = "fünf"
        ElseIf strZiffer = "6" Then
```

9 Eigene Funktionen erstellen

```
            strZiffertext = "sechs"
        ElseIf strZiffer = "7" Then
            strZiffertext = "sieben"
        ElseIf strZiffer = "8" Then
            strZiffertext = "acht"
        ElseIf strZiffer = "9" Then
            strZiffertext = "neun"
        ElseIf strZiffer = "," Then
            strZiffertext = "Komma"
        Else
            strZiffertext = Mid(CStr(Zahl), intZähler, 1)
        End If
        strGanzeZahl = strGanzeZahl & " " & strZiffertext
    Next intZähler
    Zahlentext = strGanzeZahl
End Function
```

Nun soll die benutzerdefinierte Funktion GGT_Neu als benutzerdefinierte Excel-Funktion erstellt werden. Die zugehörige Funktion könnte wie folgt aussehen:

```
Function ggT_Neu(Zahl1 as Double, Zahl2 as Double) as Double
Dim dblklZahl As Double
Dim dblZähler As Double

If Zahl1 < Zahl2 Then
    dblklZahl = Zahl1
Else
    dblklZahl = Zahl2
End If
For dblZähler = dblklZahl To 1 Step -1
    If Zahl1 Mod dblZähler = 0 And Zahl2 Mod dblZähler = 0 Then
        ggT_Neu = dblZähler
        Exit Function
    End If
Next
End Function
```

Was liegt näher, als nun auch noch das kgV, das kleinste gemeinsame Vielfache, zu berechnen? Versuchen Sie es – die Lösung ist sehr ähnlich wie der ggT.

Beispiel: Der Benutzer gibt eine Jahreszahl ein und erhält das Datum des Ostersonntags angezeigt. Die Lösung dieses Problems stammt vom Mathematiker, Astronom und Physiker Carl Friedrich Gauß. Die Lösung sieht wie folgt aus: Die Jahreszahl sei J und J – 1900 sei a. Der Rest von a/19 wird schlicht b genannt. Jetzt wird vom Ausdruck (7*b+1)/19 der ganzzahlige Quotient genommen, der c genannt wird. Mit d wird der Rest von (11*b+4-c)/29 bezeichnet und der Quotient von a/4 mit e. Dann bleibt noch der Rest von (a+e+31-d)/7. Und dieser soll f genannt werden. Daraus folgt, dass für das Osterdatum April die Formel 25 – d – f gilt.

Soll beispielsweise von 1999 der Ostersonntag berechnet werden, so ergeben sich folgende Werte:

J = 1999

a = 99
b = REST(99;19) = 4
c = QUOTIENT(7*4+1;19) = 1
d = REST(11+4+4-1;29) = 18
e = QUOTIENT(99;4) = 24
f = REST(99+24+31-18;7) = 3
Ostern =DATUM(1999;4;25-18-1) = 04.04.1999
Analog für das Jahr 2000:
a = 100; b = 5; c = 1; d = 0; e = 25; f = 2; Ostern = 23.04.2000
Zur Beruhigung: Diese Formel gilt noch bis zum Jahr 2099!
Als VBA-Funktion lautet sie wie folgt:

```
Function Ostern(Jahreszahl)
   a = Jahreszahl - 1900
   b = a Mod 19
   c = (7 * b + 1) \ 19
   d = (11 * b + 4 - c) Mod 29
   e = a \ 4
   f = (a + e + 31 - d) Mod 7
   Ostern = Format(DateSerial(Jahreszahl, 4, 25 - d - f), _
   "dd.mm.yyyy")
End Function
```

Die VBA-Funktion `Format` wäre überflüssig – die letzte Zeile könnte ebenso geschrieben werden:

```
Ostern = DateSerial(Jahreszahl, 4, 25 - d - f)
```

Dann allerdings wird das Osterdatum als serielle Zahl angezeigt und nicht als formatiertes Datum.

Noch ein Beispiel: die Quersumme. Sie berechnet sich als Summe der einzelnen Ziffern einer Zahl. Beispielsweise ist die Quersumme von 5 = 5, die Quersumme von 12 ist 3, und die Quersumme von 1.492 ist 16. Die VBA-Funktion `len` zählt die Zeichen und übergibt nun in einer For...Next-Schleife jede einzelne Ziffer (t), die aus der Zahl herausgelöst wird, an die Variable q. Und diese wird zum Schluss wieder an die Funktion Quersumme zurückgegeben.

```
Function Quersumme(Zahl As Long) As Long
   Dim intZähler As Integer
   Dim lngQ As Long

   lngQ = 0

   For intZähler = 1 To Len(CStr(Zahl))
      lngQ = lngQ + Mid(CStr(Zahl), intZähler, 1)
   Next
   Quersumme = lngQ
End Function
```

Das folgende Beispiel funktioniert rekursiv: die Endquersumme. Um die Endquersumme berechnen zu können, muss eine zweite Funktion die erste benutzerdefinierte Funktion Quersumme so lange aufrufen, bis das Ergebnis der benutzerdefinierten Funktion Endquersumme kleiner als 10 ist.

```
Function Endquersumme(zahl) As Long
   Dim intZähler As Integer
   Dim lngQ As Long

   lngQ = 0

   For intZähler = 1 To Len(CStr(zahl))
      lngQ = lngQ + Mid(CStr(zahl), intZähler, 1)
   Next
   Do Until lngQ >= 10
      lngQ = Quersumme(lngQ)
   Loop
   Endquersumme = lngQ
End Function
```

Funktionen können auch auf einen Bereich zugreifen. Dafür müssen alle Zellen des Bereichs herausgegriffen werden. Dies kann mit folgenden Codezeilen geschehen:

```
For Each var In Bereich()
   For Each r1 In var.Areas
      For Each r2 In r1.Cells
         [Anweisungen]
      Next
   Next
Next
```

Beispiel: Aus einem Bereich sollen alle Zahlen addiert werden, allerdings ohne Vorzeichen, das heißt nur deren Beträge. In den Anweisungen ist also zu überprüfen, ob der Zellinhalt positiv oder negativ ist. Ist r2 negativ, so wird r2 abgezogen, ist r2 positiv, so wird r2 addiert:

```
Function SummeAbs(ParamArray Bereich())
Dim xlMarkierung
Dim xlBereich As Range
Dim xlZelle As Range
Dim dblZ As Double

For Each xlMarkierung In Bereich()
   For Each xlBereich In xlMarkierung.Areas
      For Each xlZelle In xlBereich.Cells
         If xlZelle.Value > 0 Then
            dblZ = dblZ + xlZelle.Value
         Else
            dblZ = dblZ - xlZelle.Value
         End If
      Next
   Next
Next
SummeAbs = dblZ
End Function
```

Ein weiteres Beispiel: In Kapitel 6.4 wird beschrieben, dass die beiden Funktionen FINDEN und SUCHEN eine Zeichenfolge von links finden. Nun gibt es allerdings einige Fälle, beispielsweise Dateinamen mit Pfadangabe, bei denen von rechts gesucht werden soll. Die folgenden beiden Funktionen können dies:

```
Function Finden_Von_Rechts(Suchtext, Text)
Dim intZähler As Integer
For intZähler = Len(Text) To 1 Step -1
   If InStr(intZähler, Text, Suchtext) > 0 Then
      Finden_Von_Rechts = Len(Text) - intZähler + 1
      Exit Function
   End If
Next
Finden_Von_Rechts = 0
End Function
```

oder die Funktion Suchen_Von_Rechts, bei der nicht zwischen Groß- und Kleinschreibung unterschieden wird:

```
Function Suchen_Von_Rechts(Suchtext, Text)
Dim intZähler As Integer
For intZähler = Len(Text) To 1 Step -1
   If InStr(intZähler, LCase(Text), LCase(Suchtext)) > 0 Then
      Suchen_Von_Rechts = Len(Text) - intZähler + 1
      Exit Function
   End If
Next
Suchen_Von_Rechts = 0
End Function
```

9.6 Selbst erstellte Matrixfunktionen

Ebenso funktionieren selbst erstellte Matrixfunktionen. Dabei wird statt eines Wertes ein Bereich, das heißt ein Array, zurückgegeben.

Beispiel: Der Benutzer markiert einen Bereich von 2 × 2 Zeichen. In diesem Bereich soll in jeder Zelle ein Buchstabe stehen. Die zugehörige Funktion sieht folgendermaßen aus:

```
Function Buchstabe()
Dim Bereich(1, 1) As String
Bereich(0, 0) = "A": Bereich(0, 1) = "B"
Bereich(1, 0) = "C": Bereich(1, 1) = "D"
Buchstabe = Bereich()
End Function
```

Dies ist ein sinnloses Beispiel, das lediglich die Funktionsweise einer Matrixfunktion verdeutlicht. Eine sinnvolle Aufgabe könnte folgende Funktion darstellen: Eine Funktion gibt alle Teiler einer Zahl an. Sinnvollerweise wird zu dieser Funktion eine zweite entwickelt, welche die Anzahl der Teiler ermittelt. Sie funktioniert analog zu der Primzahlenfunktion:

9 Eigene Funktionen erstellen

```
Function AnzahlDerTeiler(Zahl)
Dim lngZähler As Long
Dim intAnzahl As Integer
Dim dblWurzel As Double

intAnzahl = 0
dblWurzel = Sqr(Zahl)
For lngZähler = 1 To Int(dblWurzel)
    If Zahl Mod lngZähler = 0 Then
       intAnzahl = intAnzahl + 1
    End If
Next lngZähler

intAnzahl = intAnzahl * 2
If dblWurzel = Int(dblWurzel) Then
   intAnzahl = intAnzahl - 1
End If
AnzahlDerTeiler = intAnzahl
End Function
```

Natürlich könnte man alle Zahlen durchlaufen lassen:

```
For lngZähler = 1 To Zahl
```

aber das Ergebnis der Berechnung würde sehr lange dauern. Diese Funktion kann nun zu einer Matrixfunktion erweitert werden, welche die Teiler in einem dafür markierten Bereich angibt:

```
Function Teiler(Zahl)
    Dim lngWerte() As Long
    Dim intZähler As Integer
    Dim intTeiler As Integer

    ReDim lngWerte(AnzahlDerTeiler(Zahl) - 1, 0)

    intTeiler = 0
    For intZähler = 1 To Zahl
        If Zahl Mod intZähler = 0 Then
            lngWerte(intTeiler, 0) = intZähler
            intTeiler = intTeiler + 1
        End If
    Next intZähler

    Teiler = lngWerte()
End Function
```

Die Zählung des Arrays beginnt bei 0. Die Funktion AnzahlDerTeiler liefert die Zahl, die um 1 verringert werden muss. Der nullte Teiler ist folglich 1, der erste beispielsweise 2, der zweite 3, ...

Übrigens: Werden beispielsweise von der Zahl 24 die Teiler 1, 2, 3, 4, ... gefunden, dann ergeben sich daraus spiegelbildlich die Teiler 24, 12, 8, 6, ... Folglich kann die Funktion beschleunigt werden:

```
Function Teiler_Schnell(Zahl)
    Dim lngWerte() As Long
    Dim intZähler As Integer
    Dim intTeiler As Integer
    Dim intTeilerZahl As Integer

    intTeilerZahl = AnzahlDerTeiler(Zahl)

    ReDim lngWerte(intTeilerZahl - 1, 0)

    intTeiler = 0
    For intZähler = 1 To Int(Sqr(Zahl))
        If Zahl Mod intZähler = 0 Then
            lngWerte(intTeiler, 0) = intZähler
            lngWerte(intTeilerZahl - 1 - intTeiler, 0) = _
                Zahl / int   Zähler
          intTeiler = intTeiler + 1
        End If
    Next intZähler

    Teiler_Schnell = lngWerte()
End Function
```

Ebenso kann eine Zahl in Primfaktoren zerlegt werden:

```
Function PrimfaktorAnzahl(Zahl As Double) as Double
Dim dblAnzahl As Double
Dim dblZähler As Double

dblZähler = 2
Do
    If Zahl Mod dblZähler = 0 Then
        dblAnzahl = dblAnzahl + 1
        Zahl = Zahl / dblZähler
    Else
        dblZähler = dblZähler + 1
    End If

Loop Until dblZähler > Zahl
PrimfaktorAnzahl = dblAnzahl
End Function
```

Und daraus kann wieder eine Matrixfunktion gebildet werden, welche die einzelnen Primfaktoren anzeigt:

```
Function Primfaktoren(Zahl As Double)
Dim dblWerte() As Double
Dim intZähler As Integer
Dim intPKZähler As Integer
Dim dblPFZahl As Double
Dim dblÜZahl As Double

dblÜZahl = Zahl
```

```
dblPFZahl = PrimfaktorAnzahl(dblÜZahl)

ReDim dblWerte(dblPFZahl - 1, 0)

intZähler = 2
Do
   If Zahl Mod intZähler = 0 Then
      dblWerte(intPKZähler, 0) = intZähler
      Zahl = Zahl / intZähler
      intPKZähler = intPKZähler + 1
   Else
      intZähler = intZähler + 1
   End If

Loop Until intZähler > Zahl

Primfaktoren = dblWerte()
End Function
```
Die Excel-Funktion PRODUKT zeigt schnell, dass die Lösungen korrekt sind.

9.7 Zusammenfassung der Funktionen

Damit wurde gezeigt, wie mit geringem Aufwand in VBA benutzerdefinierte Funktionen erstellt werden können. Alle Arten von Excel-Funktionen können somit nachgebildet werden:

- Funktionen ohne Parameter: Funktionen, die eine Konstante zurückgeben: in Excel PI(), HEUTE(), JETZT(), in diesem Kapitel AktuellesDatum(), BUSCH() oder auch Funktionen, die vielleicht aus JavaScript bekannt sind, wie:

```
Function E()
    E = Exp(1)
End Function

Function WURZEL2()
    WURZEL2 = Sqr(2)
End Function

Function WURZEL05()
    WURZEL05 = Sqr(0.5)
End Function
```

Oder auch folgende Konstante, mit welcher der goldene Schnitt berechnet werden kann:

```
Function GOLDENERSCHNITT()
    GOLDENERSCHNITT = 0.5 * Sqr(5) + 0.5
End Function
```

Gerade im Bereich Naturwissenschaften lässt sich eine Vielzahl an Konstanten finden, die als benutzerdefinierte Funktionen gespeichert werden können.

- Funktionen, die ein Argument verarbeiten: in Excel WURZEL(Zahl), COS(Zahl), MONAT(Datum), in diesem Kapitel KalenderwocheNachDIN(Datum), prim(Zahl), Zahlentext(Zahl), Ostern(Jahreszahl), Quersumme(Zahl), Endquersumme(Zahl), AnzahlDerTeiler(Zahl) und PrimfaktorAnzahl(Zahl).
  Diese Funktionen greifen auf eine Zahl, einen Text oder ein Datum zurück und verarbeiten ihn mit Hilfe der Grundrechenarten oder VBA-interner Funktionen. Dabei können Funktionen andere Funktionen als Hilfsmittel verwenden. Dies wurde bei den beiden Funktionen Primfaktoren und Teiler gezeigt.
- Funktionen, die mehrere Argumente verarbeiten, die alle eingegeben werden müssen: in Excel DATUM(Jahr; Monat; Tag), RMZ(Zins; Zzr; Bw), ZÄHLENWENN(Bereich; Suchkriterien), SUCHEN(Suchtext; Text), in diesem Kapitel Quadratische_Gleichung_L1(Zahl1, Zahl2), Quadratische_Gleichung_L2 (Zahl1, Zahl2), RechtwinklDreieck(Zahl1, Zahl2), ggT_Neu(Zahl1, Zahl2), Finden_Von_Rechts(Suchetext, Text), , Suchen_Von_Rechts(Suchetext, Text).
  Es lassen sich noch viele Beispiele ausdenken, in denen mehrere Parameter benötigt werden: finanzmathematische Berechnungen (beispielsweise zur Rentenversicherung), Berechnungen aus naturwissenschaftlichen Diskursen (Physik, Chemie, Astronomie, ...) oder auch einfache geometrische Berechnungen. So kann beispielsweise aus den drei Seiten eines Dreiecks der Flächeninhalt bestimmt werden oder das Volumen eines Kegelstumpfes aus der Höhe und den beiden Radien:

```
Function DREIECK_FLÄCHE(SeiteA As Double, SeiteB As Double, _
   SeiteC As Double) As Double
Dim dblAlPHA As Double
dblAlPHA = Application.WorksheetFunction.Acos((SeiteB ^ 2 + _
   SeiteC ^ 2 - SeiteA ^ 2) / (2 * SeiteB * SeiteC))
   DREIECK_FLÄCHE = 0.5 * SeiteB * SeiteC * Sin(dblAlPHA)
End Function
```

Hierbei wird in VBA die Excel-Funktion ACOS verwendet, die in VBA nicht direkt zur Verfügung steht. Ebenso können alle anderen Excel-Funktionen in eine VBA-Berechnung einbezogen werden: Verwenden Sie dazu das Objekt

```
Application.WorksheetFunction
```

Natürlich könnte man mit Hilfe der Excel-Funktion PI() das Bogenmaß in Grad umwandeln und umgekehrt:

```
dblAlPHA = dblAlPHA * 180 / Application.WorksheetFunction.Pi
```

Oder das Volumen des Kegelstumpfes:

```
Function KEGELSTUMPF_VOLUMEN(Höhe As Double, _
   Radius1 As Double, Radius2 As Double)
   KEGELSTUMPF_VOLUMEN = Application.WorksheetFunction.Pi / _
   3 * Höhe * (Radius1 ^ 2 + Radius1 * Radius2 + Radius2 ^ 2)
End Function
```

9 Eigene Funktionen erstellen

- Funktionen, die mehrere Bereiche verarbeiten können: in Excel SUMME(Zahl1, Zahl2, ...), VERKETTEN(Text1, Text2, ...), ODER(Wahrheitswert1, Wahrheitswert2, ...), in diesem Kapitel SUMMEABS(Bereich, ...).

  So könnte man beispielsweise eine MITTELWERT_OHNE0-Funktion konstruieren:

  ```
  Function MITTELWERT_OHNE0(ParamArray Bereich())
  Dim xlMarkierung
  Dim xlBereich As Range
  Dim xlZelle As Range
  Dim dblZ As Double
  Dim dblAnzahl As Double

  For Each xlMarkierung In Bereich()
      For Each xlBereich In xlMarkierung.Areas
          For Each xlZelle In xlBereich.Cells
              If xlZelle.Value <> 0 Then
                  dblZ = dblZ + xlZelle.Value
                  dblAnzahl = dblAnzahl + 1
              End If
          Next
      Next
  Next
  MITTELWERT_OHNE0 = dblZ / dblAnzahl
  End Function
  ```

  Ein weiteres Beispiel könnte wie folgt aussehen: In einer Spalte stehen Preise, in einer zweiten Spalte die Laufzeit in Monaten. Nun soll der Mittelwert berechnet werden, wobei der Quotient aus Preis und Laufzeit gebildet wird.

  ```
  Function MITTELWERTQ(Bereich1 As Range, _
     Bereich2 As Range) As Double
  Dim lngZelle1 As Long
  Dim dblQuot As Double

  For lngZelle1 = 1 To Bereich1.Cells.Count
     dblQuot = dblQuot + Bereich1.Cells(lngZelle1).Value / _
     Bereich2.Cells(lngZelle1).Value
  Next

  MITTELWERTQ = dblQuot / Bereich1.Cells.Count
  End Function
  ```

- Funktionen, die mehrere Werte zurückgeben: in Excel die Matrixfunktionen TREND(Y_Werte, X_Werte, Neue_x_Werte), MTRANS(Matrix), in diesem Kapitel PRIMFAKTOREN(Zahl) und TEILER(Zahl).

9.8 Speichern der VBA-Funktionen

Achtung: Benutzerdefinierte Funktionen können nur dann verwendet werden, wenn die Arbeitsmappe, in der sie gespeichert sind, offen ist. Soll die Funktion für alle Excel-Mappen zur Verfügung stehen, so kann die Datei als Add-In gespeichert werden.

Abbildung 9.7 Die Funktion wird als Add-In gespeichert.

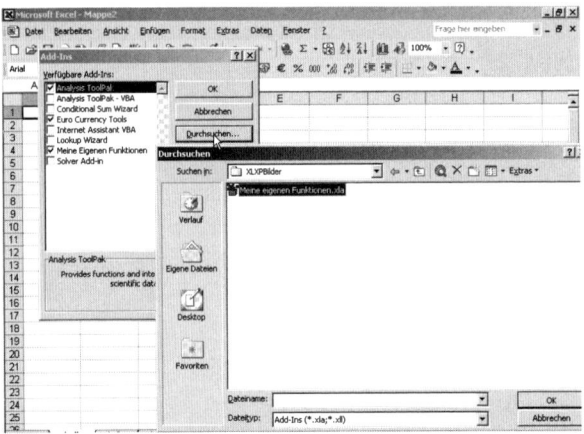

Abbildung 9.8 Das Add-In steht nun allen Programmen zur Verfügung.

In Excel 5.0 und Excel 7.0 wird die Arbeitsmappe über den Menüpunkt EXTRAS / ADD-IN ERSTELLEN erzeugt. Alles andere funktioniert analog.

Nun stehen diese Funktionen allen Programmen zur Verfügung, wenn im Add-In-Manager das entsprechende Add-In aktiviert ist. Liegt das Add-In in einem anderen Ordner als die übrigen Add-Ins, dann muss mit dem Schalter „Durchsuchen" der richtige Ordner gewählt werden.

Aber Vorsicht: Wenn Sie die Excel-Datei als Add-In speichern, so haben Sie die ursprüngliche Datei nicht mehr zur Verfügung! Diese sollten Sie sicherheitshalber auch als Excel-Mappe speichern.

10

Diagramme

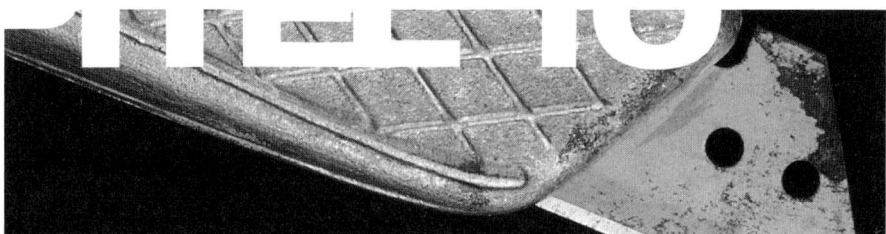

Vielleicht erinnern Sie sich noch an Schulzeiten, als man mühsam Diagramme mit der Hand zeichnete. Das geht mit Excel viel einfacher. Um schnell einen Überblick zu erhalten, wie der Graph einer Funktion aussieht, ist Excel ein hervorragendes Werkzeug.

10.1 Diagramme erstellen

Das Diagramm wird erzeugt, indem in zwei Spalten jeweils die x- und die f(x)-Werte eingetragen werden. Will man den Sinus sehen, so lässt man in einer Spalte Werte von 0 bis 2*π laufen, beispielsweise in 0,1er-Schritten: Sie tragen den Startwert 0 in die oberste Zelle A2 und 0,1 in die darunter liegende Zelle A3 ein. Dann markieren Sie beide Zellen und ziehen sie herunter. Zum Beispiel bis 6,3.
In der Zelle B2 wird der Sinus berechnet =SIN(A2). Diese Funktion kann mit einem Doppelklick auf das kleine schwarze Kästchen heruntergezogen werden. Schon sind alle f(x)-Werte vorhanden (Abbildung 10.1).
Um ein Diagramm zu erzeugen, genügt es, wenn der Cursor innerhalb der beiden Spalten auf einer Zelle sitzt. Man kann die beiden Spalten allerdings auch markieren, um ein Diagramm zu basteln. Ein Klick auf das Symbol für den Diagramm-

Assistenten oder das Menü EINFÜGEN / DIAGRAMM öffnet den Diagramm-Assistenten. Soll ein Graph dargestellt werden, ist der Typ „Linie“ zu wählen (Abbildung 10.2).

Achtung: Zu jedem Diagrammtyp, der auf der linken Seite ausgewählt wird, existieren Diagrammuntertypen. Sie werden auf der rechten Seite des Dialogs eingestellt. Der erste Typ (in der ersten Spalte) verwendet die eingegebenen Werte. Der zweite Typ dagegen kumuliert sie (was in der Regel nicht gewünscht wird). Beide Typen unterscheiden sich vom dritten dadurch, dass der erste und der zweite Typ Absolutwerte verwenden, der dritte dagegen Relativwerte (das heißt, die größere der beiden Wertereihen wird auf 100 % hochgerechnet, und die anderen Werte werden in Relation dazu gesetzt). Meist ist dieser Typ nicht gewünscht. Man kann schnell erkennen, dass der falsche Subtypus gewählt wurde, weil die y-Achse von 0 bis 1 beziehungsweise von 0 % bis 100 % läuft.

B2 =SIN(A2)

	A	B	C	D	E
1	x	sin(x)			
2	0	0			
3	0,1	0,09983342			
4	0,2	0,19866933			
5	0,3	0,29552021			
6	0,4	0,38941834			
7	0,5	0,47942554			
8	0,6	0,56464247			
9	0,7	0,64421769			
10	0,8	0,71735609			
11	0,9	0,78332691			
12	1	0,84147098			
13	1,1	0,89120736			

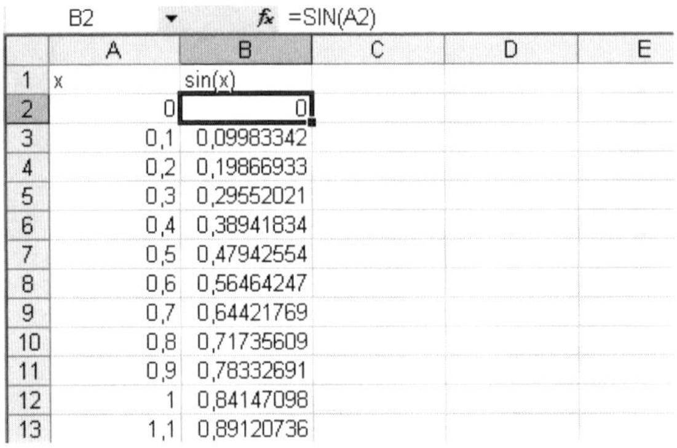

Abbildung 10.1 Die y-Werte werden berechnet.

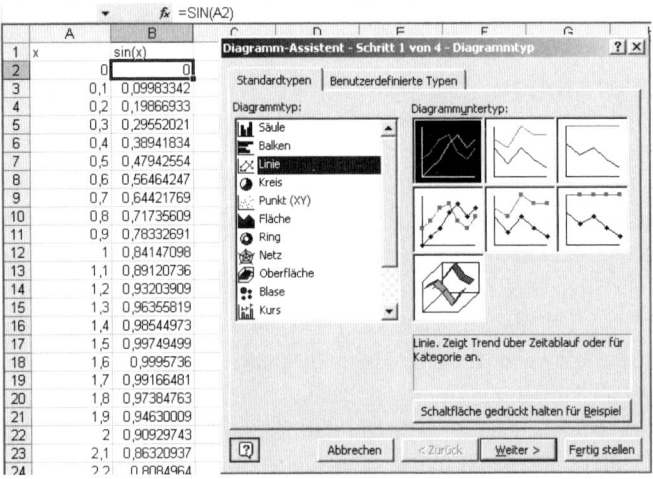

Abbildung 10.2 Der Typ wird festgelegt.

Ein Klick auf die Schaltfläche „Weiter" führt zum zweiten Schritt. Der Sinus sieht schon ganz ordentlich aus, allerdings interpretiert der Assistent die x-Werte als Datenreihe. Dies muss im Blatt „Reihe" geändert werden. Die x-Datenreihe wird entfernt. Die Werte sollten im Textfeld „Beschriftung der Rubrikenachse" eingetragen werden.

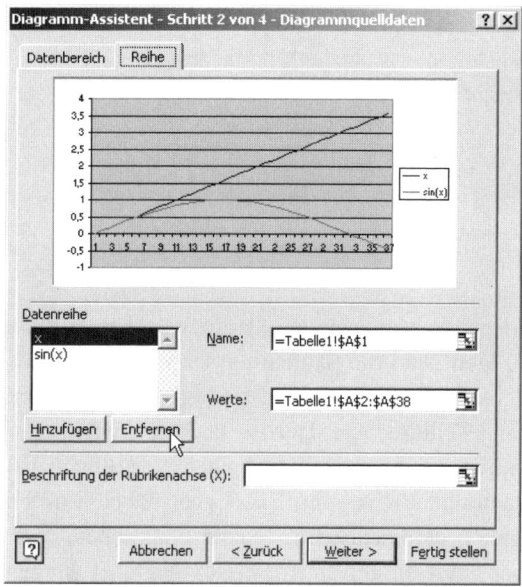

Abbildung 10.3 Die x-Werte werden falsch interpretiert und müssen geändert werden.

Ein Klick auf „Weiter" führt zum dritten Schritt, wo man Titel, Achsen, Gitternetzlinien und Legende ein- oder ausschalten kann. Im vierten Schritt wird lediglich festgelegt, ob das Diagramm als Objekt auf das Tabellenblatt eingefügt werden soll.

10.2 Diagramme bearbeiten

Das fertige Diagramm (Abbildung 10.4) kann (sollte) schließlich noch bearbeitet werden. Das allgemeine Vorgehen liegt darin, dass man das zu bearbeitende Element des Diagramms anklickt und mit einem Doppelklick, mit der rechten Maustaste oder über das Menü FORMAT weiterverarbeitet. Ist beispielsweise die Schriftgröße der y-Achse zu groß, so kann dies im Registerblatt „Schrift" der Rubrikenachse geändert werden. Soll die Schrift der Legende geändert werden, dann führt ein Doppelklick zu dem entsprechenden Dialog, in dem alle Optionen eingestellt werden können. Will man die Farbe des Graphen verändern, so gibt es auch dafür einen Formatierungsdialog. Die Hintergrundfarbe der Zeichnungsfläche kann ebenfalls an der entsprechenden Stelle abgeändert werden.

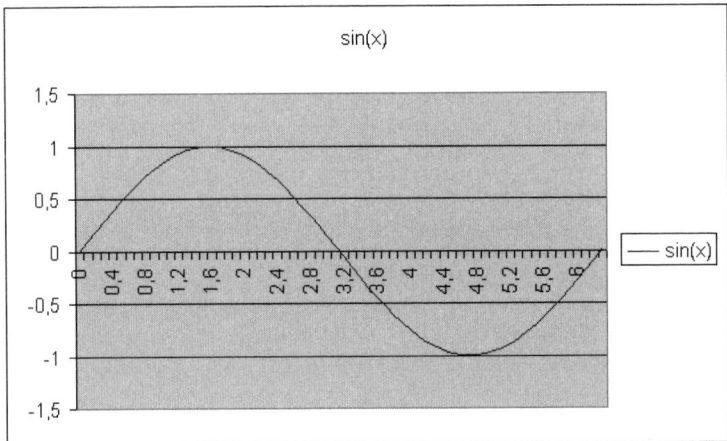

Abbildung 10.4 Das fertige Diagramm

Ein Problem kann die Skalierung der x-Achse darstellen, da diese an keiner Stelle exakt eingestellt werden kann. Dagegen kann die Skalierung der y-Achse modifiziert werden. Die Rubrikenachse (y-Achse) hat im Format-Dialog ein Registerblatt „Skalierung", in dem man Haupt- und Teilintervalle, Höchst- und Tiefstwert verändern kann. Dies ist bei einigen Funktionen wichtig, da Excel einen Algorithmus hat, der das Intervall für die y-Achse automatisch vorgibt. Excel geht dabei von dem größten Wert aus, der im Wertebereich gefunden wird. Gerade Funktionen, deren Werte asymptotisch gegen ∞ gehen, müssen auf einen Bereich begrenzt werden. Im Registerblatt „Muster" können Eigenschaften der y-Achse, wie die Teilstriche und deren Beschriftung, ein- und ausgeschaltet werden.

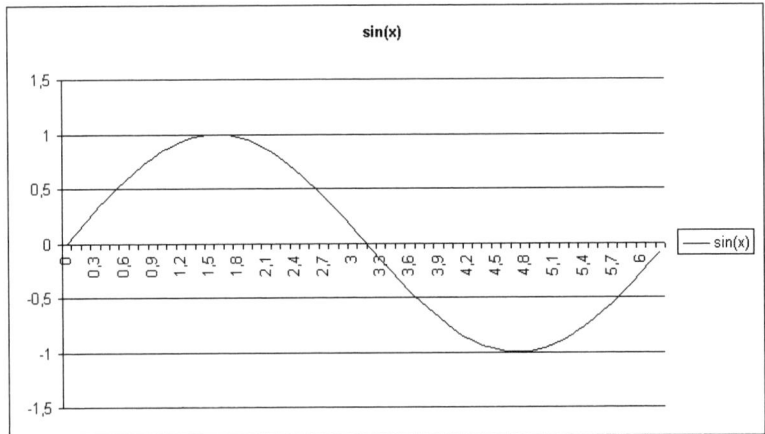

Abbildung 10.5 Das bearbeitete Diagramm

Will man nun eine zweite Funktion einfügen (zum Beispiel einen Cosinus), so kann dieser in der Spalte daneben definiert werden:

10 Diagramme

=COS(A2)

Mit dem Menüpunkt DIAGRAMM / DATEN HINZUFÜGEN können diese Werte in das Diagramm gearbeitet werden. Es geht auch einfacher. Wenn das Diagramm markiert ist (das heißt, wenn der Cursor auf dem Diagramm sitzt), wird der Zahlenbereich, den das Diagramm verwendet, farbig gekennzeichnet. Soll dieser Bereich geändert (in unserem Fall vergrößert) werden, dann kann man mit der Maus das kleine Kästchen, das sich am unteren rechten Rand befindet, auf den gewünschten Zielbereich ziehen. Das Diagramm verwendet dann sofort die neuen Daten.

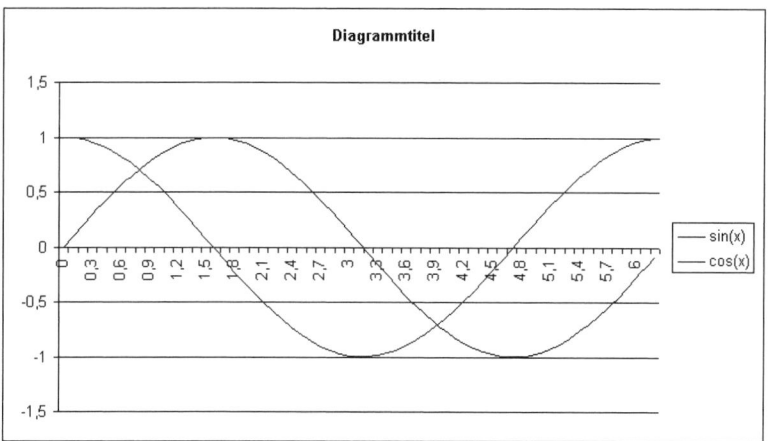

Abbildung 10.6 Eine weitere Funktion wird angezeigt.

Analog kann eine Reihe weiterer Funktionen eingefügt werden:

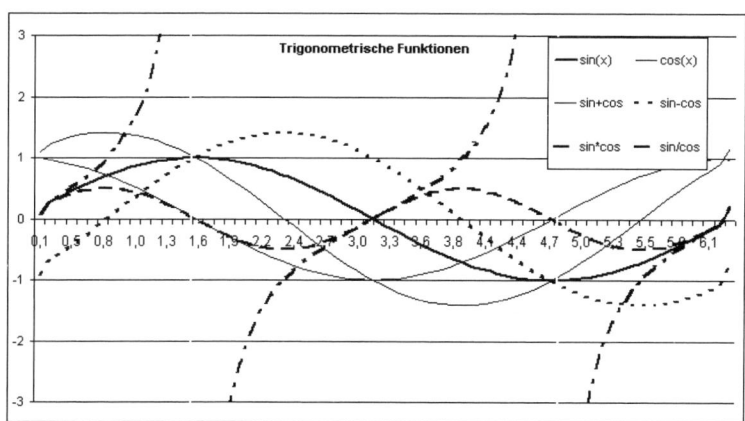

Abbildung 10.7 Die Summe, Differenz, Produkt und Quotient von Sinus und Cosinus

Problematisch sind Funktionen, die gegen eine Asymptote streben – von der einen Seite gegen +∞, auf der anderen Seite gegen -∞, wie beispielsweise sin/cos = tan.

Das Diagramm verbindet automatisch den sehr großen positiven mit dem sehr kleinen negativen Wert, so dass von +∞ eine Verbindungslinie nach -∞ gezogen wird. Diese muss ausgeschaltet werden. Ein Klick im Diagramm auf den Graphen der Funktion markiert alle Datenpunkte. Ein weiterer Klick auf den Graphen markiert nur einen Datenpunkt. Wenn Sie ihn nicht finden, so können Sie sich ebenfalls mit den Pfeiltasten nach links oder rechts über alle Datenpunkte oder genauer: über alle Elemente des Diagramms bewegen. Ist der Datenpunkt gefunden, das heißt markiert, dann kann er gelöscht oder „wegformatiert" werden, das heißt, man versieht ihn mit der Farbe „Ohne". Sie können den Datenpunkt aber auch einfach über die Taste <Entf> löschen. Sollten Sie Schwierigkeiten haben, den Doppelklick richtig zu platzieren, dann können Sie auch über das Menü FORMAT / MARKIERTER DATENPUNKT zum entsprechenden Dialog gelangen.

Den Tangens (und Cotangens) kann man sich nun wie folgt anzeigen lassen (Abbildung 10.8).

Und so können alle mathematischen Funktionen (auch für technische, physikalische, chemische ... Prozesse) dargestellt werden, dazu zählen zum Beispiel ganzrationale Funktionen, rationale Funktionen oder Absolutfunktionen, Potenzfunktionen, Schwingungsfunktionen und Algebraische Funktionen.

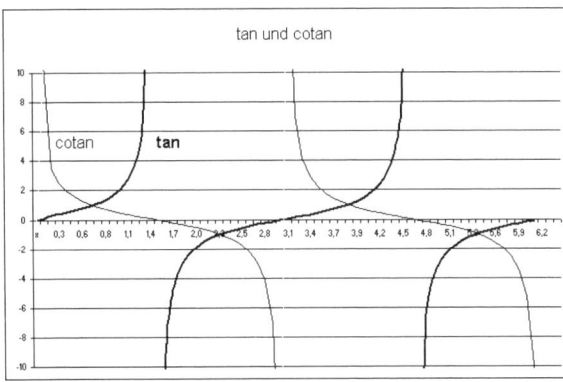

Abbildung 10.8 Der Tangens und Cotangens

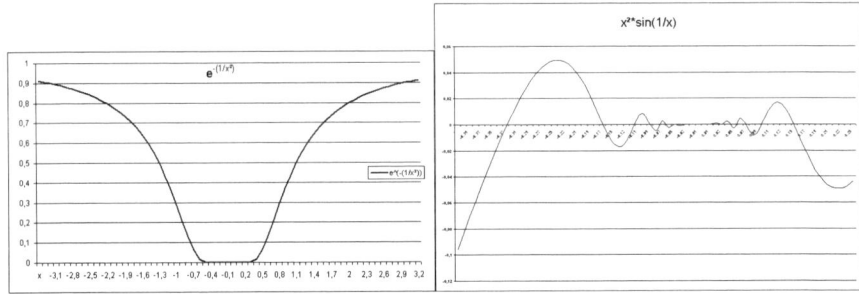

Abbildung 10.9 Potenzfunktionen und Schwingungsfunktionen

10 Diagramme

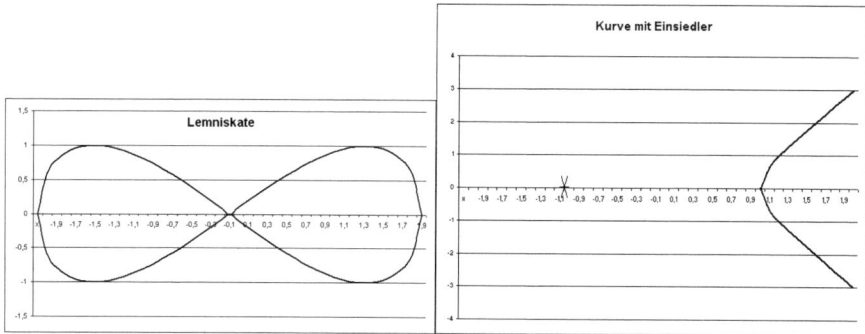

Abbildung 10.10 Algebraische Kurven

Damit nicht jedes Mal, wenn ein neues Diagramm erstellt wird, der Assistent von neuem bemüht, beziehungsweise das Diagramm auf die gleiche Art und Weise „nachformatiert" werden muss, kann der Prozess der Diagrammerstellung und der Nachbearbeitung mit dem Makrorekorder aufgezeichnet werden. Über das Menü EXTRAS / MAKRO / AUFZEICHNEN gelangt man zum Rekorder, der einen Namen für das nächste Makro verlangt. Wie wäre es mit dem Namen „Graph"? Der Rekorder wird vor der Erstellung des Diagramms eingeschaltet, dann beginnt die Arbeit. Der Rekorder läuft mit. Danach wird er ausgeschaltet. Nun kann über das Menü EXTRAS / MAKRO / MAKROS auf den entsprechenden Makronamen („Graph") geklickt und das „Makro bearbeitet" werden. Diese Schaltfläche führt zum Makroeditor, der den zugehörigen Code liefert. Dieser beginnt etwa wie folgt:

```
Sub Graph()
Charts.Add
    ActiveChart.ChartType = xlLine
    ActiveChart.SetSourceData _
Source:=Sheets("Tabelle8").Range("A1:B62"), PlotBy _
    :=xlColumns
ActiveChart.SeriesCollection(1).Delete
    ActiveChart.SeriesCollection(1).Xvalues = "=Tabelle8!R1C1:R62C1"
    ActiveChart.Location Where:=xlLocationAsObject, _
Name:="Tabelle8"
    ActiveChart.ApplyDataLabels _
    Type:=xlDataLabelsShowNone, LegendKey:=False
    ActiveSheet.Shapes("Diagramm 1").ScaleWidth 1.4, _
msoFalse, msoScaleFromTopLeft
    ActiveSheet.Shapes("Diagramm 1").ScaleHeight 1.41, _
msoFalse, msoScaleFromBottomRight
    ActiveSheet.Shapes("Diagramm 1").ScaleWidth 1.21, _
msoFalse, msoScaleFromBottomRight
    ActiveSheet.Shapes("Diagramm 1").ScaleHeight 1.3, _
msoFalse, msoScaleFromTopLeft
    ActiveChart.PlotArea.Select
[...]
End Sub
```

An dieser Stelle wird abgebrochen, da Sie den Code am eigenen PC selbst einsehen können, nachdem Sie die Diagrammerstellung aufgezeichnet haben. Dieser Code kann und soll modifiziert werden. Nach dem Apostroph folgt jeweils der Kommentar zu den entsprechenden Schritten. Wer sich in VBA oder in einer anderen Programmiersprache etwas auskennt, der kann leicht nachvollziehen, was hier modifiziert wurde beziehungsweise welche Dinge beim Diagrammerstellen überprüft werden:

```vba
Sub Graph()
Dim xlDia As Chart
Dim xlchart As ChartObject
Dim xlZelle As Range
Dim i As Integer
On Error Resume Next

'Es wird geprüft, ob sich der Cursor auf einem Tabellenblatt befindet
If ActiveWorkbook.ActiveSheet.Type <> xlWorksheet Then
   MsgBox "Der Cursor befindet sich nicht in einer Tabelle", _
   vbExclamation, "Achtung"
   Exit Sub
End If

'Es wird überprüft, ob sich der Cursor im Zahlenbereich befindet
Set xlZelle = ActiveCell

If xlZelle.CurrentRegion.Rows.Count < 3 Then
   MsgBox "Bitte den Cursor auf den korrekten Bereich setzen!", _
       vbExclamation, "Achtung!"
   Exit Sub
End If

'ein neues Diagramm
Set xlchart = ActiveSheet.ChartObjects.Add(100, 50, 600, 350)
Set xlDia = xlchart.Chart

With xlDia
   .ChartType = xlLine    'ein Liniendiagramm
   .SetSourceData Source:=xlZelle.CurrentRegion, _
      PlotBy:=xlColumns
   .SeriesCollection(1).Delete
   .SeriesCollection(1).XValues = xlZelle.CurrentRegion.Columns(1)
   .Location Where:=xlLocationAsObject, Name:=ActiveSheet.Name
End With

With xlDia
'die Elemente werden festgelegt
   .HasAxis(xlValue, xlPrimary) = True
   .HasAxis(xlCategory) = True
   .Axes(xlValue).HasMajorGridlines = True
```

```
        .Axes(xlCategory).HasMajorGridlines = False
        .HasDataTable = False
        .HasLegend = True
        .HasPivotFields = False
        .HasTitle = True
        .Visible = xlSheetVisible


'Gitternetzlinien:
    With .Axes(xlValue).MajorGridlines.Border
        .ColorIndex = 1
        .LineStyle = xlContinuous
        .Weight = xlThin
    End With

'keine Farbe für die Diagrammfläche
    With .PlotArea
        .Interior = xlSolid
        .Interior.ColorIndex = 2

'eine Linie für das Diagramm
        With .Border
            .ColorIndex = 1
            .LineStyle = xlContinuous
            .Weight = xlThin
        End With
    End With

'keine Farbe für die Zeichnungsfläche
    With .ChartArea
'eine Linie für die Zeichnungsfläche
        .Interior = xlSolid
        .Interior.ColorIndex = 2
        With .Border
            .ColorIndex = 1
            .LineStyle = xlContinuous
            .Weight = xlThin
        End With
    End With

'die Diagrammlinie
    With .SeriesCollection(1)
'keine Werte, keine Datenpunkte
        .HasDataLabels = False
        .MarkerStyle = xlMarkerStyleNone
'die Linienfarbe und -formatierung
        With .Border
            .ColorIndex = 1
            .Weight = xlThin
```

```
              .LineStyle = xlContinuous
        End With
     End With

'Beschriftung und Größe der x-Achse
   With .Axes(xlCategory)
       .HasTitle = True
       .AxisTitle.Caption = "x"
       With .Border
          .ColorIndex = 1
          .Weight = xlThin
          .LineStyle = xlContinuous
       End With
       .TickLabels.Orientation = xlHorizontal
       With .TickLabels.Font
          .Name = "Arial"
          .FontStyle = "Standard"
          .Size = 8
       End With
    End With
'Beschriftung und Größe der y-Achse
   With .Axes(xlValue)
       .HasTitle = True
       .AxisTitle.Caption = "y"

         .MinimumScale = -5
         .MaximumScale = 5
        With .Border
          .ColorIndex = 1
          .Weight = xlThin
          .LineStyle = xlContinuous
       End With
       .TickLabels.Orientation = xlHorizontal
       With .TickLabels.Font
          .Name = "Arial"
          .FontStyle = "Standard"
          .Size = 8
       End With
    End With


 die Formatierung der Legende
   With .Legend.Font
       .Name = "Arial"
       .FontStyle = "Standard"
       .Size = 8
    End With
```

```vba
         die Formatierung des Titels
            With .ChartTitle
               .Caption = "Funktionen"
               With .Font
                  .Name = "Arial"
                  .FontStyle = "Bold"
                  .Size = 14
               End With
            End With

   .Deselect

End With

   ' Sprünge von + unendlich nach - unendlich werden entfernt
   UnendlichEntfernen xlDia, xlZelle

End Sub



Sub UnendlichEntfernen(xlDia As Chart, xlZelle As Range)
Dim intZeilen As Integer
Dim intSpalten As Integer
Dim i As Integer
Dim j As Integer
Dim dblProdukt As Double

intZeilen = xlZelle.CurrentRegion.Rows.Count
intSpalten = xlZelle.CurrentRegion.Columns.Count

For i = 2 To intSpalten
   For j = 3 To intZeilen
      dblProdukt = xlZelle.CurrentRegion.Cells(j, i).Value * _
      xlZelle.CurrentRegion.Cells(j - 1, i).Value
      If dblProdukt < -30 Then

         xlDia.SeriesCollection(i - 1).Points(j - 1).Border. _
            LineStyle = xlNone
      End If
   Next j
Next i

End Sub
```

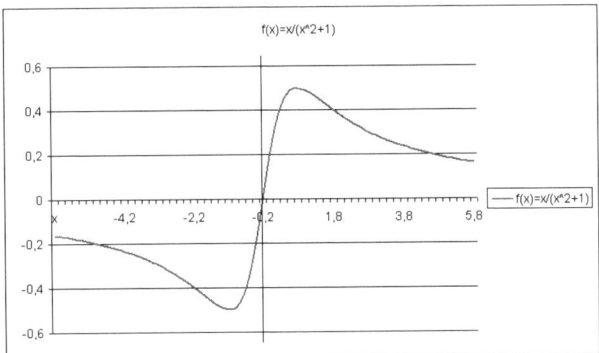

Abbildung 10.11 Eine gebrochen rationale Funktion

Dieses Beispiel finden Sie, wie alle hier beschriebenen Beispiele, auf der beiliegenden CD in der Datei "Kap10.xls". Zum VBA-Code gelangt man über den Menüpunkt EXTRAS / MAKRO / VISUAL BASIC-EDITOR .

Stichwortverzeichnis

######## 11, 64, 239
#BEZUG 75, 108
#DIV/0 .... 74, 76, 105, 108
#NAME 75, 106, 108
#NULL 75, 108
#NV 75, 108
#WERT 75, 105
#WERT! 108
#ZAHL 75, 108
1904-Datumswerte 126

A

Abholdatum 121
ABRUNDEN 116, 166, 167
ABS 38, 159, 168, 247
Abschreibung 205
Abschreibungsfunktionen 205
absoluter Bezug 31
Absolutfunktion 276
Abweichung 183
ACHSENABSCHNITT 186, 196
ACOS 268
Add-In 270
ADRESSE 156
AktuellesDatum 267
Algebraische Funktion 267
Algebraische Funktionen 165
AMORDEGRK 205
AMORLINEARK 205
Analysefunktionen 65, 230, 199
And 250
Anfangskapital 201

Anfangsschuld 235
Anleihen 207
Annuität 235
Anschaffungsdarlehen 207
ANZAHL 40, 101, 225
ANZAHL2 .... 101, 154
AnzahlDerTeiler 265, 268
ANZAHLLEEREZELLEN 72, 111
Apostroph 13
ARBEITSTAG 120, 123
Arbeitszeit 129
ARCCOS 175
ARCCOSH 176
ARCSIN 175
ARCSINH 176
ARCTAN 175, 246
ARCTAN2 175
ARCTANH 176
arithmetisch-degressive
  Abschreibung 205
arithmetische Mittel 182
Array 264
Artikelnummer 148
AS 400 6
Asc 249
Asymptote 275
ATN 246
AUFGELZINS 209
AUFGELZINSF 209
AUFRUFEN 220
AUFRUNDEN 113, 161, 166
Auslieferungsdatum 121

AUSZAHLUNG 208

B

Bankjahr 123
Barwert 234
Bedingte Formatierung 104, 221
BEREICH.VERSCHIEBEN 156
BEREICHE 156
Bernouilli-Verteilung 187
Besselfunktionen 219
BESSELI 219
BESSELJ 219
BESSELK 219
BESSELY 219
BESTIMMTHEITSMASS 194
BETAINV 194
BETAVERT 194
Beurteilungsstatistik 49
Bezug 25
BININDEZ 216
BININHEX 216
BININOKT 216
Binomialverteilung 187
BINOMVERT 188
Bogenmaß 173, 268
BOGENMASS 175, 177
Boolean 244
BRTEILJAHRE 116, 124
Bruch 19
Buchhaltung 16, 18
Buchpreis 246
BUSCH 267
BW 202, 203, 248
Byte 244

C

Carl Friedrich Gauß 261
CDbl 144
CHIINV 194
CHITEST 194
CHIVERT 194

Chr 249
CODE 144, 249
COS 174, 246, 268
COSH 176
Cosinus 174
cosinus hyperbolicus 176
Cotangens 173, 276
cotangens hyperbolicus 176
Cramersche Regel 172
Currency 245

D

D 147
Date 245
DATE 251
DATEADD 251
DATEDIF 116
DATEDIFF 251
Dateinamen ohne Pfad 139
Datenbankfunktionen 163
DATEPART 251
DATESERIAL 251
DATEVALUE 251
DATUM 43, 113, 114, 251, 268
Datum eingeben 112
Datum und Uhrzeit 20
Datumsangabe 71
Datumswert 12
DATWERT 121, 251
DAY 251
DBANZAHL 165
DBANZAHL2 165
DBAUSZUG 165
DBMAX 165
DBMIN 165
DBMITTELWERT 165
DBPRODUKT 165
DBSTDAB 165
DBSTDABWN 165
DBSUMME 164
DBVARIANZ 165

Stichwortverzeichnis

DBVARIANZEN 165
DDB 247
DELTA 145
Detektiv 53
Determinante 172
Dezimalstelle 12
Dezimalzahlen 71
DEZINBIN 38, 216
DEZINHEX 216
DEZINOKT 216
DIA 205, 247
Diagramm 271
Diagrammtyp 272
Differentialgleichungen 219
Differenz 26
DIN 1355 119
DISAGIO 208
Diskriminante 256
DM 147
Do...Loop Until 259
Doppelraten-Abschreibung 205
Do-Schleife 259
Double 245
DREIECK_FLÄCHE 268
Dreieckberechnung 176
Dropdown-Liste 239

E

e 267
EDATUM 114
EFFEKTIV 208
Effektivverzinsung 207
Eingabeformular 240
Endquersumme 262, 268
Eqv 250
ERSETZEN 141
euklidische Geometrie 176
Euro 15, 25, 72, 94, 157
EUROCONVERT 209
EURO-Konverter 209
Eurowährungs-Tool 15, 25

EXP 38, 179, 247
EXPONVERT 194

F

f(x)-Wert 271
Fahrtkostenabrechnung 30
FAKULTÄT 169, 177
FALSCH 38, 102
Faxnummer 132
Faxprogramm 137
Fehler 71
FEHLER.TYP 38, 108
Fernsehröhre 178
FEST 147
fester Bezug 31
Filter 227, 250
Finanzmathematische Funktionen 200
FINDEN ...... 133 - 138, 141, 249, 264
Finden_Von_Rechts 264, 268
FINV 194
FISCHER 194
FISCHERINV 194
FIX 247
Fixieren 62, 238
Flächeninhalt eines Dreiecks 268
For...Next-Schleife 257
FORMAT 252
Formelüberwachung 53
Formular 238
FTEST 194
führende Null 13, 15
Funktionsassistent 39, 41
Fußballtraining 119
FV 247
FVERT 194

G

GAMMAINV 194
GAMMALN 194
GAMMAVERT 194

GANZZAHL 113, 118, 125, 166, 222, 246, 247
Gauß'sche Verteilung 188
GAUSSFEHLER 219
GAUSSKOMPL 219
GDA 247
GDA2 205
Geburtstag 112, 118
Gemischter Bezug 32
Genauigkeit 59
geometrisch-degressive Abschreibung 205
GEOMITTEL 182
GERADE 168
Geschäftsjahr 122, 223
GESTUTZTMITTEL 181
Gesundheitsamt 122
GGANZZAHL 100
GGT 168
ggT_Neu 268, 261
GLÄTTEN 141, 249
goldener Schnitt 267
Grad 173
GRAD 175
Graph 54
Graph einer Funktion 271
Gregory Reddick & Associates 245
GROSS 140, 249
GROSS2 140
Großrechner 6, 132, 139
Grundrechenarten 25, 27, 178
GTEST 194
Gültigkeit 36, 224, 239
Guthaben 200

H

HARMITTEL 183
HÄUFIGKEIT 191
HEUTE 38, 112, 115, 118, 120, 128, 146, 156, 223, 251, 267
HEXINBIN 216

HEXINDEZ 216
HEXINOKT 216
HOUR 251
Hyperbelfunktionen 176
HYPERLINK 220
HYPGEOMVERT 188
Hypothek 207
Hypothenuse 173, 175, 260
Hypothese von der Unabhängigkeit 192

I

IDENTISCH 145, 249
If-Verzweigung 255
IKV 206, 248
IMABS 214
imaginären Zahlen 212
IMAGINÄRTEIL 213
IMARGUMENT 214
IMDIV 213
Imp 250
IMPRODUKT 213
IMREALTEIL 213
IMSUB 213
IMSUMME 213
INDEX 117, 151, 161
INDIREKT 153, 154, 156, 157, 161
INFO 111
Informations-Funktionen 105
InStr 249
InStrRev 250
INT 247
Integer 244
inverse Matrix 171
IPMT 248
IRR 248
Is 250
ISBN-Nummer 24
ISO-Code 209
ISO-Norm 4214 16
ISTBEZUG 108
ISTFEHL 107

Stichwortverzeichnis

ISTFEHLER 106, 107, 108, 117, 142, 151, 152
ISTFEHLER 106
ISTGERDADE........................... 108
ISTKTEXT.................................. 108
ISTLEER 107
ISTLOG..................................... 108
ISTNV 108
ISTTEXT 42, 108
ISTUNGERADE 108
ISTZAHL 108
Iteration 57

J

Jackpot 169
JAHR 112, 118, 223, 251
Jahressoll................................. 122
Jahresumsatz........................... 122
Jahreszins................................ 234
JavaScript................................ 267
JETZT 38, 112, 251, 267
JOIN... 250
Jugendamt 124

K

KALENDERWOCHE.................. 119
KalenderwocheNachDIN....... 252, 268
Kapital...................................... 203
KAPZ 248
Kassenbuch 223
Kathete 173, 175, 260
KEGELSTUMPF_VOLUMEN 268
KGRÖSSTE 117
KGV 168
Kilometerpreis 30
KKLEINSTE 117, 179, 182
Klassenarbeiten 240
KLEIN 140, 249
KOMBINATIONEN........... 169, 170
Kombinatorik............................. 165
Komma 71

KOMPLEXE 214
KONFIDENZ............................. 189
Konfidenzintervall 189
Konvention............................... 245
Konvergenz 60
KORREL............................ 185, 196
Korrelationen 184
KOVARIANZ............................. 185
Kredit 202, 233
KRITBINOM............................. 194
KUMKAPITAL........................... 204
kumulierte Tilgungsbeträge 204
kumulierte Zinsen 204
KUMZINSZ 204
Kurs 207
KURS.. 207
KURSDISAGIO......................... 208
KURSFÄLLIG 208
KURT 194
Kurtosis.................................... 194
Kurvendiskussion 54
KÜRZEN 166, 247

L

Ländereinstellung 16, 22
LÄNGE .... 38, 136 - 138, 143, 249
Länge eines Vektors 176
Laurent-Reihe 219
Lcase 249
Leerzeichen 72
Left... 249
Legende................................... 273
Len... 249
LIA 205, 247
Lichtgeschwindigkeit................... 20
like 250
linear unabhängige Zeilen und Spalten 171
lineare Abschreibung 205
lineare Gleichungen................. 173
LINKS 134, 137, 139, 143, 249

Liste der Funktionen 65
Lizenzpreis 36
LN 179, 247
LOG 179, 247
LOG10 179
logarithmische Funktionen 178
Logarithmus 165
Logik 93
LOGNORMVERT 194
Löhne und Gehälter 132
Long 244
Lotto 169
Lottozahlen 180
Lotus 1-2-3 .... 26, 116
Ltrim 249

M

Makrorekorder 277
Masse eines Elektrons 178
Maßeinheit 216
Matrix 44
Matrixfunktion 98, 148, 165, 264
MAX 38, 160, 183, 222
MAXIMUM 225
MDET 172
MEDIAN 42, 182
Microsoft 37, 245
Mid 249
MID 136
MIN 38, 117, 183
MINIMUM 225
Minuskeln 140
Minuszeichen 139
MINUTE 127, 251
MINV 171
MIRR 248
MITTELABW 39, 73, 183
MITTELWERT 38, 39, 73, 106, 181, 225
MITTELWERT_OHNE0 269
MITTELWERTA 39

MITTELWERTQ 269
MMULT 171
MOD 246
MODALWERT 39, 73, 181
Modulo 167
MONAT 112, 113, 115, 122, 223, 251, 268
MONATSENDE 114
MONTH 251
MTRANS 269
München, den 146
MWSt 246

N

Nachkommastelle 15
nachschüssige Raten 204
Namen 33
NBW 206, 248
Nebenbedingung 61
NEGBINOMVERT 188
NETTOARBEITSTAGE 120
Nettogewinn 206
Newton'sches Näherungsverfahren 62
NICHT 38, 98, 250
NOMINAL 208
Nominalverzinsung 208
Norm eines Vektors 176
Normalverteilung 188
NORMINV 194
NORMVERT 188, 194
Not 250
Notenberechnung 240
NOTIERUNGBRU 209
NOTIERUNGDEZ 209
NOW 251
NPV 248
Nullstelle 55, 56
Nullwerte 48

O

OBERGRENZE 166, 167

Objektkatalog 248
ODER 98, 145, 237, 250, 269
OKTINBIN 216
OKTINDEZ 216
OKTINHEX 72, 216
Or 250
Ostern 261, 268

P

PI 38, 173, 177, 267, 268
PIVOTDATENZUORDNEN 220
Pivot-Tabelle 163, 220, 227
PMT 248
POISSON 188
POLYNOMIAL 169
Postleitzahl 13, 15, 24
POTENZ 178, 182
Potenzfunktion 165, 276
POTENZREIHE 177
PPMT 248
prim 268
PrimfaktorAnzahl 266, 268
Primfaktoren 266
PRIMFAKTOREN 269
Primfaktorenzerlegung 266
Primzahl 258
PRODUKT 107, 170, 225, 267
Provision 98
Prozedur 242
Prozent 19
Prozentzahl 33
Prozentzeichen 71
Prüfung 94
PV 248

Q

QIKV 72, 206, 248
QUADRATESUMME 176
quadratische Gleichung 256
quadratische Matrix 171
Quadratische_Gleichung_L1 268

Quadratische_Gleichung_L2 268
QUADRATSUMME 176
Quadratwurzel 178
Qualitätsmanagement 157
Quartal 12, 113
QUARTILE 182
Quersumme 262, 268

R

RANG 182
Rang der Matrix 171
RATE 247
Rechenoperation 25
RECHTS 135, 137, 139, 143, 249
RechtwinklDreieck 260, 268
rechtwinkliges Dreieck 174, 260
Reddick 245
REGISTER.KENNUMMER 220
reguläre Matrix 171
relationale Datenbanken 163
relativer Bezug 31
Rendite 208
RENDITEDIS 208
RENDITEFÄLL 208
Rentenberechnung 240
REST 120, 125, 167, 246
RGP 72
Right 249
RKP 72, 187
RMZ 73, 204, 234, 248, 268
RND 247
RÖMISCH 220
ROUND 247
Rtrim 249
Rubrikenachse 273, 275
Rückzahlungen pro Jahr 234
RUNDEN 38, 166, 247
runder Geburtstag 118

S

Sachsen 13

Saldo 223
SAP 6, 132
Satz von Vieta 244
SÄUBERN 143
SCHÄTZER 187
SCHIEFE 194
Schleife 257
Schutz 36, 63, 239
Schutzmechanismus 37
Schwingungsfunktion 276
SECOND 251
SEKUNDE 127, 251
serielle Zahl 111
SGN 247
SIN 38, 174, 246, 271
Single 244
SINH 176
Sinus 165, 174
sinus hyperbolicus 176
Skalarprodukt 176
SLN 247
Solver 56
Sortieren 183
Sozialversicherungsnummer 23
Space 250
SPALTE 156
Spannung 178
Spannweite 183
SPLIT 250
SQL 163
SQR 246
STABW 72, 184
STABWN 72, 184
Standardabweichung 188
STANDARDABWEICHUNG 225
STANDARDISIERUNG 184
STANDNORMINV 194
STANDNORMVERT 194
Statistische Funktionen 180
Statuszeile 231
STEIGUNG 186, 196
STFEHLERYX 188

Str 249
StrComp 249
String 245
Student'sche t-Verteilung 194
STUNDE 127, 251
SUCHEN 134, 135, 137, 143, 249,
264, 268
Suchen_Von_Rechts 264, 268
SUMME 38, 103, 225, 269
SUMMEABS 269
SUMMENPRODUKT 160, 176, 181
Summenzeichen 38, 39
SUMMEWENN 101
SUMMEX2PY2 .... 72, 176
SUMMEXMY2 177
SUMQUADABW 72
SUMQUADABW 184
SVERWEIS 117, 149, 151, 157
SYD 247
Systemsteuerung 16
Szenario-Manager 62

T

TAG 112, 115, 117, 223, 251
TAGE360 123
TAN 175, 246
Tangens 173, 276
tangens hyperbolicus 176
TANH 176
tarifliche Regelungen 132
Tausenderpunkt 15
TBILLÄQIIV 209
TBILLÄQUIV 72
TBILLKURS 209
TBILLRENDITE 209
TEIL 136, 137, 138, 249
Teiler 258, 265
TEILER 269
TEILERGEBNIS 42, 225
Teilergebnisse 225
Telefondurchwahl 132

Stichwortverzeichnis

Telefonnummer 133
Telefonvorwahl 13
Text 11
TEXT 128, 146, 156, 249
Text In Spalten 138
Textfunktionen 133
Text trennen 137
TIME 251
TIMESERIAL 251
TIMEVALUE 251
Toleranz 60
Treasury Bill 209
Trend 185
TREND 186, 269
Trendlinie 187
Trigonometrische Funktionen 165, 173
Trim 249
TTEST 194
TTTT 118
TVERT 194
TYP 109

U

Ucase 249
Uhrzeit 125
Uhrzeit eingeben 112
Uhrzeitwert 12
Umrechnungsfunktionen 215
UMWANDELN 216
UND 98, 115, 117, 223, 250
UNGERADE 168
UNREGER.KURS 209
UNREGER.REND 209
UNREGLE.KURS 209
UNREGLE.REND 209
UNTERGRENZE 167
Unterhaltszahlung 124
Unterstützungsleistung 240
Urlaubstag 130
US-amerikanisches Wochenformat 118

V

Val 249
Variablentyp 244
Variant 245
VARIANZ 184
VARIANZ 73, 225
VARIANZEN 73, 184
VARIATION 187
VARIATIONEN 170
VBA 143, 241
VBA-Editor 241
Vektoren 176
VERGLEICH 151, 152, 162
VERKETTEN 134, 214, 269
verkettete Funktion 43
Verknüpfung 248
Versalien 140
verschachtelte Funktion 43, 97
Versicherungsmathematik 240
Versicherungsnachweisnummer 23
Verzweigung 255
Visual Basic for Applications 241
Volumen eines Kegelstumpfes 268
Vorname 132
VORZEICHEN 168, 247
VRUNDEN 166, 167

W

WAHL 148
WAHR 38, 42, 102
Wahrheitswert 12, 24
WAHRSCHBEREICH 189
Währung 18
Währungssymbol 15
WECHSELN 140, 141
Wechselwirkungstabelle 159
WEEKDAY 251
WEIBULL 189
WENN 93, 102, 104, 105, 117, 118,
119, 127, 140, 142, 179, 236
WERT 138, 144, 249

Wertpapiere 207
WIEDERHOLEN 147
Wiederholungszeilen 62
Windows-Systemsteuerung 22
Winkel 173, 175
Winkelfunktionen 176
Wissenschaftliche Schreibweise 20
Wochenende 222
WOCHENTAG 118, 119, 123,
146, 222, 251
Wurzel 258
WURZEL 176, 178, 246, 268
WURZEL05 267
WURZEL2 267
WURZELPI 175

X

x-Achse 274
XKAPITALWERT 206
xla.. 270
Xor... 250

Y

y-Achse 274
YEAR 251

Z

Z1S1... 28
Zahlen 11
Zahlenformat 14
Zahlentext 260, 268
ZÄHLENWENN 72, 100, 111,
117, 181, 268
ZEICHEN 143, 249
ZEILE 156
ZEILEN 102, 154
ZEIT 128, 251
Zeiterfassung 128
ZEITWERT 128, 131, 251
Zelldropdown 239
ZELLE 109

Ziffernfolge 12
Zins 200, 235
ZINS................................ 202, 203, 247
Zins und Tilgung 200
Zinsfuß einer Investition 206
Zinssatz 202
ZINSSATZ 208
ZINSTERMNZ 209
ZINSTERMTAGE 209
ZINSTERMTAGNZ 209
ZINSTERMTAGVA 209
ZINSTERMVZ 209
ZINSTERMZAHL 209
ZINSZ 204, 248
Zirkelbezug 74
ZUFALLSBEREICH 179
Zufallsfunktionen 165
ZUFALLSZAHL 161, 179, 247
Zuname.. 132
Zw 201, 234, 247
ZW2 201
ZWEIFAKULTÄT 170
ZZR 202, 203

Hanser - Fachbücher für Computer, Technik und Wirtschaft

Visual C++
Schritt für Schritt erlernen

Hans-Jürgen Scheibl
Visual C++ 6.0
für Einsteiger und Fortgeschrittene
953 Seiten, gebunden mit CD-ROM
ISBN 3-446-19548-3

Mit Visual C++ stehen Ihnen alle Wege offen. Dies gilt nicht nur für die Programmierung unter Windows, sondern auch für Ihren beruflichen Werdegang. Mit Visual C++ können Sie in kürzester Zeit umfangreiche Programme für Windows 95/98/NT entwickeln, die keine Wünsche offen lassen.
Die einzelnen Kapitel enthalten nach der Zielsetzung mehrere gleichartige Teile: Grundlagen, Übungen, Aufgaben und Rezepte. Insbesondere die Rezepte sind hilfreich, da Visual C++ zu den Sprachen gehört, die man nicht intuitiv anwenden kann. Vielmehr wird man immer wieder auf fertige Programme zurückgreifen, um dort nachzuschauen, wie man ein bestimmtes Problem löst. Daher dient dieses Buch auch als Nachschlagewerk für die tägliche Praxis.

Aus dem Inhalt
- Einführung in die Programmiersprache, erste Verwendung der Entwicklungsumgebung (Visual Studio)
- Schnelleinstieg in die objektorientierte Programmierung unter C++
- Vererbung und Polymorphie
- Microsoft Foundation Class Library (MFC)
- Dialoganwendungen
- Steuerelemente
- SDI- und MDI-Anwendungen
- ActiveX-Steuerelemente
- Grafik
- Trennung von Dokument und Sicht
- Serialisierung und Persistenz
- teilbare Fenster
- Druckfunktionen
- kontextabhängige Hilfe
- Erstellung eigener Libraries
- Entwicklung von Dynamic Link Libraries (DLLs)
- Realisation eigener ActiveX-Steuerelemente
- Multitasking/Multithreading
- Programme für das Internet.

Anwendungen
Mehrere Anwendungen, die stufenweise aufgebaut werden: Personalverwaltung, Ansteuerung der seriellen Schnittstelle

Carl Hanser Verlag

Postfach 86 04 20, D-81631 München
Tel. (0 89) 9 98 30-0, Fax (0 89) 9 98 30-269
eMail: info@hanser.de, http://www.hanser.de

HANSER

Hanser - Fachbücher für Computer, Technik und Wirtschaft

Windows 2000 Server im Unternehmensnetzwerk

in Unternehmen relevant sind. Angesprochen werden Administratoren, Techniker und Systembetreuer, die kleinere und große Netzwerke betreuen.

Im Mittelpunkt stehen sowohl die Vermittlung wesentlicher Grundlagen der Windows 2000-Technologien als auch praktische Administrationsanleitungen zur Umsetzung der Konfigurationen. Besonderes Augenmerk legen die Autoren auf den neuen Verzeichnisdienst Active Directory. Aber auch Themen wie Massenspeichereinrichtung, Routing und RAS-Funktionen oder Systemsicherheit werden ausführlich behandelt.

Uwe Bünning/Jörg Krause/Dirk Larisch
Windows 2000 im Netzwerkeinsatz
Konfiguration, Administration und Integration in Unternehmensnetze
2000. 1056 Seiten. Gebunden mit CD-ROM
ISBN 3-446-21498-4

Die Netzwerkbetriebssysteme der Windows 2000 Server-Familie stellen hinsichtlich Funktionsumfang, Stabilität und Leistungsfähigkeit einen deutlichen Schritt nach vorn dar. Gestiegen sind aber auch die Ansprüche an die Administratoren. Das vorliegende Buch bietet solides, praxisnahes Fachwissen zu allen Bereichen, die beim Einsatz von Windows 2000

Aus dem Inhalt:
- Windows-Verwaltungsinstrumente
- Dateisysteme
- Active Directory (Planung, Installation, Einrichtung, Nutzung)
- Macintosh-Integration
- Softwareverteilung und Remote-Installation
- Druckserverfunktionen
- Reparatur und Wiederherstellung

Auf CD-ROM:
- Das Buch als PDF-Datei mit Volltextsuchmöglichkeit
- Skripte zur Serveranpassung und Vereinfachung der Administration
- Admin-Tools und Demos von OO-Software

Carl Hanser Verlag

Postfach 86 04 20, D-81631 München
Tel. (0 89) 9 98 30-0, Fax (0 89) 9 98 30-269
eMail: info@hanser.de, http://www.hanser.de

HANSER

Hanser - Fachbücher für Computer, Technik und Wirtschaft

Leicht umsetzbar – ideal für die Praxis.

Andreas Preißner
Marketing- und Vetriebssteuerung
Planung und Kontrolle mit Kennzahlen und Balanced Scorecard
2000. 233 Seiten.
Kartoniert mit CD-ROM
ISBN 3-446-21428-0

Welche Produkte sind wirklich rentabel, welche nicht? Wie zufrieden sind unsere Kunden? Wie können wir zukünftige Marktentwicklungen vorhersehen? Jede Führungskraft im Bereich Marketing und Vertrieb muss sich heute diesen Fragen stellen – und Antworten geben.

Die hier vorgestellten Kennzahlen haben sich in der Praxis als strategisch wichtig erwiesen und richten sich konsequent an den entscheidenden Erfolgsfaktoren aus. Mit ihnen lassen sich alle Marketing- und Vertriebsaktivitäten umfassend und vorausschauend steuern.

Highlights:

- Die Balanced Scorecard für Vertrieb und Marketing
- Auf CD-ROM: Excel-Tabellen für Ihr persönliches Kennzahlensystem
- Direkt in der Praxis einsetzbar

Carl Hanser Verlag

Postfach 86 04 20, D-81631 München
Tel. (0 89) 9 98 30-0, Fax (0 89) 9 98 30-269
E-Mail: info@hanser.de, http://www.hanser.de

Hanser - Fachbücher für Computer, Technik und Wirtschaft

Wettbewerbsvorteil durch elektronischen Handel

Dieses Buch bietet Managern, Geschäftsführern, Marketingleitern, Vertriebsmitarbeitern und Selbstständigen eine fundierte Einführung in das Gebiet des E-Commerce und des Online-Marketing. Es beantwortet die Fragen nach Sinn und Kraft des virtuellen Marktes, nach Erfolgschancen und Risiken.
Das Buch behandelt alle Grundlagen des elektronischen Handels und geht auf Märkte und den Markt „Internet" im Besonderen ein. Dabei wird vom Anspruch an Geschäftsleitung und Mitarbeiter bis zu Server, Software und Werbeetat alles behandelt.

Jörg Krause
E-Commerce und Online-Marketing, 2., aktualisierte und erweiterte Auflage
Chancen, Risiken und Strategien
608 Seiten, gebunden
ISBN 3-446-21466-6

E-Commerce und Online-Marketing gehören untrennbar zusammen. Der Aufbau erfolgreicher Shops im Internet hängt wesentlich von der richtigen Vermarktung ab.

Highlights
- Step-by-step-Anleitung zum perfekten Auftritt im Internet
- Rechtsfragen und dreimal „Zehn Goldene Regeln" zur Orientierung im E-Commerce
- Möglichkeiten kommerzieller Werbung im Internet mit den wesentlichen Werbeplattformen
- Mehrere umfassende Praxisreports
- Beschreibung von über 70 derzeit erhältlichen Softwarelösungen

Carl Hanser Verlag

Postfach 86 04 20, D-81631 München
Tel. (0 89) 9 98 30-0, Fax (0 89) 9 98 30-269
eMail: info@hanser.de, http://www.hanser.de

HANSER

Hanser - Fachbücher für Computer, Technik und Wirtschaft

Tipps und Tricks für die tägliche Programmierpraxis

Walter Doberenz/Thomas Kowalski
Visual Basic 6
Kochbuch
920 Seiten. Gebunden, mit CD-ROM
ISBN 3-446-19592-0

Dieses gegenüber seinen erfolgreichen Vorgängertiteln völlig neu konzipierte Buch bietet sowohl dem Einsteiger als auch dem Profi auf knapp 1000 Seiten mehr als 320 Rezepte mit fundierten und in anschaulicher Weise beschriebenen Programmierbeispielen zur 32 Bit-Anwendungsentwicklung für Windows 95/98/NT.

Zu fast allen Themengebieten, wie Grundlagenwissen, Oberfläche, Grafikprogrammierung, Dateien, Datenbank, SQL, Reports, OOP, OLE, ActiveX-Komponentenentwicklung, DDE, API-Zugriff, DLL-Programmierung, Peripherie, Multimedia, Internet/Intranet, System, Desktop, Wissenschaft/Technik ... finden Sie hier Tipps und Lösungen aus dem reichen Erfahrungsschatz der Autoren, wobei auf die Neuerungen von Visual Basic 6, insbesondere auf das neue ADO 2.0 Datenzugriffsmodell, ausführlich eingegangen wird.

Es dürfte wohl kaum ein Problem aus der täglichen Programmierpraxis geben, zu dem Sie nicht einen Hinweis oder einen Lösungsvorschlag finden.

Highlights
- Zahlreiche Beispiele mit Aha-Effekt für Einsteiger
- Wertvolles Profi-Insiderwissen
- Übersichtliche und griffbereite Anordnung der Beispiele in 15 Themengebieten
- Alle Quelltexte auf beiliegender CD-ROM

Carl Hanser Verlag

Postfach 86 04 20, D-81631 München
Tel. (0 89) 9 98 30-0, Fax (0 89) 9 98 30-269
eMail: info@hanser.de, http://www.hanser.de

Fax (0 89) 9 98 30-269

HANSER

Hanser – Fachbücher für Computer, Technik und Wirtschaft

Statistische Verfahren – mit Excel leichtgemacht

Michael Monka/Werner Voß
Statistik am PC –
Lösungen mit Excel
2., vollständig überarbeitete Auflage
480 Seiten, gebunden, mit CD-ROM
ISBN 3-446-19223-9

Statistische Methoden dienen dazu, Datenbestände – wie sie zum Beispiel bei Umfragen, bei Marktstudien, bei Reihenexperimenten oder im betrieblichen Bereich anfallen – auszuwerten und zu analysieren.

Anhand leicht nachvollziehbarer Beispiele demonstrieren die Autoren, wie Sie Excel zur statistischen Problemlösung einsetzen können. Dabei werden die wichtigsten statistischen Standardverfahren, die Methoden der deskriptiven und induktiven Statistik sowie Musterlösungen mit Excel vorgestellt. Die einzelnen Kapitel sind folgendermaßen aufgebaut:
- eine kurze einleitende Geschichte zur jeweiligen Thematik
- eine knappe Darstellung statistischer Grundüberlegungen zu jedem Themenbereich
- Formeln nur dort, wo sie hingehören
- praxisnahe Beispiele
- Musterlösungen in Excel zur jeweiligen statistischen Fragestellung

Dieses Buch ist ein wichtiges und äußerst nützliches Standardwerk für Studium und Beruf. Die Beispiele sind mit Excel 2000 erstellt, lassen sich aber auch mit den älteren Excel-Versionen ohne Einschränkungen behandeln.

Auf der CD:
Alle Beispiele aus dem Buch in Form von Excel-Tabellen, eine Formelsammlung, Übungsaufgaben mit Lösungen, der komplette Buchtext für Volltextsuche.

Carl Hanser Verlag

Postfach 86 04 20, D-81631 München
Tel. (0 89) 9 98 30-0, Fax (0 89) 9 98 30-269
eMail: info@hanser.de, http://www.hanser.de

HANSER